科研数据分析与绘图指导

编　著　袁吉有

编　委　袁吉有　高　伟　赵永贵

科　学　出　版　社

北　京

内 容 简 介

本书分为 4 部分，共 16 章，第 1 部分为概述篇，主要介绍科研数据处理的内容、科研数据统计分析、科研数据绘图，以及常用统计分析软件简介，包括 Excel、SPSS、GraphPad Prism、Origin、R 语言等；第 2 部分为基础篇，主要介绍统计描述分析、均值比较、方差分析、回归分析、相关分析和非参数检验；第 3 部分为高级篇，主要介绍多元统计分析、灰色系统方法、决策分析方法——AHP 决策分析方法、系统动力学方法、生物多样性方法和生物信息数据挖掘；第 4 部分为绘图篇，主要介绍图片的类型和格式，以及符合国际学术期刊投稿要求的统计图表绘制。

本书涉及面广，通过实例系统介绍科研数据分析的操作、过程与结果解析。本书不仅适于初学者阅读，也适合有一定统计分析基础的人员阅读。本书可作为高等院校、科研单位等相关专业本科生和研究生的教材，也可作为相关专业科研工作者、教师的参考书。

图书在版编目（CIP）数据

科研数据分析与绘图指导 / 袁吉有编著. —北京：科学出版社，2020.11

ISBN 978-7-03-066508-9

Ⅰ. ①科… Ⅱ. ①袁… Ⅲ. ①科研管理－数据处理 ②统计图－制图
Ⅳ. ①G311 ②C815

中国版本图书馆 CIP 数据核字（2020）第 205250 号

责任编辑：刘 畅 / 责任校对：严 娜
责任印制：赵 博 / 封面设计：迷底书装

科 学 出 版 社 出版
北京东黄城根北街 16 号
邮政编码：100717
http://www sciencep com
固安县铭成印刷有限公司印刷
科学出版社发行 各地新华书店经销
*
2020 年 11 月第 一 版 开本：787×1092 1/16
2025 年 8 月第六次印刷 印张：18 1/2
字数：474 000

定价：88.00 元

（如有印装质量问题，我社负责调换）

前 言

在科学研究中，能够获得大量的原始数据，这是在一定条件下，对某种具体事物或现象观察的结果，称之为科研数据。原始的科研数据一般是分散的、零星的或孤立的，是一堆无序数字，需要通过相应的统计分析将其条理化，了解数据背后所隐含的各种信息和规律，这样可以更合理地使用这些数据。

科研数据分析是指以适当的统计分析方法对收集来的大量数据进行分析，提取有用信息和形成结论而对数据加以详细研究和概括总结的过程。在过去的几十年中，一些科研工作者在收集数据和进行研究时，由于缺乏统计分析方面的考虑，往往不能揭示隐藏在数据背后的丰富信息，随着计算机及统计分析软件的不断发展，数据分析理论与分析技术都已经相当成熟。在有感于科研数据分析与绘图是学生与科研工作者必备技能的情况下，我们决心编写一本理论与应用性紧密结合，比较实用的指导书籍，让从事科研的工作者能将数据分析与绘图技术有效地应用于实际的科研和工作实践中。

本书主要介绍统计分析技术在科研数据分析中的应用，内容涉及面较广，涵盖软件介绍、基本统计分析、高级统计分析和绘图技术。数据分析以 SPSS 25.0 实例操作的基本原理、分析步骤、结果解释为主轴，面向生命科学、生态学、环境科学、农学、医学等专业，强调基础理论，突出实践应用。本书在综合国内外同类书籍的基础上，结合软件的实例操作，进行系统、深入的讲解，便于读者自学和实践练习。

本书分为 4 部分，共 16 章，第 1～9 章、第 13 章、第 15 章、第 16 章由袁吉有编写，第 10～12 章由高伟编写，第 14 章由赵永贵编写。

本书的完成经过一些波折，尽管参加工作以来一直从事统计分析方面的教学，但编著者在编写过程中，还是备感科研数据分析方面知识的不足，感到了前所未有的压力，担心对所编写的内容介绍得不够清楚，因此常常处于挣扎的困境中，最终目的是想把所编写的内容科学、准确、详细地介绍给读者，也希望对读者有所帮助。由于编者的能力与知识水平有限，书中不妥之处在所难免，望读者批评指正。

本书的成稿还要特别感谢云南大学的段昌群教授和彭明春副教授提供的宝贵意见。

本书的出版由云南大学研究生优质课程建设项目资助出版。

编著者

2020 年 10 月

目 录

第3部分 高 级 篇

第4部分　绘　图　篇

第 1 部分

概　述　篇

第1章 科研数据处理

1.1 科研数据处理的内容

科研数据处理包括数据统计分析与数据绘图（图 1.1）。

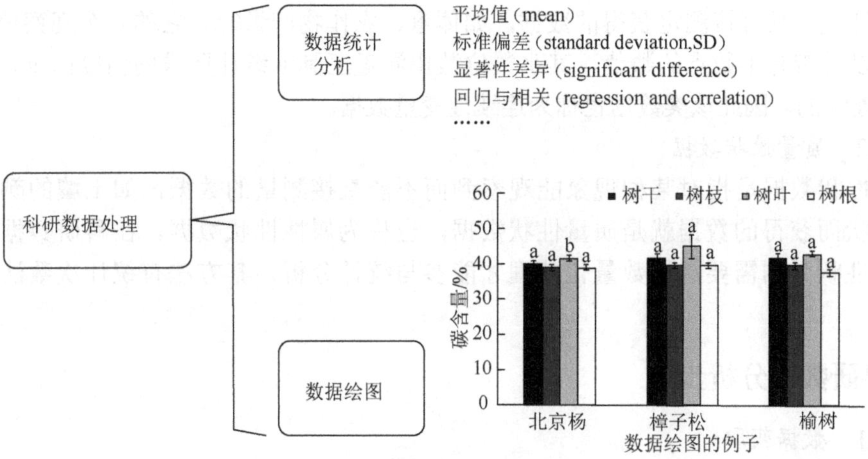

图 1.1　科研数据处理的内容

1.2 科研数据统计分析

在科学研究中，能够获得大量的原始数据，这是在一定条件下，对某种具体事物或现象观察的结果，这些数据称为科研资料或科研数据。原始的科研资料一般是分散的、零星的或孤立的，是一堆无序的数字，需要通过统计分析进行归类，使其条理化。通过数据分析，我们可以更合理地使用这些数据，可以更好地理解数据本身蕴藏的含义，也可以通过恰当的实验来获取质量更佳的数据。

科研数据统计分析是指用适当的统计分析方法对收集来的大量数据进行分析，提取有用信息和形成结论而对数据加以详细研究和概括总结的过程。在统计学领域，将数据统计分析划分为描述性数据统计分析、探索性数据统计分析及验证性数据统计分析。其中，探索性数据统计分析侧重于在数据之中发现新的特征，而验证性数据统计分析侧重于对已有假设的证实或证伪。

科研数据统计分析是数学与计算机科学相结合的产物。

1.2.1 数据类型

在科学研究中，由于使用的方法和研究的性状特征不同，数据的性质也就不同。科学研究所获得的数据大致分为数量性状和质量性状两大类，分别称为数量性状数据和质量性状数据。

1.2.1.1 数量性状数据

数量性状数据是指通过计数和测量或度量获得的数据。获得数量性状数据有计数和计量两种方式，因而数量性状数据又分为计数数据和计量数据。

（1）计数数据　计数数据是指用计数方式获得的数量性状数据，如鱼的数目、白细胞数等。它的各个观察值只能以整数表示，不会出现带小数点的数值，各个观察值是不连续的，因此该类数据也称为非连续性变量数据和间断变量数据或离散变量数据。

（2）计量数据　计量数据是指用测量或度量的方式获得的数量性状数据，即用度、量、衡等计量工具直接测定获得的数据，如体重、农作物产量等。它的各个观察值可以是整数，也可以是带有小数点的数值，其小数位数由测量工具或统计要求的精度而定，数据之间的变异是连续的，因此该类数据也称为连续性变量数据。

1.2.1.2 质量性状数据

质量性状数据是指对某种现象能观察到而不能直接测量的数据，如土壤的颜色等。观察质量性状而获得的数据就是质量性状数据，也称为属性性状数据。在科研数据统计分析中，质量性状数据需要进行数量化处理才能参与统计分析，其方法有统计次数法和评分法两种。

1.2.2 科研数据分析步骤

1.2.2.1 数据获取

科研数据获取的方式有两种，分别为调查和实验，其中调查又可分为普查和抽查。

1.2.2.2 实验设计

科学实验的结论来源于科学的实验设计。实验设计的科学性、正确性直接关系实验结果的可信度、代表性和准确性。实验设计是科研数据统计分析中最关键的一步，因为对数据进行统计分析前，首先需要明确研究目的、需要获取哪些数据、怎样获取数据、怎样整理数据、计算哪些指标、用哪些统计分析方法等，这些都需要预先设定，不能随便获取一些数据，最后再套用统计分析方法。

常见的实验设计方法有对比设计、随机区组设计、平衡不完全区组设计、裂区设计、拉丁方设计、正交设计、正交旋转设计等。

实验设计须遵循三大原则：重复、随机和局部控制。

1.2.2.3 数据整理

数据整理的任务是按实验设计要求，使原始数据系统化、条理化，查找核对错误和缺失，定义转换标准，用计算机把资料输入数据库，对数据进行分组和各组的频数统计，以及计算出统计特征数，如平均数、标准差等，为数据分析作准备。

1.2.2.4 数据分析

按实验设计要求，选用合适的统计方法，进行统计分析。

1.2.2.5　数据展现

经过数据整理、分析及审核等步骤，统计分析的最终成果就是数据的展现。统计表和统计图是科研数据展现的基本形式，具有简洁、明了、直观和形象的特点。

统计表是统计中用数字说话的一种常用的形式，即将整理分析后的数据填列在一定格式的表格内，这个表格就称为统计表。统计表有以下几个方面的作用：①能使大量的统计资料系统化、条理化，因而更能清晰地表述资料的内容；②利用统计表便于比较各项目（指标）之间的关系，而且也便于计算；③采用统计表表述资料显得紧凑、简明、醒目，使人一目了然；④利用统计表易于检查统计资料的完整性和正确性。

统计图是以图形表现统计资料的一种形式。常用的统计图形有条形图、直方图、茎叶图、折线图。对于不同类型的数据，所采用的统计图形是不一样的。

1.2.2.6　统计分析结果

按分析结果及实验设计要求，结合专业知识，写出恰当的统计分析结果。

1.3　科研数据绘图

图是显示和分析复杂数据的理想方式，因此科研数据绘图是科研工作者必备的技能。

1.3.1　图片类型

科研数据图有三种类型：实验图、数据图和示意图。实验图是指直接来源于实验仪器的图；数据图是指通过数据处理软件得到的图；示意图是为了阐述某种结构而画的图。

1.3.2　绘图软件

常用的科研数据绘图软件有 Excel、SPSS、GraphPad Prism、Origin Pro、SigmaPlot 等。

第 2 章

常用统计分析软件简介

2.1 Excel 简介

Excel 是微软公司出品的 Office 办公软件中的一个主要组件，是功能强大的电子表格处理软件，可以进行复杂的数据运算、分析和预测。Excel 集表格处理、数据管理和统计图绘制三项功能于一体。

科研工作者可以使用 Excel 制作出各种表格和管理数据，不必进行编程就能对工作表中的数据进行检索、分类、排序、筛选等，也可以使用公式和函数对数据进行复杂的运算，并且有条理地显示结果，除了能完成表格输入、统计和分析外，还可以绘制各种统计图表示数据。

由于 Excel 具有十分友好的人机界面和强大的计算功能，科研工作者常常运用 Excel 进行科研数据保存和管理。同时，Excel 具有灵活多变的数据整理和分析功能，可完成绝大部分科研数据的统计分析过程。Excel“数据分析”选项在“数据”（Excel 2007 及以后版本）或“工具”（Excel 2003 及以前版本）菜单栏下。一般情况下，Excel 不显示数据分析工具，需要从“文件”菜单栏下的选项按钮中“加载项”（Excel 2007 及以后版本）或“加载宏”（Excel 2003 及以前版本）勾选“分析工具库”从而显示数据分析工具（图 2.1）。

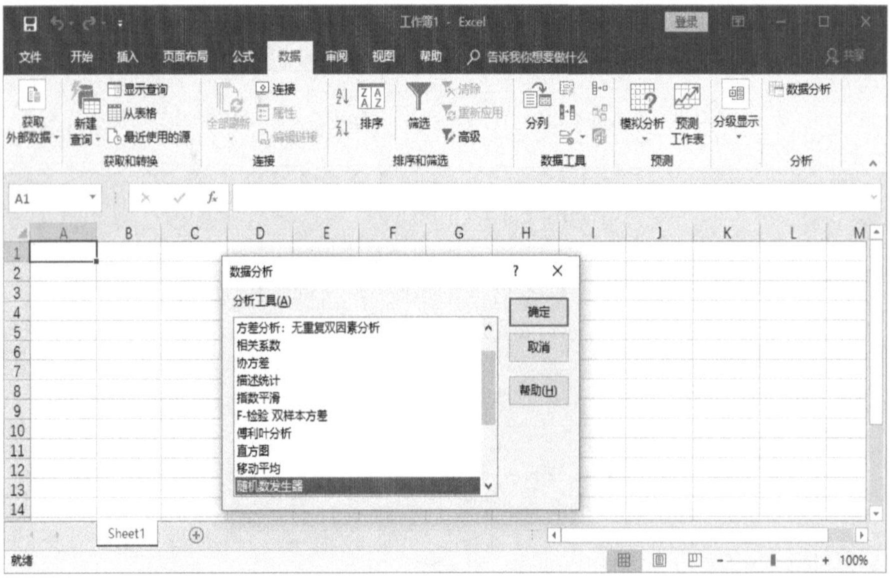

图 2.1　Excel 数据分析界面

2.2　SPSS 简介

SPSS 最初的全称为“社会科学统计软件包”（solutions statistical package for the social sciences），随着软件服务领域的扩大和服务深度的增加，SPSS 的全称于 2000 年被更改为“统计产品与服务解决方案”（statistical product and service solutions），2009 年 IBM 收购了 SPSS，将 SPSS 更名为 IBM SPSS。

科研工作者常常用到的是 SPSS 的操作界面（图 2.2）和结果输出界面（图 2.3），其中，操作界面左下角有“数据视图”和“变量视图”两个窗口，“数据视图”是用来显示数据的，而“变量视图”是用来定义数据视图中数据性质的。

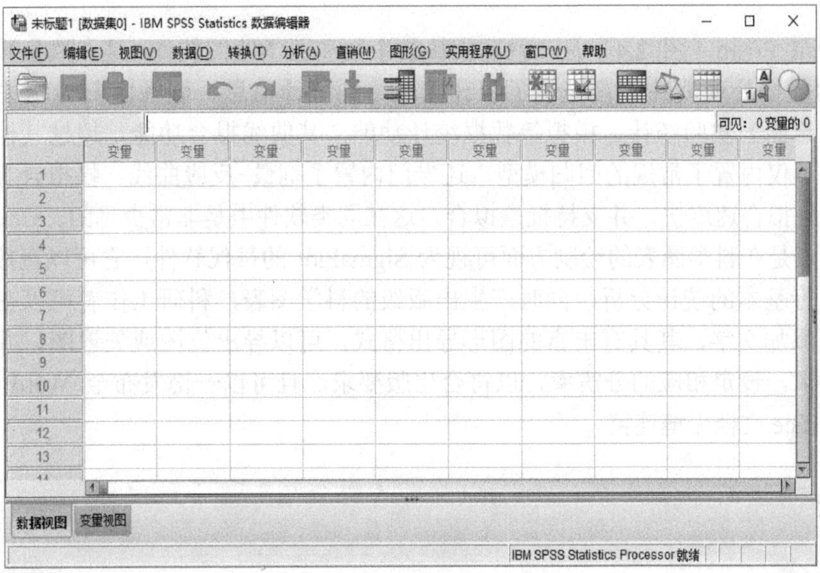

图 2.2　SPSS 的操作界面

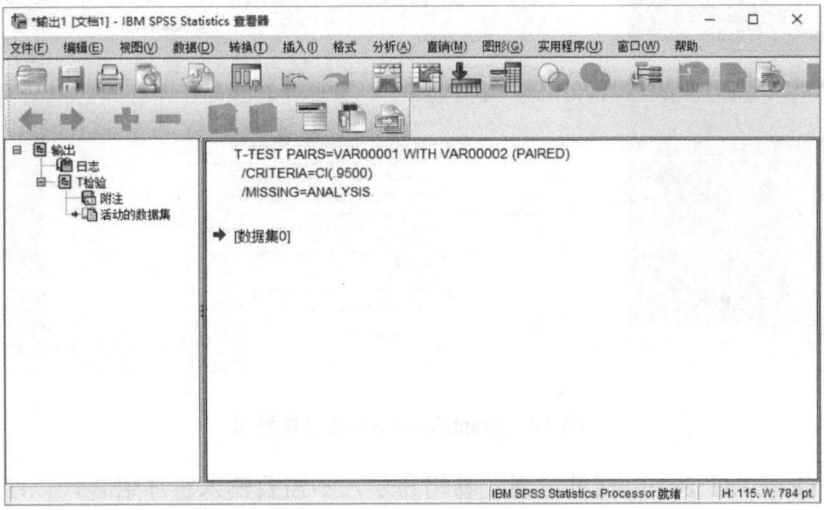

图 2.3　SPSS 的结果输出界面

SPSS 界面非常友好，操作简便，大多数操作可通过鼠标拖拽、点击菜单、按钮和对话框来完成。SPSS 具有完整的数据输入、编辑、统计分析、报表、图形制作和输出管理等功能，自带 11 种共 136 个函数。SPSS 提供的统计过程包括样本数据的描述和预处理、假设检验、方差分析、列联表分析、相关分析、回归分析、聚类分析、因子分析、判别分析、对应分析、时间序列分析、生存分析等。每种分析下又含同类多种统计过程，科研工作者可根据自己的分析需要灵活选择相应的功能模块。

SPSS 可以直接读取 Excel 及 DBF 数据文件，由于其操作简单，已经在我国的社会科学、自然科学的各个领域得到了广泛运用。

2.3 GraphPad Prism 简介

GraphPad Prism（图 2.4）是一款非常棒的生物和医学绘图软件，是一款集数据分析和作图于一体的数据处理软件，它提供了统计比较、列统计信息、线性回归与相关、非线性相关、临床（诊断）实验统计、模拟等数据统计功能，其曲线拟合功能是超越其他统计软件的制胜法宝，不仅内置了常规的回归模型，还专门内置了剂量-反应曲线、峰拟合等数十个生物统计模组，且拟合速度快，并支持批量拟合，这在同类软件中是非常少见的。GraphPad Prism 的另一个特点是在科学图表的绘制方面可视为 SigmaPlot 的替代软件，它可以直接输入原始数据，自动进行基本的统计分析，同时产生出版级的科学图表，科研工作者可以在图形上任意绘制直线、添加文字，其具有丰富的图形导出格式，可以导出位图或矢量图，并且位图可以按照杂志要求，设定相应的分辨率，以符合出版要求，且可以一键发布至 Word 文档和 PPT 文档，与 Office 文档无缝连接。

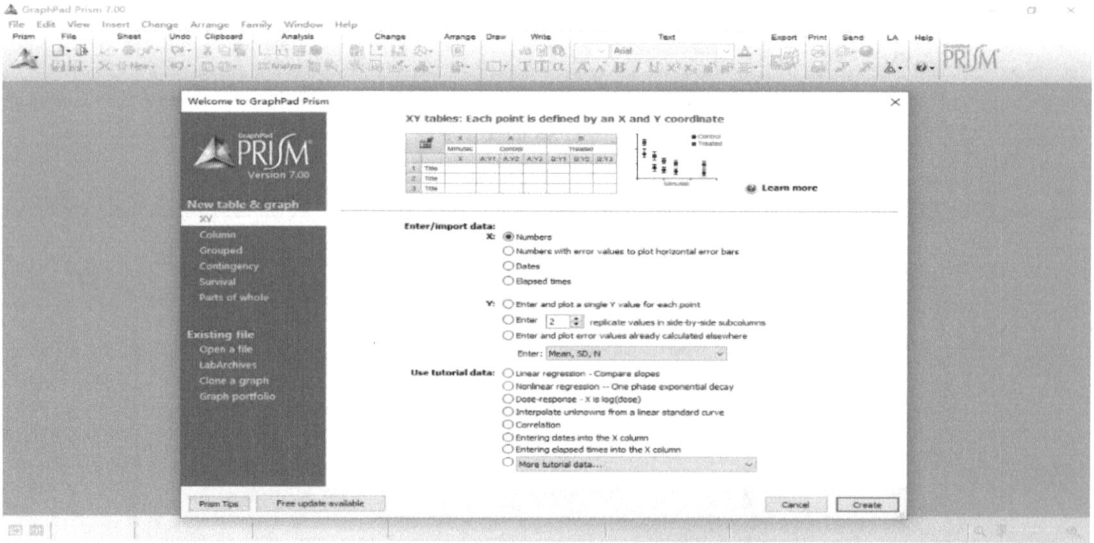

图 2.4 GraphPad Prism 的操作界面

总之，GraphPad Prism 简洁方便，易用易学，不需要输入程序语言，以统计方法为线索，自动绘制相应的统计图。

2.4 Origin 简介

Origin（图 2.5）是美国 Originlab 公司推出的专业数据分析和制图软件，其分为普通版和专业版（Pro）两个版本，它是为研究人员研究各种科学规律而专门设计的全面的绘图和分析数据软件，既可以满足一般用户的制图需要，也可以满足高级用户对数据分析、函数拟合的需求，在学术圈使用率很高。Origin 的数据分析主要包括统计、图像处理、峰值分析和曲线拟合等各种完善的功能。Origin 的绘图是基于模板的，软件自身提供了几十种二维和三维绘图模板，绘图时，只要选择所需要的模板就行。用户可以自定义数学函数、图形样式和绘图模板；可以和各种数据库软件、办公软件、图像处理软件等方便地连接。

Origin 是多个文档界面应用程序，它将所有工作保存在 Project 文件中，该文件可以包含多个子窗口，各子窗口之间是相互关联的，可以实现数据的及时更新。Origin 可以导入包括 ASCII、Excel、pClamp 在内的多种数据。另外，它可以把 Origin 图形输出为多种格式的图像文件，如 JPEG、GIF、EPS、TIFF 等。Origin 也支持编程，以方便拓展 Origin 的功能和执行批处理任务，有两种编程语言——LabTalk 和 Origin C。

总的来说，Origin 是操作灵活、功能强大、简单易学的一款函数绘图软件。

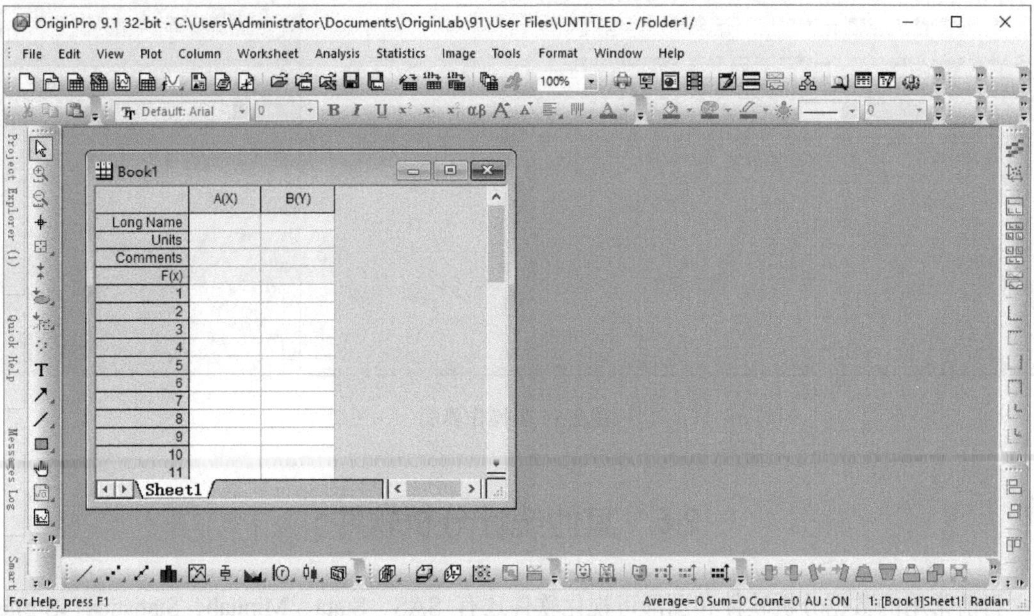

图 2.5　Origin 的操作界面

2.5 R 语言简介

R 语言（R）是一套完整的数据处理、计算和制图软件系统（图 2.6）。它具有数据存储和处理系统、数组运算工具、统计分析工具、统计制图功能以及简便而强大的编程语言。R 语言是基于 Scheme 语言改进而来的，是属于 GNU 系统的一个自由、免费、源代码开放的软件。R 被设计为数据分析，被看作领域专用语言。R 程序主要使用函数来创建，程序由 R 翻译器来执行。R 不但是一种编辑语言，而且它有与生俱来的对创建高质量的数据可视化的支持。

随着大数据时代的到来，有许多研究工作使用 R 解决科研工作分析的需求。R 可以用来进行经典的统计测试和预测，具有时间序列数据集，分类和聚类模型也能被用来更好地发现数据模式。同时作为一个强大的功能性编程工具，R 脚本是解释性语言，而且鼓励交互式开发方法。R 脚本通常是用表达式和内置函数书写的，也可用外部包或者库来扩展 R 的能力。

总的来看，R 是完全免费的、开放源代码的，具有很强的互动性，也是一种可编程的语言。R 的函数和数据集都是保存在程序包里面的，R 的使用很大程度上是借助各种各样的 R 包的辅助，R 包就是针对 R 的插件，不同的插件满足不同的需求。

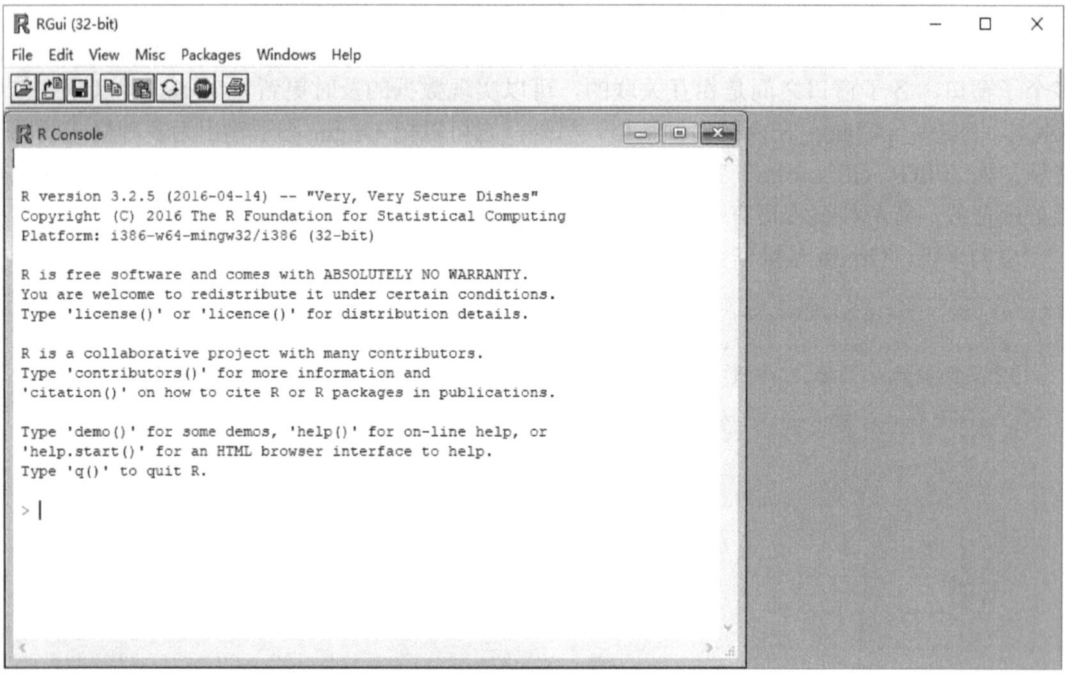

图 2.6　R 操作界面

2.6　其他统计分析软件

目前常用的数据分析软件和图形可视化软件还有 SAS、Stata、Minitab、Statistica、S-plus、Matlab 和 CHISS 等，这些软件各有各的特点，可满足科研工作者不同的需求。

第 2 部分

基 础 篇

第 3 章

统计描述分析

进行科研数据统计分析时，首先需要对科研数据进行统计描述分析。统计描述分析主要包括数据的频数分布分析、集中趋势分析（常用指标为平均数、中位数和众数等）、数据的离散程度（常用指标为标准差、方差）、数据的分布（常用指标为峰度和偏度）及一些基本的统计图形。

SPSS 许多分析过程都可以完成统计描述分析，专门进行统计描述分析的模块在“分析”菜单栏下的“描述统计”选项中，包括频率分析、描述性分析、探索分析、交叉表分析和比率分析等。本书以 SPSS 25.0 中文版进行科研统计分析操作。

3.1 频数分布分析

频数分布是指按一定的统计分组方法形成总体中各个单位在各组间的分布，列出各组在总体所占的单位数，这一单位数叫作次数或者频数。通过对科研数据进行频数分布分析，可以让科研工作者了解该资料的频数分布是对称分布还是偏态分布，也可以对该组资料的集中趋势和离散趋势进行分析，还可以发现该组资料的异常值。

【例 3.1】 表 3.1 是 100 株‘津丰’小麦的高度情况，请编制频数分布表和频数分布的直方图。

表 3.1 100 株‘津丰’小麦的高度情况 （单位：cm）

61	63	62	65	63	63	63	60	60	60
59	59	65	64	64	62	61	55	62	61
60	63	62	61	63	61	59	59	58	66
65	64	64	64	65	64	64	63	63	62
68	65	65	64	63	61	61	67	66	66
65	63	63	59	69	70	68	67	63	64
65	58	64	61	61	61	68	67	66	63
63	63	66	62	63	59	64	62	65	63
62	62	60	64	64	64	64	61	61	66
69	67	67	63	63	63	69	65	64	64

操作步骤如下。

第一，在 SPSS“变量视图”中设置“序号”和“株高”两变量，然后在“数据视图”中输入表3.1中的数据，完成数据文件的建立。

第二，点击菜单栏中的“分析”按钮，选择“描述统计”，然后选择其中的“频率”（图3.1）。

图3.1 “描述统计”选项

第三，点击“频率”按钮后，弹出“频率”操作窗口，在“频率”对话框左边的变量列表中，选择“株高”变量，单击对话框中间的箭头，将株高变量选进右边待分析的变量栏中（图3.2和图3.3）。

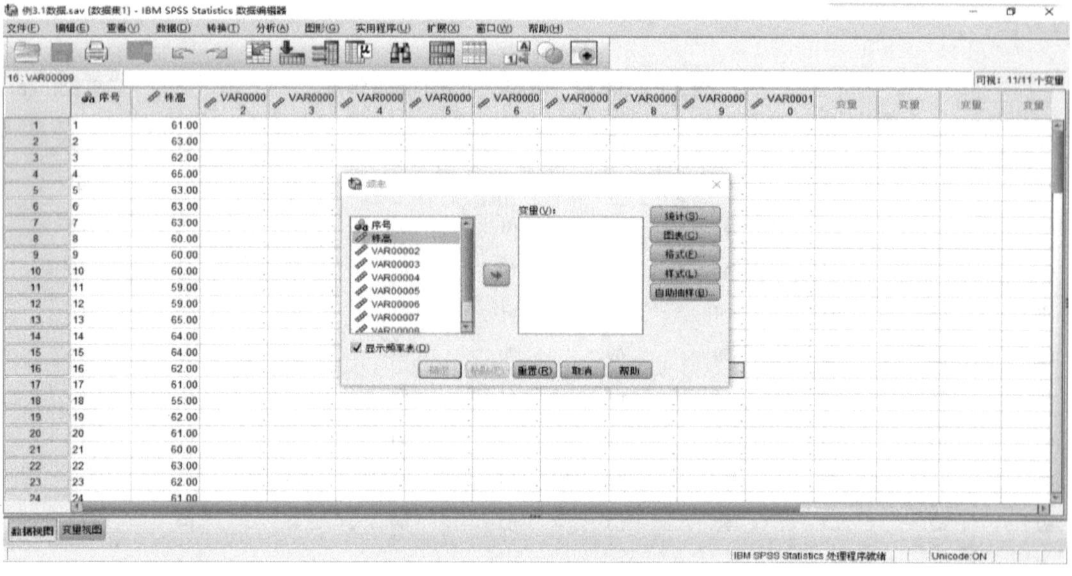

图3.2 “频率”操作窗口

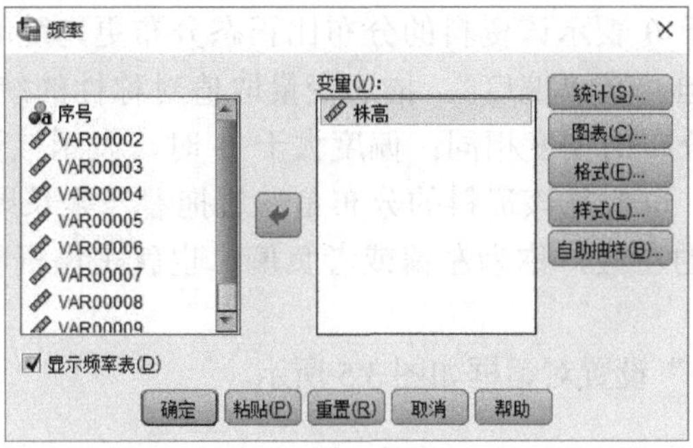

图 3.3 “频率”选项设置对话框

第四，设置“频率”对话框中统计、图表、格式、表样式和自助抽样中的选项，勾选相关数据选项，设置完单击“继续”。

（1）统计　　“统计”设置对话框如图 3.4 所示。

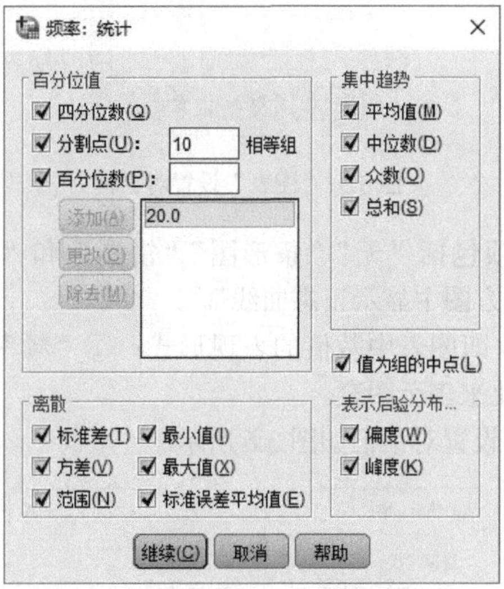

图 3.4 “统计”设置对话框

1）“百分位值”复选项：①“四分位数”。将所有数值按从小到大的顺序排列形成四等份，处于 3 个分割点位置的即四分位数。②“分割点”。在后面的文本框输入的数值，表示计算并显示该数值的分位数，该数值为 2～100 的整数。③“百分位数”。在后面的文本框中输入数值，然后单击“添加”按钮，将对应的百分位数添加到方框内的列表框中，可以有选择地显示百分位数。利用“更改”按钮和“除去”按钮，可以对列表框中的选项进行修改和删除。

2）“集中趋势”复选项包括“平均值”选项、“中位数”选项、“众数”选项和“总和”选项。“集中趋势”复选项下有一个“值为组的中点”选项，如果数据已经分组，而且数据取值为初始分组的中点，选择此项，将计算百分位数统计和数据的中位数。

3）“离散”趋势复选项包括“标准差”选项、“方差”选项、“范围”选项、“最小值”选项、“最大值”选项、“标准误差平均值”选项。

4）“表示后验分布”复选项：①“峰度”。峰度等于 0 表示该资料的分布与正态分布陡峭程度相同；峰度大于 0 表示该资料的分布比正态分布更为陡峭；峰度小于 0 表示该资料的分布比正态分布平坦。②“偏度”。描述变量取值对称性的统计量，偏度为 0 时，表示该资料的分布与正态分布的偏度相同；偏度大于 0 时，表示该资料偏向于正态分布的右边，称为右偏或者正偏，也就是该资料的分布是右边拖着一条长尾；偏度小于 0 时，表示该资料偏向于正态分布的左边，称为左偏或者负偏，也就是该资料的分布是左边拖着一条长尾。

（2）图表　“图表”设置对话框如图 3.5 所示。

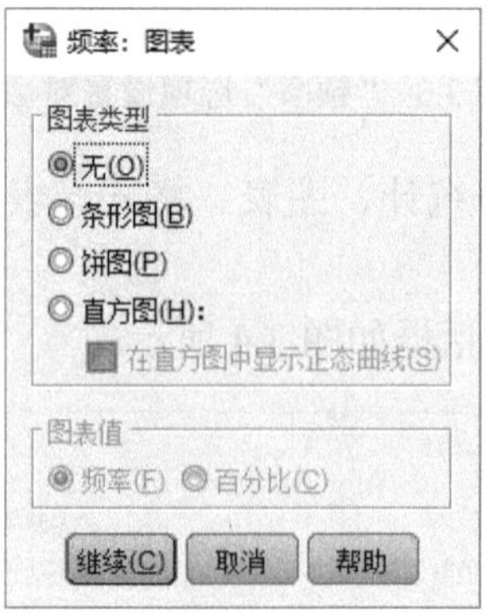

图 3.5 “图表”设置对话框

1）“图表类型”复选项包括“无”“条形图”“饼图”和“直方图”，如果勾选“直方图”，可以选择是否“在直方图中显示正态曲线”。

2）“图表值”复选项，即图表中数值的表现形式：①“频率”。以资料的频率来表示图表。②“百分比”。以百分比来表示图表。

（3）格式　“格式”设置对话框如图 3.6 所示。

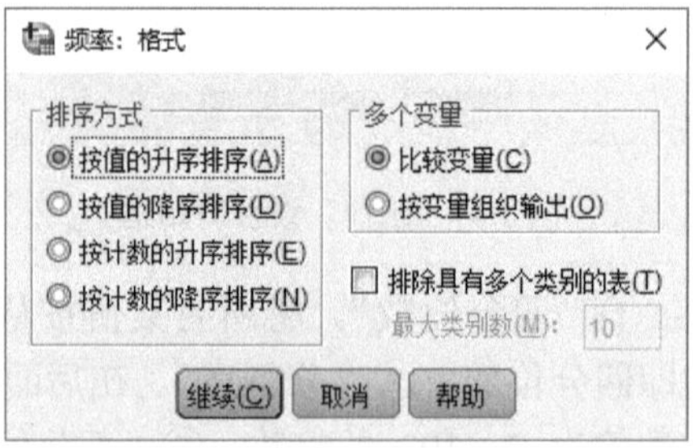

图 3.6 “格式”设置对话框

1）“排序方式”复选项：①“按值的升序排序”，即按照数值从小到大显示频数分布表。②“按值的降序排序”，即按照数值从大到小显示频数分布表。③“按计数的升序排序”，即按照计数从小到大显示频数分布表。④“按计数的降序排序”，即按照计数从大到小显示频数分布表。

2）“多个变量”复选项，是针对频率主对话框中变量列表栏中有多个变量时，利用多个变量设置表显示的方式。①“比较变量”，即所有变量的描述统计结果显示在同一个表格中。②“按变量组织输出”，即各个变量的描述统计结果分别显示在独立的表格中。③“排除具有多个类别的表”中的“最大类别数”是来限制数据输出的组数不得超过输入的数值。

另外，“表样式”设置对话框和“自助抽样”设置对话框分别如图 3.7 和图 3.8 所示。

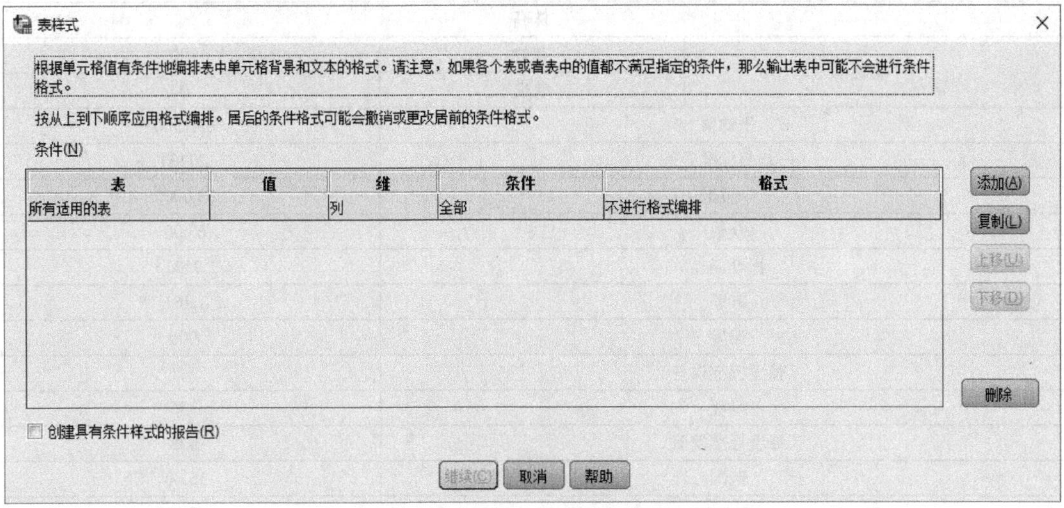

图 3.7 “表样式”设置对话框

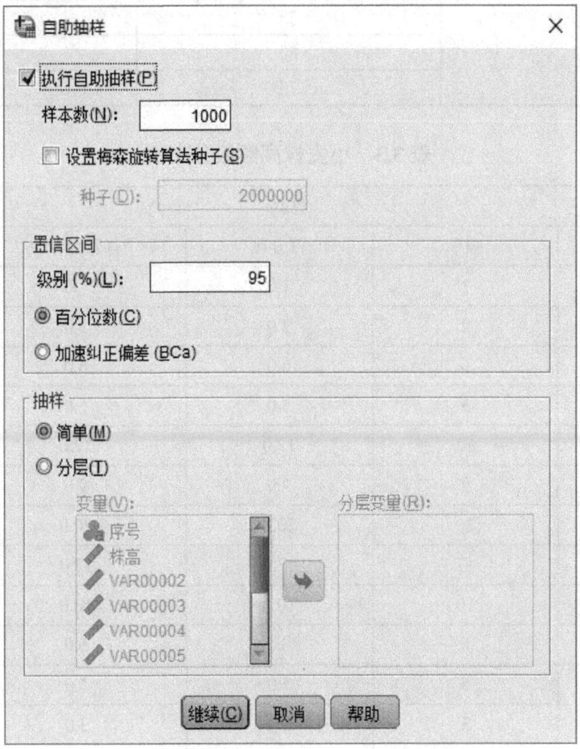

图 3.8 “自助抽样”设置对话框

第五，设置完成后点击“确定”按钮，输出频率分析结果（表 3.2 和表 3.3，图 3.9）。

表 3.2 小麦株高统计量

统计		
株高		
个案数	有效	100
	缺失	0
平均值		63.2500
平均值标准误差		.27131
中位数		63.0000
众数		63.00
标准偏差		2.71314
方差		7.361
偏度		.006
偏度标准误差		.241
峰度		.335
峰度标准误差		.478
范围		15.00
最小值		55.00
最大值		70.00
总和		6325.00
百分位数	25	61.0000
	50	63.0000
	75	65.0000

表 3.3 小麦株高频数分布表

株高					
		频率	百分比	有效百分比	累积百分比
有效	55.00	1	1.0	1.0	1.0
	58.00	2	2.0	2.0	3.0
	59.00	6	6.0	6.0	9.0
	60.00	5	5.0	5.0	14.0
	61.00	12	12.0	12.0	26.0
	62.00	9	9.0	9.0	35.0
	63.00	20	20.0	20.0	55.0
	64.00	17	17.0	17.0	72.0
	65.00	10	10.0	10.0	82.0
	66.00	6	6.0	6.0	88.0
	67.00	5	5.0	5.0	93.0
	68.00	3	3.0	3.0	96.0
	69.00	3	3.0	3.0	99.0
	70.00	1	1.0	1.0	100.0
	总计	100	100.0	100.0	

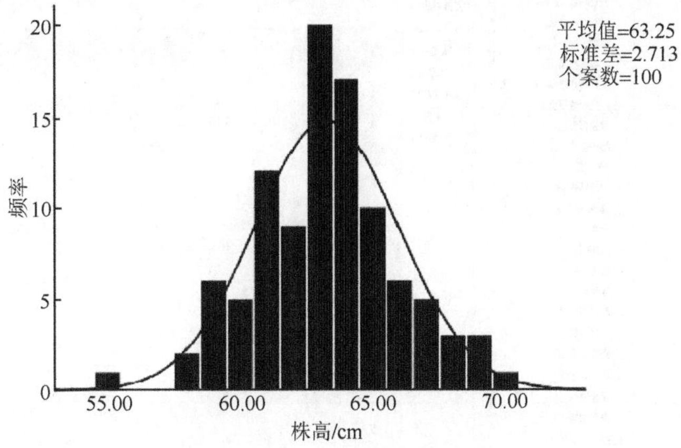

图 3.9　小麦株高频数分布直方图和正态曲线

3.2　描述性统计分析

描述性统计分析是对科研数据进行基础性的统计分析过程，主要估计原始数据的集中性、离散性和分布情况，统计量的计算包括平均值、和、标准差、最大值、最小值、方差、全距、均值标准误、峰度、偏度等。此外，描述性统计分析的一个重要的功能是对变量做标准化转换，即 Z 转换。

【例 3.2】 表 3.4 是 30 位北方成年女子的肾上腺质量（g），试进行描述性统计分析。

表 3.4　30 位北方成年女子的肾上腺质量　（单位：g）

19.0	12.0	14.0	14.0	8.2	13.0	6.5	12.0	15.0	17.2
12.0	12.7	25	8.5	20.0	17.0	8.4	8.0	13.0	15.0
20.0	13.0	14.0	15.0	7.9	10.5	9.5	10.0	13.0	12.0

操作步骤如下。

第一，在 SPSS“变量视图”中建立“肾上腺质量”变量，在“数据视图”中，将表 3.4 中的数据输入 SPSS 中，建立北方成年女子的肾上腺质量数据文件。

第二，点击菜单栏中“分析”按钮，选择“描述统计”，然后再选择其中的“描述”（图 3.10）。

第三，单击“描述”后，弹出“描述”对话框，选择对话框左边变量列表中的“肾上腺质量”，单击中间的箭头，将其输入右边分析变量栏中（图 3.11 和图 3.12）。

第四，设置“描述”对话框中选项、样式、自助抽样的选项，勾选相关数据选项，设置完单击“继续”。

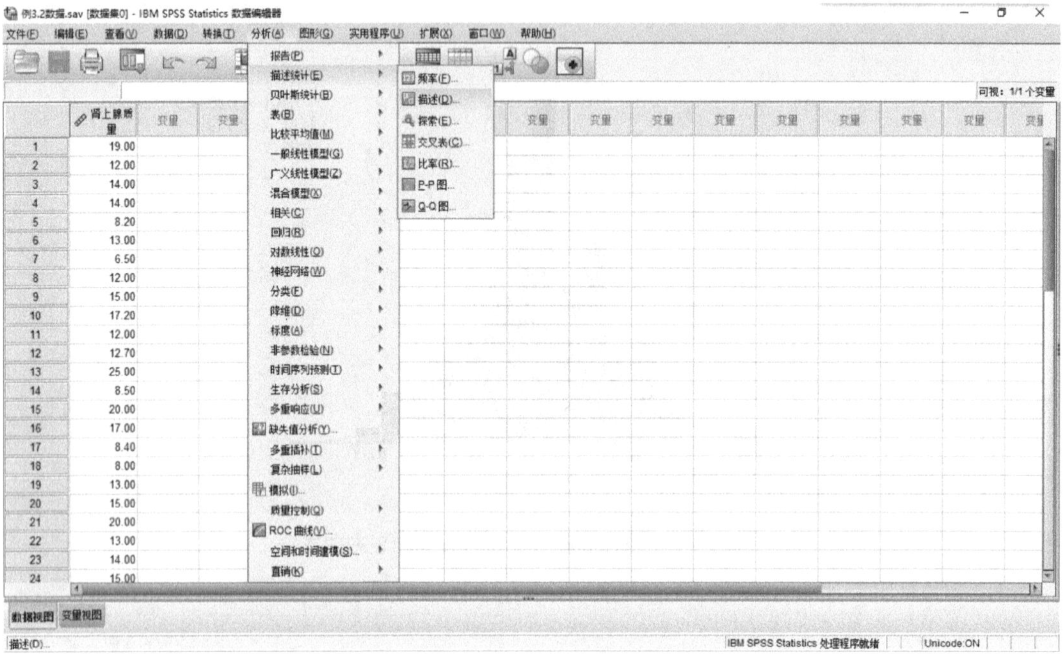

图 3.10 “描述”选项

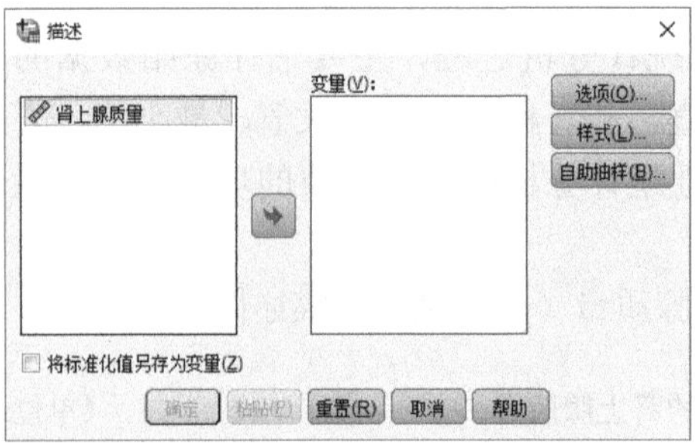

图 3.11 “描述”对话框

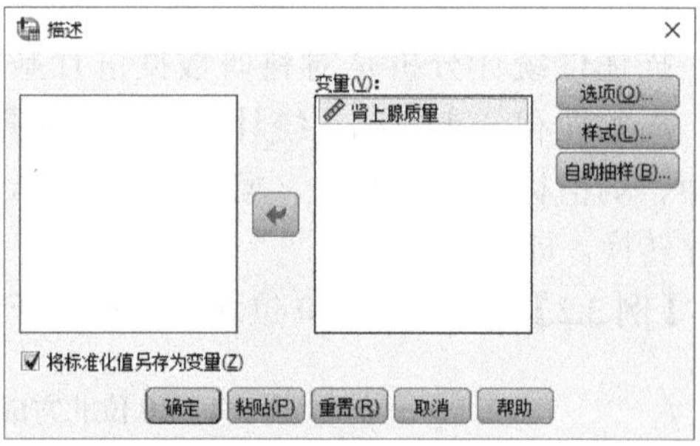

图 3.12 分析变量栏

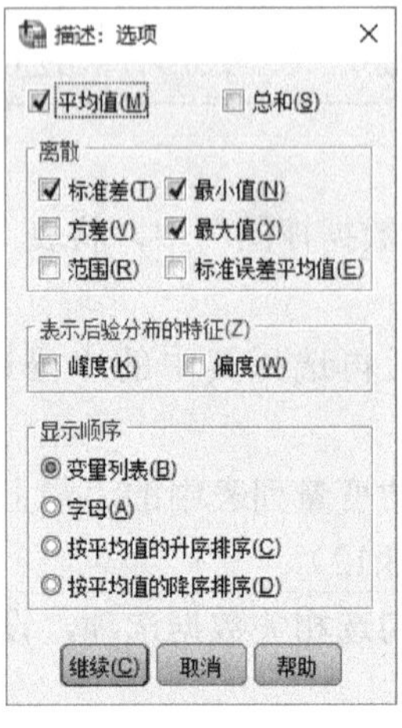

图 3.13 “选项”设置对话框

“选项”设置对话框如图 3.13 所示。对话框最上面一栏包括“平均值”和“总和”。“离散”栏中包括“标准差”“方差”“范围”“最小值”“最大值”和“标准误差平均值”。“表示后验分布的特征”包括“峰度”和“偏度”。“显示顺序”栏包括：①“变量列表”，即按照变量在数据编辑窗口中原来的顺序进行排列。②“字母”，即按照变量名字母顺序进行排列。③“按平均值的升序排序”，即按照变量平均值从小到大的顺序进行排列。④“按平均值的降序排序”，即按照变量平均值从大到小的顺序进行排列。

第五，完成各项设置后点击“确定”，输出描述统计结果（表 3.5）。

表 3.5　肾上腺质量描述统计量

描述统计						
	N	最小值	最大值	均值		标准偏差
	统计	统计	统计	统计	标准错误	统计
肾上腺质量/g	30	6.50	25.00	13.1800	.76936	4.21397
有效个案数（成列）	30					

3.3　探索性分析

探索性分析是 SPSS 提供的一项很重要的分析功能，它在计算常见描述性统计量的基础上，还提供了一些简单的检验结果和图形，有助于进一步分析数据。探索性分析主要分析观察值的分布情况、资料的正态性检验和方差齐性检验。

【例 3.3】 40 只基础母羊的体重资料见表 3.6，试进行探索性分析。

表 3.6　40 只基础母羊的体重　（单位：kg）

甲品种	53.0	50.0	57.0	56.0	51.0	48.0	46.0	62.0	51.0	61.0
	56.0	62.0	58.0	46.5	48.0	46.0	50.0	54.5	56.0	40.0
乙品种	50.0	50.0	45.0	55.0	62.0	51.0	50.0	43.0	53.0	42.0
	56.0	54.5	45.0	56.0	54.0	45.0	56.0	54.0	65.0	61.0

操作步骤如下。

第一，在“数据视图”中，将表 3.6 的数据输入 SPSS 中，完成数据文件的建立，在“变量视图”中定义品种变量和体重变量，其中在品种变量中“值”一栏，将甲品种赋值为 1，乙品种赋值为 2（图 3.14）。

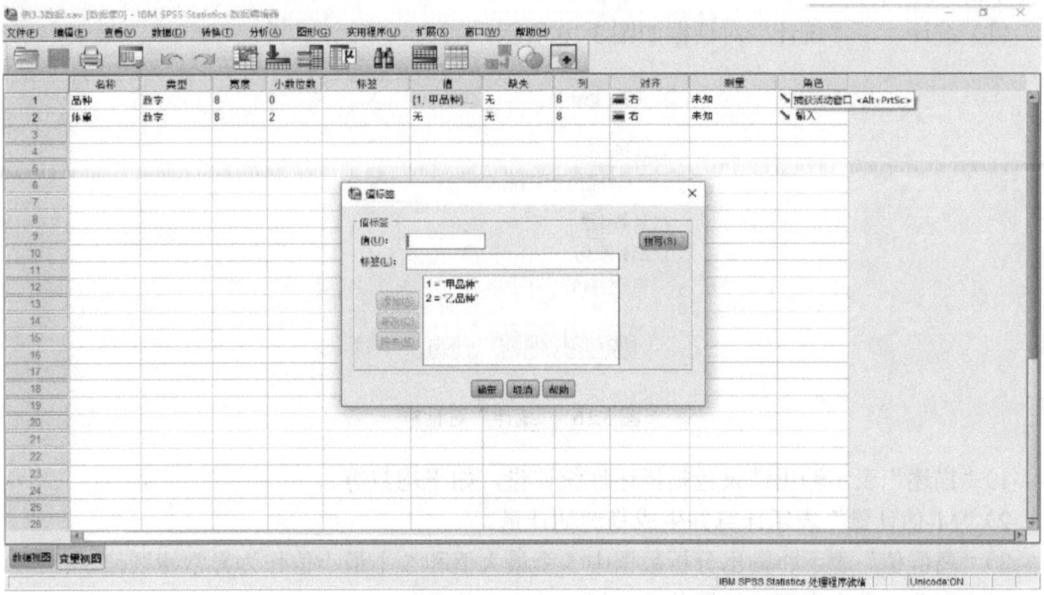

图 3.14　定义变量

第二，单击菜单栏中的“分析”按钮，选择“描述统计”，然后选择“探索”。

第三，单击“探索”按钮，弹出探索性分析对话框，将对话框左侧变量列表中的“体重”选中，点击对话框中间的箭头，将体重变量选入右侧“因变量列表”中，将品种变量选入“因子列表”中（图 3.15）。

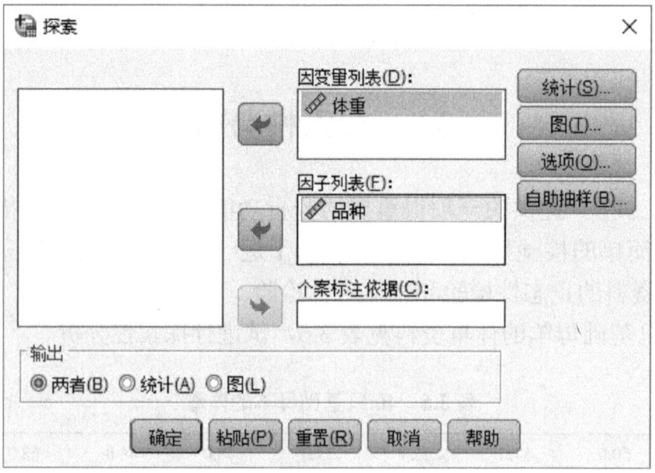

图 3.15 探索性分析对话框

在探索性分析对话框中，“因变量列表”表示所研究的目标变量；“因子列表”表示影响因变量的因素，为分组变量；“个案标注依据”用来区分每个观测量的变量；“两者”表示输出结果包含描述性统计量的统计表格和图；“统计”表示输出结果只有统计表格；“图”表示输出结果只有统计图。

第四，设置探索性分析对话框中统计、图、选项、自助抽样的选项，勾选相关选项，设置完单击“继续”。

（1）统计　“统计”对话框如图 3.16 所示。

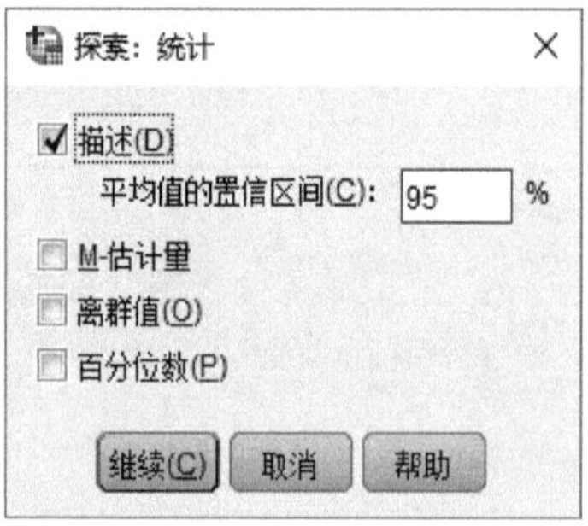

图 3.16 “统计”对话框

1）“描述”表示输出结果包括描述性统计量，如平均数等。

2）“M-估计量”表示计算并生成稳健估计量。

3）“离群值”表示将输出分析数据中 5 个最大值和 5 个最小值作为异常嫌疑值。

4）“百分位数”表示将计算并显示指定的百分位数。

（2）图 “图”对话框如图3.17所示。

1）“箱图”包括：①“因子级别并置”，表示每个因子变量创建一个箱图；②“因变量并置”，即每个因变量创建一个箱图；③“无”，表示不创建箱图。

2）“描述图”包括：①“茎叶图”，由频率、茎和叶组成；②“直方图”，即直接绘制直方图。

3）“含检验的正态图”表示将进行正态性检验，并生成正态 *Q-Q* 概率图（*Q* 代表分位数，用图形的方式比较两个概率分布，把它们的两个分位数放在一起比较）和无趋势正态 *Q-Q* 概率图。

4）“含莱文检验的分布-水平图”，包括：①“无”，表示不进行莱文（Levene）检验，将不产生回归直线的斜率和不进行方差齐性检验；②“幂估算”，即对每组数据产生一个中位数的自然对数和4个分位数的自然对数的散点图；③“转换后”，表示变换原始数据；④“未转换”，表示不变换原始数据。

（3）选项 “选项”对话框如图3.18所示。

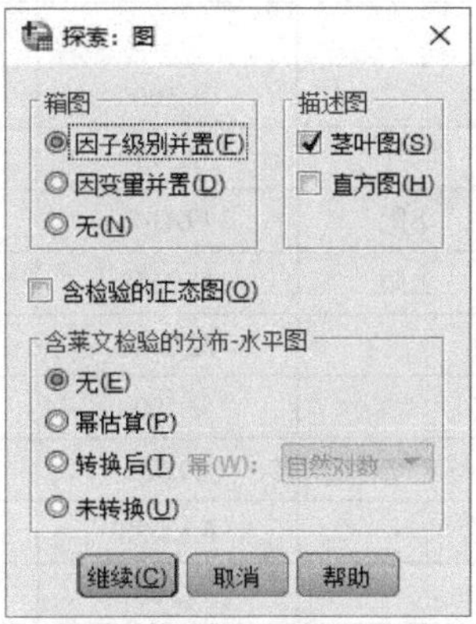

图3.17 “图”对话框

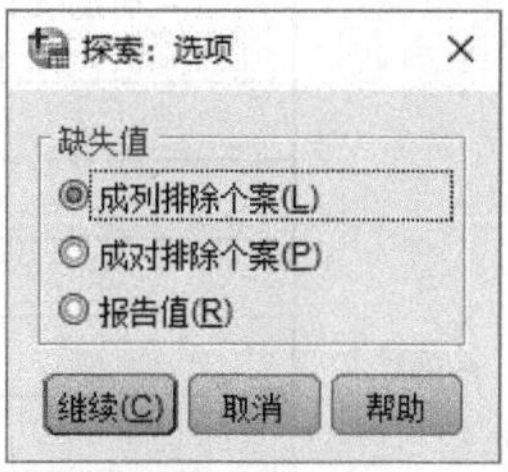

图3.18 “选项”对话框

“缺失值”包括：①“成列排除个案”，即对所有的分析过程剔除分组变量和因变量中所有带有缺失值的观测量数据；②“成对排除个案”，即同时剔除带缺失值的观测量及与缺失值有成对关系的观测量；③“报告值”，即将分组变量的缺失值单独分为一组，在输出频数表的同时输出缺失值。

第五，完成所有相关设置后点击“确定”按钮，输出探索性统计分析结果（表3.7和表3.8）。

表3.7 个案处理摘要

个案处理摘要							
	品种	个案					
		有效		缺失		总计	
		个案数	百分比	个案数	百分比	个案数	百分比
体重	甲品种	20	100.0%	0	0.0%	20	100.0%
	乙品种	20	100.0%	0	0.0%	20	100.0%

表 3.8 描述性统计量

描述					
	品种			统计	标准错误
体重	甲品种	平均值		52.6000	1.33604
		平均值的 95% 置信区间	下限	49.8036	
			上限	55.3964	
		5% 剪除后平均值		52.7778	
		中位数		52.0000	
		方差		35.700	
		标准偏差		5.97495	
		最小值		40.00	
		最大值		62.00	
		全距		22.00	
		四分位距		8.75	
		偏度		-.115	.512
		峰度		-.500	.992
	乙品种	平均值		52.3750	1.41462
		平均值的 95% 置信区间	下限	49.4142	
			上限	55.3358	
		5% 剪除后平均值		52.2500	
		中位数		53.5000	
		方差		40.023	
		标准偏差		6.32638	
		最小值		42.00	
		最大值		65.00	
		全距		23.00	
		四分位距		9.75	
		偏度		.124	.512
		峰度		-.454	.992

表 3.9 分别列出了休伯（Huber）、图基（Tukey）、汉佩尔（Hampel）和安德鲁波（Andrews）4 种集中趋势的稳健估计量（M 估计量），同时列出了不同方法计算估计量的加权常量。

表 3.9 M 估计量器输出结果

M 估计量					
	品种	休伯 M 估计量[a]	图基双权[b]	汉佩尔 M 估计量[c]	安德鲁波[d]
体重	甲品种	52.4850	52.6115	52.5261	52.6118
	乙品种	52.5756	52.3623	52.4030	52.3557
a. 加权常量为 1.339。b. 加权常量为 4.685。c. 加权常量为 1.700、3.400 和 8.500。d. 加权常量为 1.340*pi。					

表 3.10 列出了加权平均和 Tukey 法计算百分位数输出结果。

表 3.10　加权平均和 Tukey 法计算百分位数输出结果

百分位数									
		品种	百分位数						
			5	10	25	50	75	90	95
加权平均（定义 1）	体重	甲品种	40.3000	46.0000	48.0000	52.0000	56.7500	61.9000	62.0000
		乙品种	42.0500	43.2000	46.2500	53.5000	56.0000	61.9000	64.8500
图基枢纽	体重	甲品种			48.0000	52.0000	56.5000		
		乙品种			47.5000	53.5000	56.0000		

表 3.11 给出柯尔莫戈洛夫-斯米诺夫（Kolmogorov-Smirnov）、夏皮洛-威尔克（Shapiro-Wilk）两种正态性检验经过，本例中，甲品种 Kolmogorov-Smirnov 和 Shapiro-Wilk 检验的显著性（零假设成立的概率 P）分别为 0.200 和 0.659，大于设定的 0.05 显著水平，即零假设成立，零假设表示甲品种的分布与正态分布没有显著差异，即甲品种是正态分布。乙品种 Kolmogorov-Smirnov 和 Shapiro-Wilk 检验的显著性（零假设成立的概率 P）分别为 0.200 和 0.529，大于设定的 0.05 显著水平，即零假设成立，零假设表示乙品种的分布与正态分布没有显著差异，即乙品种是正态分布。

Kolmogorov-Smirnov、Shapiro-Wilk 均可进行正态性检验，但有时一个检验认为是正态而另一个检验认为是偏态的；SPSS 中规定如果指定的是非整数权重，则在加权样本大小为 3～50 时，计算 Shapiro-Wilk 统计量。对于无权重或整数权重，在加权样本大小为 3～5000 时，计算 Shapiro-Wilk 统计量。

表 3.11　两种正态性检验

正态性检验							
	品种	柯尔莫戈洛夫-斯米诺夫[a]			夏皮洛-威尔克		
		统计	自由度	显著性	统计	自由度	显著性
体重	甲品种	0.115	20	0.200*	0.966	20	0.659
	乙品种	0.133	20	0.200*	0.959	20	0.529
*. 这是真显著性的下限。							
a. 里利氏显著性修正。							

图 3.19 表示的是甲品种正态性检验 Q-Q 图，其判断方法是看图中散点分布是否接近于一条直线，接近于一条直线表示该资料为正态分布；反之，则不成正态性分布。

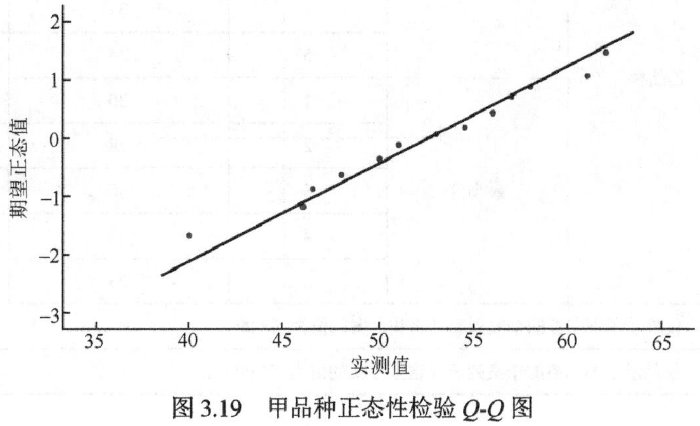

图 3.19　甲品种正态性检验 Q-Q 图

表 3.12 列出了方差齐性检验的结果，Levene 统计量的 4 种算法基于的中心分别是平均值、中位数、具有调整后自由度的中位数和截两端数据的修整平均值（即剪除后平均值）。

表 3.12 方差齐性检验

方差齐性检验					
		莱文统计	自由度 1	自由度 2	显著性
体重	基于平均值	.007	1	38	.936
	基于中位数	.000	1	38	.982
	基于中位数并具有调整后自由度	.000	1	36.594	.982
	基于剪除后平均值	.009	1	38	.926

表 3.13 是选项“outlier”的输出结果，每个变量最多列出 5 个最大值和 5 个最小值。

表 3.13 极值

极值					
	品种			个案号	值
体重	甲品种	最高	1	8	62.00
			2	12	62.00
			3	10	61.00
			4	13	58.00
			5	3	57.00
		最小值	1	20	40.00
			2	16	46.00
			3	7	46.00
			4	14	46.50
			5	15	48.00[a]
	乙品种	最高	1	39	65.00
			2	25	62.00
			3	40	61.00
			4	31	56.00
			5	34	56.00[b]
		最小值	1	30	42.00
			2	28	43.00
			3	36	45.00
			4	33	45.00
			5	23	45.00
a. 在较小极值的表中，仅显示了不完整的个案列表（这些个案的值为 48.00）。					
b. 在较大极值的表中，仅显示了不完整的个案列表（这些个案的值为 56.00）。					

箱图（图 3.20）是在剔除变量的离群点和极端值后形成的，其提供了一种只用 5 个百分位点对数据集做简单总结的方式，箱图中 5 条横线分别代表了 5 个百分位点，箱体高度即四分位数间距，其值等于 $P_{75}-P_{25}$，如果图中有 0，0 代表异常值。

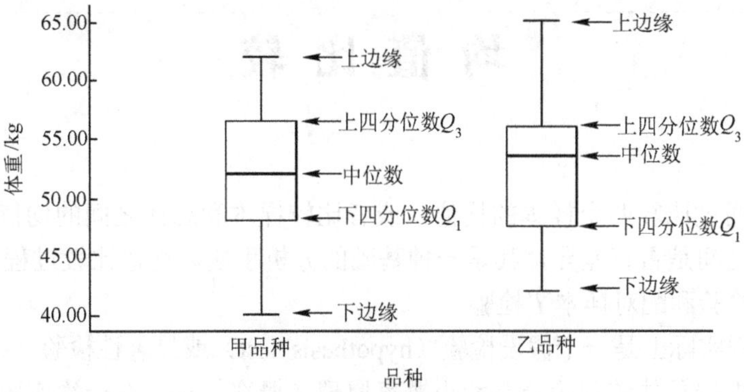

图 3.20　箱图

上边缘为最大值；下边缘为最小值；上四分位数（Q_3）即 P_{75}，下四分位数（Q_1）即 P_{25}

第 4 章

均 值 比 较

均值比较是通过比较两个样本的均值，或者比较样本和总体之间的均值来判断两个样本或者样本和总体之间是否有差异，其是一种基础的分析手段。均值比较过程包括单样本 T 检验、独立样本 T 检验和配对样本 T 检验。

均值比较过程实际上是一个假设检验（hypothesis test）或显著性检验（significance test）过程，其思想是根据总体的理论分布和小概率原理（概率很小，在一次实验中几乎不可能发生，统计学上人为规定的小概率有两个，分别是 0.05 和 0.01），提出两种彼此对立的假设（一般称它们为零假设和备择假设），通过计算其中一个假设（零假设）所发生的概率，从而决定要接受哪种假设的推断。

4.1 单样本 T 检验

单样本 T 检验，主要用于检验单个变量的均值与指定的检验值之间是否存在显著性差异，也用于检验某一样本平均数所属的总体平均数是否和某一指定的总体平均数相同，若相同，说明该样本属于这个指定的总体；若不同，说明该样本所属的总体与这个指定的总体不同，即有显著或极显著差异，前提是要求样本来自的总体服从正态分布。

4.1.1 原理

根据假设检验的思想，单样本 T 检验的原理为：①提出零假设和备择假设，零假设为单个变量的均值与指定的检验值相等，备择假设为单个变量的均值与指定的检验值不相等；②确定显著水平 α（0.05 或者 0.01）；③计算统计量 t 值；④用计算出的统计量 t 绝对值与 t_α（查 t 值表获得）进行比较，如果 $t > t_\alpha$，说明零假设发生的概率（在 SPSS 软件操作中，SPSS 会直接计算出零假设在这一次实验中发生的概率）小于显著水平，表示在这一次实验中，零假设不会发生，应该否定零假设，接受备择假设；反之，如果 $t < t_\alpha$，说明零假设发生的概率大于显著水平，表示在这一次实验中，零假设发生，应该接受零假设，否定备择假设。

4.1.2 实例详解

【例 4.1】 已知玉米单交种群‘单 105’的平均穗重为 300g。喷药后，随机抽取 9 个果穗，其穗重为 308g、305g、311g、298g、315g、300g、321g、294g、320g。喷药后与喷药前的果穗重差异是否显著?

操作步骤如下。

第一，将例 4.1 中 9 个果穗穗重输入 SPSS 中，建立果穗重数据文件。

第二，点击菜单栏中的“分析”按钮，选择“比较平均值”，然后选择“单样本 T 检验”（图 4.1）。

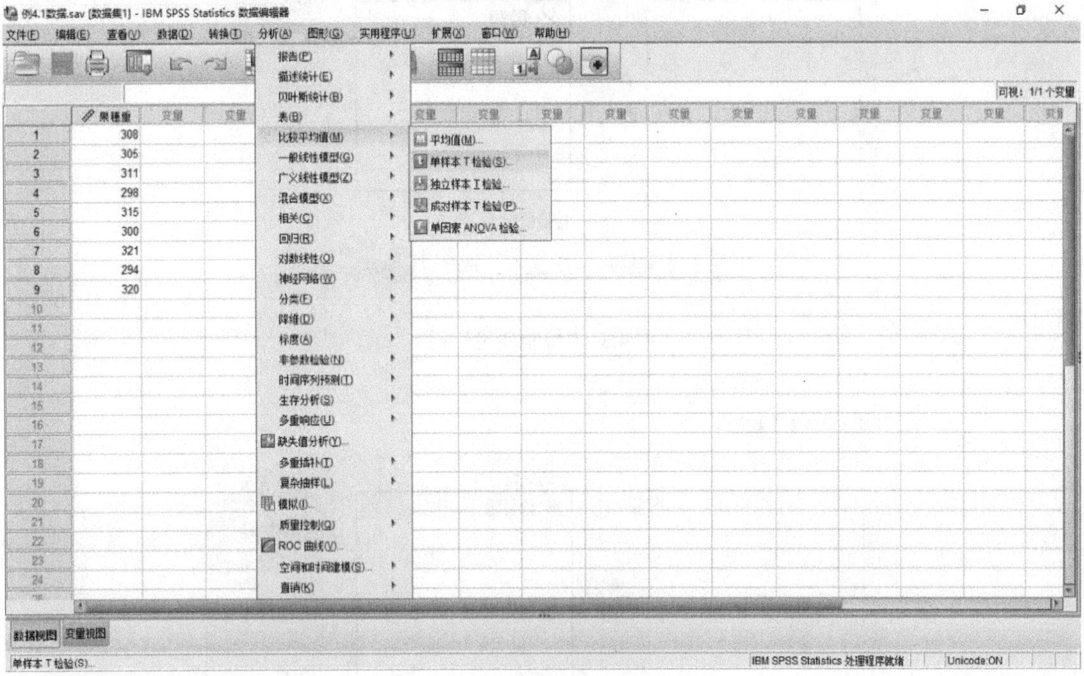

图 4.1 “单样本 T 检验”选项

第三，单击“单样本 T 检验”按钮，弹出“单样本 T 检验”对话框，选择对话框左边变量列表中的“果穗重”，单击对话框中间的箭头，将“果穗重”输入“检验变量”栏中（图 4.2 和图 4.3）。

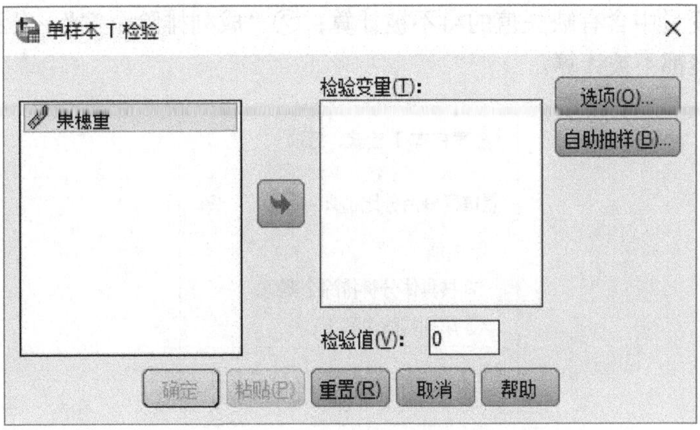

图 4.2 “单样本 T 检验”对话框

第四，将需要检验的值输入“检验值”一栏中，本例中检验值为 300（图 4.4），设置“单样本 T 检验”对话框中的“选项”，勾选相关选项，设置完单击“继续”按钮。

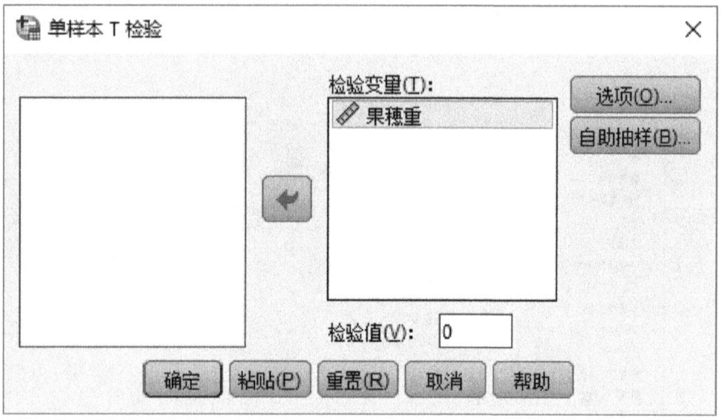

图 4.3 “检验变量”栏

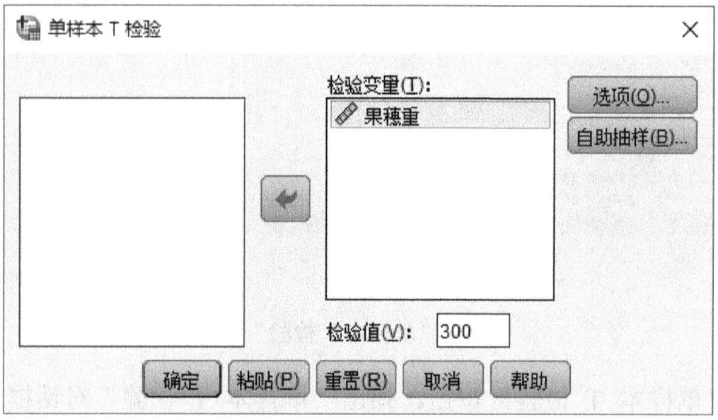

图 4.4 “检验值”栏

“选项”对话框如图 4.5 所示，其中“缺失值”栏包括：①“按具体分析排除个案”，表示在分析时，检验变量中含有缺失值的将不被计算；②“成列排除个案”，表示任何一个变量中含有缺失值的个案都不被计算。

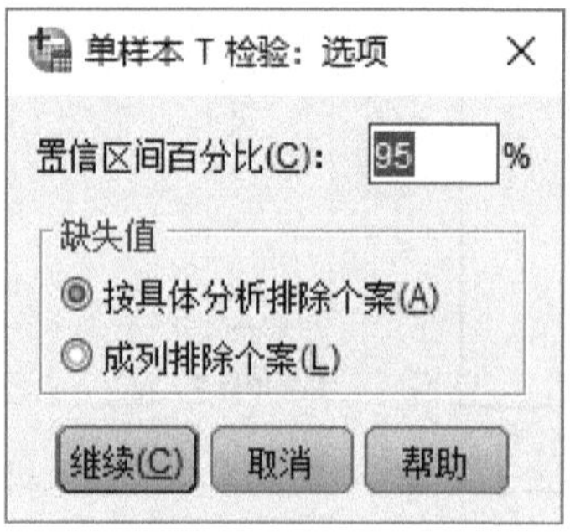

图 4.5 “选项”对话框

第五，完成各项设置后，单击“确定”按钮，输出检验结果（表 4.1 和表 4.2）。

表 4.1 单个样本统计量

单样本统计				
	个案数	平均值	标准偏差	标准误差平均值
果穗重	9	308.00	9.618	3.206

表 4.2 单个样本检验分析表

单样本检验						
	检验值 = 300					
	t	自由度	Sig.（双尾）	平均值差值	差值 95% 置信区间	
					下限	上限
果穗重	2.495	8	.037	8.000	.61	15.39

结果说明：本例中零假设是喷药后的果穗重等于喷药前的果穗重，备择假设为喷药后的果穗重不等于喷药前的果穗重，显著水平为 0.05，计算后 t 值为 2.495，其对应的概率值为 0.037，即表示零假设发生的概率为 0.037，其小于我们设定的显著水平 0.05，所以应该否定零假设，接受备择假设，即表示喷药后的果穗重与喷药前的果穗重有显著差异。

4.2 独立样本 *T* 检验

独立样本 T 检验用于检验两组来自独立总体的样本的平均数是否有显著差异，这两组样本的各个变量是从各自总体中随机抽取的，两个样本之间的变量没有任何关联，即两个抽样样本彼此独立，统计学上把这样所得的数据称为成组数据。其中，两个样本的容量可以相同，也可以不同，其检验的方法随着两样本所属总体方差是否已知和样本大小不同而不同。独立样本 T 检验要求两组数据相互独立，两组样本来自的总体服从正态分布，且两组样本所属总体方差相等。

4.2.1 原理

根据假设检验的思想，独立样本 T 检验的原理为：①提出零假设和备择假设，零假设是两样本所属的总体均值相等，备择假设是两样本所属的总体均值不相等；②确定显著水平 α（0.05 或者 0.01）；③计算统计量 t 值；④用计算出的统计量 t 绝对值与 t_α（查 t 值表获得）进行比较，如果 $t > t_\alpha$，说明零假设发生的概率（在 SPSS 软件操作中，SPSS 会直接计算出零假设在这一次实验中发生的概率）小于显著水平，表示在这一次实验中，零假设不会发生，应该否定零假设，接受备择假设；反之，如果 $t < t_\alpha$，说明零假设发生的概率大于显著水平，表示在这一次实验中，零假设发生，应该接受零假设，否定备择假设。

4.2.2 实例详解

【例 4.2】 测定了 10 位青年男子和 10 位老年男子的血压值（收缩压 mmHg，1mmHg≈133.32Pa），如表 4.3 所示，问老年人血压值与青年人血压差异是否显著？

表 4.3 各男子的血压值 （单位：mmHg）

青年	98	160	136	128	130	114	123	134	128	107
老年	133	120	122	114	130	155	116	140	160	100

操作步骤如下。

第一，首先在 SPSS“变量视图”中，建立分组变量和血压值变量，其中分组变量用“1”代表青年，“2”代表老年，其设定在“值”一栏中进行（图 4.6 和图 4.7）。

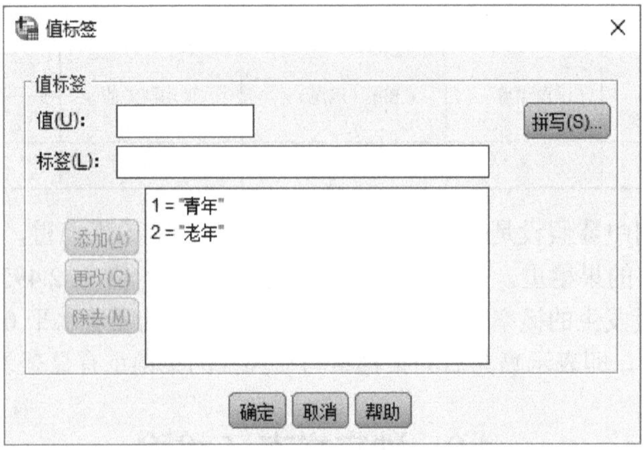

图 4.6 值的设定

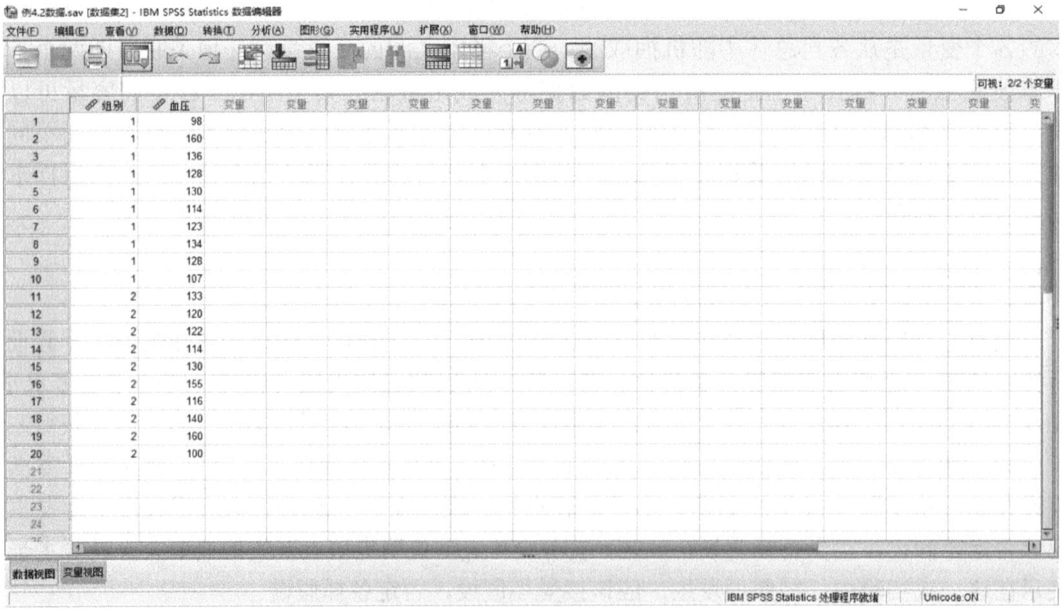

图 4.7 组别变量与血压变量数据文件

第二，单击菜单栏中的“分析”按钮，选择“比较平均值”，然后选择“独立样本 T 检验”（图 4.8）。

图 4.8 “独立样本 T 检验”选项

第三，单击“独立样本 T 检验”按钮，弹出“独立样本 T 检验”对话框（图 4.9），将对话框左边变量列表栏中“血压”选中，点击对话框中间的箭头，将“血压”输入对话框右边的“检验变量”中，将“组别”选中，点击对话框中间的箭头，将其输入对话框右边的“分组变量”栏中（图 4.10），然后点击“定义组”，分别在“组 1”栏中输入“1”，“组 2”栏中输入“2”（图 4.11）。

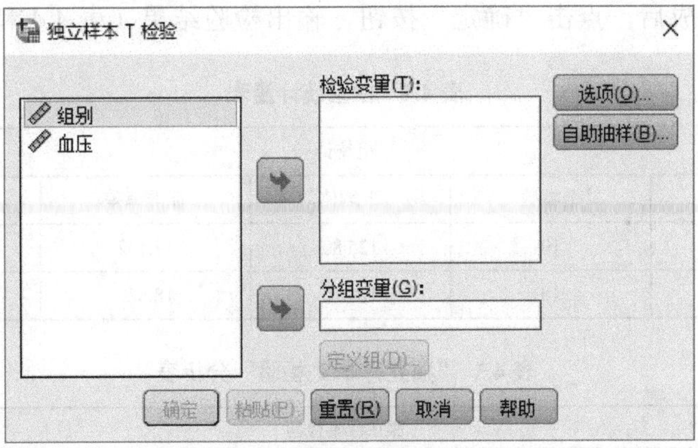

图 4.9 “独立样本 T 检验”对话框

“定义组”中包括：①“使用指定的值”，即将定义的分组值分别输入“组 1”“组 2”中，每一个定义的分组值代表一个总体。②“分割点”，表示分组变量为连续变量，输入一个数字，大于等于该数值的为一个总体，对应一组样本；小于该值的为另一个总体，对应另一组样本。

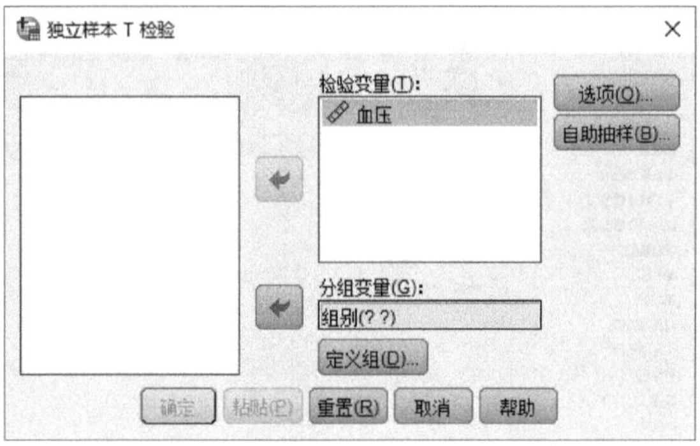

图 4.10 “检验变量”和“分组变量”

第四，设置“独立样本 T 检验”对话框上的“选项”，勾选相关的选项，设置完后，单击“继续”按钮（图 4.12）。

图 4.11 “定义组”对话框

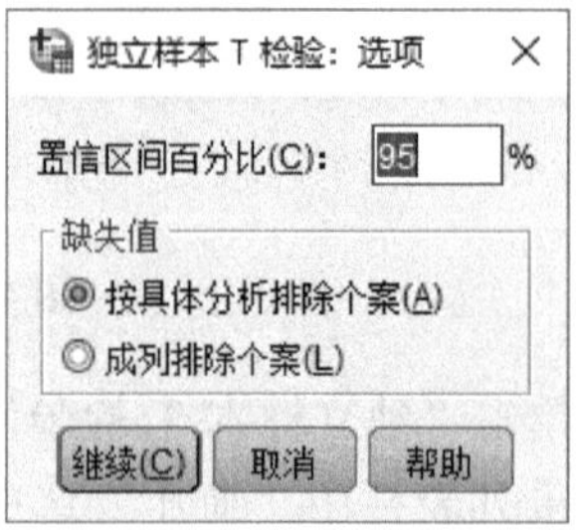

图 4.12 “选项”对话框

“缺失值”栏包括：①“按具体分析排除个案”，表示在分析时，检验变量中含有缺失值的将不被计算；②“成列排除个案”，表示任何一个变量中含有缺失值的个案都不被计算。

第五，设置完成后，点击“确定”按钮，输出检验结果（表 4.4 和表 4.5）。

表 4.4 检验统计量表

组统计					
	组别	个案数	平均值	标准偏差	标准误差平均值
血压	青年	10	125.80	17.132	5.418
	老年	10	129.00	18.679	5.907

表 4.5 “独立样本 T 检验”分析表

独立样本检验										
		莱文方差等同性检验		平均值等同性 t 检验						
		F	显著性	t	自由度	Sig.（双尾）	平均值差值	标准误差差值	差值 95% 置信区间	
									下限	上限
血压	假定等方差	.233	.635	–.399	18	.694	–3.200	8.015	–20.039	13.639
	不假定等方差			–.399	17.867	.694	–3.200	8.015	–20.048	13.648

结果说明：本例中零假设是青年男子血压值和老年男子血压值没有显著差异，备择假设为青年男子血压值和老年男子血压值有显著差异。显著水平为 0.05，计算 t 值为 0.399，其对应的概率为 0.694，其大于我们设定的显著水平 0.05，所以应该接受零假设，否定备择假设，即表示青年男子血压值与老年男子血压值没有显著差异。

4.3 配对样本 T检验

配对样本 T 检验是利用来自两个总体的配对样本，推断两个总体的均值是否存在显著差异。其中配对样本是指将性质相同的两个样本（供试单位）配偶成对，每一对除随机给予不同处理外，其他试验条件应尽量一致，以检验处理的效果，所获得的观测值又称为成对数据。由于同一配对内两供试单位的实验条件非常接近，而不同配对间的条件差异又可通过各个配对差数予以消除，因而，可以控制实验误差，成对数据具有较高精确度。配对样本 T 检验要求两样本的容量相同，样本来自的两个总体服从正态分布。

4.3.1 原理

根据假设检验的思想，配对样本 T 检验的原理为：①提出零假设和备择假设，零假设是两样本所属的总体均值相等，备择假设是两样本所属的总体均值不相等；②确定显著水平 α（0.05 或者 0.01）；③计算统计量 t 值；④用计算出的统计量 t 绝对值与 t_α（查 t 值表获得）进行比较，如果 $t > t_\alpha$，说明零假设发生的概率（在 SPSS 软件操作中，SPSS 会直接计算出零假设在这一次实验中发生的概率）小于显著水平，表示在这一次实验中，零假设不会发生，应该否定零假设，接受备择假设；反之，如果 $t < t_\alpha$，说明零假设发生的概率大于显著水平，表示在这一次实验中，零假设发生，应该接受零假设，否定备择假设。配对样本 T 检验与独立样本 T 检验的差别在于 t 值的计算过程，配对样本是通过计算每对观察值的差值得到差值样本，然后通过差值样本的均值是否为零来推断两总体均值的差是否显著为零。

4.3.2 实例详解

【例 4.3】 为测定 A、B 两种病毒对烟草的致病力，取 8 株烟草，每一株皆半叶接种 A 病毒，另一半接种 B 病毒，以叶面出现枯斑的多少作为致病力强弱的指标，得到结果如表 4.6 所示。

表 4.6 各株烟草叶面出现枯斑的数量 （单位：个）

病毒	株号 1	株号 2	株号 3	株号 4	株号 5	株号 6	株号 7	株号 8
病毒 A	9	17	31	18	7	8	20	10
病毒 B	10	11	18	14	6	7	17	5

操作步骤如下。

第一，在 SPSS“变量视图”中定义两个变量，即病毒 A 变量和病毒 B 变量，然后进入“数据视图”，把对应的数据分别输入“病毒 A”栏和“病毒 B”栏，建立病毒 A、病毒 B 两种病毒致病力配对数据文件。

第二，单击菜单栏中的“分析”按钮，选择“比较平均值”，然后选择“成对样本 T 检验”(图 4.13)。

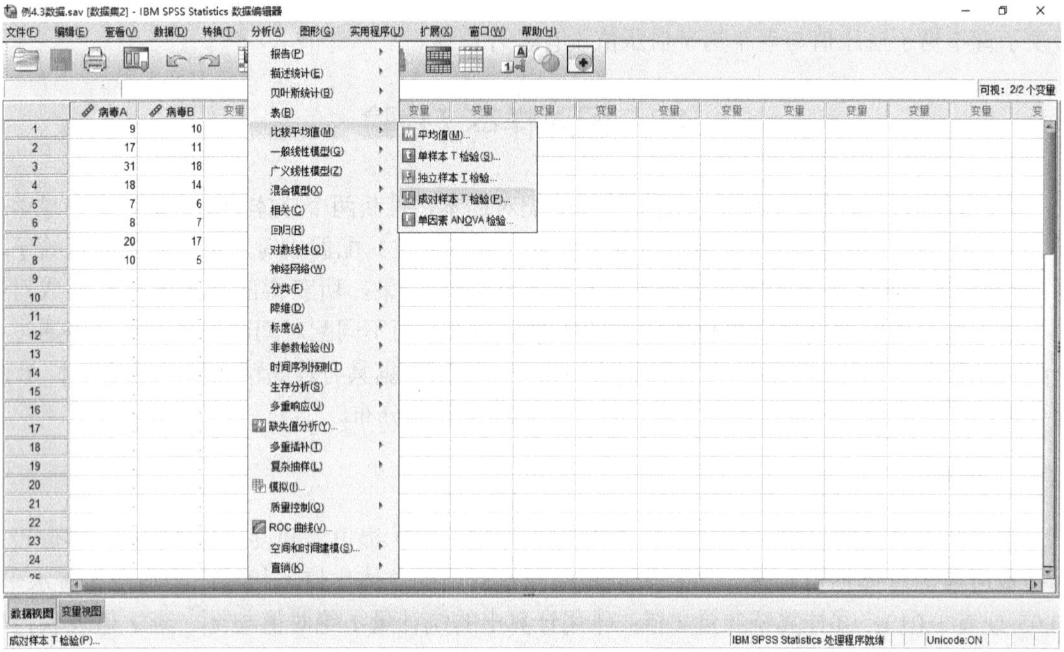

图 4.13 “成对样本 T 检验”选项

第三，点击“成对样本 T 检验”，弹出“成对样本 T 检验”对话框（图 4.14)，选中对话框左侧变量列表中“病毒 A”选项，点击对话框中间的箭头，将“病毒 A”输入对话框右侧“配对变量”中的“变量 1”，以同样的方法，将“病毒 B”输入“配对变量”中的“变量 2”(图 4.15)。

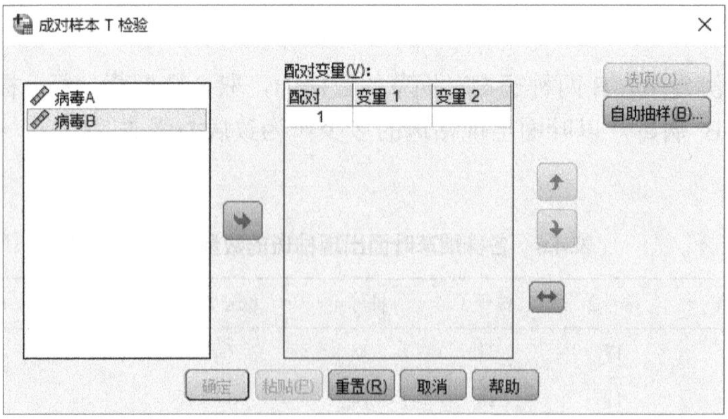

图 4.14 “成对样本 T 检验”对话框

第四，设置“成对样本 T 检验”对话框的“选项”，勾选相关的复选项，设置完后，点击“继续”按钮。

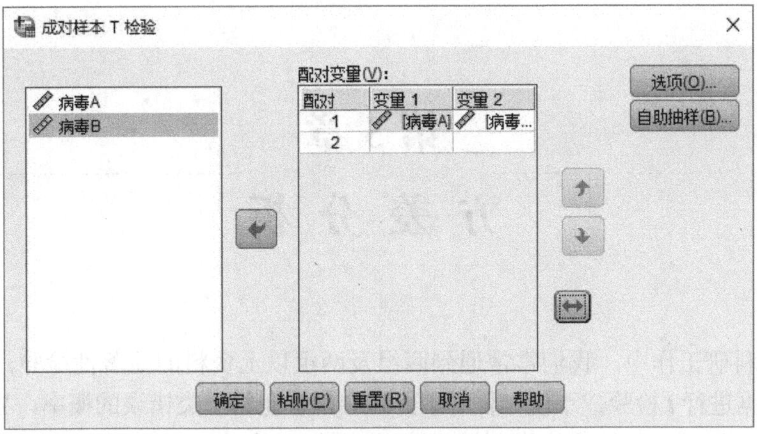

图 4.15 配对变量

第五，设置完成后，点击“确定”按钮，输出检验结果（表 4.7～表 4.9）。

表 4.7 检验统计量表

配对样本统计					
		平均值	个案数	标准偏差	标准误差平均值
配对 1	病毒 A	15.00	8	8.177	2.891
	病毒 B	11.00	8	4.957	1.753

表 4.8 样本相关性

配对样本相关性				
		个案数	相关性	显著性
配对 1	病毒 A & 病毒 B	8	.899	.002

表 4.9 检验分析表

配对样本检验									
		配对差值					t	自由度	Sig.（双尾）
		平均值	标准偏差	标准误差平均值	差值 95% 置信区间				
					下限	上限			
配对 1	病毒 A-病毒 B	4.000	4.309	1.524	.397	7.603	2.625	7	.034

结果说明：本例中零假设是 A、B 两种病毒对烟草的致病力没有显著差异，备择假设是 A、B 两种病毒对烟草的致病力有显著差异，显著水平为 0.05，计算得到的 t 值为 2.625，其对应的概率值为 0.034，小于设定的显著水平 0.05，所以应该否定零假设，接受备择假设，即表示 A、B 两种病毒对烟草的致病力有显著差异。

第 5 章

方 差 分 析

在实际的科研工作中，我们常常遇到两组及两组以上资料的显著性检验，如果将其转化为 n 个两组数据进行 t 检验，不仅过程烦琐，还会增加犯第一类错误的概率，导致检验的精确性和灵敏度下降，因此当试验资料为两组及两组以上时，应采用方差分析。方差分析（analysis of variance）又称为变量分析，是用于检验两个或多个均数差异的假设检验方法。它是一类特定情况下的统计假设检验，或者说是平均数差异显著性检验的一种引申，其检验的原理与假设检验相同，即提出假设，确定显示水平，计算统计量 F 值，通过比较 F 值与 F 临界值，从而推断应该接受哪种假设。

方差分析的思想是将总变异分解为各个变异来源，一般是处理效应和误差效应，通过假设检验确定各变异来源在总变异中的重要程度，从而确定变异是由处理引起的，还是由误差引起的。

方差分析应用的条件为：①各组数据之间相互独立，互不相关，即独立性；②各组数据服从正态分布，即正态性；③各组方差相等，即方差齐性。

5.1 单因素方差分析

试验中仅研究一个因素对试验指标的影响，称为单因素试验，其方差分析比较简单，就是通过分析处理组平均数之间的差别，推断试验中所代表的多个总体均数间是否存在差别。

5.1.1 原理

根据方差分析的线性模型，单因素方差分析是将总变异分解为组间变异（处理效应）和组内变异（误差效应），然后根据假设检验的原理进行分析。假设检验的原理如下：①提出一种彼此对立的假设，即零假设：处理效应与误差效应相差不大（表示试验因素对试验指标影响不大）；备择假设：处理效应与误差效应相差较大（表示试验因素对试验指标影响较大）；②确定显著水平 α（0.05 或 0.01）；③计算统计量 F 值；④用计算出的统计量 F 绝对值与 F_α（查 F 值表获得）进行统计推断，如果 $F > F_\alpha$，说明零假设发生的概率（在 SPSS 软件操作中，SPSS 会直接计算出零假设在这一次实验中发生的概率）小于显著水平，表示在这一次实验中，零假设不会发生，应该否定零假设，接受备择假设；反之，如果 $F < F_\alpha$，说明零假设发生的概率大于显著水平，表示在这一次实验中，零假设发生，应该接受零假设，否定备择假设。

5.1.2 实例详解

【例 5.1】 进行一水稻施肥的盆栽试验，设 5 个处理，A 和 B 分别施用两种不同工艺流程的氨水，C 施碳酸氢钠，D 施尿素，E 不施氮肥。每种处理有 4 盆（施氮处理的施肥量每盆皆为折合纯氮 1.2 g），随机放置于同一网室中，其稻谷产量（g/盆）列于表 5.1，试分析各处理平均数的差异显著性。

表 5.1 不同处理的稻谷产量

处理	稻谷产量/（g/盆）			
A（氨水 1）	24	30	28	26
B（氨水 2）	27	24	21	26
C（碳酸氢钠）	31	28	25	30
D（尿素）	32	33	33	28
E（不施）	21	22	16	21

操作步骤如下。

第一，将表 5.1 中的数据输入 SPSS 中，建立施肥处理数据文件，其中一列为分组变量，分别用 1 代表 A 处理，2 代表 B 处理，3 代表 C 处理，4 代表 D 处理，5 代表 E 处理，设置方法为在“变量视图”分组变量一栏中“值”里进行设置（图 5.1），另一列为产量变量，将对应的数值输入其中。

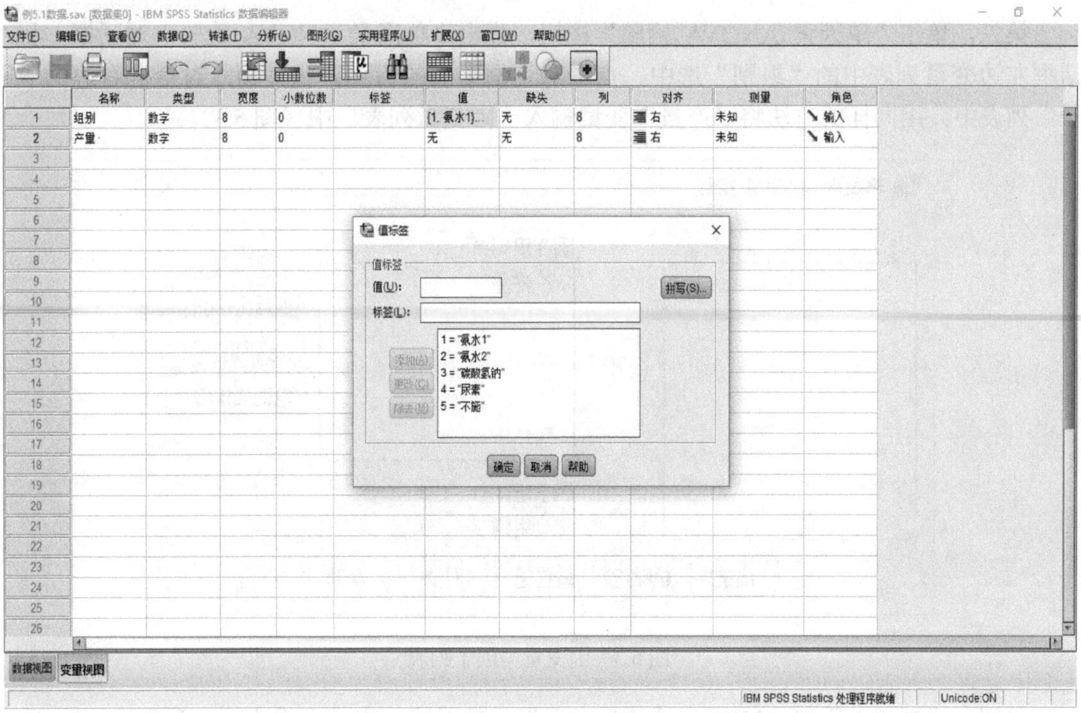

图 5.1 值的设置

第二，单击菜单栏中的“分析”按钮，选择“比较平均值”，然后选择“单因素 ANOVA 检验”（图 5.2）。

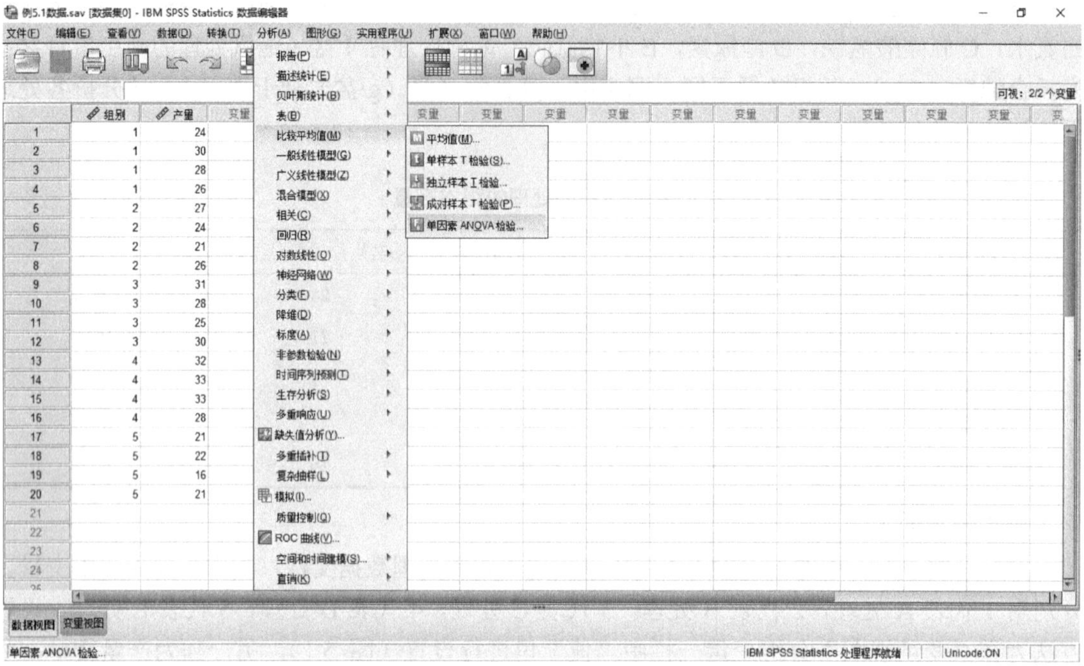

图 5.2　“单因素 ANOVA 检验”选项

第三，单击“单因素 ANOVA 检验”按钮，弹出“单因素 ANOVA 检验”对话框，将对话框左边变量列表中的“组别”选中，点击对话框中间的箭头，将其输入对话框右边的“因子”列表中，用同样的方法将“产量”变量输入“因变量列表”中（图 5.3）。

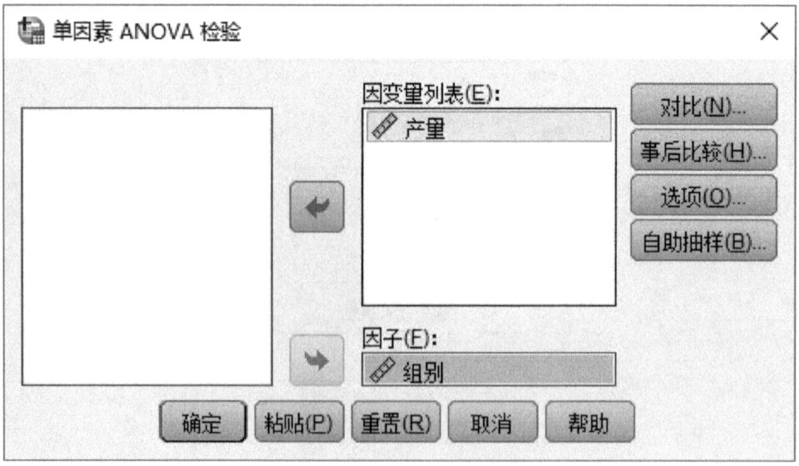

图 5.3　因变量与因子列表

第四，设置“单因素 ANOVA 检验”对话框上的对比、事后多重比较（两两比较）、选项和自助抽样，勾选相关的选项，设置完成后单击“继续”按钮。

（1）对比　“对比”对话框如图 5.4 所示，用于分解组间平方和并确定均值的多项式比较。

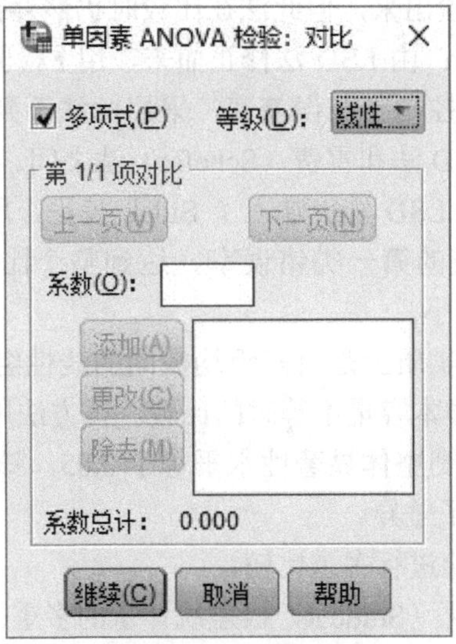

图 5.4 “对比”对话框

1）“多项式”：表示对方差分析的组间平方和进行分解并进行趋势检验，“等级”下拉菜单表示进行趋势检验的曲线类型，包括“线性”“二次项”“三次项”“四次项”和“五次项”。

2）“第 1/1 项对比”：用于精确确定组间均值比较的多项式系数，通过“添加”“更改”和“除去”进行操作。

（2）事后多重比较　“事后多重比较”对话框如图 5.5 所示。

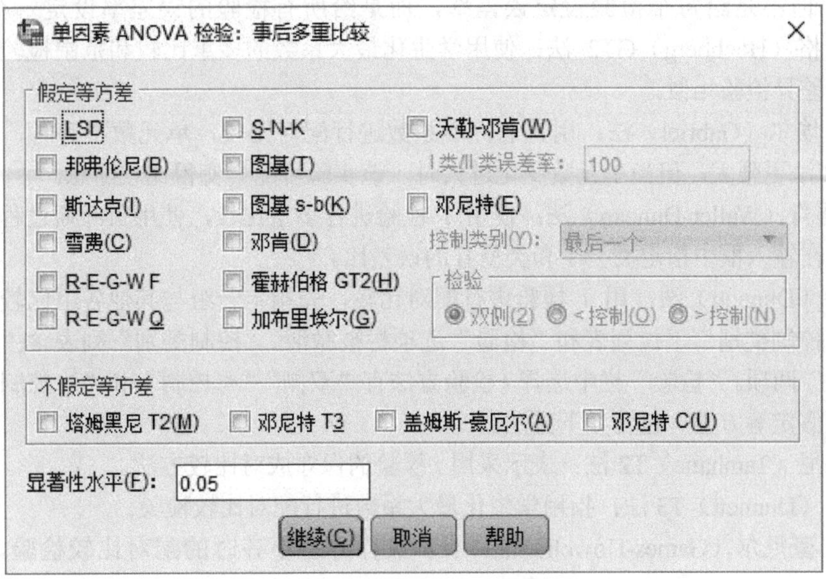

图 5.5 “事后多重比较”对话框

1）“假定等方差”包含如下方法。

LSD 法：最小显著差异法。实际上是 t 检验的改进，检验的敏感度最高，即使各个水平的均值存在细微差别也能被检验出来，但此法在比较时仍然存在放大α水平的问题。

邦弗伦尼（Bonferroni）法：由 LSD 法修正而来，用 t 检验完成组间成对均值的比较，即通过设置每个检验的误差率来控制整个误差率，采用此法看到的显著性是多重比较完成后的调整值，该方法敏感度介于 LSD 法和雪费（Scheffe）法之间。

斯达克（Sidak）法：是在 LSD 法上加入了 Sidak 校正，用 t 检验统计量完成多重配对比较后，通过校正每次两两比较的第一类错误率，达到整个比较最终第一类错误率为α的目的，其比 Bonfrroni 法的界限要小。

雪费（Scheffe）法：此法实质上是对多组均数间的线性组合是否为零做假设检验（即所谓的 Contrasts），多用于各组样本容量不等时的比较。该方法用来检验组间所有可能的线性组合，而不只是成对组合，并控制整体显著性水平等于 0.05。该法相对保守，有时方差分析有显著差异，但用此法却发现不了差异。

R-E-G-WF 法：是用 F 检验进行多重比较。

R-E-G-WQ 法：根据学生化（Student）极差统计量的多重比较。

S-N-K 法：此法是根据预先制定的准则将各组均数分为多个子集，然后利用 t 范围分布在均值之间进行所有成对比较，同时使用步进式过程比较具有相同样本大小的同类子集内的均值对。均值按从高到低排列，首先检验极端的差分值。

图基（Turkey）法：使用 t 范围统计量进行组间所有成对比较，并将实验误差率设置为所有成对比较的集合误差率，这种方法要求各组样本容量相同。

图基（Turkey）s-b 法：用学生化的极差分布（Student-Range）统计量进行所有组间均值的配对比较，其临界值是 Turkey 法和 S-N-K 法相应值的平均值。

邓肯（Duncan）法：在进行配对比较时，使用逐步顺序进行计算得出结果，与 S-N-K 检验顺序一样，但不是给每个检验设定误差率，而是给所有检验的误差率设定一个临界值。

霍赫伯格（Hochberg）GT2 法：使用学生化最大系数的多重比较和范围检验，与图基法真实显著性差异检验相似。

加布里埃尔（Gabriel）法：用正态标准系数进行配对比较，单元数不等时，它通常比霍赫伯格 GT2 法更强大，但当单元数变化过大时，该实验可能会变得比较随意。

沃勒-邓肯（Waller-Duncan）法：使用 t 检验进行多重比较，使用贝叶斯过程的多重比较检验，需要在输入框中指定类型 I 和类型 II 的误差比。

邓尼特（Dunnett）法：用 t 检验进行配对比较，先指定一组与其他各组比较。选中此法后，其下“控制类别”下拉列表和“检验”选项栏被激活。“控制类别”列表含“最后一个”和“第一个”两项。“检验”栏中选择 t 检验方法有“双侧”“＜控制”和“＞控制”3 项。

2）“不假定等方差”包含如下方法。

塔姆黑尼（Tamhane）T2 法：表示采用 t 检验的保守成对比较方法。

邓尼特（Dunnett）T3 法：指用学生化最大系数进行配对比较检验。

盖姆斯-豪厄尔（Games-Howell）法：表示执行方差不齐时的配对比较检验，该法比较常用。

邓尼特（Dunnett's）C 法：表示用 Student-Range 极差统计量进行配对比较检验。

（3）选项 “选项”对话框如图 5.6 所示。

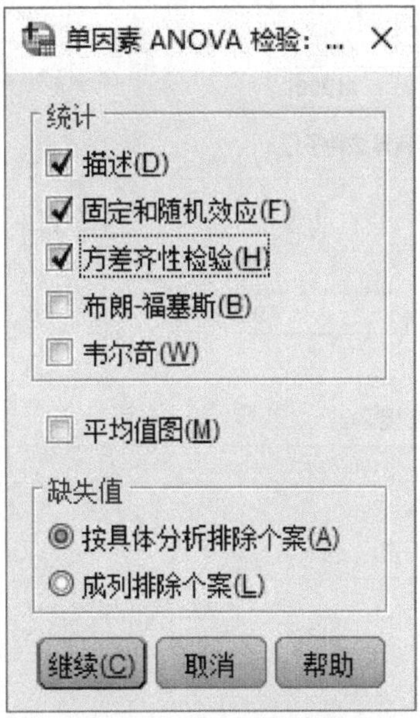

图 5.6 “选项”对话框

1）“统计”栏包括：①“描述”，表示将输出描述性统计量，包括均值、均值标准误、均值的 95%置信区间；②“固定和随机效应”，表示固定效应模型和随机效应模型的标准差、标准误、95%置信区间和方差成分间的估计值；③“方差齐性检验”，表示计算 Levene 方差齐性检验；④“布朗-福塞斯”（Brown-Forsythe），表示计算分组均值相等的 Brown-Forsythe 统计量，当方差齐性未知时，此检验比 F 统计量更具优势；⑤“韦尔奇”（Welch），与 Brown-Forsythe 类似，当不能把握方差齐性时，比 F 检验稳健；⑥“平均值图”，可输出各组的平均值图。

2）“缺失值”栏包括：①“按具体分析排除个案”，表示在分析时，检验变量中含有缺失值的将不被计算；②“成列排除个案”，表示任何一个变量中含有缺失值的个案都不被计算。

（4）自助抽样 “自助抽样”对话框如图 5.7 所示。

1）“执行自助抽样”：表示对研究样本进行反复抽样，根据多次抽样的结果对总体均数的置信区间进行估计，建议样本数不低于 1000，“设置梅森旋转算法种子”，是为了让分析结果能够复制，即再次运行时，设置同样的种子数，会得到相同的结果。

2）“置信区间”：“百分位数”即用百分位数表示；“加速纠正偏差”即对百分位数法进行修正，其结果更为精确，但计算时间较长。

3）“抽样”：表示系统进行反复抽样具体采用的方法。“简单”法表示系统从原始资料中不断抽取样本计算统计量后放回；“分层”法表示按照原始资料某个特征进行分层，然后再进行抽样。层内单位同质性较高，而层之间单位差异较大时，用分层法抽样更为科学。

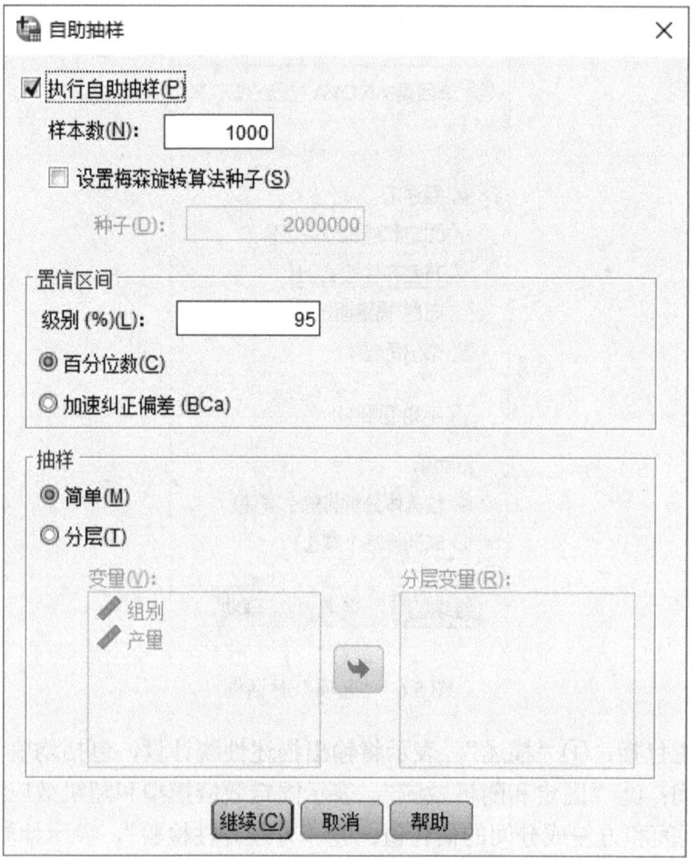

图 5.7 “自助抽样”对话框

第五，设置完成后，单击“确定”按钮，输出单因素方差分析检验结果（表 5.2）。

表 5.2 描述性统计量表

描述								
产量								
	个案数	平均值	标准偏差	标准错误	平均值的 95% 置信区间		最小值	最大值
					下限	上限		
氨水 1	4	27.00	2.582	1.291	22.89	31.11	24	30
氨水 2	4	24.50	2.646	1.323	20.29	28.71	21	27
碳酸氢钠	4	28.50	2.646	1.323	24.29	32.71	25	31
尿素	4	31.50	2.380	1.190	27.71	35.29	28	33
不施	4	20.00	2.708	1.354	15.69	24.31	16	22
总计	20	26.30	4.601	1.029	24.15	28.45	16	33

基于平均值的方差齐性检验结果 $P = 0.998 > 0.05$，表示 5 组数据方差是相等的（表 5.3）。

表 5.3 方差齐性检验

方差齐性检验						
		莱文统计	自由度 1	自由度 2	显著性
产量	基于平均值	.030	4	15	.998
	基于中位数	.100	4	15	.981
	基于中位数并具有调整后自由度	.100	4	11.660	.980
	基于剪除后平均值	.040	4	15	.997

单因素方差分析结果表明：统计量 $F=11.183$，$P=0.000<0.05$，表示零假设不会发生，应该接受备择假设，即表示不同处理下的水稻产量有显著差异（表 5.4）。

表 5.4 单因素方差分析表

ANOVA 产量							
			平方和	自由度	均方	F	显著性
组间	（组合）		301.200	4	75.300	11.183	.000
	线性项	对比	19.600	1	19.600	2.911	.109
		偏差	281.600	3	93.867	13.941	.000
组内			101.000	15	6.733		
总计			402.200	19			

两两比较的结果（表 5.5）用字母标记后如表 5.6 所示，即表 5.5 中“平均值差值”栏有*的表示两个均数间有显著差异，用不同的字母标记在均数后面。

表 5.5 均数两两比较

多重比较 因变量: 产量 LSD						
(I) 组别	(J) 组别	平均值差值 (I–J)	标准错误	显著性	95% 置信区间	
					下限	上限
氨水 1	氨水 2	2.500	1.835	.193	–1.41	6.41
	碳酸氢钠	–1.500	1.835	.426	–5.41	2.41
	尿素	–4.500*	1.835	.027	–8.41	–0.59
	不施	7.000*	1.835	.002	3.09	10.91
氨水 2	氨水 1	–2.500	1.835	.193	–6.41	1.41
	碳酸氢钠	–4.000*	1.835	.046	–7.91	–.09
	尿素	–7.000*	1.835	.002	–10.91	–3.09
	不施	4.500*	1.835	.027	.59	8.41

续表

多重比较						
因变量: 产量						
LSD						
(I) 组别	(J) 组别	平均值差值 (I–J)	标准错误	显著性	95% 置信区间	
					下限	上限
碳酸氢钠	氨水 1	1.500	1.835	.426	–2.41	5.41
	氨水 2	4.000*	1.835	.046	.09	7.91
	尿素	–3.000	1.835	.123	–6.91	.91
	不施	8.500*	1.835	.000	4.59	12.41
尿素	氨水 1	4.500*	1.835	.027	.59	8.41
	氨水 2	7.000*	1.835	.002	3.09	10.91
	碳酸氢钠	3.000	1.835	.123	–.91	6.91
	不施	11.500*	1.835	.000	7.59	15.41
不施	氨水 1	–7.000*	1.835	.002	–10.91	–3.09
	氨水 2	–4.500*	1.835	.027	–8.41	–.59
	碳酸氢钠	–8.500*	1.835	.000	–12.41	–4.59
	尿素	–11.500*	1.835	.000	–15.41	–7.59
*. 平均值差值的显著性水平为 0.05。						

表 5.6 两两比较字母标记结果

处理	氨水 1	氨水 2	碳酸氢钠	尿素	不施
均值	27.00bc	24.50c	28.50b	31.50a	20.00d

多重比较表明，4 种处理后水稻产量显著高于不施的水稻产量，其中施加尿素处理显著高于其他 3 种施加处理，碳酸氢钠处理与氨水 1 处理没有显著差异，碳酸氢钠处理显著高于氨水 2 处理，两种氨水处理之间没有显著差异。

5.2 随机区组设计方差分析

随机区组设计是根据局部控制和随机原理进行的，将实验单位按性质不同分成与重复数一样多的区组，使区组内非试验因素差异最小而区组间非试验因素差异最大，每个区组均包括全部的处理。区组内各处理随机排列，各区组独立随机排列。随机区组设计是配对设计的扩展，又称为配伍组设计。该方法属于二因素方差分析。

5.2.1 原理

根据方差分析的线性模型，随机区组设计方差分析是将总变异分解为处理效应、区组间变异和随机误差，根据假设检验的原理进行分析，具体如下：①提出零假设和备择假设，要提出两个彼此对立的假设，第一个彼此对立的假设为零假设是处理对试验指标没有显著或极显著影响，备择假设是处理对试验指标有显著或极显著影响；第二个彼此对立的假设为零假设是区组对试验指标没有显著或极显著影响，备择假设是区组对试验指标有显著或极显著影响，零假设是两样本所属的总体均值相等，备择假设是两样本所属的总体均值不相等。②确定显著水平α（0.05 或者 0.01）。③计算统计量 F 值。④用计算出的统计量 F 绝对值与 F_α（查表获得）进行比较，推断两个假设，其方法为如果 $F > F_\alpha$，说明零假设发生的概率（在 SPSS 软件操作中，SPSS 会直接计算出零假设在这一次实验中发生的概率）小于显著水平，表示在这一次实验中，零假设不会发生，应该否定零假设，接受备择假设；反之，如果 $F < F_\alpha$，说明零假设发生的概率大于显著水平，表示在这一次实验中，零假设发生，应该接受零假设，否定备择假设。

5.2.2 实例详解

【例 5.2】 研究甲、乙、丙 3 种营养素对小白鼠体重增加的影响，已知窝别为影响因素，拟用 6 窝小白鼠，每窝 3 只，随机地安排喂养甲、乙、丙 3 种营养素中的一种，8 周后观察小白鼠体重增加情况，数据见表 5.7。问：①喂养不同营养素的小白鼠体重增加是否不同？②不同窝别的小白鼠体重增加是否不同？

表 5.7 不同处理的小白鼠的体重增加情况 （单位：g）

窝别	甲营养素	乙营养素	丙营养素
1	64	65	73
2	53	54	59
3	71	68	79
4	41	46	38
5	50	58	65
6	42	40	46

操作步骤如下。

第一，在 SPSS“变量视图”中分别建立“营养素”变量、“窝别”变量和“体重增量”变量，然后在“数据视图”中输入对应的数据。其中，营养素需要进行值的设定，1 代表甲营养素，2 代表乙营养素，3 代表丙营养素（图 5.8）。

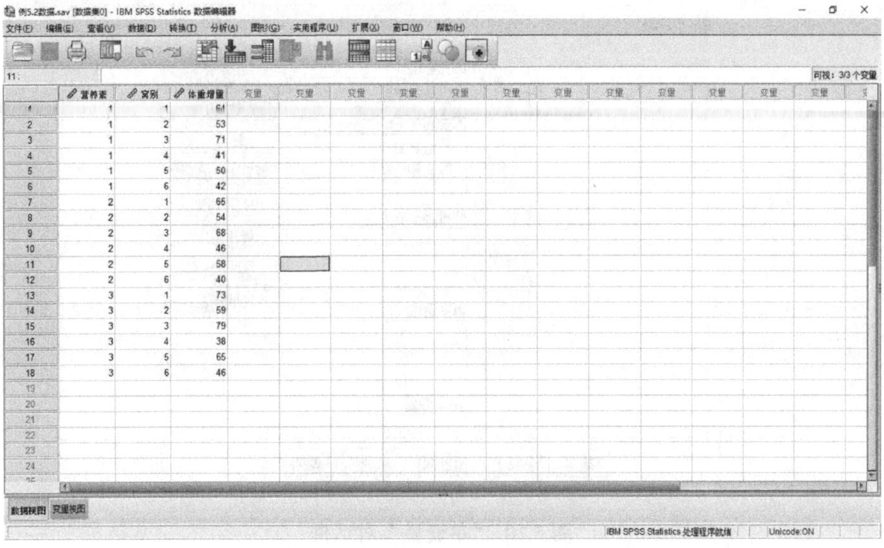

图 5.8 数据文件建立

第二，单击菜单栏中的“分析”按钮，选择“一般线性模型”，然后选择“单变量”（图 5.9）。

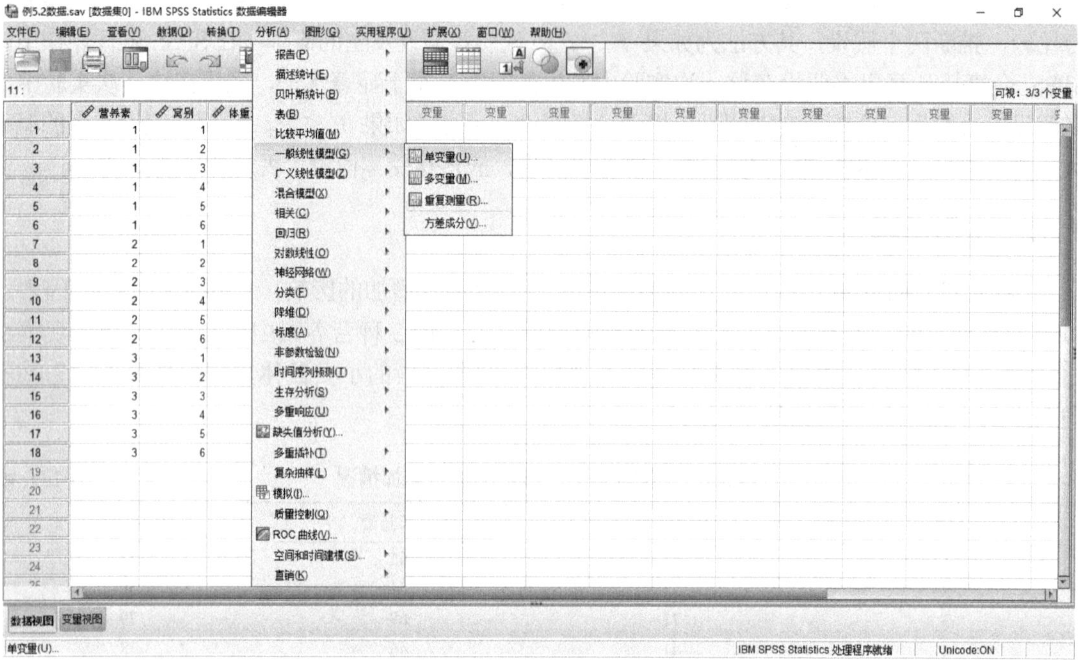

图 5.9 “单变量”选项

第三，单击“单变量”选项，弹出“单变量”对话框（图 5.10），选中左侧变量列表中的“营养素”“窝别”和“体重增量”，单击对话框中间的箭头，将“体重增量”输入对话框右侧的“因变量”栏中，将“营养素”和“窝别”输入对话框右侧的“固定因子”列表栏中。

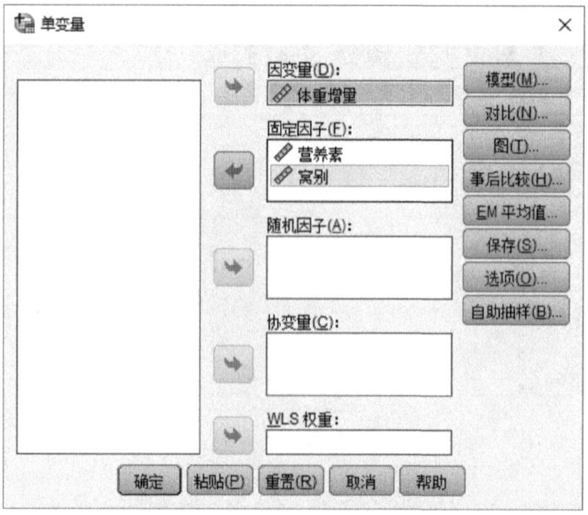

图 5.10 “单变量”对话框

"因变量"表示所要研究的结果变量。"固定因子"表示该因素在样本中所有可能的水平都出现了。"随机因子"表示该因素所有可能的取值在样本中没有都出现，或者不可能都出现。"协变量"表示对因变量可能有影响，需要在分析时对其作用加以控制的连续性变量。"WLS 权重"表示给出加权二乘分析的权重变量。

第四，设置"单变量"对话框中的模型、对比、图、实测平均值的事后多重比较（两两比较）、估算边际（EM）平均值、保存、选项和自助抽样，勾选相关选项，单击"继续"返回。

（1）模型 "模型"对话框如图 5.11 所示。本例中"模型"选择"构建项"，将营养素与窝别设置为主效应。

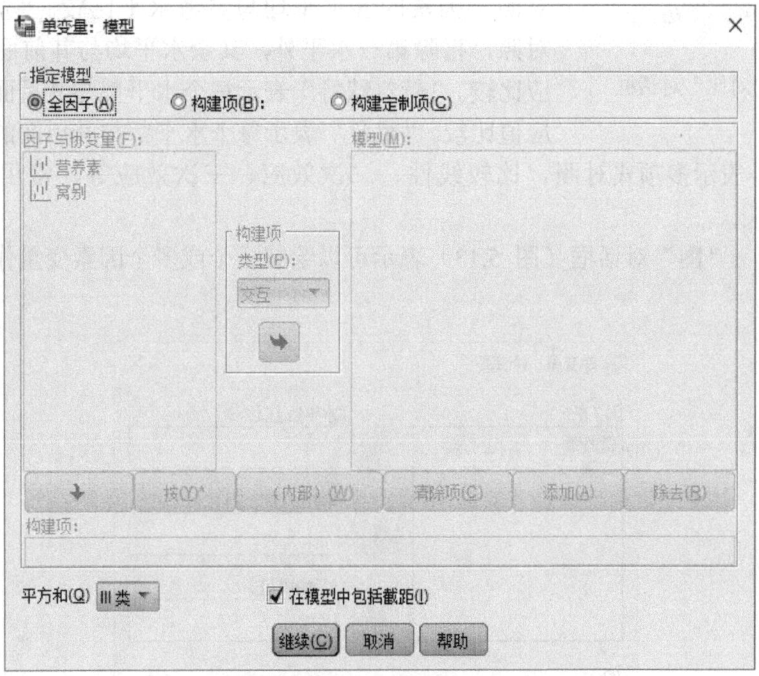

图 5.11 "模型"对话框

1）"指定模型"栏，包括：①"全因子"，表示系统将分析所有因素变量、协变量主效应以及因素与因素间的交互作用，但不包括协变量的交互作用。②"构建项"，表示自定义模型，"构建项"栏包括"交互""主效应""所有二阶""所有三阶""所有四阶""所有五阶"。"交互"表示可以建立所有被选变量的最高水平的交互效应，"主效应"表示分析因素不同水平间的差异，不进行因素间交互作用分析，"所有二阶"表示所有二维交互效应，"所有三阶""所有四阶""所有五阶"分别是三维、四维、五维交互作用。

2）"平方和"下拉菜单栏包括Ⅰ平方和、Ⅱ平方和、Ⅲ平方和与Ⅳ平方和。

Ⅰ平方和表示分层处理平方和，适用于平衡模型和嵌套模型。

Ⅱ平方和表示对其他所有效应进行调整，适用于平衡模型、主因子效应模型、回归模型和嵌套模型等。

Ⅲ平方和表示对其他所有效应进行调整，一般适用于Ⅰ平方和与Ⅱ平方和所有的模型、有缺失值、不平衡模型，使用广泛。

Ⅳ平方和用于无缺失单元格的设计，对任何效应计算平方和。

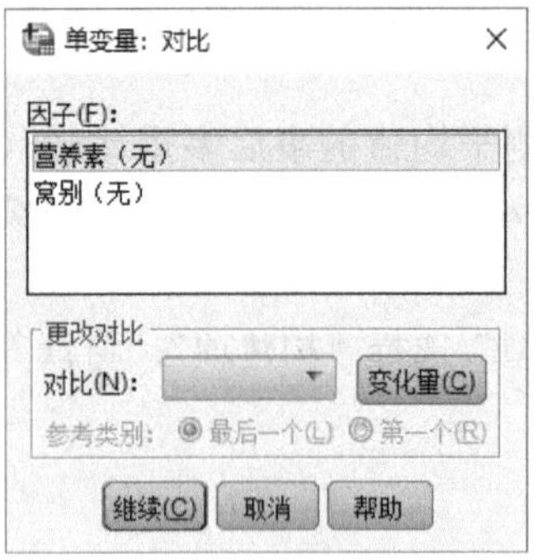

图 5.12 “对比”对话框

（2）对比 “对比”对话框如图 5.12 所示。

1）“因子”栏：显示主对话框中选择的因素，每个因素后面的括号内显示其对比的方法。

2）“更改对比”栏，包括“无”“偏差”“简单”“差值”“赫尔默特”“重复”“多项式”。

“无”表示不进行均值比较。“偏差”表示差别对照，选中将比较因素每个水平效应和总平均效应。“简单”表示简单对照，因素的各水平均与参考水平比较。“差值”表示差分对照，指除第一水平外，其余水平均与其前面水平的平均效应比较。“赫尔默特”表示每个水平都与其后面的水平平均效应值比较。“重复”表示每个水平都与其后面的水平效应值比较。“多项式”表示多项式对照，比较线性、二次效应、三次效应等，常用于多项式趋势预测。

（3）图 “图”对话框（图 5.13）表示可以绘制一个或多个因素变量作用后的因变量的均值分布图。

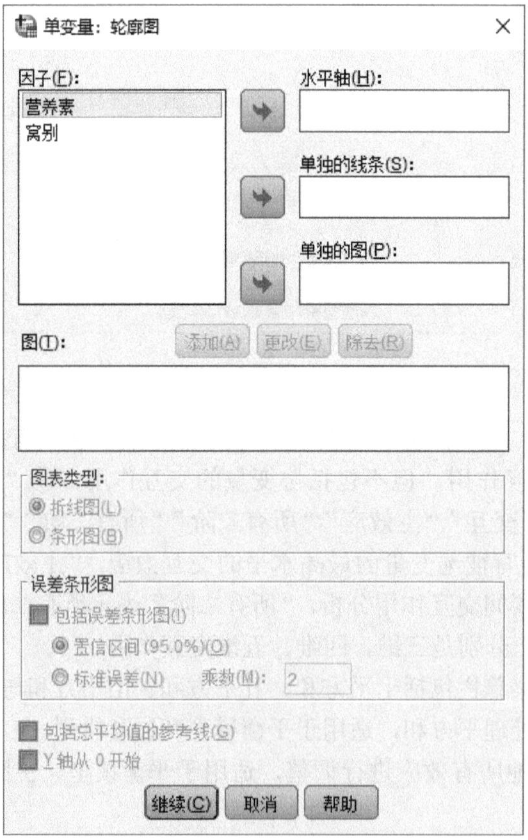

图 5.13 “图”对话框

“因子”列表栏显示出此次参与分析的因素列表；“水平轴”是指横坐标，放入该框的变量作为均值图的横坐标；“单独的线条”为均值线分割依据，放入该框变量的每一水平将会产生独立一条均值线；“单独的图”中放入变量含义为，以此变量水平分类，做出多个统计图。

将因素放入对应框后，必须单击“添加”按钮，系统才认为此步有效。若要修改，可单击“更改”“除去”按钮进行。

（4）实测平均值的事后多重比较　如图5.14所示，具体含义见例5.1。

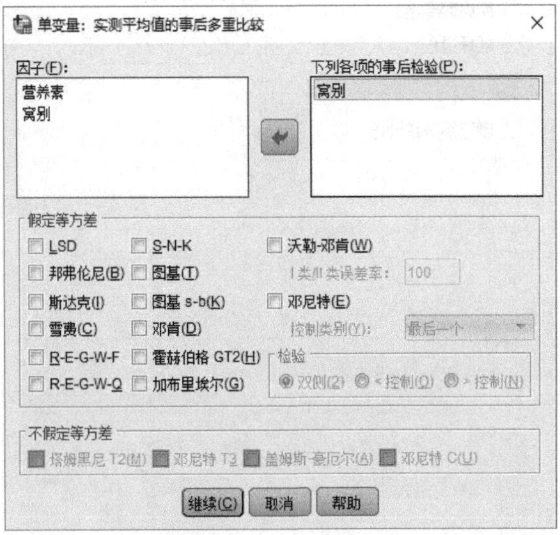

图5.14 “实测平均值的事后多重比较”对话框

（5）估算边际平均值　如图5.15所示。

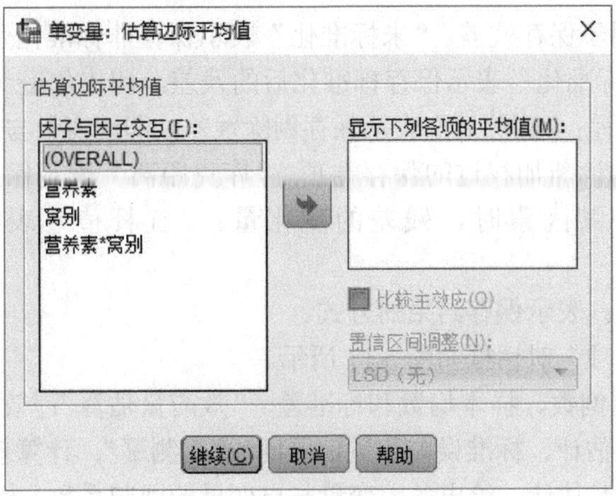

图5.15 “估算边际平均值”对话框

（6）保存　“保存”对话框如图5.16所示。

1）“预测值”栏：用于保存每个个案的预测值。“未标准化”表示保存非标准化的预测值；“加权”表示加权后非标准化预测值；“标准误差”表示保存预测值的标准误差。

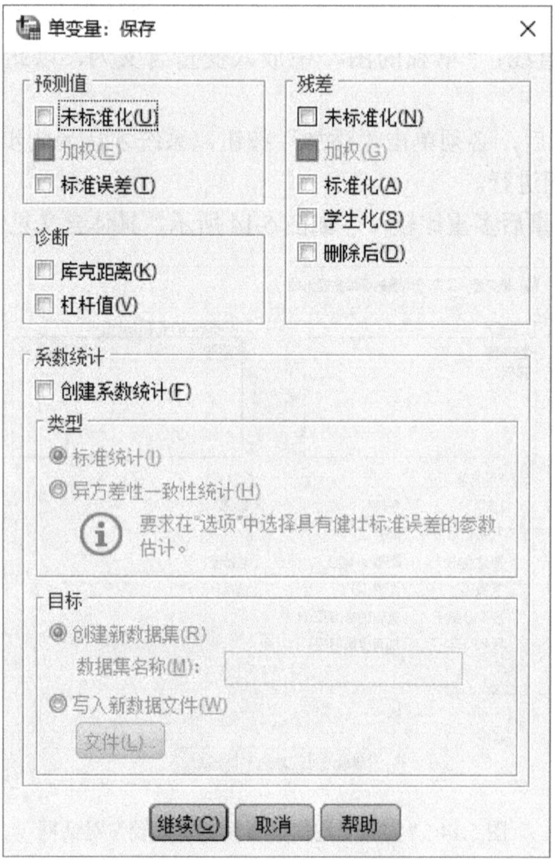

图 5.16 “保存”对话框

2）“残差”栏：用于保存残差。“未标准化”表示保存非标准化残差；“加权”表示保存权重非标准化残差；“标准化”表示保存标准化后的残差，即皮尔逊（Pearson）残差；“学生化”表示保存学生化残差；“删除后”表示保存剔除残差，即因变量与修正预测值之差。

3）“诊断”栏：为诊断加权过的保存选项。“库克距离”表示保存库克距离，库克距离为衡量当剔除模型中某因素时，残差的变化量；“杠杆值”表示保存非中心化杠杆（Leveage）值。

4）“系数统计”栏：表示保存结果的方式。

（7）选项　　“选项”对话框如图 5.17 所示。

“描述统计”：输出例数、样本均数和标准差。“效应量估算”：效应大小的估计，可计算每个效应的估计及参数估计、标准误差和置信区间。“实测幂”：计算效应量的显著水平 α 值。“参数估算值”：进行参数估计，给出各因变量与自变量的回归系数、标准误差、t 检验 95%的置信区间。“对比系数矩阵”：显示对比系数矩阵与 M 矩阵。“齐性检验”：对各组间的方差齐性进行检验。“分布-水平图”：绘制观测量（均值）与标准差和方差的散点图。“残差图”：绘制残差图。“失拟”（缺乏适合度检验）：进行适合度不足的检验。“一般可估函数”：可以根据一般估计函数自定义假设检验，对比系数矩阵的行与一般估计函数是线性组合的。

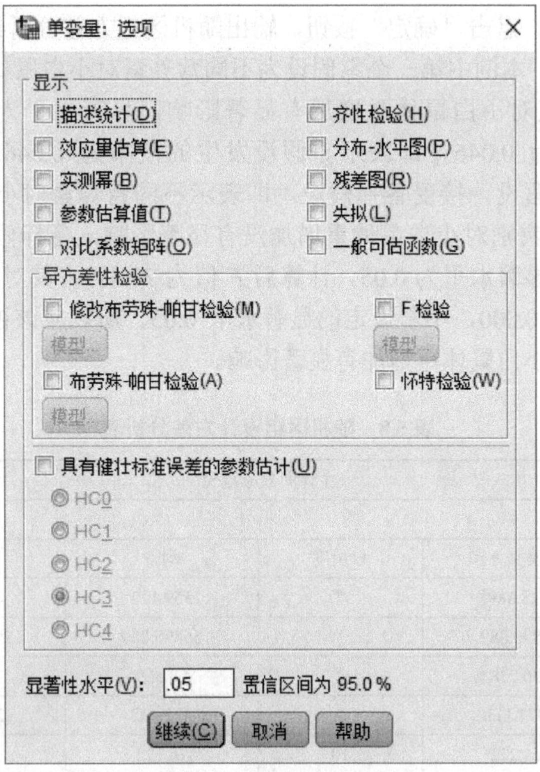

图 5.17 “选项”对话框

（8）自助抽样　“自助抽样”对话框如图 5.18 所示，具体含义参照例 5.1。

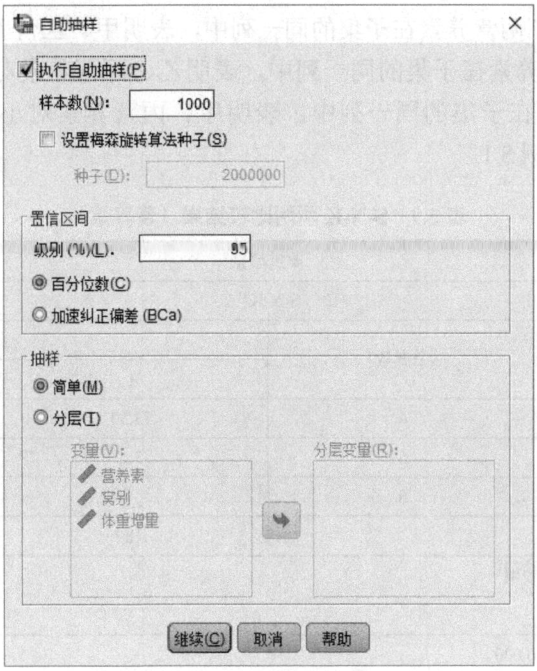

图 5.18 “自助抽样”对话框

第五，设置完成后，点击“确定”按钮，输出随机区组方差分析结果。

从表 5.8 可以看出，本例中第一个零假设为不同营养素对小白鼠体重增加没有显著影响，备择假设为不同营养素对小白鼠体重增加有显著影响，显著水平为 0.05，计算后 F 值为 4.242，其对应的概率为 0.046，即表示零假设发生的概率为 0.046，小于设定的显著水平 0.05，所以应该否定零假设，接受备择假设，即表示不同营养素对小白鼠体重增加有显著影响。第二零假设为不同窝别对小白鼠体重增加没有显著影响，备择假设为不同窝别对小白鼠体重增加有显著影响，显著水平为 0.05，计算后 F 值为 29.489，其对应的概率为 0.000，即表示零假设发生的概率为 0.000，小于设定的显著水平 0.05，所以应该否定零假设，接受备择假设，即表示不同窝别对小白鼠体重增加有显著影响。

表 5.8 随机区组设计方差分析表

主体间效应检验					
因变量: 体重增量					
源	Ⅲ 类平方和	自由度	均方	F	显著性
修正模型	2513.889[a]	7	359.127	22.275	0.000
截距	56896.889	1	56896.889	3529.097	0.000
营养素	136.778	2	68.389	4.242	0.046
窝别	2377.111	5	475.422	29.489	0.000
误差	161.222	10	16.122		
总计	59572.000	18			
修正后总计	2675.111	17			
a. R 方 = 0.940（调整后 R 方 = 0.898）。					

表 5.9 表明，甲、乙两营养素在子集的同一列中，表明甲、乙营养素对小白鼠体重增加没有显著差异；乙、丙营养素在子集的同一列中，表明乙、丙营养素对小白鼠体重增加没有显著差异；而甲、丙没有在子集的同一列中，表明甲、丙营养素对小白鼠体重增加有显著差异，其字母标记法参见例 5.1。

表 5.9 S-N-K 两两比较结果（营养素）

体重增量			
S-N-K[a,b]			
营养素	个案数	子集	
		1	2
甲营养素	6	53.50	
乙营养素	6	55.17	55.17
丙营养素	6		60.00
显著性		.489	.064
将显示齐性子集中各个组的平均值。 基于实测平均值。 误差项是均方（误差）= 16.122。			
a. 使用调和平均值样本大小 = 6.000。			
b. Alpha = .05。			

表 5.10 中窝别 4 与窝别 6、窝别 2 与窝别 5、窝别 1 与窝别 3 在子集的同一栏中，表示两窝别对小白鼠体重增加没有显著影响，其余窝别之间有显著差异。

表 5.10 S-N-K 两两比较结果（窝别）

体重增量				
S-N-K[a,b]				
窝别	个案数	子集		
		1	2	3
4	3	41.67		
6	3	42.67		
2	3		55.33	
5	3		57.67	
1	3			67.33
3	3			72.67
显著性		.767	.493	.135
将显示齐性子集中各个组的平均值。 基于实测平均值。 误差项是均方（误差）= 16.122。				
a. 使用调和平均值样本大小 =3.000。				
b. Alpha = .05。				

5.3 析因设计方差分析

析因设计也叫作全因子实验设计，是指以两个或两个以上因素为研究对象，探求各因素的主效应和因素间的交互效应，如果因素间存在交互作用，表示各因素不是相互独立的，即一个因素的水平改变时，其他因素的效应也相应有所改变；反之，如果因素间不存在交互作用，表示各因素是相互独立的，即一个因素的水平改变不影响其他因素的效应。析因设计可以确定各因素不同水平的效应大小以及各因素间的交互作用，且可以通过比较各种组合，找出最佳组合。

析因设计方差分析是指用来对析因设计的试验资料进行方差分析，如 A 因素有 A_1、A_2 两个水平，B 因素有 B_1、B_2 两个水平，其析因实验设计则有 4 个组合：A_1B_1、A_1B_2、A_2B_1、A_2B_2。根据析因设计方差分析，其为二因素析因实验设计，通过方差分析可以获得 A 因素的效应、B 因素的效应、AB 互作的效应及误差效应。以此类推，如果是三因素析因设计方差分析，通过方差分析则可以获得 A 因素的效应、B 因素的效应、C 因素的效应、AB 互作效应、AC 互作效应、BC 互作效应、ABC 互作效应及误差效应。

5.3.1 原理

根据方差分析的线性模型，析因设计方差分析是将总变异分解为主效应、交互效应和误差效应，根据假设检验的思想进行分析，具体如下：①提出零假设和备择假设，如果是二因素析因设计，其要提出 3 个彼此对立的假设，第一个为零假设是 A 因素各水平的总体平均数相等，即 A

因素各水平之间没有显著或极显著差异，备择假设是 A 因素各水平的总体平均数不相等，即 A 因素各水平之间有显著或极显著差异；第二个为零假设是 B 因素各水平的总体平均数相等，即 B 因素各水平之间没有显著或极显著差异，备择假设是 B 因素各水平的总体平均数不相等，即 B 因素各水平之间有显著或极显著差异；第三个为零假设是 AB 两因素之间无交互作用，备择假设是 AB 两因素之间有交互作用。②确定显著水平 α（0.05 或者 0.01）。③计算统计量 F 值。④用计算出的统计量 F 绝对值与 F_α（查 F 值表获得）进行对比，推断三个假设，如果 $F > F_\alpha$，说明零假设发生的概率（在 SPSS 软件操作中，SPSS 会直接计算出零假设在这一次实验中发生的概率）小于显著水平，表示在这一次实验中，零假设不会发生，应该否定零假设，接受备择假设；如果 $F < F_\alpha$，说明零假设发生的概率大于显著水平，表示在这一次实验中，零假设发生，应该接受零假设，否定备择假设。以此类推，三因素析因设计，提出的假设有 A 因素的假设、B 因素的假设、C 因素的假设、AB 互作的假设、AC 互作的假设、BC 互作的假设、ABC 互作的假设，然后推断这些假设，其方法与二因素析因设计相同。

5.3.2 实例详解

【例 5.3】 将 12 名性别、年龄及病情都一致的贫血病患者，按 A、B 两药使用与否分成 4 组，治疗 1 个月后测得血中红细胞的增加数，结果见表 5.11，问 A、B 两药效果如何？两药同时使用效果如何？

表 5.11 A、B 两药使用后各患者血中红细胞增加数 （单位：1×10^9/L）

B 药	A 药					
	用（A_1）			不用（A_2）		
用（B_1）	2.1	2.2	2.0	0.9	1.1	1.0
不用（B_2）	1.3	1.2	1.1	0.8	0.9	0.7

操作步骤如下。

第一，在 SPSS“变量视图”中建立“A 药”变量、“B 药”变量和“红细胞增加数”变量，“A 药”变量一栏中“值”的设置是将 1 设置为用，2 设置为不用；“B 药”一栏中“值”的设置是将 1 设置为用，2 设置为不用，在“数据视图”中输入对应的数据（图 5.19）。

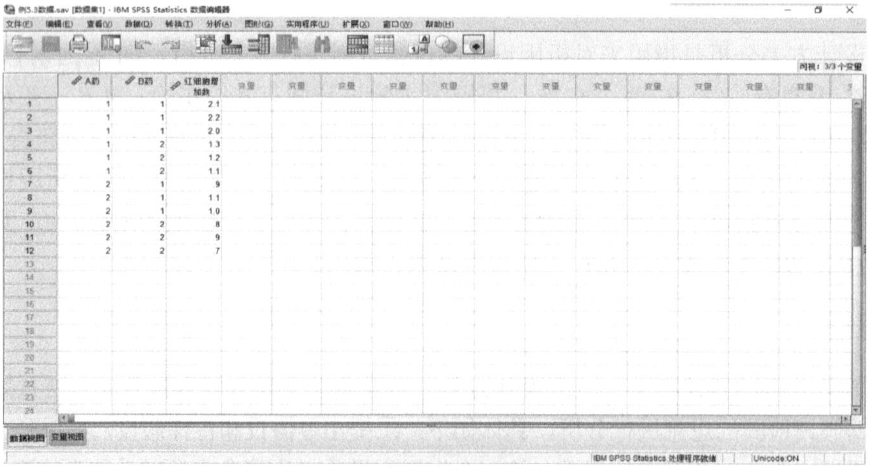

图 5.19 数据文件建立

第二，单击菜单栏中的“分析”按钮，选择“一般线性模型”，然后选择“单变量”（图 5.20）。

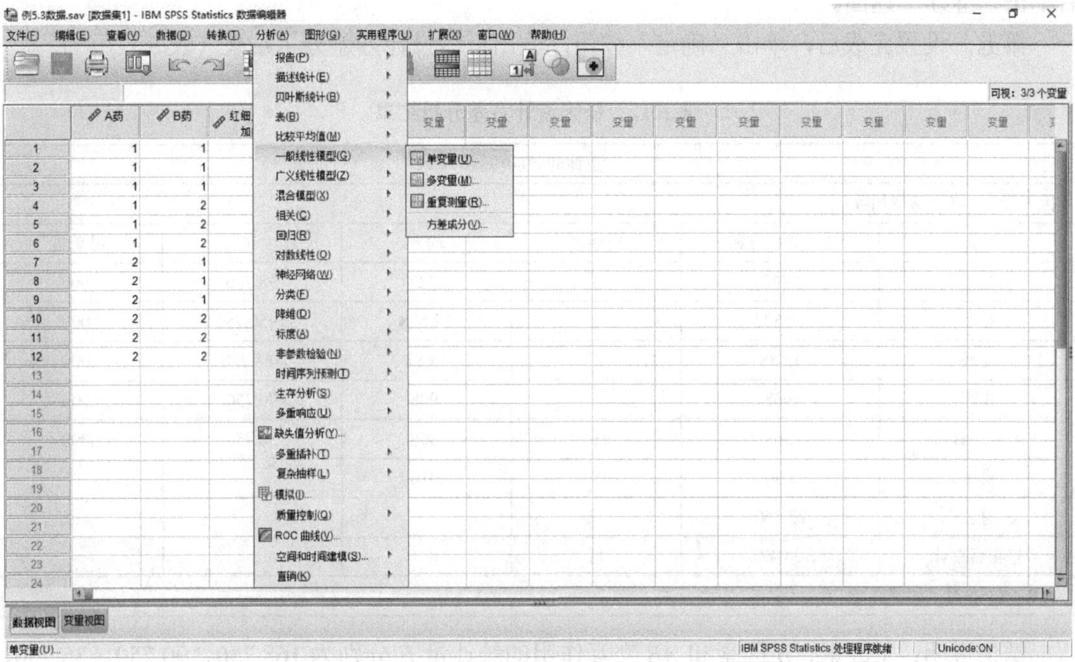

图 5.20 “单变量”选项

第三，单击“单变量”选项，弹出“单变量”对话框，选中对话框左侧的“红细胞增加数”，单击对话框中间的箭头，将其输入右侧“因变量”列表栏中，选中对话框左侧的“A药”“B 药”，单击对话框中间的箭头，将其输入右侧“固定因子”列表栏中（图 5.21）。

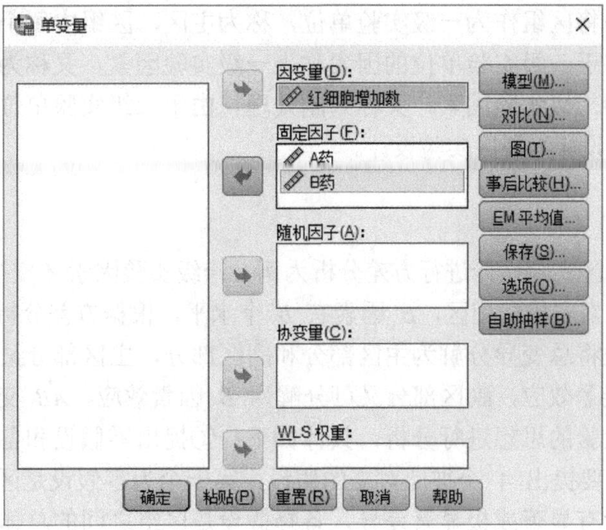

图 5.21 “单变量”对话框

第四，设置“单变量”对话框中模型、对比、图、事后比较（两两比较）、EM 平均值、保存、选项、自助抽样等选项，各选项下的复选框的含义见例 5.2，勾选相关选项，设置完成后单击“继续”返回。

第五，设置完成后，单击“确定”按钮，输出析因设计方差分析结果（表 5.12）。

表 5.12 析因设计方差分析结果

主体间效应检验					
因变量: 红细胞增加数					
源	III 类平方和	自由度	均方	F	显著性
修正模型	2.962[a]	3	.987	98.750	.000
截距	19.508	1	19.508	1950.750	.000
A 药	1.688	1	1.688	168.750	.000
B 药	.908	1	.908	90.750	.000
A 药 * B 药	.368	1	.368	36.750	.000
误差	.080	8	.010		
总计	22.550	12			
修正后总计	3.042	11			
a. R 方 = .974（调整后 R 方 = .964）。					

结果说明：*A* 因素、*B* 因素和 *AB* 交互作用的统计量 *F* 分别为 168.750、90.750、36.750，其对应的 $P = 0.000 < 0.05$，表示 3 种假设的零假设均不成立，应该接受备择假设，即表示 *A* 因素各水平之间、*B* 因素各水平之间有显著差异，*AB* 之间有交互作用。

5.4 裂区设计方差分析

裂区实验设计是将区组作为一级实验单位，称为主区，区组中每个成员作为二级实验单位，称为副区，作用于一级实验单位的因素称为一级实验因素，又称为主处理，作用于二级实验单位的因素称为二级实验因素，又称为副处理。由于二级实验单位是从一级实验单位分裂出来的，故称这种设计为裂区实验设计。

5.4.1 原理

以两个因素的裂区实验设计进行方差分析为例，一级实验因素 *A* 安排在主区，*A* 因素有 *a* 个水平。二级实验因素安排在副区，*B* 因素有 *b* 个水平，根据方差分析的线性模型，裂区实验设计的方差分析是将总变异分解为主区部分和副区部分，主区部分又可分解为区组效应、*A* 因素效应和主区误差效应，副区部分又可分解为 *B* 因素效应、*AB* 交互效应和副区误差效应，然后根据假设检验的思想进行分析，具体如下：①提出零假设和备择假设，如果是二因素裂区实验设计，其要提出 4 个彼此对立的假设，第一个为零假设是区组之间的总体平均数相等，即区组之间没有显著或极显著差异，备择假设是区组之间的总体平均数不相等，即区组之间有显著或极显著差异；第二个为零假设是 *A* 因素各水平的总体平均数相等，即 *A* 因素各水平之间没有显著或极显著差异，备择假设是 *A* 因素各水平的总体平均数不相等，即 *A* 因素各水平之间有显著或极显著差异；第三个为零假设是 B 因素各水平的总体平均数相等，即 B 因素各水平之间没有显著或极显著差异，备择假设是 B 因素各水平的总体平均数不相等，即 B 因素各水平之间有显著或极显著差异；第四个为零假设是 AB 两因素之间无交互作用，备择假设是 AB 两因素之间有交互作用。②确定显著水平 α（0.05 或者 0.01）。③计算统计量 F。④用计算出的统计量 F 绝对值与 F_α（查 F 值表获得）进行对比，推断 4 个假设，其方法为如果 $F > F_\alpha$，说明零假设发生的概率（在 SPSS 软件操作中，SPSS 会直接计算出零假设在这一次实验中所发生的概率）小于显著水平，表示在这一次实验中，零假设不会发生，应该否定零假设，接受备择假设；如果 $F < F_\alpha$，说明零假设发生的概率大于显著水平，表示在这一次实验中，零假设发生，应该接受零假设，否定备择假设。

5.4.2 实例详解

【例 5.4】 采用裂区实验设计的方法进行核桃修剪和施肥试验，施肥（主处理）有 a_1、a_2、a_3 3 个水平，修剪（副处理）有 b_1、b_2、b_3、b_4 4 个水平，重复 4 次，随机区组排列，调查穗条产量，施肥与修剪对核桃产量的影响的实验结果如表 5.13 所示，试用 SPSS 进行方差分析。

表 5.13 施肥和修剪对核桃产量的影响 （单位：g/枝）

	Ⅰ			Ⅱ			Ⅲ			Ⅳ		
	a_1	a_2	a_3	a_1	a_2	a_3	a_1	a_2	a_3	a_1	a_2	a_3
b_1	25	23	25	23	24	22	27	20	21	26	22	23
b_2	32	26	26	27	23	23	26	24	26	31	25	24
b_3	21	16	18	19	16	17	20	15	16	22	18	19
b_4	20	16	19	21	15	18	18	15	17	21	19	20

操作步骤如下。

第一，在 SPSS“变量视图”中定义“区组”变量、“施肥”变量、“修剪”变量、“产量”变量及组合，然后在“数据视图”中输入对应的数据（图 5.22）。

图 5.22 数据文件建立

第二，单击菜单栏中的“分析”按钮，选择“一般线性模型”，然后选择“单变量”（图 5.23）。

图 5.23 “单变量”选项

第三，单击“单变量”选项，弹出“单变量”对话框（图 5.24），选中对话框左侧变量列表中的“产量”，点击对话框中间的箭头，将其输入对话框右侧的“因变量”列表栏中，以同样的方法，将“区组”变量、“施肥”变量、“修剪”变量输入对话框右侧的“固定因子”列表栏中。

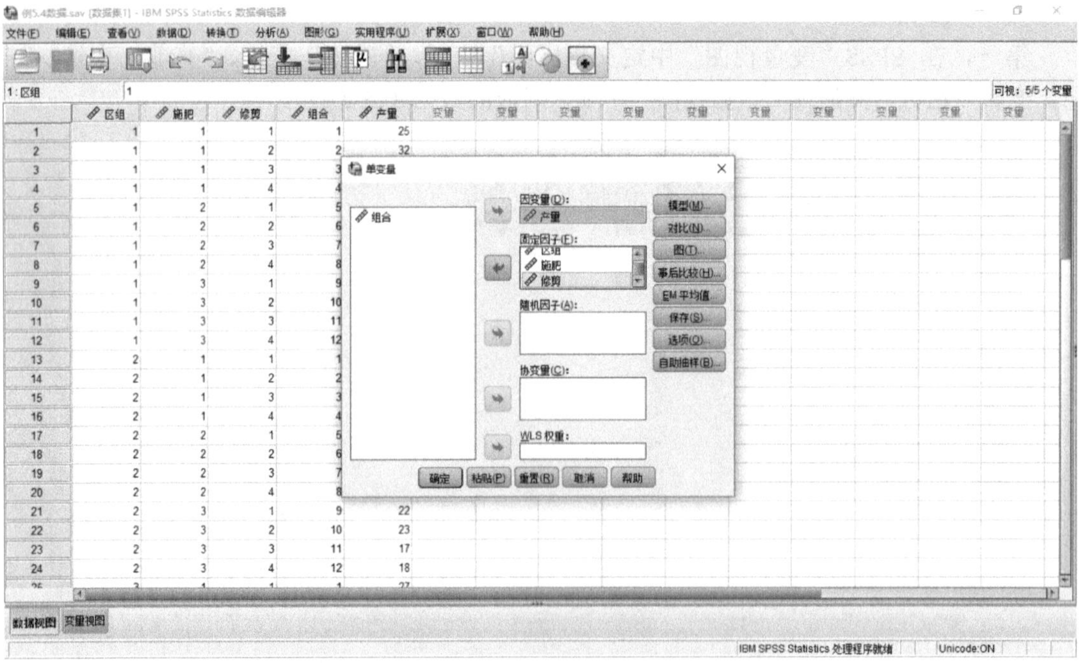

图 5.24 “单变量”对话框

第四，设置“单变量”对话框中模型、对比、图、事后比较（两两比较）、EM 平均值、保存、选项、自助抽样等选项，其中点击“模型”后，选择“构建项”，选择“主效应”，将“区组”“施肥”“修剪”输入右侧变量列表中，设置为主效应，选择“交互”，同时选中左侧变量列表中“施肥”与“修剪”，输入右边变量列表中，构建 *AB* 交互效应，单击“继续”返回；“实测平均值的事后多重比较”（两两比较）选择“邓肯”选项，将“施肥”“修剪”移入两两比较栏（图 5.25 和图 5.26）。

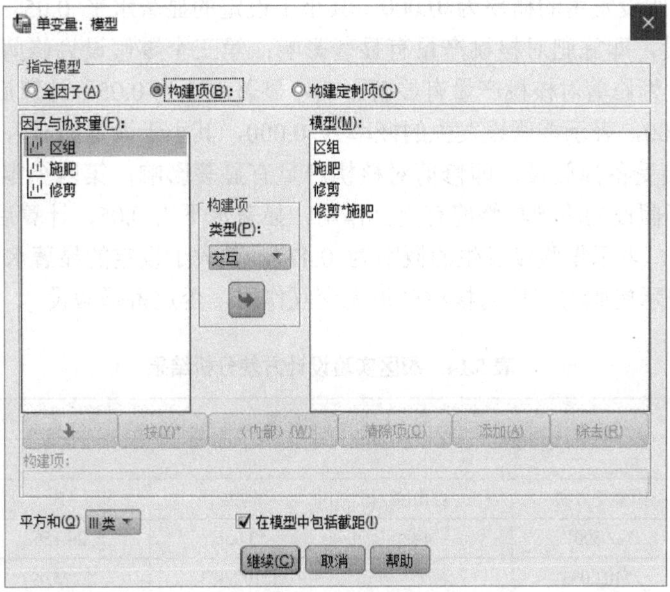

图 5.25 模型构建项

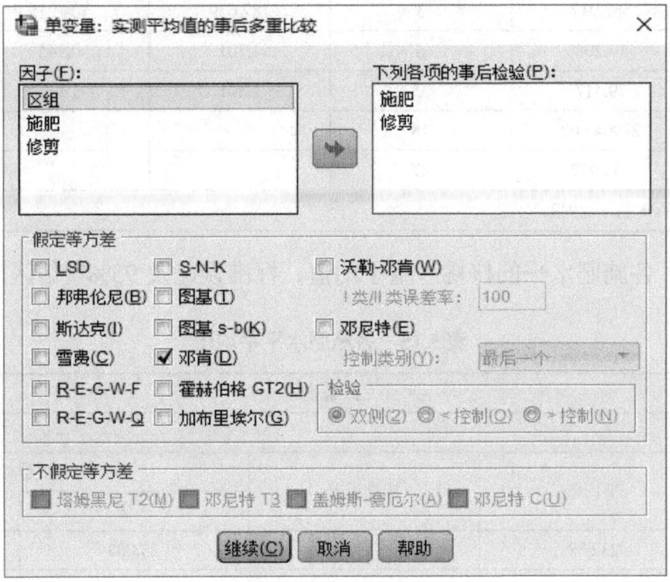

图 5.26 邓肯两两比较

第五，设置完成后，单击“确定”按钮，输出裂区实验设计的方差分析结果。

从表 5.14 可以看出，本例中第一个零假设为区组对核桃产量没有显著影响，备择假设为区组对核桃产量有显著影响，显著水平为 0.05，计算后 F 为 7.606，其对应的概率为 0.001，表示零假设发生的概率为 0.001，其小于设定的显著水平 0.05，所以应该否定零假设，接受备择假设，即区组对核桃产量有显著影响；第二个零假设为施肥对核桃产量没有显著影响，备择假设为施肥对核桃产量有显著影响，显著水平为 0.05，计算后 F 为 35.627，其对应的概率为 0.000，表示零假设发生的概率为 0.000，其小于设定的显著水平 0.05，所以应该否定零假设，接受备择假设，即施肥对核桃产量有显著影响；第三个零假设为修剪对核桃产量没有显著影响，备择假设为修剪对核桃产量有显著影响，显著水平为 0.05，计算后 F 为 104.215，其对应的概率为 0.000，表示零假设发生的概率为 0.000，其小于设定的显著水平 0.05，所以应该否定零假设，接受备择假设，即修剪对核桃产量有显著影响；第四个零假设为施肥与修剪无交互作用，备择假设为施肥与修剪有交互作用，显著水平为 0.05，计算后 F 为 0.945，其对应的概率为 0.477，表示零假设发生的概率为 0.477，其大于设定的显著水平 0.05，所以应该接受零假设，即表示施肥与修剪对核桃产量无交互作用，否定备择假设。

表 5.14　裂区实验设计方差分析结果

主体间效应检验					
因变量：　产量					
源	III类平方和	自由度	均方	F	显著性
修正模型	742.500[a]	14	53.036	29.456	0.000
截距	22102.083	1	22102.083	12275.491	0.000
区组	41.083	3	13.694	7.606	0.001
施肥	128.292	2	64.146	35.627	0.000
修剪	562.917	3	187.639	104.215	0.000
施肥 * 修剪	10.208	6	1.701	0.945	0.477
误差	59.417	33	1.801		
总计	22904.000	48			
修正后总计	801.917	47			
a. R 方 = .926（调整后 R 方 = .894）。					

表 5.15 列出了各施肥水平的核桃产量平均值、标准误差及 95%置信区间。

表 5.15　各施肥水平平均值

1. 施肥				
因变量：　产量				
施肥	平均值	标准误差	95% 置信区间	
			下限	上限
1	23.688	.335	23.005	24.370
2	19.813	.335	19.130	20.495
3	20.875	.335	20.193	21.557

表 5.16 列出了各修剪水平下核桃产量的平均值、标准误差及 95%置信区间。

表 5.16 各修剪水平平均值

2. 修剪				
因变量: 产量				
修剪	平均值	标准误差	95% 置信区间	
			下限	上限
1	23.417	.387	22.629	24.205
2	26.083	.387	25.295	26.871
3	18.083	.387	17.295	18.871
4	18.250	.387	17.462	19.038

表 5.17 表明施肥的 3 个水平之间有显著的差异。

表 5.17 施肥 3 个水平之间的两两比较结果

产量				
邓肯[a,b]				
施肥	个案数	子集		
		1	2	3
2	16	19.81		
3	16		20.88	
1	16			23.69
显著性		1.000	1.000	1.000
将显示齐性子集中各个组的平均值。 基于实测平均值。 误差项是均方（误差）= 1.801。				
a. 使用调和平均值样本大小 = 16.000。				
b. Alpha = .05。				

表 5.18 表明修剪第二个水平与其他水平都有显著差异，修剪第一个水平与修剪第三个、第四个水平之间有显著差异，但第三个水平与第四个水平之间没有显著差异。

表 5.18 修剪 4 个水平两两比较的结果

产量				
邓肯[a,b]				
修剪	个案数	子集		
		1	2	3
3	12	18.08		
4	12	18.25		
1	12		23.42	
2	12			26.08
显著性		.763	1.000	1.000
将显示齐性子集中各个组的平均值。 基于实测平均值。 误差项是均方（误差）= 1.801。				
a. 使用调和平均值样本大小 = 12.000。				
b. Alpha = .05。				

两两比较结果的字母标记法参见例 5.1。

5.5 拉丁方设计方差分析

用 r 个拉丁字母排列成 r 行 r 列的方阵，使每行每列中每个字母都只能出现一次，这种方阵叫 r 阶拉丁方或 $r \times r$ 拉丁方。利用拉丁方阵进行试验设计的方法叫作拉丁方设计，拉丁方实验设计是从横行和直列两个方向进行双重局部控制，使得横行和直列两向皆成单位组。拉丁方实验设计又称为平衡对抗实验、轮换设计。拉丁方设计的特点在于它的每一行和每一列都是一个区组或一次重复，而且每一处理在每一行或每一列都只出现一次，因此拉丁方设计的处理数、重复数、行数、列数都相等。

拉丁方实际上是一种特殊类型的 3 个因素试验设计，3 个因素的水平必须相同，一般不考虑交互影响。

5.5.1 原理

根据方差分析的线性模型，拉丁方设计方差分析是将总变异分解为横行效应、纵行效应、处理效应以及误差效应，根据假设检验的思想进行分析，具体如下：①提出零假设和备择假设，其要提出 3 个彼此对立的假设，第一个为零假设是横行各水平的总体平均数相等，即横行各水平之间没有显著或极显著差异，备择假设是横行各水平的总体平均数不相等，即横行各水平之间有显著或极显著差异；第二个为零假设是纵行各水平的总体平均数相等，即纵行各水平之间没有显著或极显著差异，备择假设是纵行各水平的总体平均数不相等，即纵行各水平之间有显著或极显著差异；第三个为零假设是处理之间的平均数相等，即处理之间没有显著或极显著差异，备择假设是处理之间的平均数不相等，即处理之间有显著或极显著差异。②确定显著水平α（0.05 或者 0.01）。③计算统计量 F。④用计算出的统计量 F 绝对值与 F_α（查 F 值表获得）进行对比，推断三个假设，其方法为如果 $F > F_\alpha$，说明零假设发生的概率（在 SPSS 软件操作中，SPSS 会直接计算出零假设在这次实验中发生的概率）小于显著水平，表示在这一次实验中，零假设不会发生，应该否定零假设，接受备择假设；如果 $F < F_\alpha$，说明零假设发生的概率大于显著水平，表示在这一次实验中，零假设发生，应该接受零假设，否定备择假设。

5.5.2 实例详解

【例 5.5】 研究 5 种不同的饲料配方（A 配方、B 配方、C 配方、D 配方、E 配方）对奶牛产奶量的影响（检测日产奶量），结果如表 5.19 所示。试验单元的初始条件为不同牛只的日产奶量有较大差异，同一牛只在一个泌乳期的不同泌乳阶段的日产奶量也有很大差异。

表5.19 不同饲料配方对奶牛日产奶量的影响 （单位：kg）

牛只	泌乳阶段				
	Ⅰ	Ⅱ	Ⅲ	Ⅳ	Ⅴ
1	E30	A32	B39	C39	D38
2	D42	C39	E28	B37	A27
3	B35	E36	D40	A26	C40
4	A28	D40	C39	E28	B37
5	C40	B38	A35	D43	E32

SPSS操作步骤如下。

第一，在SPSS“变量视图”中建立“泌乳阶段”变量、“牛只”变量、“饲料配方”变量、“产奶量”变量，在“数据视图”中输入对应的数据（图5.27）。

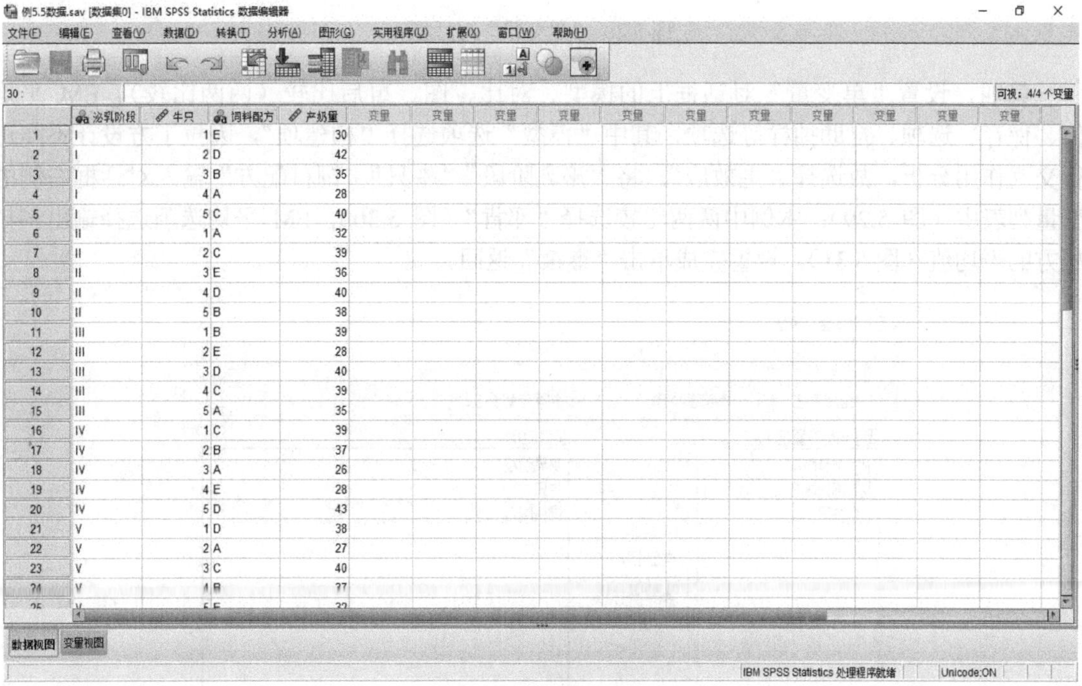

图5.27 数据文件建立

第二，单击菜单栏中的“分析”按钮，选择“一般线性模型”，然后选择“单变量”。

第三，单击“单变量”按钮，弹出“单变量”对话框（图5.28），选中对话框左侧变量列表中“产奶量”，单击对话框中间的箭头，将其输入对话框右侧的“因变量”列表中，用同样的方法将“泌乳阶段”“牛只”“饲料配方”输入“固定因子”列表栏中（图5.28）。

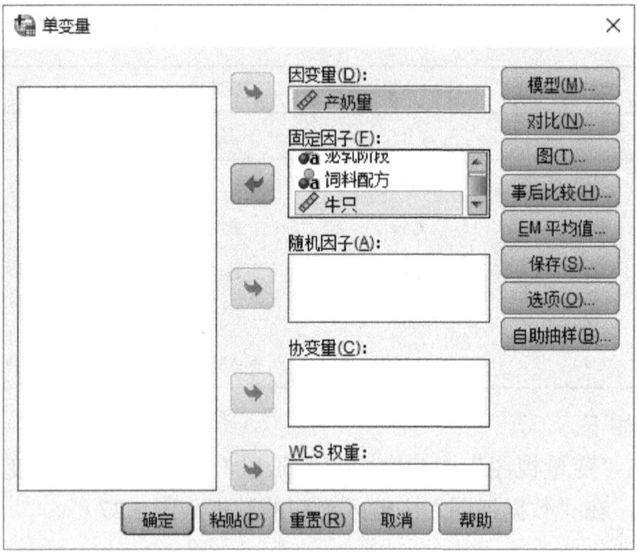

图 5.28 “单变量”对话框

第四，设置“单变量”对话框上的模型、对比、图、事后比较（两两比较）、EM 平均值、保存、选项、自助抽样等选项，其中“模型”选项选择“构建项”，因拉丁方设计不能进行交互作用分析，故选择“主效应”，将“泌乳阶段”“牛只”“饲料配方”输入对话框右侧的变量列表中（图 5.29）；本例中两两比较选择“邓肯”（图 5.30），EM 平均选项选择输出饲料配方的平均值（图 5.31），设置完成单击“继续”返回。

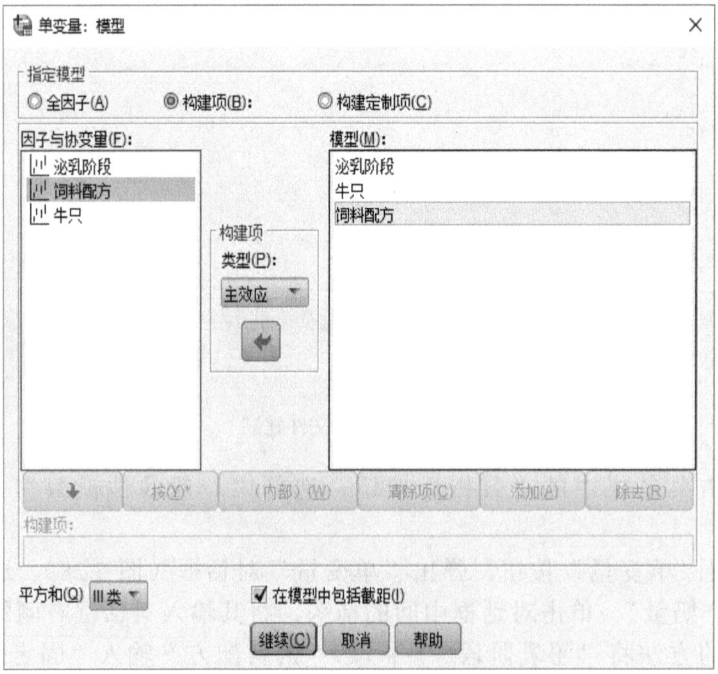

图 5.29 “模型”对话框

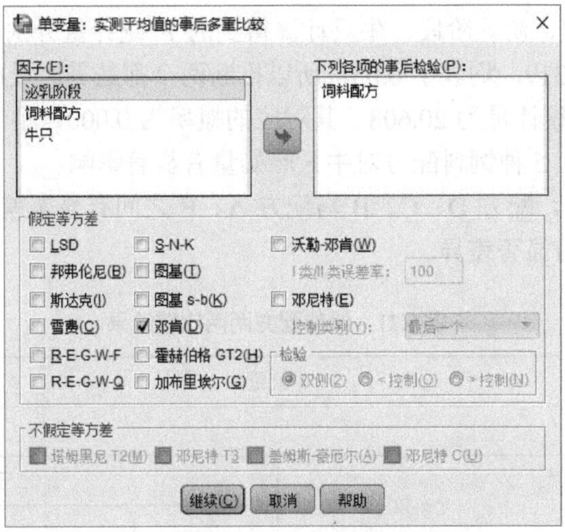

图 5.30　两两比较对话框

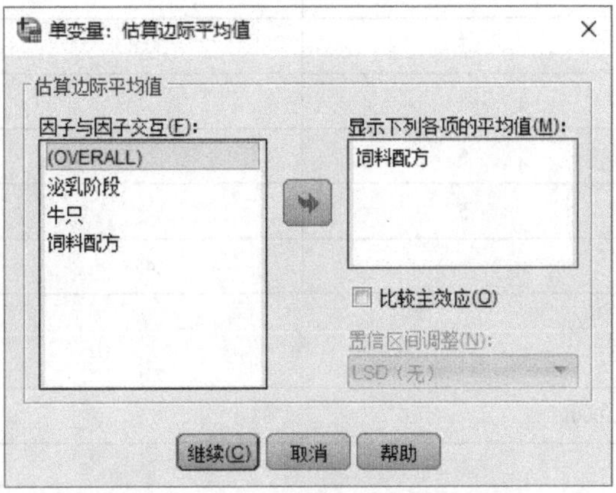

图 5.31　“估算边际平均值”对话框

第五，设置完成后，单击“确定”按钮，输出拉丁方设计的方差分析结果（表 5.20）。

表 5.20　拉丁方设计的方差分析结果

主体间效应检验					
因变量：　产奶量					
源	Ⅲ类平方和	自由度	均方	F	显著性
修正模型	558.720[a]	12	46.560	7.600	.001
截距	31541.760	1	31541.760	5148.274	.000
泌乳阶段	21.440	4	5.360	.875	.507
牛只	32.240	4	8.060	1.316	.319
饲料配方	505.040	4	126.260	20.608	.000
误差	73.520	12	6.127		
总计	32174.000	25			
修正后总计	632.240	24			
a. R 方 = .884（调整后 R 方 = .767）。					

从表 5.20 可以看出，泌乳阶段、牛只计算得到的 F 统计量分别为 0.875、1.316，其对应的概率分别为 0.507、0.319，均大于 0.05，所以推断两个都是零假设成立，即没有显著差；而饲料配方计算得到的 F 统计量为 20.608，其对应的概率为 0.000，小于 0.05，所以推断零假设不成立，备择假设成立，5 种饲料配方对牛只产奶量有显著影响。

从表 5.21 可以看出，配方 D、C、B 与配方 A、E 之间有显著差异，而配方 D、C、B 之间、配方 A、E 之间没有显著差异。

表 5.21 饲料配方两两比较结果

产奶量			
邓肯[a,b]			
饲料配方	个案数	子集	
		1	2
A	5	29.60	
E	5	30.80	
B	5		37.20
C	5		39.40
D	5		40.60
显著性		.458	.060
将显示齐性子集中各个组的平均值。 基于实测平均值。 误差项是均方（误差）= 6.127。			
a. 使用调和平均值样本大小 = 5.000。			
b. Alpha = .05。			

5.6 交叉实验设计方差分析

交叉实验设计是在自身配对基础上发展的设计方法，是一种特殊的自身对照设计，把实验对象分为甲、乙两组，实验分为前后两个阶段进行，在前一阶段，甲组对象接受实验 A 处理（即作为实验组），乙组对象接受实验 B 处理；在后一阶段交换，乙组对象接受实验 A 处理，甲组对象接受实验 B 处理。由于实验处理的全部过程是交叉进行的，故称为交叉实验设计。其类型包括二阶段交叉设计、三阶段交叉设计和四阶段交叉设计等。

5.6.1 原理

根据方差分析的线性模型，以二阶段交叉设计为例进行介绍，其方差分析是将总变异分解为处理效应、阶段效应、个体间效应及误差效应，根据假设检验的思想进行分析，具体如下：①提出零假设和备择假设，共要提出 3 个彼此对立的假设，第一个为零假设是处理之间的总体平均数相等，即处理之间没有显著或极显著差异，备择假设是处理的总体平均数不相等，即处理之间有显著或极显著差异；第二个为零假设是阶段之间的总体平均数相等，即阶段之间没有显著或极显著差异，备择假设是阶段之间的总体平均数不相等，即阶段之间有显著或极显著差异；第三个为零假设是个体之间的平均数相等，即个体之间没有显著或极显著差异，备择假设是个体之间的平均数不相等，即个体之间有显著或极显著差异。②确定显著水平α（0.05 或者 0.01）。③计算统计量 F。④用计算出的统计量 F 绝对值与 F_α（查 F 值表获得）进行对比，推断三个假设，其方法为如果 $F > F_\alpha$，说明零假设发生的概率（在 SPSS 软件操作中，SPSS 会直接计算出零假设在这一次实验中所发生的概率）小于显著水平，表示在这一次实验中，零假设不会发生，应该否定零假设，接受备择假设；反之，如果 $F < F_\alpha$，说明零假设发生的概率大于显著水平，表示在这一次实验中，零假设发生，应该接受零假设，否定备择假设。

5.6.2 实例详解

【例 5.6】 为比较血液透析过程中，低分子肝素钙（*A*）与速避凝（*B*）对凝血酶原时间（TT）的影响，选择 20 例接受血液透析的患者为研究对象，采取二阶段交叉设计，试验数据如表 5.22 所示，试进行方差分析。

表 5.22 两种抗凝药对 TT 的影响 （单位：s）

受试者	第一阶段	第二阶段
1	*A*11.0	*B*15.6
2	*A*11.5	*B*18.3
3	*A*19.5	*B*17.6
4	*A*16.2	*B*20.0
5	*A*19.9	*B*22.2
6	*A*15.7	*B*18.8
7	*A*12.3	*B*13.6
8	*A*12.0	*B*31.8
9	*A*22.3	*B*22.5
10	*A*14.6	*B*17.9
11	*B*32.6	*A*19.9
12	*B*14.1	*A*32.3
13	*B*36.7	*A*59.9
14	*B*23.1	*A*16.2
15	*B*13.8	*A*13.8
16	*B*13.3	*A*11.3
17	*B*17.9	*A*21.9
18	*B*15.0	*A*19.7
19	*B*13.5	*A*12.3
20	*B*44.8	*A*27.4

操作步骤如下。

第一，在 SPSS“变量视图”中建立“受试者”变量、“阶段”变量、“药物”变量和“凝血酶原时间”变量，在“数据视图”中输入对应的数据（图 5.32）。

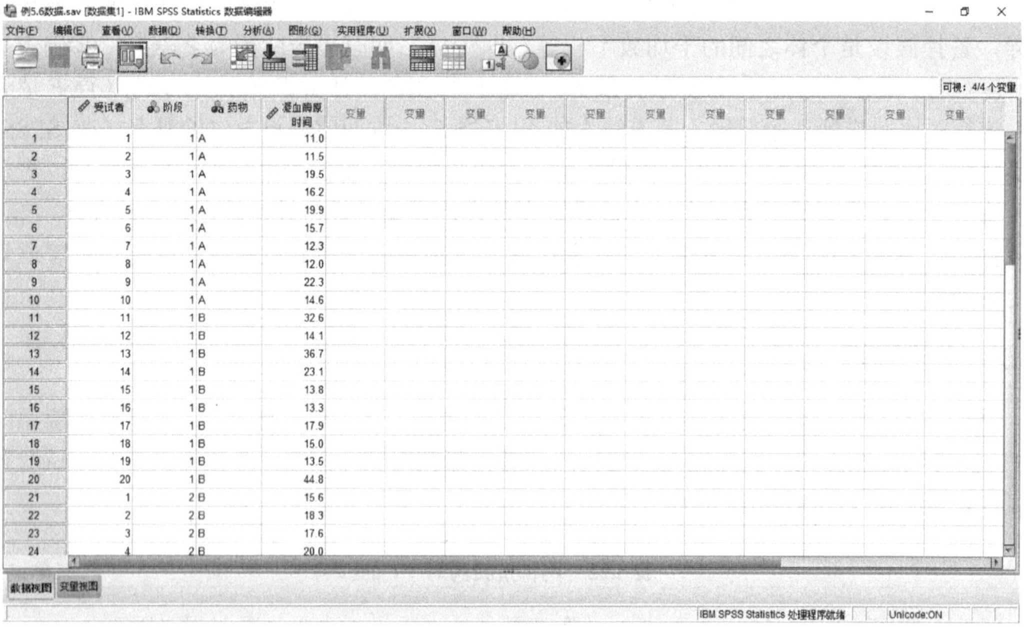

	受试者	阶段	药物	凝血酶原时间
1	1	1	A	11.0
2	2	1	A	11.5
3	3	1	A	19.5
4	4	1	A	16.2
5	5	1	A	19.9
6	6	1	A	15.7
7	7	1	A	12.3
8	8	1	A	12.0
9	9	1	A	22.3
10	10	1	A	14.6
11	11	1	B	32.6
12	12	1	B	14.1
13	13	1	B	36.7
14	14	1	B	23.1
15	15	1	B	13.8
16	16	1	B	13.3
17	17	1	B	17.9
18	18	1	B	15.0
19	19	1	B	13.5
20	20	1	B	44.8
21	1	2	B	15.6
22	2	2	B	18.3
23	3	2	B	17.6
24	4	2	B	20.0

图 5.32 数据文件建立

第二，单击菜单栏中的“分析”按钮，选择“一般线性模型”，然后选择“单变量”。

第三，单击“单变量”选项，弹出“单变量”对话框（图 5.33），选中对话框左侧变量列表栏中“凝血酶原时间”，单击对话框中间的箭头，将其输入对话框右侧“因变量”列表栏中，用同样的方法，将“阶段”“药物”输入“固定因子”变量列表栏中，将“受试者”输入“随机因子”变量列表栏中。

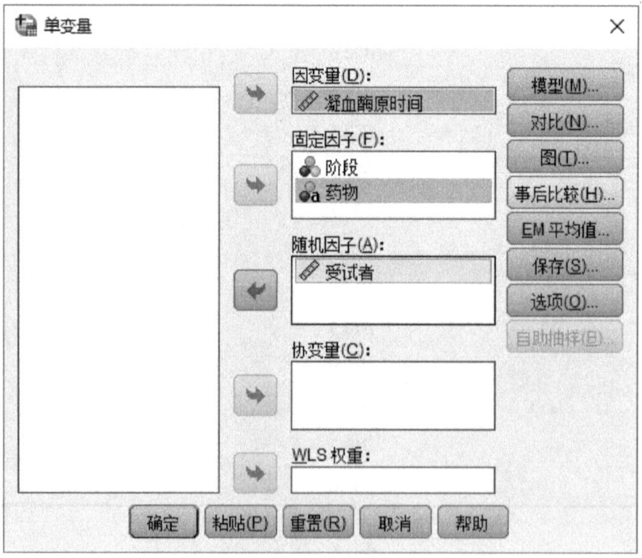

图 5.33 “单变量”对话框

第四，设置“单变量”对话框中的模型、对比、图、事后比较（两两比较）、EM 平均值、保存、选项等，单击“模型”按钮，弹出“模型”对话框，选择“构建项”，将“阶段”“药物”“受试者”输入对话框右侧的模型变量列表栏中，将“构建项”改为“主效应”，单击“继续”返回（图 5.34）。

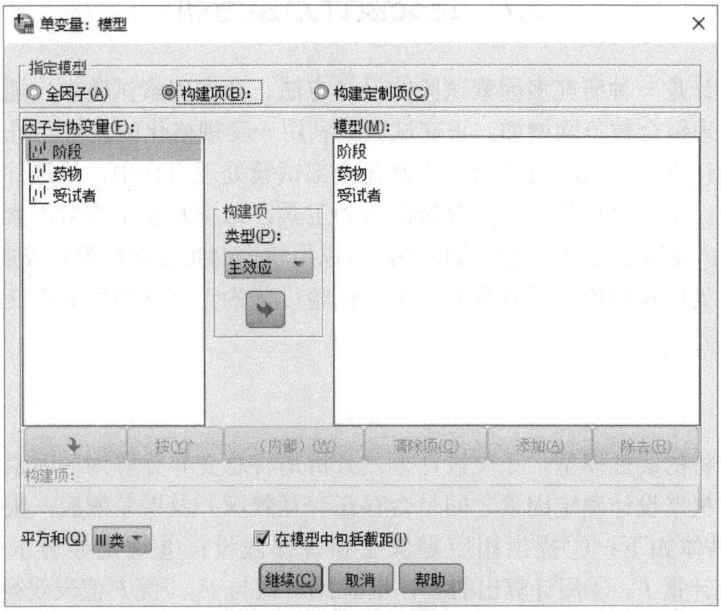

图 5.34 “模型”对话框

第五，设置完成后，单击“确定”按钮，输出交叉设计方差分析结果（表 5.23）。

表 5.23 交叉设计方差分析结果

主体间效应检验						
因变量： 凝血酶原时间						
源		III类平方和	自由度	均方	F	显著性
截距	假设	16516.096	1	16516.096	110.412	.000
	误差	2842.124	19	149.585[a]		
阶段	假设	70.756	1	70.756	1.470	.241
	误差	866.195	18	48.122[b]		
药物	假设	27.889	1	27.889	.580	.456
	误差	866.195	18	48.122[b]		
受试者	假设	2842.124	19	149.585	3.108	.010
	误差	866.195	18	48.122[b]		
a. MS（受试者）。						
b. MS（错误）。						

从表 5.23 可以看出，阶段的零假设的 F 统计量为 1.470，其对应的概率是 0.241，大于 0.05，因此零假设成立，接受零假设，否定备择假设；药物的零假设的 F 统计量为 0.580，其

对应的概率是 0.456，大于 0.05，因此零假设成立，接受零假设，否定备择假设；受试者的零假设的 F 统计量为 0.010，其小于 0.05，因此零假设不成立，否定零假设，接受备择假设，即可以认为不同个体间凝血酶原时间差异有显著性意义。

5.7 正交设计方差分析

正交试验设计是一种研究多因素试验的设计方法。在多因素试验中，随着试验因素和水平数的增加，处理组合数急剧增加。正交试验是利用一套规格化的表格□正交表来科学合理地安排试验的设计方法。这种设计的特点是在全部试验处理组合中，挑选部分有代表性的水平组合进行试验。正交设计是多因素分析的有力工具，特别是要从许多因素中选出主要因素及其最优水平时，使用正交设计是很方便的，可以用较少的实验次数得到较多的信息。

根据各试验处理观测值是否有重复，正交试验可分为无交互作用的正交试验和有交互作用的正交试验两类。

5.7.1 原理

根据方差分析的线性模型，正交设计方差分析是将总变异分解为各因素的效应、因素之间的交互效应（根据设计确定因素之间是否存在交互效应）及误差效应，根据假设检验的思想进行分析，具体如下：①提出相应零假设和备择假设；②确定显著水平 α（0.05 或者 0.01）；③计算统计量 F；④用计算出的统计量 F 绝对值与 F_α（查 F 值表获得）进行对比，推断三个假设，其方法为如果 $F > F_\alpha$，说明零假设发生的概率（在 SPSS 实际操作中，SPSS 会直接计算出零假设在这一次实验中发生的概率）小于显著水平，表示在这一次实验中，零假设不会发生，应该否定零假设，接受备择假设；如果 $F < F_\alpha$，说明零假设发生的概率大于显著水平，表示在这一次实验中，零假设发生，应该接受零假设，否定备择假设。

5.7.2 实例详解

【例 5.7】 某种抗生素的发酵培养基由 A、B、C 三种成分组成，各有两个水平。除了考察 A、B、C 三个因素的主效应外，还考察 A 与 B、B 与 C 的交互作用。结果如表 5.24 所示，试对正交试验结果进行统计分析。

表 5.24 某种抗生素的发酵培养基正交试验

试验号	因素					试验结果/%
	A	B	C	$A\times B$	$B\times C$	
1	1	1	1	1	1	55
2	1	1	2	1	2	38
3	1	2	1	2	2	97
4	1	2	2	2	1	89
5	2	1	1	2	1	122
6	2	1	2	2	2	124
7	2	2	1	1	2	79
8	2	2	2	1	1	61

操作步骤如下。

第一，在 SPSS“变量视图”中建立“试验号”变量、“A”变量、“B”变量、“C”变量、“A×B”交互变量、“B×C”交互变量及“效应”（实验结果）变量，在“数据视图”中输入对应的数据（图 5.35）。

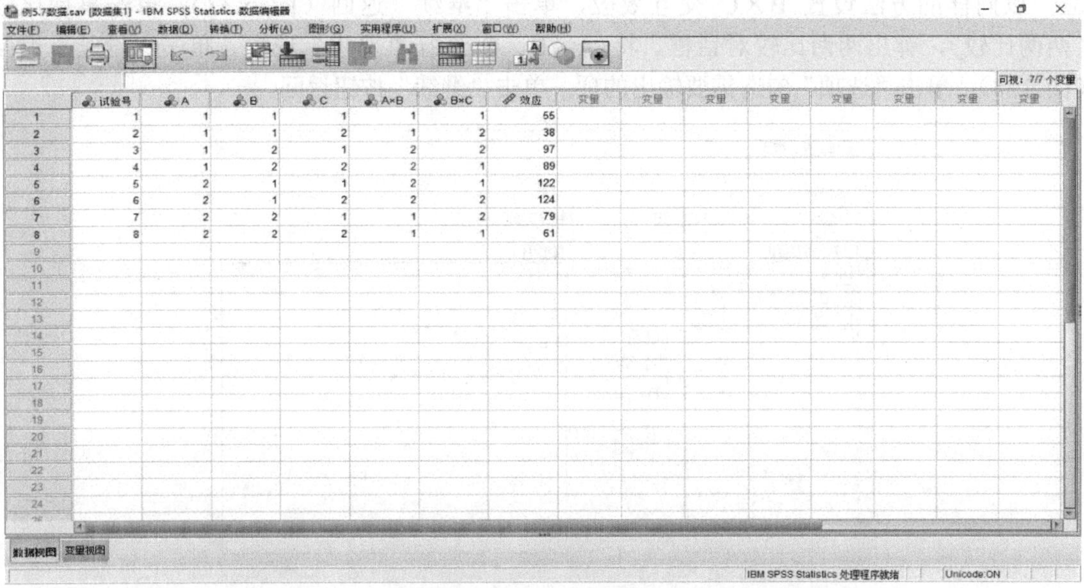

图 5.35 数据文件建立

第二，单击菜单栏中的“分析”按钮，选择“一般线性模型”，然后选择“单变量”。

第三，单击“单变量”选项，弹出“单变量”对话框，选中“单变量”对话框左侧的“效应”变量，点击对话框中间的箭头，将其输入右侧的“因变量”列表中；以同样的方法将“A”“B”“C”输入右侧的“固定因子”变量列表中（图 5.36）。

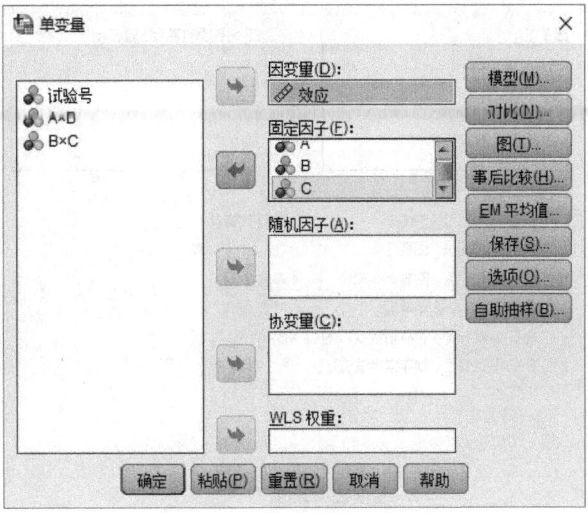

图 5.36 “单变量”对话框

第四，设置“单变量”对话框的模型、对比、事后比较（两两比较）、EM 平均值、保存、选项、自由抽样等选项。单击“模型”，弹出“模型”对话框，选择“构建项”，再选择“构建项类型”下的“主效应”，将“A”“B”“C”输入“模型”变量列表中，同时选中“A”“B”，选择“构建项类型”下的“交互”，将其输入“模型”变量列表中，设置 A×B 交互效应，以同样的方法设置 B×C 交互效应，单击“继续”返回（图 5.37）；单击事后比较（两两比较），弹出两两比较对话框，将 A、B、C 选择“邓肯”选项，单击“继续”返回（图 5.38）；单击“选项”勾选需要输出的项，单击“继续”按钮返回。

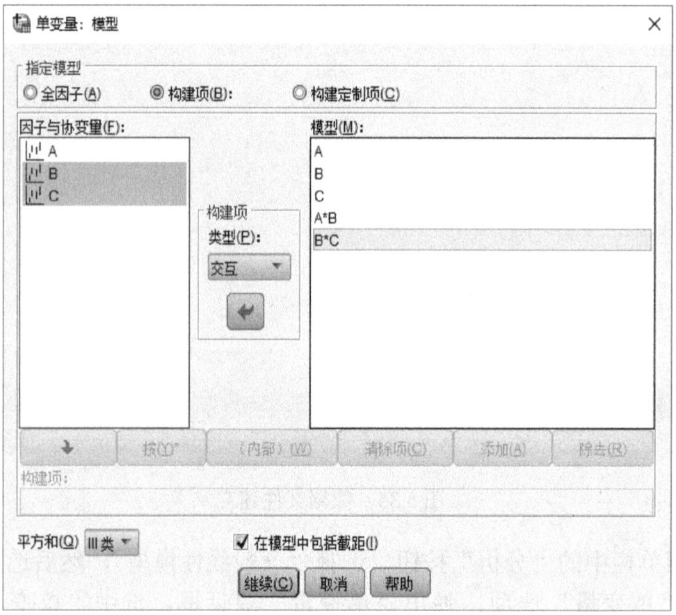

图 5.37 “模型”选项

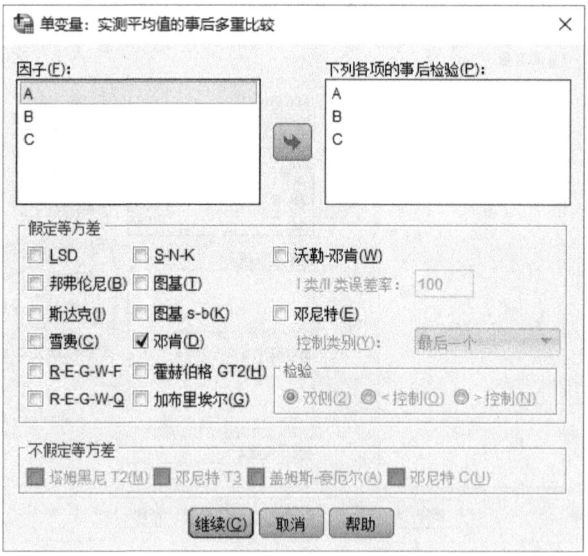

图 5.38 两两比较选项

第五，设置完成后，单击“确定”，输出正交试验设计方差分析结果（表 5.25）。

表 5.25 正交设计方差分析结果

主体间效应检验					
因变量: 效应					
源	Ⅲ类平方和	自由度	均方	F	显著性
修正模型	6627.625[a]	5	1325.525	23.003	.042
截距	55278.125	1	55278.125	959.273	.001
A	1431.125	1	1431.125	24.835	.038
B	21.125	1	21.125	.367	.606
C	210.125	1	210.125	3.646	.196
A * B	4950.125	1	4950.125	85.902	.011
B * C	15.125	1	15.125	.262	.659
误差	115.250	2	57.625		
总计	62021.000	8			
修正后总计	6742.875	7			
a. R 方 = .983（调整后 R 方 = .940）。					

结果解读：*A* 因素的 *F* 统计量为 24.835，其对应的概率为 0.038，小于 0.05，表明零假设不成立，备择假设成立，即 *A* 因素两个水平之间有显著差异；同样，*B* 因素的 *F* 统计量为 0.367，对应的概率为 0.606，大于 0.05，表明零假设成立，即 *B* 因素两个水平之间没有显著差异；*C* 因素的 *F* 统计量为 3.464，对应的概率为 0.196，大于 0.05，表明零假设成立，即 *C* 因素两个水平之间没有显著差异。从表 5.25 中还可看出，*AB* 之间的交互作用到达显著水平（*F* 为 85.902，概率为 0.011），*BC* 之间的交互作用没有达到显著水平（*F* 为 0.262，概率为 0.659）。因 *A* 因素和 *B* 因素交互作用显著，需要对 *A* 因素与 *B* 因素的水平组合进行多重比较，以选出 *A* 与 *B* 的最优水平组合。

5.8 协方差分析

协方差分析也称为共变量分析，基本原理是将线性回归与方差分析结合起来，将乘积和与平方和同时按照变异来源进行分析，以便控制在实验中影响实验效应（因变量）而无法人为控制的协变量（与因变量密切回归关系的变量）。例如，在研究某种教学方法（实验变量）对学业成绩（实验效应）的影响时，实验学生原有知识基础也影响学生的学业成绩，而在选取实验学生时，无法保证所选实验学生具备相同的知识基础，可用协方差分析从学业成绩的总变异中将归因于实验学生知识基础差异的部分划分出去，从而确切分析教学方法对学业成绩的影响，实验学生的知识基础即协变量。在满足协变量（*X*）为固定变量、离回归方差同质、各个处理的总体为线性且具有共同的回归系数这三个基本假定的基础上，可对单向、双向及多向分组资料进行协方差分析，计算变量各变异来源的平方和、乘积和与自由度，检验 *X* 和 *Y*（因变量）之间是否存在直线回归关系，并对矫正后的 *Y* 值进行显著性检验和多重比较。对于涉及两个变量的试验资料，由于每个变量的总变异既包含了自身变异又包含了协同变异，须采用协方差分析法来进行分析，才能得到正确结论。

5.8.1 原理

以单因素协方差分析为例，总变异可以分解为控制变量效应、协变量效应和随机变量效应，协方差分析仍然采用 F 检验，其零假设为多个控制变量的不同水平，各总体平均值没有显著差异。如果 F 控制变量的相伴概率小于或等于显著水平，则控制变量的不同水平对观察变量会产生显著的影响；如果 F 协变量的相伴概率小于或等于显著水平，则协变量的不同水平对观察值变量会产生显著影响。

5.8.2 实例详解

【例 5.8】 比较三种猪饲料 A_1、A_2、A_3 对猪催肥的效果，测得每头猪增加的重量（y）和初始重（x）如表 5.26 所示，问三种饲料对猪的催肥有无显著的不同。

表 5.26 三种猪饲料对猪催肥的效果 （单位：kg）

A_1	x	15	13	11	12	12	16	14	17
	y	85	83	65	76	80	91	84	90
A_2	x	17	16	18	18	21	22	19	18
	y	97	90	100	95	103	106	99	94
A_3	x	22	24	20	23	25	27	30	32
	y	89	91	83	95	100	102	105	110

操作步骤如下。

第一，在 SPSS“变量视图”中建立“饲料种类”变量、“初始重量”变量和“增加重量”变量，在“数据视图”中输入相应的数据（图 5.39）。

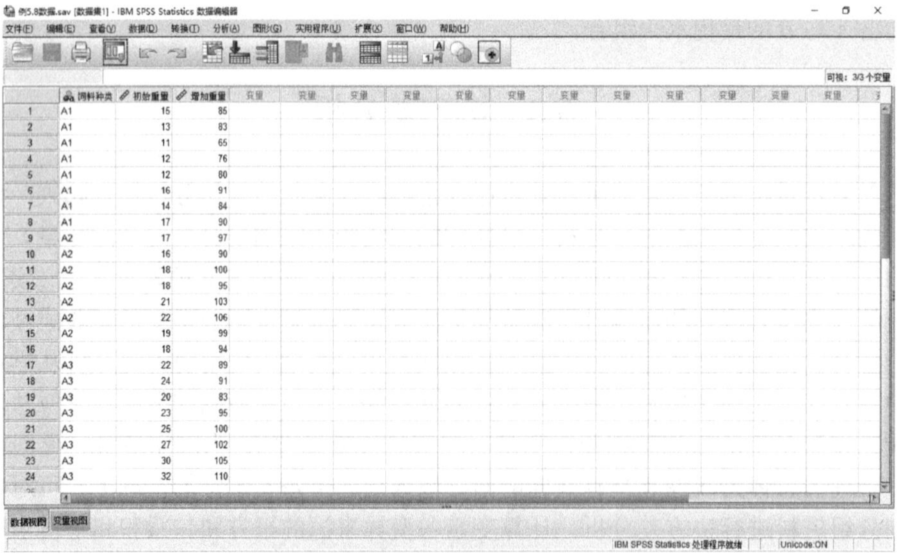

图 5.39 数据文件建立

第二，单击菜单栏中的“分析”按钮，选择“一般线性模型”，然后选项“单变量”选项。

第三，单击“单变量”，弹出“单变量”对话框，选中对话框左侧变量列表中的“增加重量”，点击对话框中间的箭头，将其输入对话框右侧“因变量”列表中，以同样的方法，将“饲料种类”输入“固定因子”变量列表中，将“初始重量”输入“协变量”列表中（图5.40）。

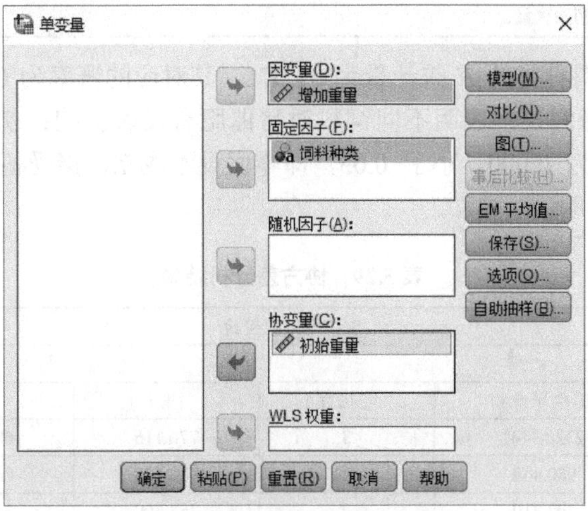

图5.40 “单变量”对话框

第四，设置对话框中的模型、对比、图、事后比较、EM 平均值、保存、选项、自助抽样等选项，单击“模型”选项，选择“构建项”，将“饲料种类”和“初始重量”输入“模型”变量列表栏中，“构建项类型”选择“主效应”，单击“继续”返回；单击“EM 平均值”，将“饲料种类”输入“显示平均值变量”列表栏中，勾选“比较主效应”，单击“继续”按钮返回；“选项”对话框中选择“描述统计”和“齐性检验”，设置完单击“继续”返回。

第五，设置完成后，点击“确定”按钮，输出协方差设计分析结果。

表5.27列出了三种饲料对催肥影响的平均值，标准偏差。

表5.27 描述性统计量

描述统计			
因变量: 增加重量			
饲料种类	平均值	标准偏差	个案数
A1	81.75	8.345	8
A2	98.00	5.127	8
A3	96.88	8.999	8
总计	92.21	10.542	24

表5.28表明误差方差相等，符合方差分析的要求。

表 5.28 误差方差同质性检验结果

误差方差的莱文等同性检验[a]			
因变量: 增加重量			
F	自由度 1	自由度 2	显著性
.747	2	21	.486
检验"各个组中的因变量误差方差相等"这一原假设。			
a. 设计：截距＋饲料种类＋初始重量。			

表 5.29 表明，饲料种类的 F 统计量为 31.071，其对应的概率为 0.000，小于 0.05，即零假设不成立，接受备择假设，表明不同饲料对猪催肥有显著影响；初始重量的 F 统计量为 88.813，其对应的概率为 0.000，小于 0.05，即零假设不成立，接受备择假设，表明初始重量确实对猪催肥有显著影响。

表 5.29 协方差分析结果

主体间效应检验					
因变量: 增加重量					
源	III 类平方和	自由度	均方	F	显著性
修正模型	2328.344[a]	3	776.115	68.196	.000
截距	980.448	1	980.448	86.150	.000
饲料种类	707.219	2	353.609	31.071	.000
初始重量	1010.760	1	1010.760	88.813	.000
误差	227.615	20	11.381		
总计	206613.000	24			
修正后总计	2555.958	23			
a. R 方＝.911（调整后 R 方＝.898）。					

两两比较的字母标记法参见例 5.1（表 5.30）。

表 5.30 两两比较结果

成对比较						
因变量: 增加重量						
(I) 饲料种类	(J) 饲料种类	平均值差值 (I–J)	标准误差	显著性[b]	差值的 95% 置信区间[b]	
					下限	上限
A1	A2	–4.542*	2.095	.042	–8.912	–.173
	A3	12.793*	3.409	.001	5.682	19.904
A2	A1	4.542*	2.095	.042	.173	8.912
	A3	17.336*	2.409	.000	12.310	22.361
A3	A1	–12.793*	3.409	.001	–19.904	–5.682
	A2	–17.336*	2.409	.000	–22.361	–12.310
基于估算边际平均值。						
*. 平均值差值的显著性水平为 .05。						
b. 多重比较调节：最低显著差异法（相当于不进行调整）。						

5.9 嵌套设计方差分析

嵌套实验设计，也称为分层设计或巢式实验设计，嵌套实验设计资料也称为系统分组资料，或组内又分亚组的单向分组资料。根据因素数的不同，嵌套设计可分为二级嵌套（二因素）、三级嵌套（三因素）等设计。

5.9.1 原理

根据方差分析的线性模型，嵌套设计的方差分析是将全部 K 个因素按主次排列，依次为1级，2级，……，K级因素，再将总离差平方和及自由度进行分解，其基本思想与一般方差分析相同，所不同的是分解法有明显的区别，它侧重于主要因素，并且第 i 级因素的显著与否，是用第 i 级与第 $i+1$ 级因素的均方分别作为分子和分母来构造 F 统计量，并以 F 检验为其理论依据。假设检验的思想具体如下：①提出零假设和备择假设；②确定显著水平α（0.05 或者 0.01）；③计算统计量 F；④用计算出的统计量 F 绝对值与 F_α（查 F 值表获得）进行对比，推断三个假设，其方法为如果 $F > F_\alpha$，说明零假设发生的概率（在 SPSS 实际操作中，SPSS 会直接计算出零假设在这一次实验中发生的概率）小于显著水平，表示在这一次实验中，零假设不会发生，应该否定零假设，接受备择假设；反之，如果 $F > F_\alpha$，说明零假设发生的概率大于显著水平，表示在这一次实验中，零假设发生，应该接受零假设，否定备择假设。

5.9.2 实例详解

【例 5.9】 在温室内以 4 种培养液培养某作物，每种 3 盆，每盆 4 株，一个月后测定其株高生长量，得结果如表 5.31 所示，试进行方差分析。

表 5.31 某种作物株高生长量 （单位：mm）

	A 培养液			B 培养液			C 培养液			D 培养液		
	A1	A2	A3	B1	B2	B3	C1	C2	C3	D1	D2	D3
生长量	50	35	45	50	55	55	85	65	70	60	60	65
	55	35	40	45	60	45	60	70	70	55	85	65
	40	30	40	50	50	65	90	80	70	35	45	85
	35	40	50	45	50	55	85	65	70	70	75	75

操作步骤如下。

第一，在 SPSS“变量视图”中建立“培养液”变量、“盆号”变量、“生长量”变量，在“数据视图”中输入相应的数据（图 5.41）。

第二，单击菜单中的“分析”按钮，选择“一般线性模型”，选择“单变量”。

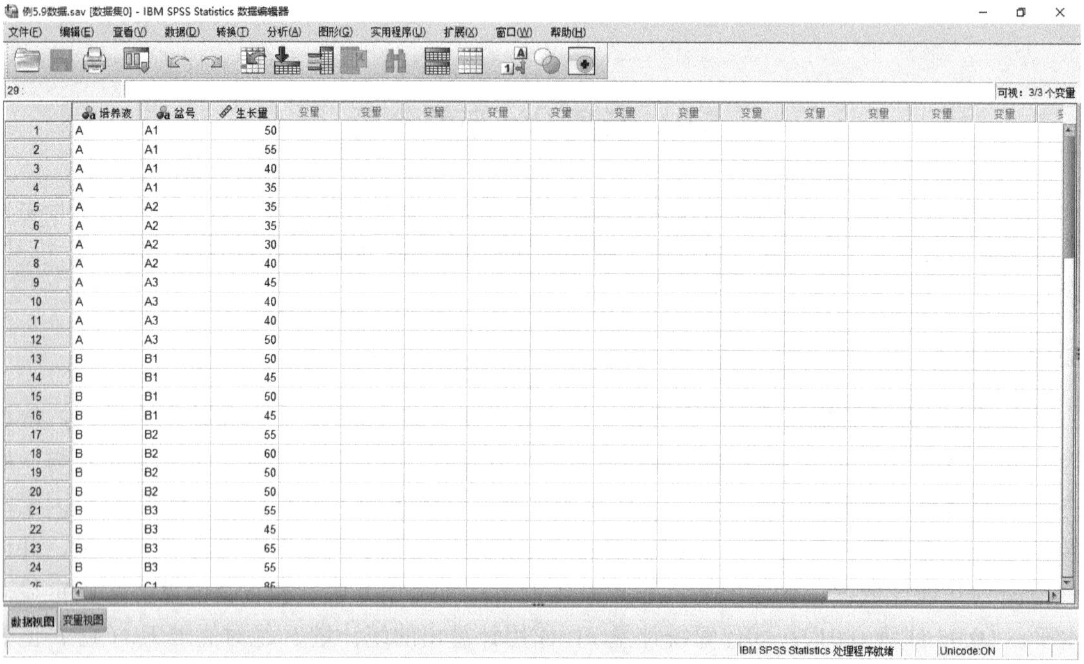

	培养液	盆号	生长量
1	A	A1	50
2	A	A1	55
3	A	A1	40
4	A	A1	35
5	A	A2	35
6	A	A2	35
7	A	A2	30
8	A	A2	40
9	A	A3	45
10	A	A3	40
11	A	A3	40
12	A	A3	50
13	B	B1	50
14	B	B1	45
15	B	B1	50
16	B	B1	45
17	B	B2	55
18	B	B2	60
19	B	B2	50
20	B	B2	50
21	B	B3	55
22	B	B3	45
23	B	B3	65
24	B	B3	55

图 5.41 数据文件建立

第三，单击“单变量”，弹出“单变量”对话框，选中对话框左侧变量列表中“生长量”，单击对话框中间的箭头按钮，将其输入对话框右边的“因变量”列表中，以同样的方法，将“培养液”“盆号”输入“固定因子”变量列表中（图 5.42）。

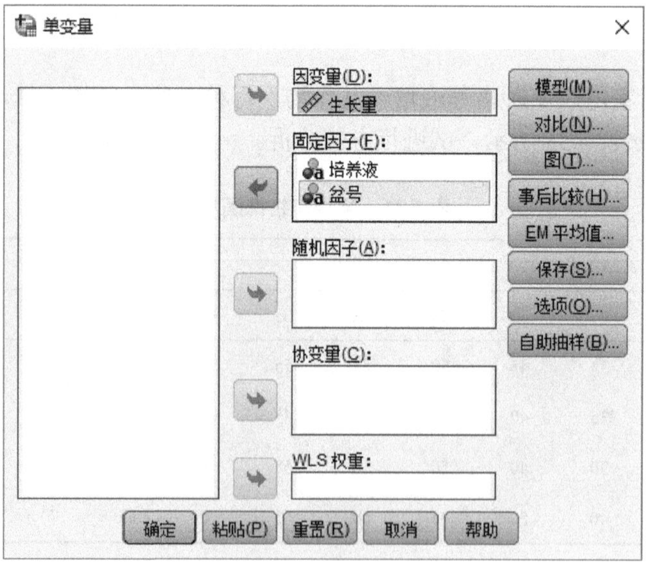

图 5.42 “单变量”对话框

第四，设置对话中模型、对比、图、事后比较、EM 平均值、保存、选项和自助抽样等选项。单击“模型”按钮，弹出“模型”对话框，选择“构建项”，将“培养液”“盆号”输入

“模型”变量列表中，“构建项类型”选择“主效应”，单击“继续”返回（图 5.43）；其他选项根据需要设定。

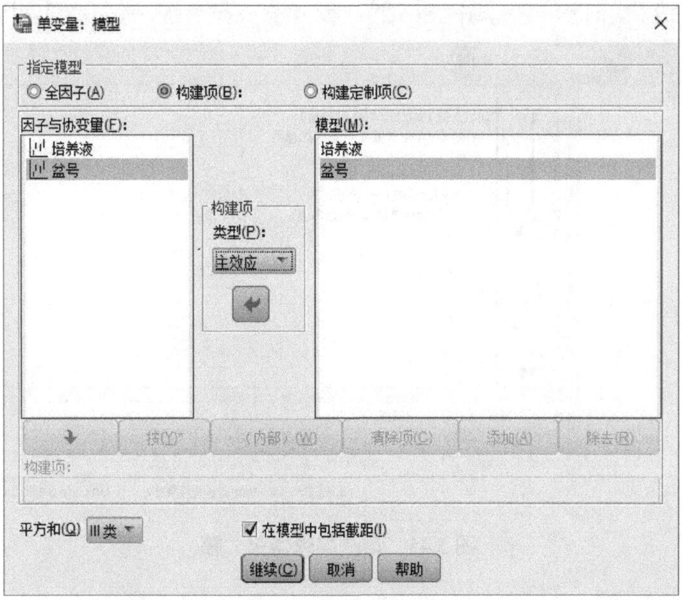

图 5.43 “模型”对话框

第五，设置完相关选项后，在“单变量”对话框上，单击“粘贴”按钮，将模型设置步骤存入语法编辑器，需要用语法中最后一句命令进行（图 5.44），修改后命令如图 5.45 所示，然后单击语法编辑窗口中的“运行”“全部”命令，输出嵌套设计的方差分析结果。

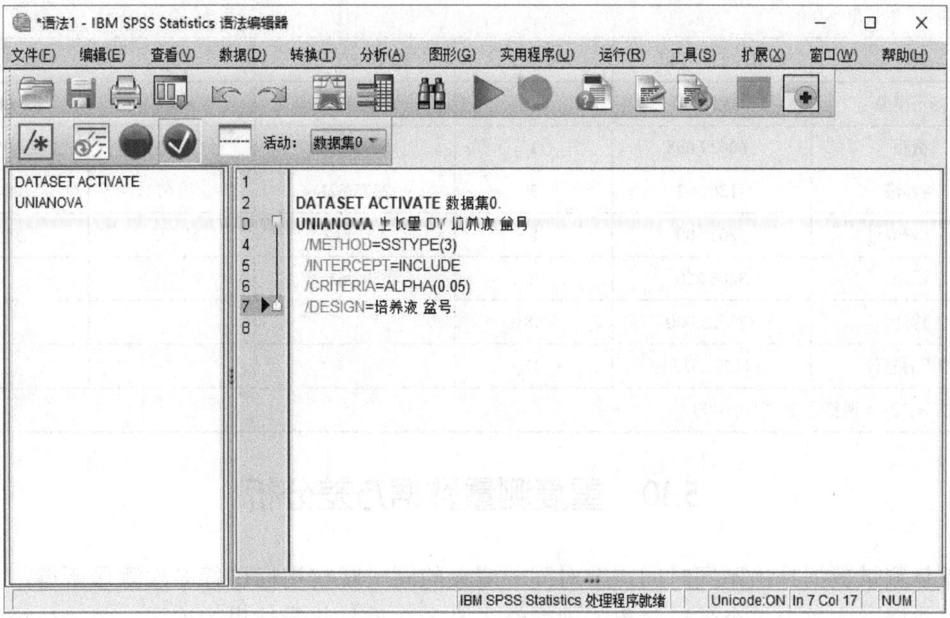

图 5.44 语法编辑器第一幅

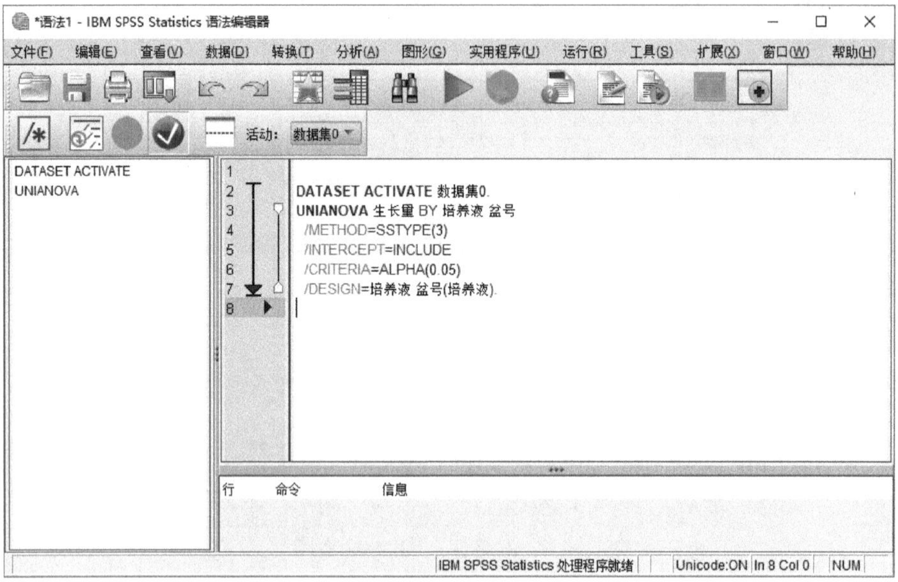

图 5.45 语法编辑器第二幅

结果说明：从表 5.32 中可以看出，培养液（一级因素）之间有显著差异（$F = 26.673$，$P = 0.000$），盆号（二级因素）之间没有显著差异（$F = 1.772$，$P = 0.115$）。

表 5.32 嵌套设计方差分析结果

主体间效应检验					
因变量: 生长量					
源	III 类平方和	自由度	均方	F	显著性
修正模型	8389.063[a]	11	762.642	8.563	.000
截距	160429.688	1	160429.688	1801.316	.000
培养液	7126.562	3	2375.521	26.673	.000
盆号（培养液）	1262.500	8	157.812	1.772	.115
误差	3206.250	36	89.063		
总计	172025.000	48			
修正后总计	11595.313	47			
a. R 方 = .723（调整后 R 方 = .639）。					

5.10 重复测量数据方差分析

重复测量数据是由不同时间点上对同一对象的同一观察指标进行多次测量所得，对于重复测量数据，实质上每个受试对象的观察结果是多次重复测量结果的连线，统计分析的目的是比较这些连线变化趋势的特征。进行重复测量资料的方差分析比较复杂，除需要满足一般方差分析的条件外，还必须进行协方差阵的球形假设检验，若不满足球形对称性质，则方差分析的 F 是有偏的，从而增大了第一类错误的概率。对于定量资料，重复测量数据包括等距重复测量和不等距离重复测量（等距与不等距离指的是重复测量所间隔的时间）；对于分类变量，重复测量数据包括有序分类变量重复测量和分类变量重复测量，本节仅介绍定量资料的重复测量数据方差分析。

5.10.1 原理

根据方差分析的线性模型，重复测量数据的总变异可以分解为处理组、测量时间、处理组与测量时间的交互作用、观察对象间随机误差及重复测量误差 5 个部分。其假设检验的思想具体如下：①提出相应的零假设和备择假设；②确定显著水平α（0.05 或者 0.01）；③计算统计量 F；④用计算出的统计量 F 绝对值与 F_α（查 F 值表获得）进行对比，推断三个假设，其方法为如果 $F > F_\alpha$，说明零假设发生的概率（在 SPSS 实际操作中，SPSS 会直接计算出零假设在这一次实验中发生的概率）小于显著水平，表示在这一次实验中，零假设不会发生，应该否定零假设，接受备择假设；如果 $F < F_\alpha$，说明零假设发生的概率大于显著水平，表示在这一次实验中，零假设发生，应该接受零假设，否定备择假设。

5.10.2 实例详解

【例 5.10】 将手术要求基本相同的 15 名患者随机分为 3 组，分别采用 A、B、C 三种麻醉诱导方法。在 T_0、T_1、T_2、T_3、T_4 5 个时相测量患者收缩压，数据如表 5.33 所示。

表 5.33 三种麻醉诱导方法下患者收缩压 （单位：mmHg）

诱导方法	患者序号	麻醉诱导时相				
		T_0	T_1	T_2	T_3	T_4
A	1	120	108	112	120	117
	2	118	109	115	126	123
	3	119	112	119	124	118
	4	121	112	119	126	120
	5	127	121	127	133	126
B	6	121	120	118	131	137
	7	122	121	119	129	133
	8	128	129	126	135	142
	9	117	115	111	123	131
	10	118	114	116	123	133
C	11	131	119	118	135	129
	12	129	128	121	148	132
	13	123	123	120	143	136
	14	123	121	116	145	126
	15	125	124	118	142	130

操作步骤如下。

第一，在 SPSS“变量视图”中建立“组别”变量、“序号”变量、“T0”“T1”“T2”

"T3""T4"变量，在"数据视图"中输入相应的数据（图 5.46）。

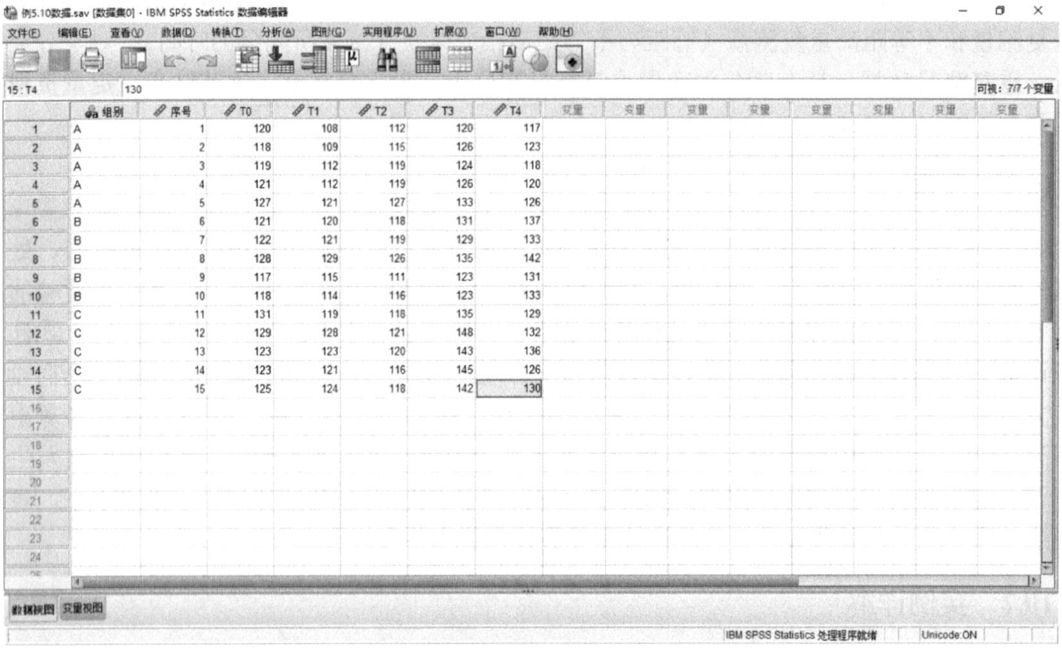

图 5.46　数据文件建立

第二，单击菜单栏中的"分析"按钮，选择"一般线性模型"，然后选择"重复测量"选项（图 5.47）。

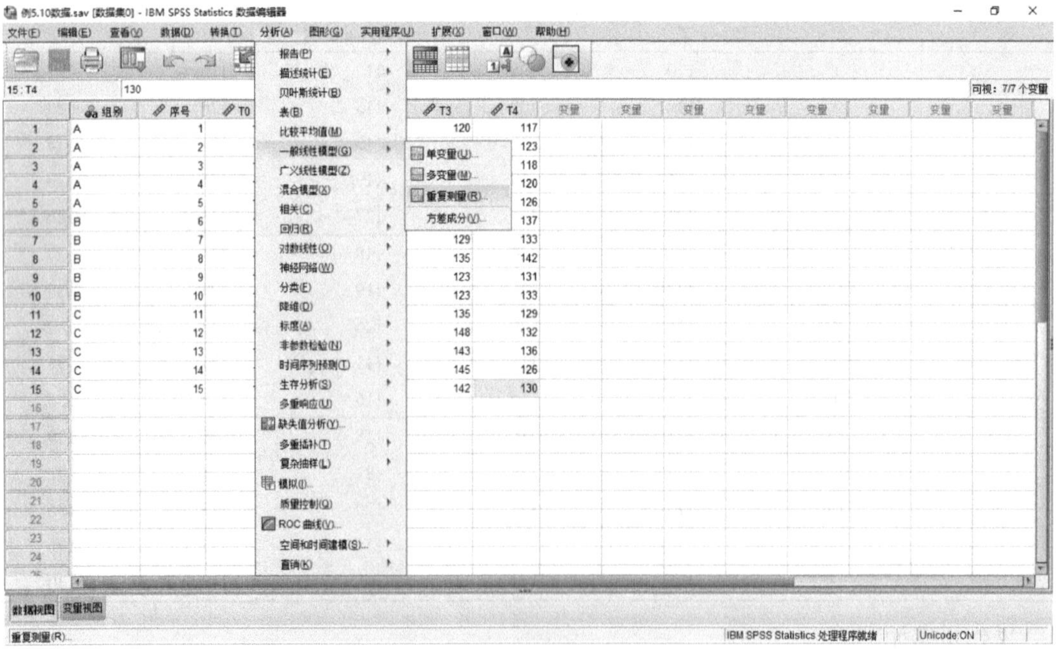

图 5.47　"重复测量"选项

第三，单击“重复测量”，弹出“重复测量定义因子”对话框，本例中重复测量了 5 次，所以级别数为 5，完成“主体内因子名”定义后，在“级别数”处输入“5”，单击“添加”按钮（图 5.48）。然后单击“重复测量定义因子”对话框下的“定义”按钮，将 T0、T1、T2、T3、T4 按照顺序输入对话框右侧变量列表框中，也可按住“Shift”一次性输入，但顺序不能打乱。

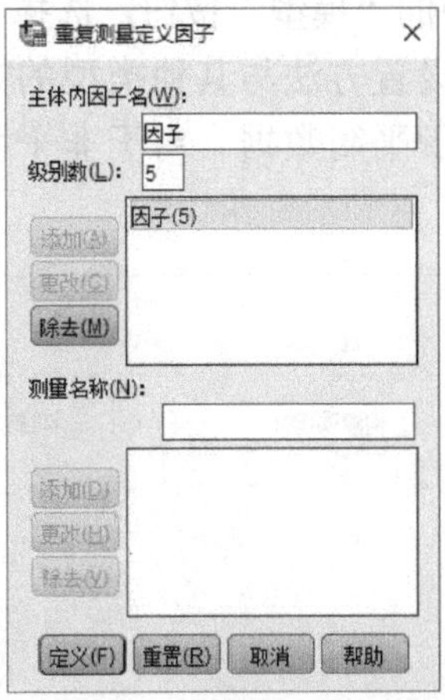

图 5.48 “重复测量定义因子”对话框

“主体内因子名”：该框中应输入测试因素的名称，最多 8 个字符，但不能和数据集中其他变量名重复。“级别数”：该框须输入重复的次数。当“主体内因子名”和“级别数”被定义后，“添加”按钮被激活，单击“添加”；如果还有第二个测量因子可以重复该次操作。“测量名称”：如对组内因素所代表的测量仍有重复，可以在“测量名称”参数框中输入表示重复测量的变量，方法同上。定义结束单击“定义”按钮，弹出“重复测量”对话框，如图 5.49 所示。

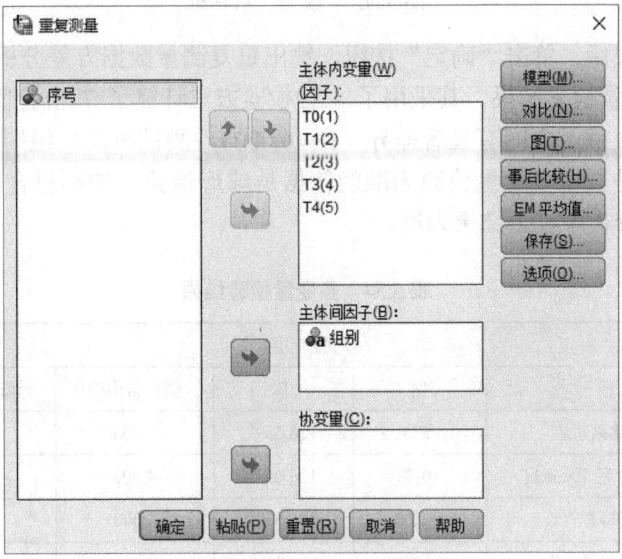

图 5.49 “重复测量”对话框

图 5.49 左侧为数据库的因素列表框，框中列出了数据库中的因素变量。“主体内变量”：该框中显示了已经定义的测量级别数，但变量名用“?”标注，需要我们按照顺序单击左侧因素列表中的变量名移入此框。如果顺序有误可以通过上下箭头按钮进行调整。“主体间因子”：应该放入本次分析的处理因素，可以放入多个。“协变量”：如果因素列表中，存在专业角度上影响结果变量的协变量，可放入该框。

第四，单击重复测量对话框中的“模型”按钮，选择“全因子”，单击“继续”返回，其他选项根据实际需求进行设置，设置方法与其他类型的方差分析相同。因各组样本例数相同，平方和选择类型Ⅲ，其适用于平衡数据。对于非平衡数据，应选择类型Ⅳ，单击“继续”返回（图 5.50）。

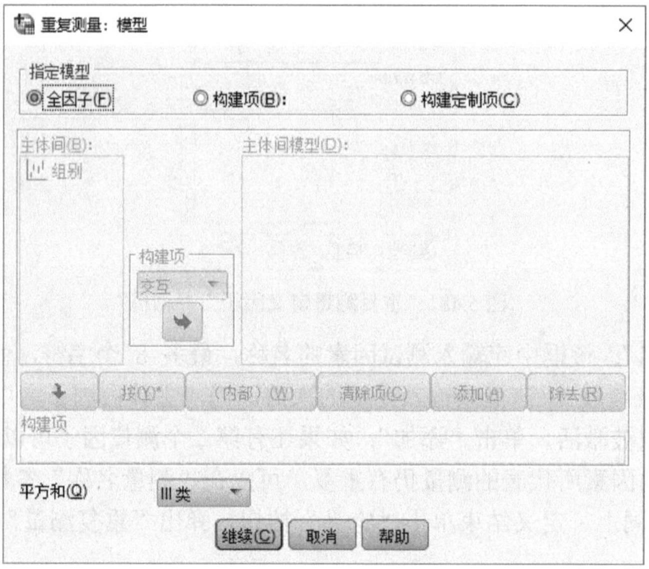

图 5.50 “模型”对话框

第五，设置完成后，单击“确定”按钮，输出重复测量数据方差分析结果。

表 5.34 为多变量检验结果，其采用了 4 种检验方法计算了 T 检验值、F，从表中可以看出不同时间测定的收缩压之间有显著差异（$P=0.000$），测试时间与组别之间有显著交互作用（$P=0.000$）。判断是否以多变量检验为准的依据是球形检验，如不符合球形性，才以结果为准或者以一元方差分析中校正结果为准。

表 5.34 多变量检验结果

多变量检验[a]						
效应		值	F	假设自由度	误差自由度	显著性
因子	比莱轨迹	.983	126.659[b]	4.000	9.000	.000
	威尔克 Lambda	.017	126.659[b]	4.000	9.000	.000
	霍特林轨迹	56.293	126.659[b]	4.000	9.000	.000
	罗伊最大根	56.293	126.659[b]	4.000	9.000	.000

续表

多变量检验[a]						
效应		值	F	假设自由度	误差自由度	显著性
因子 * 组别	比莱轨迹	1.809	23.656	8.000	20.000	.000
	威尔克 Lambda	.008	22.215[b]	8.000	18.000	.000
	霍特林轨迹	20.600	20.600	8.000	16.000	.000
	罗伊最大根	13.376	33.440[c]	4.000	10.000	.000
a. 设计：截距＋组别。 主体内设计：因子。						
b. 精确统计。						
c. 此统计是生成显著性水平下限的 F 的上限。						

表 5.35 为球形检验结果，表中显示 $P=0.178$，结果以一元方差结果为准，符合球形性，如果 $P\leqslant 0.05$，则不符合球形性检验，表 5.35 也给出了格林豪斯-盖斯勒（Greehouse-Geisser)、辛-费德特（Huynh-Feldt）和下限校正，以 Greehouse-Geisser 较为常用。

表 5.35 球形检验结果

莫奇来球形度检验[a]							
测量: MEASURE_1							
主体内效应	莫奇来 W	近似卡方	自由度	显著性	Epsilon[b]		
					格林豪斯-盖斯勒	辛-费德特	下限
因子	.293	12.785	9	.178	.679	1.000	.250
检验“正交化转换后因变量的误差协方差矩阵与恒等矩阵成比例”这一原假设。							
a. 设计：截距＋组别。 主体内设计：因子。							
b. 可用于调整平均显著性检验的自由度。修正检验将显示在“主体内效应检验”表中。							

因为本例符合球形性，采用表 5.36 中假设球形度为结果，从其中可以看出，不同时间测定的收缩压之间有显著差异（$F=106.558$，$P=0.000$），不同时间与组别之间有着显著交互作用（$F=19.101$，$P=0.000$）。

表 5.36 方差分析结果

主体内效应检验						
测量: MEASURE_1						
源		III 类平方和	自由度	均方	F	显著性
因子	假设球形度	2336.453	4	584.113	106.558	.000
	格林豪斯-盖斯勒	2336.453	2.715	860.644	106.558	.000
	辛-费德特	2336.453	4.000	584.113	106.558	.000
	下限	2336.453	1.000	2336.453	106.558	.000

续表

主体内效应检验						
测量: MEASURE_1						
源		III 类平方和	自由度	均方	F	显著性
因子 * 组别	假设球形度	837.627	8	104.703	19.101	.000
	格林豪斯-盖斯勒	837.627	5.430	154.272	19.101	.000
	辛-费德特	837.627	8.000	104.703	19.101	.000
	下限	837.627	2.000	418.813	19.101	.000
误差 (因子)	假设球形度	263.120	48	5.482		
	格林豪斯-盖斯勒	263.120	32.577	8.077		
	辛-费德特	263.120	48.000	5.482		
	下限	263.120	12.000	21.927		

从表 5.37 可以看出，组别间有显著差异（$F = 5.783$，$P = 0.017$）。

表 5.37 组别间方差分析结果

主体间效应检验					
测量: MEASURE_1					
转换后变量: 平均					
源	III 类平方和	自由度	均方	F	显著性
截距	1155433.080	1	1155433.080	14649.223	.000
组别	912.240	2	456.120	5.783	.017
误差	946.480	12	78.873		

本例为等距重复测量数据，如为不等距离测量数据，则在最后一步，不是单击“确定”按钮，而是单击“粘贴”，调出语法编辑器，将语法编辑器中语句进行相应修改。例如，如果本例测定时间为 T0、T1、T3、T4、T6，则将未修改语法编辑器（图 5.51）修改为修改后的语法编辑器（图 5.52），然后单击“运行”“全部”，输出方差分析结果。

图 5.51 未修改语法编辑器

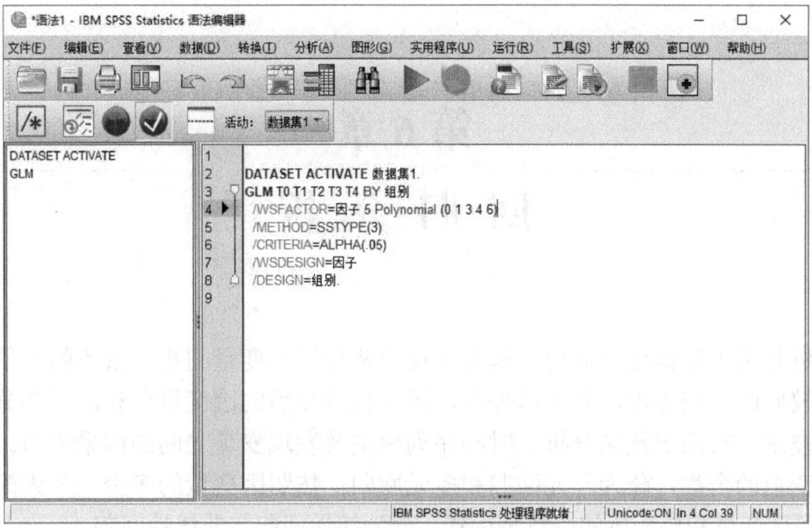

图 5.52　修改后的语法编辑器

第 6 章

回 归 分 析

回归分析是利用数据统计原理，确定两种或两种以上变量间相互依赖的定量关系，建立一个相关性较好的回归方程，并加以外推，用以预测今后的因变量变化。回归分析是一种预测性的建模技术，常用于预测分析、时间序列模型及发现变量之间的因果关系。按照涉及的因变量和自变量的个数，分为一元回归和多元回归；按照因变量的多少，分为简单回归和多重回归；按照因变量和自变量的函数表达式，分为线性回归与非线性回归。

6.1 一元线性回归分析

只包括一个自变量和一个因变量，且二者的关系可用一条直线近似表示，这种回归分析称为一元线性回归分析。

6.1.1 原理

根据已知点求一条直线，希望直线与各个点距离之和为最小，根据最小二乘法“偏差平方和最小”的原理算出最小直线的参数。回归分析过程应遵循三步法循序渐进的原则，即先建立回归方程，再对方程进行显著性检验，判定方程是否有统计学意义，最后给出方程的决定系数，说明方程的解释度，即方程意义的大小。

6.1.2 实例详解

【例 6.1】 为了确定大白鼠的血糖减少量（y）和胰岛素 A 剂量（x）之间的关系，对在相同条件下繁殖的 10 只大白鼠分别注射胰岛素 A 的不同剂量 x_i 后，测得各鼠血糖减少量 y_i，数据如表 6.1 所示。试建立血糖减少量（y）对胰岛素 A 剂量（x）的直线回归方程。

表 6.1 胰岛素 A 注射剂量对血糖减少量的影响

胰岛素 A 剂量/ml	0.20	0.25	0.30	0.35	0.40	0.45	0.50	0.55	0.60	0.65
血糖减少量/（mmol/L）	28	34	35	44	47	50	54	56	65	66

操作步骤如下。

第一，在 SPSS“变量视图”中建立“胰岛素 A 剂量”变量和“血糖减少量”变量，在“数据视图”中输入相应的数据，建立数据文件（图 6.1）。

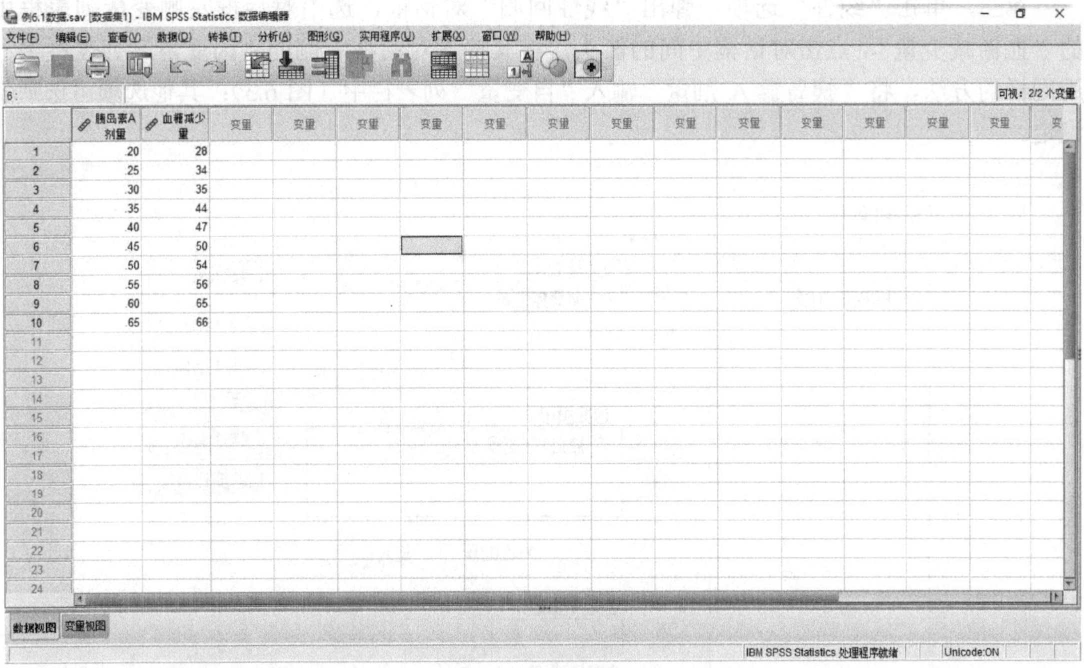

图 6.1 数据文件

第二，单击菜单栏中的“分析”按钮，选择“回归”，然后选择“线性”选项（图 6.2）。

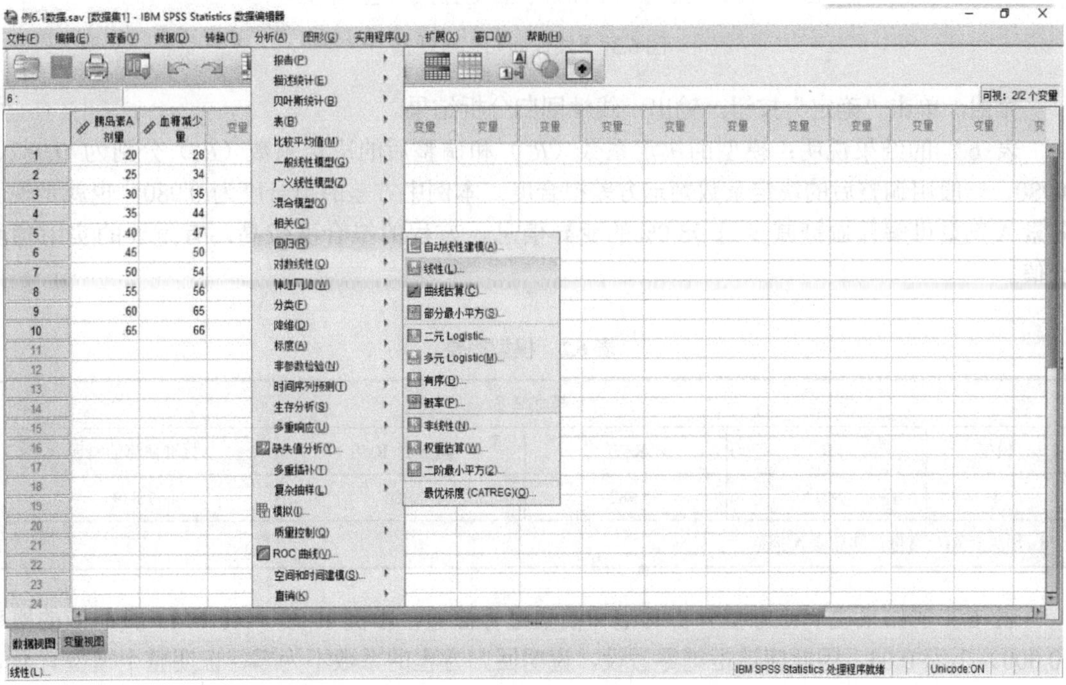

图 6.2 “线性”选项

第三，单击“线性”选项，弹出“线性回归”对话框，选中对话框左侧变量列表框中的“血糖减少量”，点击对话框中间的箭头，将其输入对话框右侧的“因变量”列表栏中；用同样的方法，将“胰岛素 A 剂量”输入“自变量”列表栏中（图 6.3）；其他选项可选缺省设定。

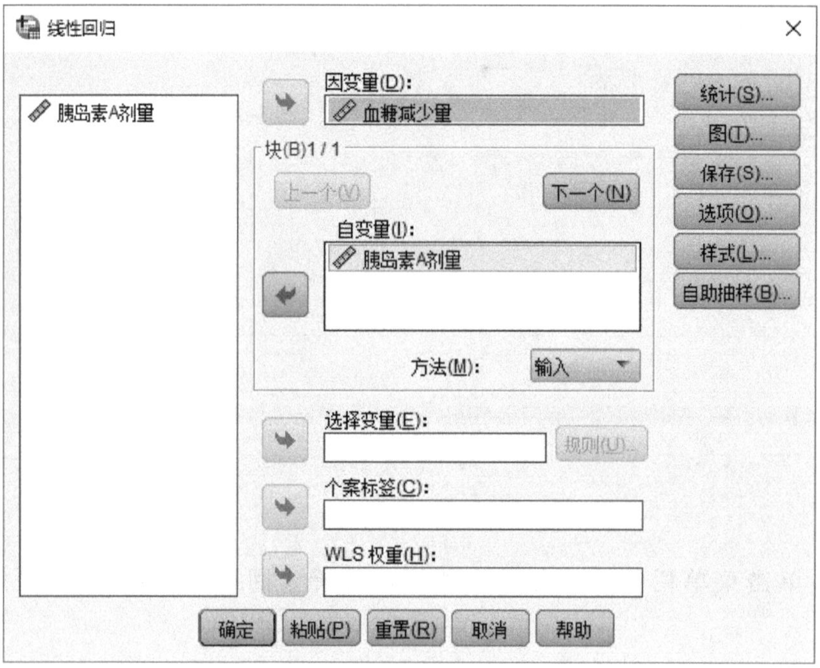

图 6.3 “线性回归”对话框

第四，单击“确定”按钮，输出一线性回归分析结果。

表 6.2 的结果说明：模型的决定系数（R^2）和调整后的决定系数（R^2）分别为 0.982、0.980，一般用调整后的决定系数判定方差拟合度。本例中方差的拟合度为 0.980，也就是说胰岛素 A 剂量可解释血糖减少量 98.0%的变异信息，方程的拟合度较高，有重要的实用预测价值。

表 6.2 模型摘要

模型摘要				
模型	R	R 方	调整后 R 方	标准估算的错误
1	.991[a]	.982	.980	1.829
a. 预测变量：(常量), 胰岛素 A 剂量。				

表 6.3 的结果说明：方差分析对饱和模型进行检验，本例中 $F = 440.244$，其对应的概率（0.000）小于 0.05，因此应该拒绝零假设，说明回归方程的系数不为零，证明整个模型有显著的统计学意义。

表 6.3 方差分析

ANOVA[a]						
模型		平方和	自由度	均方	F	显著性
1	回归	1472.148	1	1472.148	440.244	.000[b]
	残差	26.752	8	3.344		
	总计	1498.900	9			
a. 因变量：血糖减少量。						
b. 预测变量：（常量），胰岛素 A 剂量。						

表 6.4 的结果说明：给出了未标准化的系数，提供了建立回归方程的 a 和 b，也给出了标准化系数，可用于通径分析等。而且还给出了各参数 t 的检验结果，其中常数项的 t 检验一般没多大意义。在简单线性回归中 t 检验和方差分析（F 检验）等值，即 P 相等。本例中回归系数为 84.485，回归截距为 11.994，所以其回归方程为 $y=11.994+84.485x$，t 检验结果表明，回归系数的检验 $t=20.982$，$P<0.05$，说明回归系数有显著统计学意义。

表 6.4 回归方程系数

系数[a]						
模型		未标准化系数		标准化系数	t	显著性
		B	标准错误	Beta		
1	（常量）	11.994	1.806		6.640	.000
	胰岛素 A 剂量	84.485	4.027	.991	20.982	.000
a. 因变量：血糖减少量。						

6.2 多元线性回归分析

在回归分析中，如果有两个或两个以上的自变量，就称为多元回归。多元线性回归中须进行多重共线性诊断，多重共线性诊断的是回归模型中两个或两个以上的自变量彼此相关，如存在多重共线性，就不宜采用普通回归分析，应选用主成分回归、岭回归分析、偏最小二乘回归等方法。

6.2.1 原理

多元线性回归的基本原理和基本计算过程与一元线性回归相同。

6.2.2 实例详解

【例 6.2】 测定 13 块‘中籼南京 11 号’高产田每亩穗数（x_1，万穗）、每穗粒数（x_2）和每亩稻谷产量（y，kg），结果见表 6.5，试建立每亩穗数、每穗粒数对每亩产量的二元回归方程。

表 6.5 每亩穗数（x_1）和每穗粒数（x_2）对每亩产量（y）的影响

x_1/万穗	x_2	y/kg
26.7	73.4	504
31.3	59.0	480
30.4	65.9	526
33.9	58.2	511
34.6	64.6	549
33.8	64.6	552
30.4	62.1	496
27.0	71.4	473
33.3	64.5	537
30.4	64.1	515
31.5	61.1	502
33.1	56.0	498
34.0	59.8	523

操作步骤如下。

第一，在 SPSS“变量视图”中建立“X1”“X2”及“Y”三个变量，在“数据视图”中输入对应的数据，建立数据文件（图 6.4）。

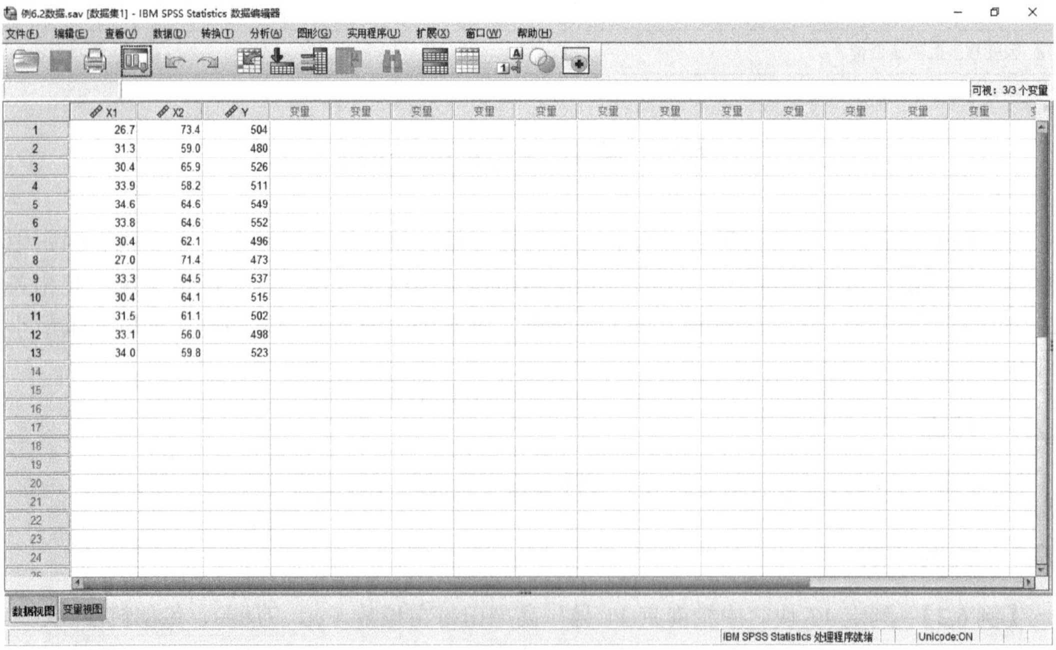

图 6.4 数据文件

第二，单击菜单栏中的“分析”按钮，选择“回归”，然后选择“线性”（图6.5）。

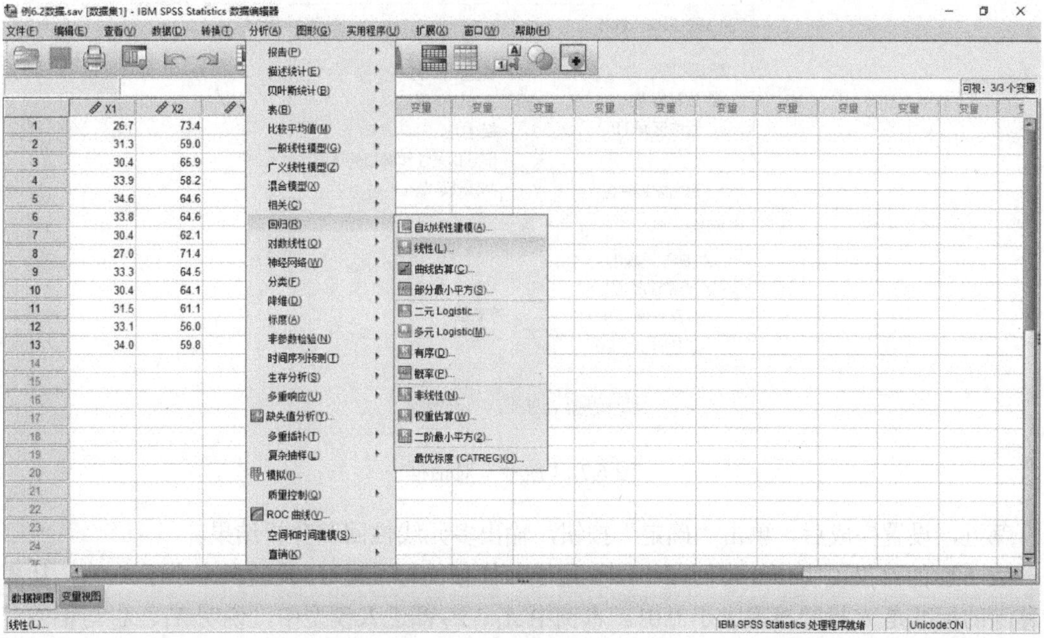

图6.5 “线性”选项

第三，单击“线性”，弹出“线性回归”对话框，选中“线性回归”对话框左侧变量列表栏中“Y”变量，单击对话框中间的箭头按钮，将其输入对话框右侧的“因变量”列表栏中，以同样的方法将“X1”“X2”输入“自变量”列表栏中，方法选择“步进”（逐步）（图6.6）。

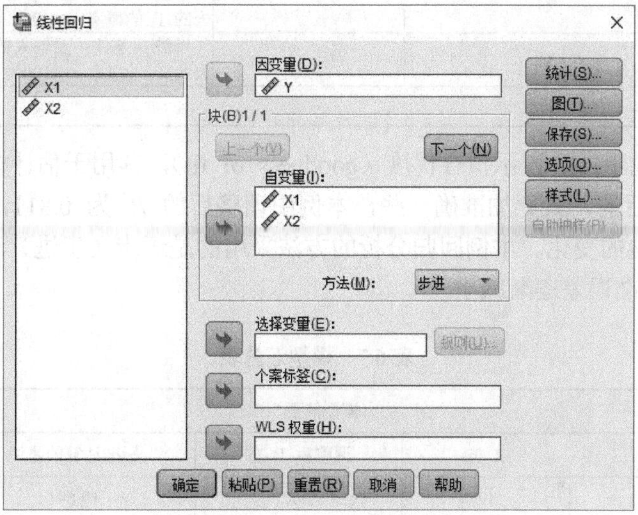

图6.6 “线性回归”对话框

第四，根据需要设置对话框中统计、图、保存、选项、样式和自助抽样等选项，一般选择默认选项，本例中“统计”选项勾选“估算值”“模型拟合”“德宾-沃森”“个案诊断”等选项，设置完成后，单击“继续”返回（图6.7）。

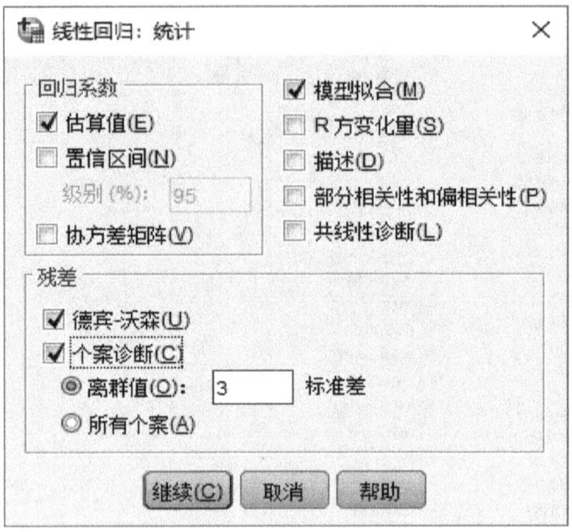

图6.7 “统计”对话框

第五，设置完成后，单击“确定”按钮，输出多元线性回归分析结果。

表6.6的结果说明：逐步回归中，变量进入模型的标准是 F 检验概率小于0.05，从模型中移除的标准是 F 检验概率大于0.01。本例中 X_1、X_2 都进入模型中，说明 X_1、X_2 与稻谷产量关系密切。

表6.6 自变量输入和去除模型情况汇总表

输入/除去的变量[a]			
模型	输入的变量	除去的变量	方法
1	X1	.	步进（条件：要输入的 F 的概率 <=.050，要除去的 F 的概率 >=.100）。
2	X2	.	步进（条件：要输入的 F 的概率 <=.050，要除去的 F 的概率 >=.100）。
a. 因变量：Y。			

表6.7的结果说明：R^2 表示拟合优度（goodness of fit），其用于估计模型对观测值的拟合优度，一般用调整后的，其更加准确一些，本例中调整后的 R^2 为0.811，表示自变量一共可以解释因变量81.1%的变化。本例回归分析的方法采用的是逐步（步进）法，所以模型 x_1、x_2 的 R^2 逐渐增大，标准误差逐渐减小。

表6.7 模型汇总表

模型摘要[c]					
模型	R	R 方	调整后 R 方	标准估算的错误	德宾-沃森
1	.630[a]	.397	.342	19.691	
2	.918[b]	.842	.811	10.565	2.531
a. 预测变量：(常量), X1。					
b. 预测变量：(常量), X1, X2。					
c. 因变量：Y。					

表 6.8 的结果说明：方差分析是对整个回归方程的总体检验，利用其判断整个回归方程有没有使用价值，主要看 F 和显著性（Sig.），其 F 对应的 Sig.小于 0.05 认为回归方程是有用的。另外，F 是回归方程的显著性检验，表示模型中被解释变量与所用解释变量之间的线性关系在总体上是否显著做出推断。若 F 大于 F_{α}，Sig.则小于显著水平，需拒绝原假设，即认为列入模型的各个解释变量联合起来对被解释变量有显著影响；反之，则无显著影响。

表 6.8　方差分析表

ANOVA[a]						
模型		平方和	自由度	均方	F	显著性
1	回归	2809.297	1	2809.297	7.246	.021[b]
	残差	4265.010	11	387.728		
	总计	7074.308	12			
2	回归	5958.041	2	2979.020	26.687	.000[c]
	残差	1116.267	10	111.627		
	总计	7074.308	12			
a. 因变量：Y。						
b. 预测变量：(常量), X1。						
c. 预测变量：(常量), X1, X2。						

模型系数表（表 6.9）列出了自变量单样本 t 检验的显著性检验结果，最后一列为 t 检验的显著性（Sig.）。表中的 Sig.小于 0.05 表示自变量对因变量有显著影响。B 表示各个自变量在回归方程中的系数，由于每个自变量的量纲和取值范围不同，B 并不能反映各个自变量对因变量的影响程度的大小，需要运用标准系数（Beta）来判断，Beta 数值越大说明影响越大。排除变量表（表 6.10）输出了排除的自变量 x_2 的信息表，表中列出了剔除的变量名、偏回归系数、偏回归系数 t 检验结果、偏相关系数。

表 6.9　模型系数表

系数[a]								
模型		未标准化系数		标准化系数	t	显著性	共线性统计	
		B	标准错误	Beta			容差	VIF
1	(常量)	325.233	69.884		4.654	.001		
	X1	5.940	2.207	.630	2.692	.021	1.000	1.000
2	(常量)	−176.240	101.593		−1.735	.113		
	X1	12.416	1.700	1.317	7.305	.000	.485	2.060
	X2	4.682	.882	.958	5.311	.000	.485	2.060
a. 因变量：Y。								

表 6.10 和表 6.11 列出了容差（容忍度）、方差膨胀因子（VIF）、特征值、条件指标等各项指标。

表 6.10 排除变量表

排除的变量[a]								
模型		输入 Beta	t	显著性	偏相关	共线性统计		
						容差	VIF	最小容差
1	X2	.958[b]	5.311	.000	.859	.485	2.060	.485
a. 因变量：Y。								
b. 模型中的预测变量：(常量), X1。								

表 6.11 共线性诊断表

共线性诊断[a]						
模型	维	特征值	条件指标	方差比例		
				（常量）	X1	X2
1	1	1.997	1.000	.00	.00	
	2	.003	25.554	1.00	1.00	
2	1	2.989	1.000	.00	.00	.00
	2	.010	17.228	.00	.15	.13
	3	.001	73.478	1.00	.85	.87
a. 因变量：Y。						

容忍度（tolerance）：自变量的容忍度用 1 减去决定系数来表示，容忍度越小，多重共线性越严重。若容忍度小于 0.1 时，存在严重的多重共线性。方差膨胀因子（VIF）：为容忍度的倒数。该指标越大，共线性可能越严重。特征值：实际上是对模型中常数项及所有自变量进行主成分分析，该指标越小，共线性可能越严重。当比较多维度的特征值接近 0，则可能有比较严重的共线性。条件指标：等于最大的主成分与当前主成分的比值的算术方根，如某些维度的条件指标大于 30 时，提示存在多重共线性。

本例中建立的回归方程为：产量 $=-176.24+12.42x_1+4.68x_2$，但由于常数项的 Sig.为 0.113，大于 0.01，所以常数项不具备显著性，需要看后面的标准系数，可以看到常数项没有数值，已被剔除，所以标准化的回归方程为：产量 $=1.317\,x_1+0.958x_2$。

第7章

相 关 分 析

相关分析是研究两个或两个以上处于同等地位的随机变量间的相关性，从而衡量两个变量因素的相关密切程度。变量间相关程度用相关系数反映，相关系数取值为[−1,1]，数值绝对值越大，表示相关的程度越强。正负号表示相关的性质，正号代表正相关，负号代表负相关，0 代表零相关，1 代表完全相关。

对两个变量间的直线关系进行相关分析称为直线相关或简单相关；对多个变量进行相关分析时，研究一个变量与多个变量间的线性相关称为复相关或者多重相关；研究其余变量保持不变的情况下两个变量间的线性相关称为偏相关。

7.1　双变量相关分析

双变量相关分析中 3 种相关系数为 Pearson 系数、Spearman 系数和 Kendall 系数。Pearson 系数称为积矩相关系数，也称为积差相关系数，用来衡量两个数据集合是否在一条线上，两个变量都是正态连续变量，且两者之间呈线性关系时，主要用 Pearson 系数，符号为 r；Spearman 系数又称为秩相关系数，是利用两个变量的秩次大小作线性相关分析，相当于 Pearson 系数的非参数形式，对原始变量的分布不作要求，属于非参数统计方法，适用范围广些，符号为 r_s；Kendall 系数是分析两个有序变量或两个秩变量之间相关程度的，资料不服从双变量正态分布或总体分布未知，符号为 T。

7.1.1　原理

如果两个连续变量在散点图上的散点呈现直线趋势，即可认为两个变量间存在直线相关趋势，因为抽样误差的存在，根据样本资料计算出来的相关系数须进行检验，以判断总体中两变量是否有线性相关关系。

7.1.2　实例详解

【例 7.1】 在研究水稻籽粒蛋白质含量（%）时，采用两种不同的测定方法。一种是凯式定氮法（KP 法），另一种是燃料结合法（DBC 法）。用这两种方法测得的结果如表 7.1 所示，试计算两者的相关系数。

表 7.1 采用不同测定方法测得的不同水稻籽粒的蛋白质含量（%）

品系	KP 法	DBC 法
IR 8（亲本）	8.77	9.70
IR 8/20(突变体)	8.69	9.70
IR 8/64(突变体)	8.36	9.00
IR 8/38(突变体)	10.05	11.00
IR 8/20(突变体)	9.80	11.00
杜拉（亲本）	8.40	9.30
杜拉 250-3（突变体）	8.09	8.80
杜拉 250-9（突变体）	8.70	9.60
杜拉 298-1（突变体）	10.25	10.80
杜拉 298-2（突变体）	9.00	9.35

操作步骤如下。

第一，在 SPSS 视图变量中建立“KP 法”和“DBC 法”变量，在“数据视图”中输入相应的数据，建立数据文件（图 7.1）。

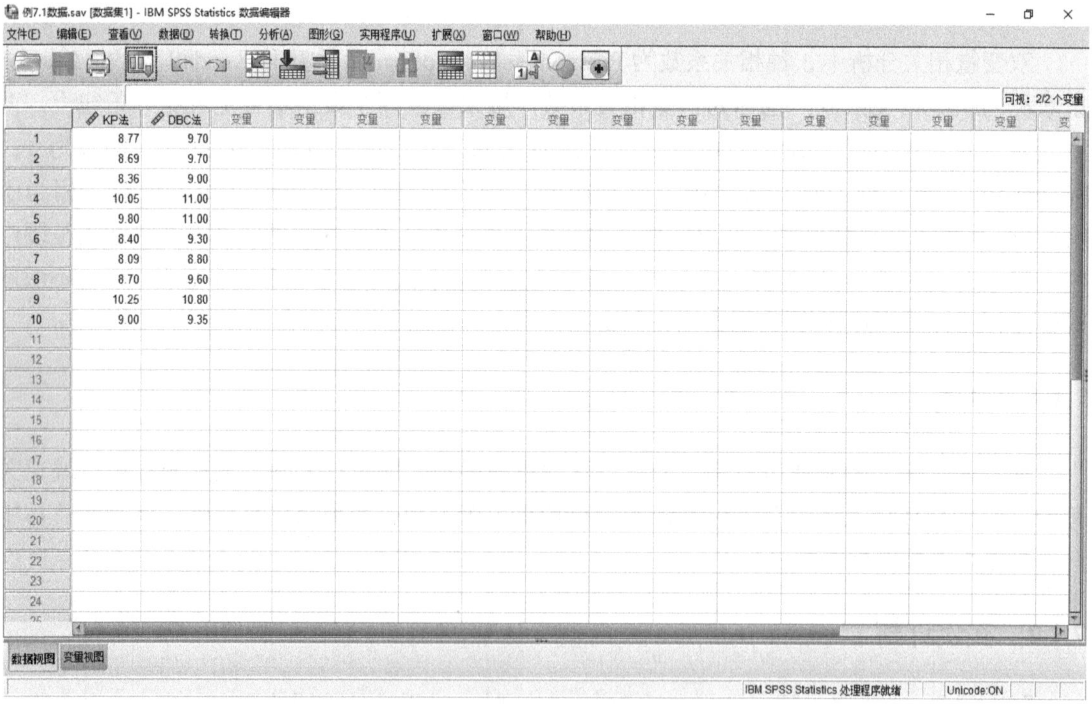

图 7.1 数据文件

第二，单击菜单栏中的“分析”，选择“相关”，然后选择“双变量”（图 7.2）。

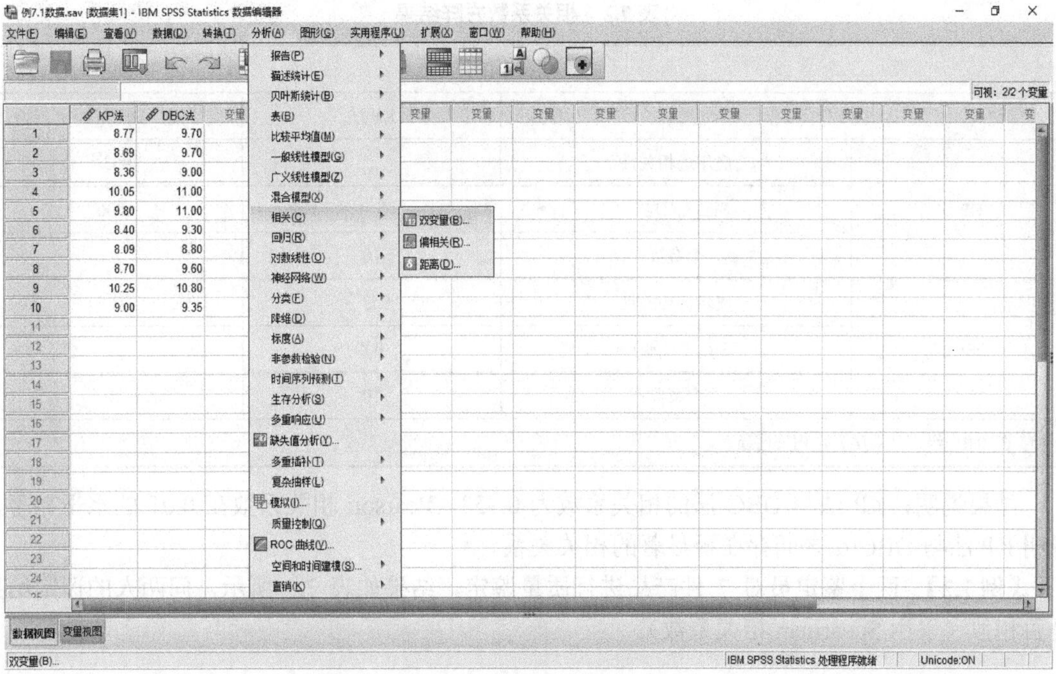

图 7.2 “双变量”选项

第三，单击“双变量”选项，弹出“双变量相关性”对话框，将对话框左侧变量栏中“KP 法”和“DBC 法”选中，单击对话框中间的箭头，将其输入对话框右侧“变量”列表栏中，“相关系数”默认选择“皮尔逊”(Pearson)，其他为默认选项（图 7.3）。

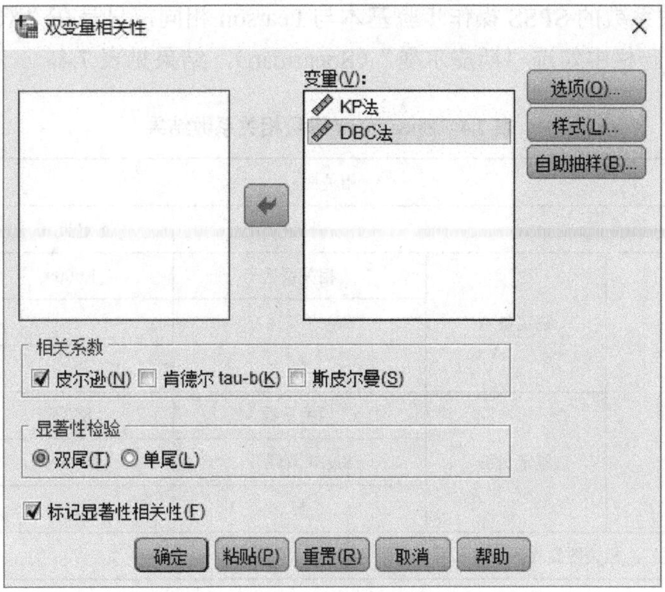

图 7.3 “双变量相关性”对话框

第四，设置完成后，单击“确定”按钮，输出相关系数方阵结果（表 7.2）。

表 7.2 相关系数方阵结果

相关性			
		KP 法	DBC 法
KP 法	皮尔逊相关性	1	$.953^{**}$
	Sig.（双尾）		.000
	个案数	10	10
DBC 法	皮尔逊相关性	$.953^{**}$	1
	Sig.（双尾）	.000	
	个案数	10	10
**. 在 0.01 级别（双尾），相关性显著。			

结果说明：KP 法与 DBC 法的相关系数为 0.953，Pearson 相关系数在 0.01 的水平显著，说明 KP 法与 DBC 法之间存在极显著的相关关系。

【例 7.2】 两个鉴定员对 7 件产品进行质量鉴定，结果如表 7.3 所示，问两人的评定结果是否相似（采用 Spearman 相关系数）。

表 7.3 两鉴定员鉴定的产品质量合格结果 （单位：个）

序号	1	2	3	4	5	6	7
鉴定员 A	4	1	6	5	3	2	7
鉴定员 B	4	2	5	6	1	3	7

Spearman 相关系数的 SPSS 操作步骤基本与 Pearson 相同，只是在“双变量相关性”对话框的“相关系数”一栏中勾选“斯皮尔曼”（Spearman），结果见表 7.4。

表 7.4 Spearman 等级相关系数结果

相关性				
			鉴定员 A	鉴定员 B
斯皮尔曼 Rho	鉴定员 A	相关系数	1.000	$.857^{*}$
		Sig.（双尾）	.	.014
		N	7	7
	鉴定员 B	相关系数	$.857^{*}$	1.000
		Sig.（双尾）	.014	.
		N	7	7
*. 在 0.05 级别（双尾），相关性显著。				

结果说明：鉴定员 A 与鉴定员 B 的相关系数为 0.857，在 0.05 的水平上显著，说明鉴定员 A 与鉴定员 B 之间评定结果显著相似。

7.2 距离相关

科研数据的相关分析中，变量不一定是两个，其可能涉及多个变量，而且变量都携带了一定的信息，彼此之间又有重叠，需要对各个指标的差异性、相似程度进行分析，通常采用距离相关分析，根据距离分析的结果考虑进一步分析（聚类分析）。距离分析是对观察变量之间的相似或者不相似程度的一种测定，其克服了 Pearson 相关系数的一些不足，即 Pearson 相关系数为 0 时也不能断定两个变量是独立的，其可能是非线性相关，但距离相关系数为 0 时就可以断定两个变量是独立的。距离相关系数越大，说明两变量的相关性越强。距离分析过程只是一个预分析过程，其并不给出常用的 P，通常给出各变量之间的距离大小。

【例 7.3】 表 7.5 为不同地区粮食、蔬菜、瓜果、棉花、烟叶、油料、糖料的年产量的统计值，试进行距离分析。

表 7.5 不同地区粮食、蔬菜、瓜果、棉花、烟叶、油料、糖料的年产量 （单位：t）

地区	粮食	蔬菜	瓜果	棉花	烟叶	油料	糖料
北京	66.6	24.7	2.6	0.6	0	2.2	0
天津	57.5	23.4	1.7	15.3	0	0.9	0
河北	70.6	12.8	1.2	7.1	0	6.1	0.2
山西	81.7	6.4	1	2.9	0.1	5.9	0.1
内蒙古	70.9	4	0.8	0	0.1	10.5	0.8
辽宁	83.8	9.5	0.9	0	0.3	4.2	0
吉林	86.8	4.3	1	0	0.5	5.8	0.1
黑龙江	86.2	3.2	1.2	0	0.3	4.1	1.1
上海	41.2	33.9	5.5	0.3	0	6	0.4
江苏	65.5	15.3	1.7	4.7	0	10.7	
浙江	53.5	23.6	4	0.6	0.1	8.3	0.5
安徽	71	7.7	1.9	4.3	0.1	12.6	0.1
福建	57.3	26.2	1.5	0	2.8	5	0.6
江西	65.9	10.4	1.6	1.2	0.3	10.9	0.3
山东	63.4	16.2	2.5	8.7	0.3	8.1	0
河南	65.6	12.2	2.4	5.6	1	10.9	0
湖北	55.3	13.8	1.3	5.5	0.8	18.4	0.1
湖南	59.5	13	1.5	2.1	1.3	11.4	0.2
广东	57.2	24.5	1	0	0.7	6.5	3.4
广西	51.6	17.5	1.2	0	0.4	4.8	13
海南	54.1	23	3.1	0	0	5.2	8.1
重庆	71.6	12	0.5	0	1.4	7.4	0.1

续表

地区	粮食	蔬菜	瓜果	棉花	烟叶	油料	糖料
四川	68.1	12.2	0.5	0.3	0.9	11.1	0.3
贵州	64	10.2	0.5	0	4	11.6	0.4
云南	69.5	8.5	0.3	0	6.3	3.7	4.7
西藏	73.7	8.1	0	0	0	10.4	0
陕西	77.6	8.4	1.4	2	0.8	6.3	0
甘肃	69.4	8.5	1.1	2	0.4	8.7	0.1
青海	53.1	5.7	0.1	0	0	32.6	0
宁夏	70.6	5.4	3.9	0	0	7.3	0
新疆	39.2	4.9	1.9	33.2	0	4	2.5

操作步骤如下。

第一，在 SPSS“变量视图”中建立“地区”“粮食”“蔬菜”“瓜果”“棉花”“烟叶”“油料”“糖料”等变量，在“数据视图”中输入对应的数据，建立距离分析的数据文件。

第二，单击菜单栏中的“分析”按钮，选择“相关”，然后选择“距离”，弹出“距离”对话框，将“粮食”“蔬菜”“瓜果”“棉花”“烟叶”“油料”“糖料”选入“变量”列表中，将“地区”选入“个案标注依据”中（图 7.4）。

图 7.4 “距离”对话框

第三，本例“距离”对话框中的“计算距离”选择“变量间”，“测量”选择“相似性”，选择 Pearson 相关，转换值标准化选择“Z 得分”，单击“测量”按钮，弹出“相似性测量”对话框，设置完成后单击“继续”按钮返回。

（1）非相似性测量下的区间选项　如图 7.5 所示，具体包括如下几项。

1）“欧氏距离”：表示利用两变量差值的平方和的平方根为距离。

图 7.5 非相似性测量下的区间选项

2）“平方欧氏距离”：表示利用两变量差值的平方和为距离。

3）“切比雪夫”（Chebychev）：表示利用两变量差绝对值的最大值为距离。

4）“块”：表示利用两变量差值的绝对值之和为距离。

5）“明可夫斯基”（Minkowski）：表示利用两变量差值的 p 次幂的绝对值之和，再开 p 次根为距离，使用者可在幂下拉列表中更改 p 值，为1～4。

6）“定制”：表示利用两变量差值的 p 次幂的绝对值之和，再开 t 次根为距离，使用者可在幂下拉列表中设定 p 值方，在根下拉列表中设定 t 值，为1～4。

（2）非相似性测量下的计数选项　　如图 7.6 所示，具体包括如下几项。

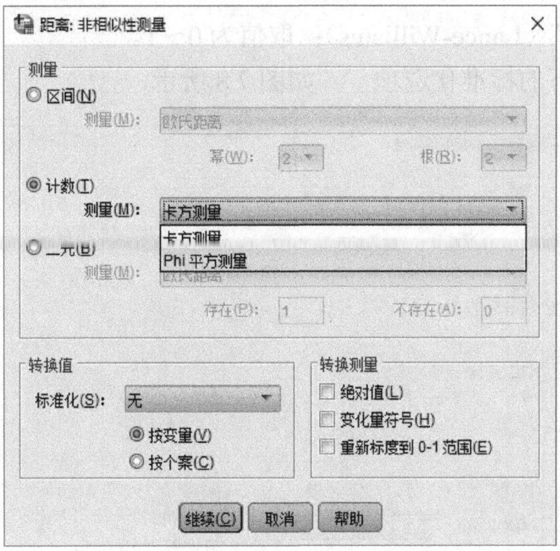

图 7.6 非相似性测量下的计数选项

1）“卡方测量”：卡方统计量测量度量。

2）“Phi 平方测量”：卡方值测距除以合计频数的平方根。

（3）非相似性测量下的二元选项　如图 7.7 所示，具体包括如下几项。

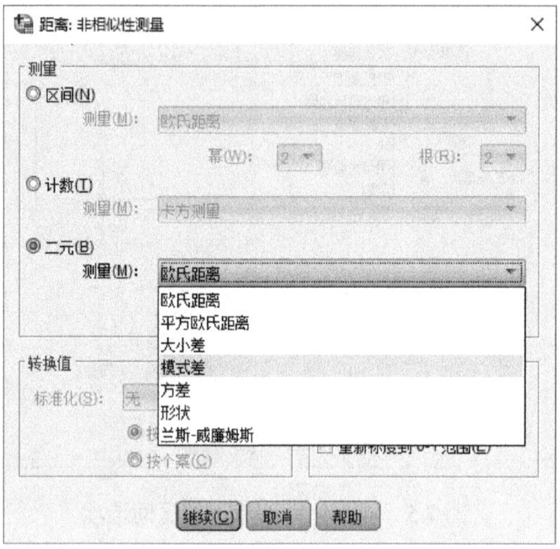

图 7.7　非相似性测量下的二元选项

1）“欧氏距离”：表示利用 $b+c$ 之和的平方根为距离，其中 $b+c$ 是指 4 个表格中对角线上的元素。

2）“平方欧氏距离”：表示利用 $b+c$ 的绝对值为距离。

3）“大小差”：表示反映不对称性的指标，取值为 0～1。

4）“模式差”：取值为 0～1。

5）“方差”：表示利用方差为测距，取值为 0～1。

6）“形状”：取值为 0～1。

7）“兰斯-威廉姆斯”（Lance-Williams）：取值为 0～1。

（4）非相似性测量下的标准化选项　如图 7.8 所示。

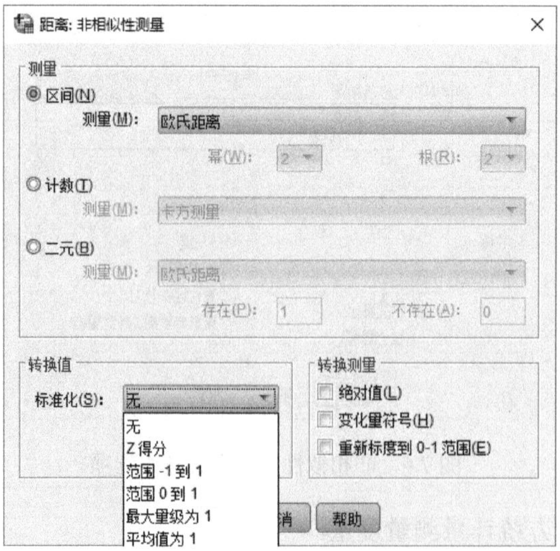

图 7.8　非相似性测量下的标准化选项

（5）相似性测量下的区间选项　如图7.9所示，具体包括以下两项。

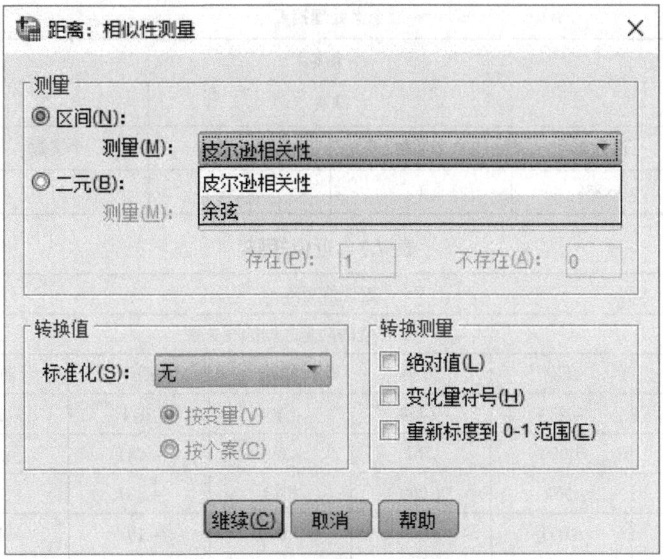

图7.9　相似性测量下的区间选项

1）“皮尔逊相关性”：表示利用Pearson相关系数为距离。

2）“余弦”：表示利用变量矢量的余弦值为距离。

（6）相似性测量下的二元选项　如图7.10所示，其包括一些测量指标，但是它们在实际中用得较少。

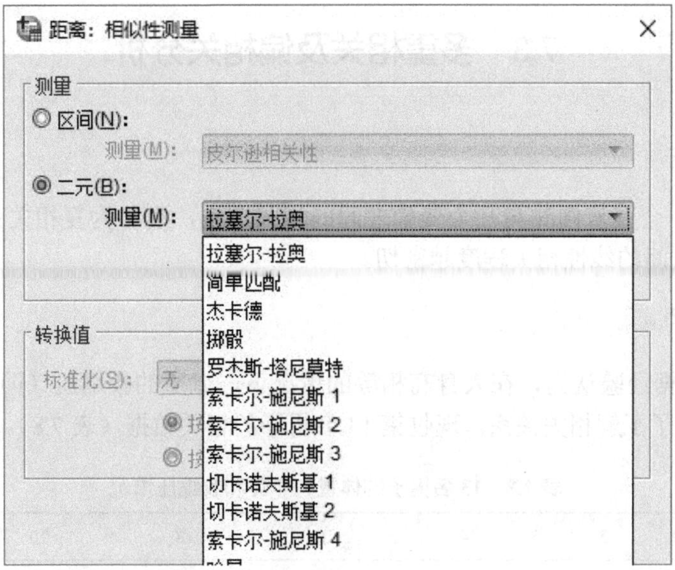

图7.10　相似性测量下的二元选项

第四，设置完成后单击“确定”按钮，输出距离分析的统计结果（表7.6和表7.7）。

表 7.6 数据使用基本情况

个案处理摘要					
个案					
有效		缺失		总计	
个案数	百分比	个案数	百分比	个案数	百分比
30	96.8%	1	3.2%	31	100.0%

表 7.7 近似矩阵

近似值矩阵							
	值的向量之间的相关性						
	粮食	蔬菜	瓜果	棉花	烟叶	油料	糖料
粮食	1.000	-.583	-.429	-.404	.044	-.166	-.334
蔬菜	-.583	1.000	.562	-.091	-.041	-.285	.200
瓜果	-.429	.562	1.000	.083	-.331	-.258	-.001
棉花	-.404	-.091	.083	1.000	-.193	-.172	-.048
烟叶	.044	-.041	-.331	-.193	1.000	-.074	.121
油料	-.166	-.285	-.258	-.172	-.074	1.000	-.236
糖料	-.334	.200	-.001	-.048	.121	-.236	1.000
这是相似性矩阵。							

结果说明：表 7.6 给出了数据使用的基本情况，其主要是对有无缺失值的统计信息，表 7.7 给出了各变量间的相似矩阵。

7.3 多重相关及偏相关分析

7.3.1 多重相关

多重相关即一个变量同时与几个变量之间的相关关系，也称为复相关系数。复相关系数越大，表示变量之间的线性相关程度越密切。

7.3.2 实例详解

【例 7.4】 根据经验认为，在人身高相等的情况下，血压的收缩压（y）和体重（x_1）、年龄（x_2）有关，为了了解相关关系，现收集 13 名男子的相关数据（表 7.8）。

表 7.8 13 名男子的体重、年龄和收缩压情况

序号	1	2	3	4	5	6	7	8	9	10	11	12	13
体重/斤*	152	183	171	165	158	161	149	158	170	153	164	190	185
年龄	50	20	20	30	30	50	60	50	40	55	40	40	20
收缩压/mmHg	120	141	124	126	117	125	123	125	132	123	132	155	147

* 1 斤=0.5kg

操作步骤如下。

第一，在 SPSS“变量视图”中建立“序号”“体重”“年龄”和“收缩压”变量，在“数据视图”中输入对应的数据，建立数据文件。

第二，单击菜单栏中的“分析”按钮，选择“回归”，然后选择“线性”（图 7.11）。

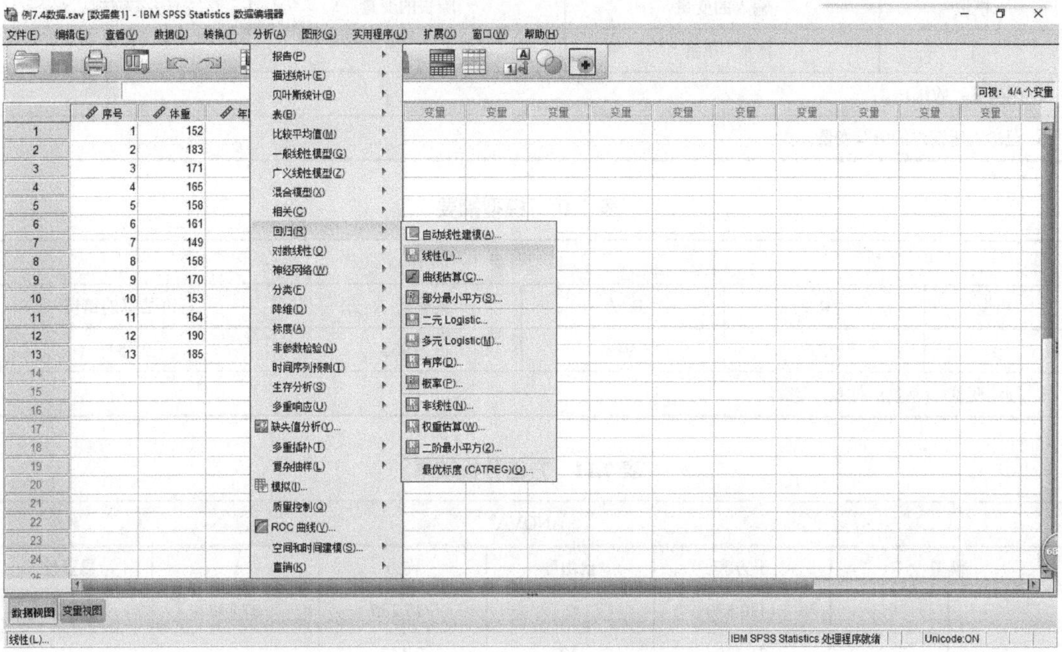

图 7.11 多重相关选项

第三，单击“线性”按钮，弹出“线性回归”对话框，将“收缩压”输入“因变量”列表栏中，将“体重”“年龄”输入“自变量”列表栏中；如只是计算多重相关系数，则只需要对“统计”进行设置，其他不需要进行设置（图 7.12）。

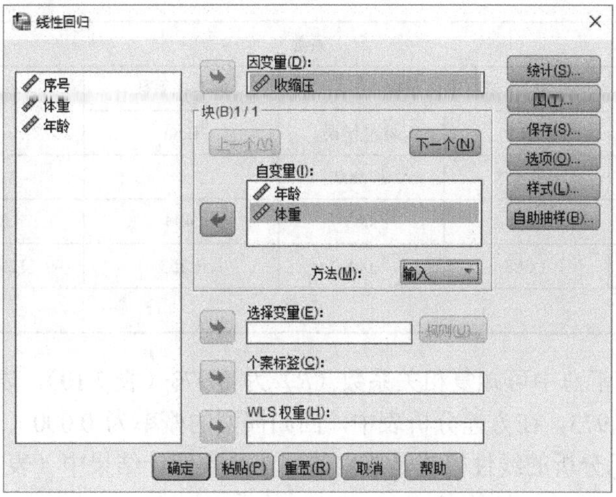

图 7.12 多重相关分析对话框

第四，设置完成后，单击“确定”按钮，输出多重相关分析结果（表 7.9～表 7.12）。

表 7.9 输入/除去的变量结果

输入/除去的变量[a]			
模型	输入的变量	除去的变量	方法
1	体重, 年龄[b]	.	输入
a. 因变量：收缩压。			
b. 已输入所请求的所有变量。			

表 7.10 模型摘要

模型摘要				
模型	R	R 方	调整后 R 方	标准估算的错误
1	.973[a]	.946	.935	2.854
a. 预测变量：(常量), 体重, 年龄。				

表 7.11 方差分析结果

ANOVA[a]						
模型		平方和	自由度	均方	F	显著性
1	回归	1430.570	2	715.285	87.840	.000[b]
	残差	81.430	10	8.143		
	总计	1512.000	12			
a. 因变量：收缩压。						
b. 预测变量：(常量), 体重, 年龄。						

表 7.12 系数统计结果

系数[a]						
模型		未标准化系数		标准化系数	t	显著性
		B	标准错误	Beta		
1	（常量）	–62.963	17.000		–3.704	.004
	年龄	.400	.083	.494	4.810	.001
	体重	1.068	.088	1.253	12.185	.000
a. 因变量：收缩压。						

结果说明：模型汇总中可知复相关系数（R）为 0.973（表 7.10），表示收缩压与体重、年龄的负相关系数为 0.973，在方差分析表中，回归模型的概率为 0.000（表 7.11），小于显著水平 0.05 或 0.01，表示分析的线性模式是成立的。在系数统计结果中（表 7.12），表示模型为：收缩压（y）$= -62.963 + 0.4\times$年龄（x_2）$+ 1.068\times$体重（x_1）。

7.3.3 偏相关

当有多个变量存在时，考察两个变量之间的关联程度，而使与这两个变量有联系的其他变量保持不变，计算这两个变量的相关性，称为偏相关分析。

7.3.4 实例详解

【例 7.5】 表 7.13 是 4 个城市保健商拜访率、保健基金和发病率统计情况，在控制保健商拜访率情况下，试分析保健基金与发病率的相关性。

表 7.13 4 个城市保健商拜访率、保健基金和发病率统计情况

城市	保健商拜访率/%	保健基金/元	发病率/%
1	152.13	155.33	158.34
	167.84	177.34	157.23
	162.21	165.09	162.92
	146.69	154.28	130.59
	186.93	185.56	202.81
	188.16	186.96	221.43
	195.39	198.63	189.22
	175.5	172.14	166.42
	197.04	198.25	203.07
	190.16	193.9	198.57
2	156.47	157.03	161.79
	159.21	158.07	168.82
	185.65	182.09	180.41
	176.5	173.2	178.52
	156.97	151.84	157.77
	181.62	182.9	212.44
	205.51	197.09	198.9
	167.09	163.86	174.25
	192.71	192.3	212.07
	165.02	172.03	149.45
	162.07	166.97	190.35
	186.16	187.86	198.38
3	189	184.23	172.99
	166.93	166.86	186.81

续表

城市	保健商拜访率/%	保健基金/元	发病率/%
3	171.45	174.64	179.42
	157.3	159.5	148.46
	150.41	153.18	133.64
	171.18	169.46	152.11
	168.88	169.9	183.13
	151.86	161.57	163.32
	185.03	183.99	176.52
	184.52	187.98	178.6
	197.07	195.88	207.62
	153.74	154.76	143.88
	184.18	177.6	159.74
	155.93	163.02	172.06
4	197.91	190.34	188.55
	187.9	179.27	202.31
	194.07	192.2	190.16
	186.68	181.23	201.54
	150.64	159.41	153.99
	164.11	167.47	153.99
	148.32	151.38	122.39
	193.66	195.56	184.35
	162.36	162.69	154.44
	172.7	173.17	179.7
	172.51	176.52	167.49
	196.14	200.73	164.54
	191.1	190.53	184.12
	174.83	180.12	178.94

操作步骤如下。

第一，在 SPSS“变量视图”中建立“城市”“保健商拜访率”“保健基金”和“发病率”变量，在“数据视图”中输入相应的数据，建立数据文件。

第二，单击菜单中的“分析”按钮，选择“相关”，然后选择“偏相关”（图 7.13）。

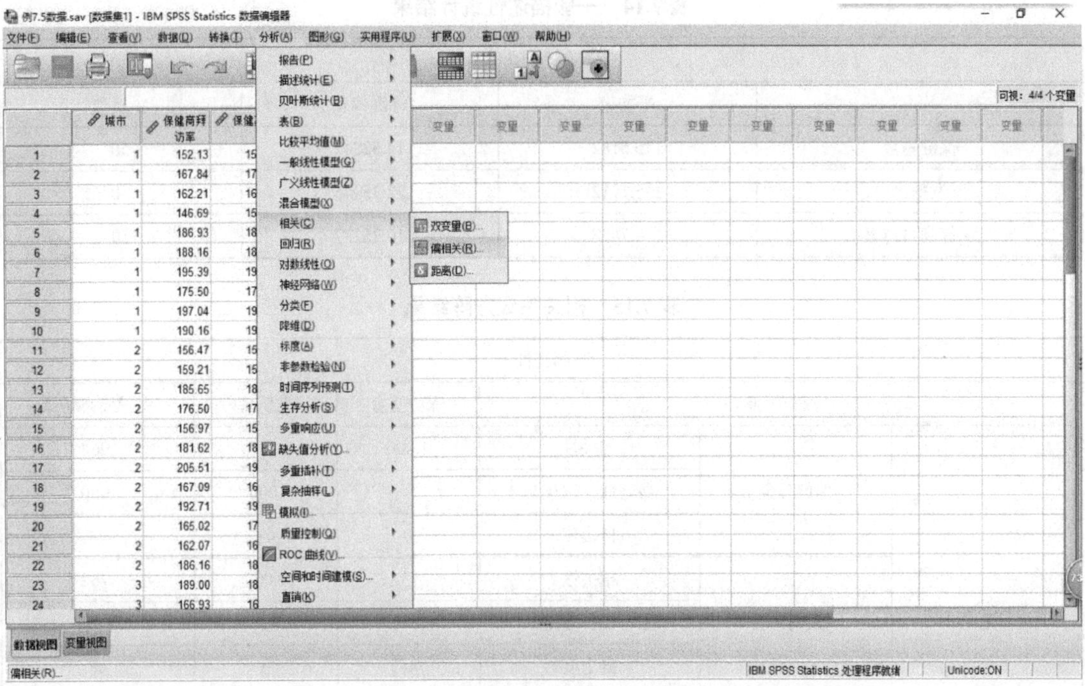

图 7.13 “偏相关”选项

第三，单击“偏相关”选项，弹出“偏相关性”对话框，将“保健基金”和“发病率”输入“变量”列表中，将“保健商拜访率”输入“控制”变量列表中，进行相应的设置（图 7.14）。

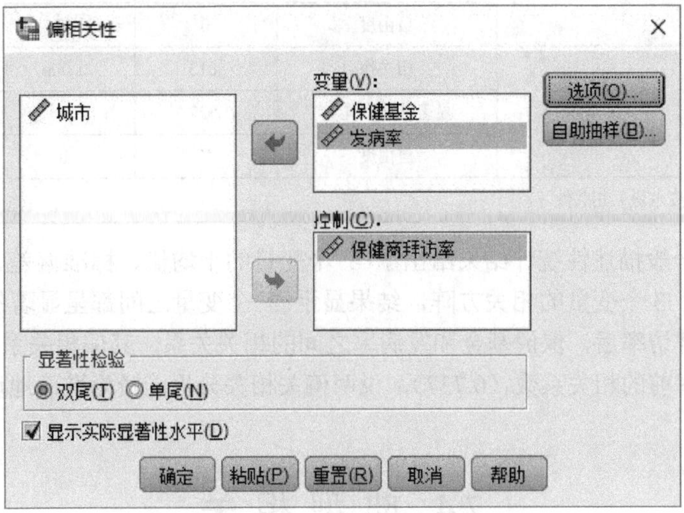

图 7.14 “偏相关性”对话框

第四，设置完成后，单击“确定”按钮，输出偏相关分析结果（表 7.14 和表 7.15）。

表 7.14　一般描述性统计结果

描述统计			
	平均值	标准偏差	个案数
保健基金	175.5182	14.52842	50
发病率	175.1712	22.35946	50
保健商拜访率	174.7488	16.26137	50

表 7.15　相关系数方阵结果

相关性					
控制变量			保健基金	发病率	保健商拜访率
- 无 -[a]	保健基金	相关性	1.000	.737	.964
		显著性（双尾）	.	.000	.000
		自由度	0	48	48
	发病率	相关性	.737	1.000	.762
		显著性（双尾）	.000	.	.000
		自由度	48	0	48
	保健商拜访率	相关性	.964	.762	1.000
		显著性（双尾）	.000	.000	.
		自由度	48	48	0
保健商拜访率	保健基金	相关性	1.000	.013	
		显著性（双尾）	.	.927	
		自由度	0	47	
	发病率	相关性	.013	1.000	
		显著性（双尾）	.927	.	
		自由度	47	0	
a. 单元格包含零阶（皮尔逊）相关性。					

结果说明：一般描述性统计结果给出了 3 个变量的平均值、标准偏差、个案数；相关系数方阵上部给出了3个变量的相关方阵，结果显示 3 个变量之间都呈显著的正相关；下部输出控制了保健商拜访率后，保健基金和发病率之间的相关关系，其偏相关系数为 0.013，低于控制保健商拜访率前的相关系数（0.737），说明偏关相关分析能较为准确地反映两个变量的相关系数。

7.4 典 型 相 关

在科学研究中，常常需要考察多个变量和多个变量之间及两组变量之间的相关性。在所有的线性组合中，找一对相关系数最大的线性组合，用这个组合的单相关系数来表示两组变量的相关性，称为两组变量的典型相关系数，而这两个线性组合称为一对典型变量或典则变量。典型相关分析就是测度两组变量之间相关程度的一种多元统计分析方法，也是一种降维技术。

7.4.1 原理

典型相关分析方法的基本思想和主成分分析相似，即根据原始变量的线性组合，寻找一个或少数几个综合变量来代替原始变量，从而将两组变量的关系集中到少数几对综合变量的关系上，进而将两组原始变量的相关关系研究转换成少数几对综合变量的相关关系研究。提取时找到一对综合变量，使这对综合变量间的相关性最大，然后再次通过线性组合找出第二对综合变量，其相关系数会小于第一对综合变量，重复以上操作，直到两组变量的数据信息提取完成为止。

7.4.2 实例详解

【例 7.6】 研究 13 个棉花亲本材料的衣分（x_1）、株高（x_2）、果枝数（x_3）、总铃数（x_4）、铃重（x_5）、籽指（x_6）、皮棉产量（x_7）这 7 个农艺性状和纤维长度（y_1）、强力（y_2）、麦克隆值（y_3）、整齐度（y_4）和纺纱均匀性指数（y_5）这 5 个品质因子间的关系，相关数据如表 7.16 所示。

表 7.16 7 个农艺性状和 5 个品质因子的观察值

x_1/%	x_2/cm	x_3	x_4	x_5/g	x_6/g	x_7/g	y_1/mm	y_2/(gf/tex)	y_3	y_4/%	y_5
38.4	112.5	10.3	10.3	5.8	9.5	65.8	27.6	28.9	5.9	86.1	133.5
39.6	109.8	9.2	9.2	5.2	10.8	62.3	30.2	26.7	3.9	85.2	140.5
38.7	112.3	11.6	8.7	6.3	11.2	48.5	31.3	31.2	3.7	84.3	149.8
37.5	105.6	10.8	9.2	6.7	9.6	55.2	32.3	30.6	3.8	87.2	156.2
41.3	107.5	11.3	8.8	5.9	10.6	49.8	26.8	29.5	4.2	85.5	137.2
45.2	110.3	10.7	10.6	5.2	10.5	57.3	17.5	29.8	5.6	82.3	141.1
40.3	106.5	11.2	9.8	6.1	9.9	46.5	30.9	33.2	4.5	85.1	165.5
39.5	108.7	12.1	8.5	4.9	10.1	49.8	31.2	27.8	4.4	82.1	142.5
44.6	119.3	13.2	7.6	6.4	11.1	51.2	31.6	30.2	4.6	83.2	138.7
46.2	108.6	10.8	8.5	5.5	12.3	53.6	30.8	32.3	3.5	85.6	139.8
39.8	105.5	10.2	7.6	6.5	12.4	54.8	32.3	33.1	3.8	85.9	178.1
35.2	108.3	9.5	8.2	6.8	11.2	58.7	30.5	29.6	4.2	84.5	145.2
38.7	85.6	9.5	7.6	5.2	10.8	59.6	27.6	28.7	3.9	83.1	121.5

操作步骤如下。

第一，在 SPSS“变量视图”中建立“x1”“x2”“x3”“x4”“x5”“x6”“x7”“y1”“y2”“y3”“y4”“y5”变量，在“数据视图”中输入对应的数据，建立数据文件。

第二，单击菜单栏中的“文件”按钮，选择“新建”，然后选择“语法”（图 7.15）。

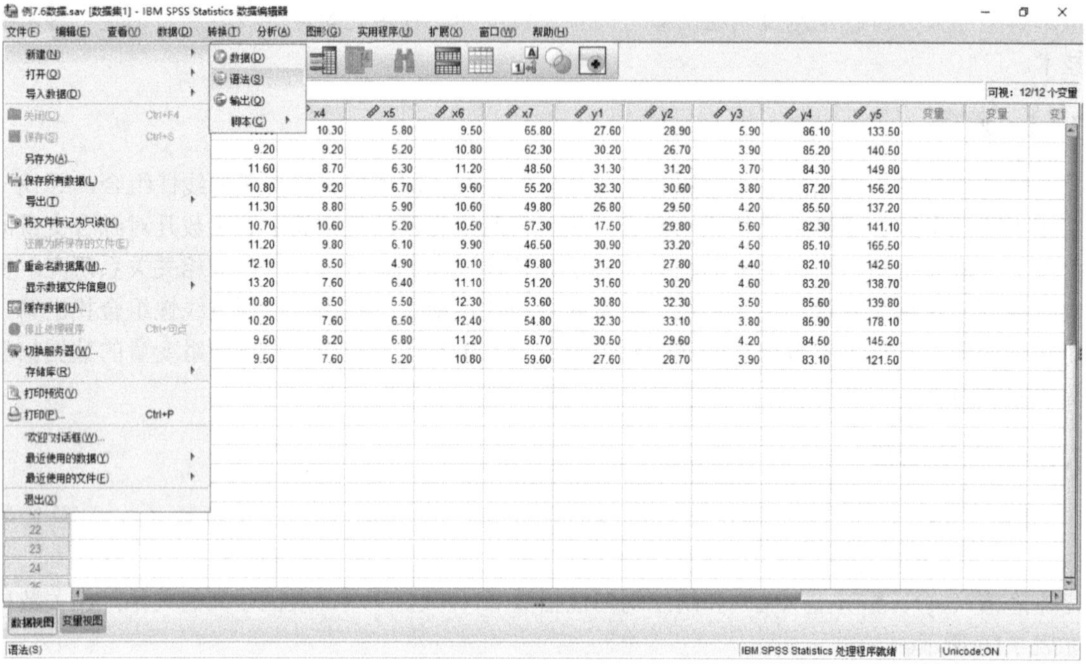

图 7.15 “语法”命令

第三，单击“语法”命令，弹出“语法编辑器”窗口（图 7.16）。

图 7.16 “语法编辑器”窗口

第四，在“语法编辑器”窗口中输入以下内容（图 7.17）。

```
INCLUDE 'C:\Program Files\IBM\SPSS\Statistics\Samples\English\Canonical
correlation.sps'.
CANCORR SET1=x1 x2 x3 x4 x5 x6 x7
                          /SET2=y1 y2 y3 y4 y5/.
```

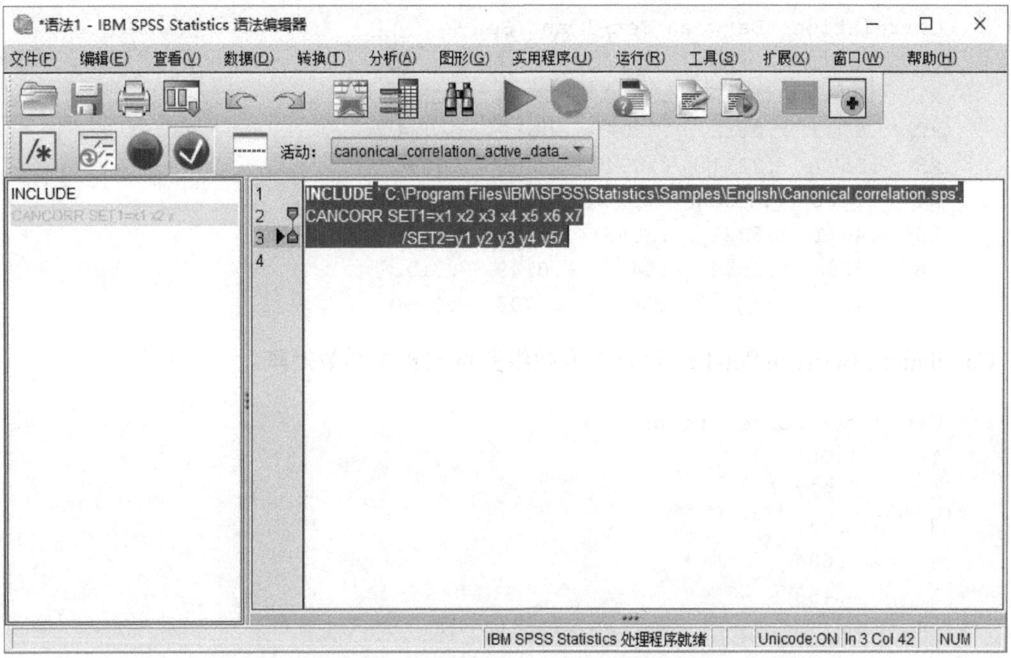

图 7.17 “语法编辑器”中输入相关内容

INCLUDE 是用来调用典型相关程序，'C:\Program Files\IBM\SPSS\Statistics\Samples\English\Canonical correlation.sps'. 是典型相关安装所在的位置

第五，输入完成后将“语法编辑器”中的代码全部选中，单击菜单栏中的“运行”按钮（绿色三角箭头），输出典型相关分析结果。

```
Correlations for Set-1
        x1       x2       x3       x4       x5       x6       x7
x1  1.0000    .3036    .4450    .0954   -.3595    .3304   -.2556
x2   .3036   1.0000    .5439    .2730    .2627   -.0082   -.1826
x3   .4450    .5439   1.0000   -.1101    .1071   -.0932   -.7140
x4   .0954    .2730   -.1101   1.0000   -.2390   -.6240    .2144
x5  -.3595    .2627    .1071   -.2390   1.0000    .1336   -.1846
x6   .3304   -.0082   -.0932   -.6240    .1336   1.0000   -.1188
x7  -.2556   -.1826   -.7140    .2144   -.1846   -.1188   1.0000


Correlations for Set-2
        y1       y2       y3       y4       y5
y1  1.0000    .2429   -.6352    .4153    .3907
y2   .2429   1.0000   -.2386    .3480    .6919
```

```
y3  -.6352  -.2386  1.0000  -.2570  -.2432
y4   .4153   .3480  -.2570  1.0000   .3999
y5   .3907   .6919  -.2432   .3999  1.0000
```

Correlations for Set-1 和 Correlations for Set-2 为两组变量各自组内相关系数矩阵。

```
Correlations Between Set-1 and Set-2
         y1       y2       y3       y4       y5
x1  -.3747   .2397   .1360  -.2744  -.1390
x2   .0723   .0652   .3204   .0512   .2024
x3   .1577   .2211   .1094  -.3055   .0696
x4  -.5720  -.0961   .6599   .1275  -.0199
x5   .4611   .5321  -.2043   .5244   .5405
x6   .2068   .3954  -.5496  -.0149   .2102
x7  -.2805  -.5135   .3495   .1708  -.3990
```

Correlations Between Set-1 and Set-2 为两组变量间相关系数矩阵。

```
Canonical Correlations
1      1.000
2       .927
3       .731
4       .684
5       .458


Test that remaining correlations are zero:
      Wilk's   Chi-SQ       DF      Sig.
1       .000   58.372   35.000      .008
2       .028   19.730   24.000      .712
3       .196    8.976   15.000      .879
4       .420    4.770    8.000      .782
5       .790    1.296    3.000      .730
```

Canonical Correlations 和 Test that remaining correlations are zero 为典型相关系数及其检验结果。本例中提取了 5 对典型变量，这 5 对变量之间的相关系数依次降低，从 1.000 减少到 0.458，显著性检验结果显示只有第一对典型变量的相关系数有统计学意义（Sig. = 0.008）。

```
Standardized Canonical Coefficients for Set-1
            1         2         3         4         5
x1      -.287      .226     -.040     -.676     1.018
x2       .989     -.338     -.931     -.392     -.280
x3      -.440      .467     1.683     1.859     -.375
x4     -1.114      .940      .493      .695    -1.063
x5      -.673      .439     -.431      .427      .838
x6      -.983      .058      .625      .710     -.938
x7       .193      .761      .875      .665      .588
```

```
Raw Canonical Coefficients for Set-1
            1         2         3         4         5
x1      -.090      .071     -.012     -.212      .319
x2       .130     -.045     -.123     -.052     -.037
x3      -.393      .417     1.502     1.659     -.335
x4     -1.129      .953      .500      .705    -1.078
x5     -1.054      .687     -.675      .668     1.312
x6     -1.090      .064      .693      .787    -1.040
x7       .034      .133      .153      .116      .102
```

Standardized Canonical Coefficients for Set-1 和 Raw Canonical Coefficients for Set-1 是第一组变量的标准化典型相关系数与未标准化典型相关系数。在研究变量的单位相同时，采用未标准化典型相关系数，单位不同时，采用标准化后的典型相关系数。本例中第一对典型变量的相关系数有统计学意义，而且本例中的变量单位不统一，因此采用标准化的典型相关系数，来自 7 个农艺性状的第一典型变量 $v_1 = -0.287x_1 + 0.989x_2 - 0.440x_3 - 1.114x_4 - 0.673x_5 - 0.983x_6 + 0.193x_7$。

```
Standardized Canonical Coefficients for Set-2
            1         2         3         4         5
y1       .683     -.435      .001     1.093      .433
y2      -.955     -.008      .593      .673      .535
y3       .458      .670      .126     1.022     -.044
y4      -.063      .665     -.619     -.347      .623
y5       .114     -.079     -.853     -.148    -1.196


Raw Canonical Coefficients for Set-2
            1         2         3         4         5
y1       .172     -.110      .000      .275      .109
y2      -.489     -.004      .303      .344      .274
y3       .635      .930      .175     1.418     -.061
y4      -.041      .428     -.398     -.223      .401
y5       .008     -.005      .050      .010     -.083
```

Standardized Canonical Coefficients for Set-2 和 Raw Canonical Coefficients for Set-2 是第二组变量的标准化典型相关系数与未标准化典型相关系数。

```
Canonical Loadings for Set-1
            1         2         3         4         5
x1      -.422      .087      .612      .009     -.097
x2       .154      .217     -.171      .588     -.345
x3      -.026     -.222      .376      .773     -.200
x4      -.007      .840     -.050     -.083     -.491
x5      -.258     -.039     -.677      .572      .379
x6      -.463     -.526     -.006     -.139      .141
x7       .403      .545     -.036     -.432      .375
```

```
Cross Loadings for Set-1
          1         2         3         4         5
x1     -.421      .081      .447      .006     -.044
x2      .154      .201     -.125      .403     -.158
x3     -.026     -.206      .275      .529     -.091
x4     -.007      .778     -.036     -.057     -.225
x5     -.258     -.036     -.495      .392      .174
x6     -.463     -.488     -.005     -.095      .065
x7      .402      .505     -.026     -.295      .172
```

Canonical Loadings for Set-1 和 Cross Loadings for Set-1 是第一组变量的典型负载系数（又称为结构相关系数，即典型变量与原变量之间的相关系数）和交叉负载系数（某一组中的典型变量与另外一组的原始变量之间的相关系数）。

```
Canonical Loadings for Set-2
          1         2         3         4         5
y1      .179     -.618     -.525      .406      .382
y2     -.841     -.097     -.242      .472      .040
y3      .240      .797      .350      .292     -.316
y4     -.184      .278     -.785      .019      .522
y5     -.416     -.151     -.720      .358     -.397


Cross Loadings for Set-2
          1         2         3         4         5
y1      .179     -.572     -.384      .278      .175
y2     -.841     -.089     -.177      .323      .018
y3      .240      .738      .256      .200     -.145
y4     -.184      .257     -.574      .013      .239
y5     -.416     -.140     -.526      .245     -.182
```

Canonical Loadings for Set-2 和 Cross Loadings for Set-2 是第二组变量的典型负载系数和交叉负载系数。典型负载系数是典型变量与本组观察变量之间的两两简单相关系数，可以从一定程度上反映典型变量与同属本组的观察变量进行简单回归时测量散点与回归线之间的拟合程度。

```
               Redundancy Analysis:

Proportion of Variance of Set-1 Explained by Its Own Can. Var.
                   Prop Var
CV1-1                .092
CV1-2                .198
CV1-3                .144
CV1-4                .212
CV1-5                .102
```

```
Proportion of Variance of Set-1 Explained by Opposite Can.Var.
                 Prop Var
CV2-1              .092
CV2-2              .170
CV2-3              .077
CV2-4              .099
CV2-5              .021

Proportion of Variance of Set-2 Explained by Its Own Can. Var.
                 Prop Var
CV2-1              .201
CV2-2              .225
CV2-3              .318
CV2-4              .120
CV2-5              .135

Proportion of Variance of Set-2 Explained by Opposite Can. Var.
                 Prop Var
CV1-1              .201
CV1-2              .193
CV1-3              .170
CV1-4              .056
CV1-5              .028
```

Proportion of Variance of Set-1 Explained by Its Own Can. Var. Prop Var、Proportion of Variance of Set-1 Explained by Opposite Can. Var. Prop Var、Proportion of Variance of Set-2 Explained by Its Own Can. Var. Prop Var 和 Proportion of Variance of Set-2 Explained by Opposite Can. Var. Prop Var 为冗余分析的结果。

另外，在 SPSS 数据文件中，自动生成了各组所对应的典型变量，如 s1-cv001 为第一组的第一个典型变量，s2-cv001 为第二组的第一个典型变量。

第 8 章

非参数检验

非参数检验是统计分析方法的重要组成部分，它与参数检验构成统计推断的基本内容。非参数检验是在总体方差未知或知道甚少的情况下，利用样本数据对总体分布形态等进行推断，由于其在推断过程中不涉及有关总体分布的参数，因而称为非参数检验。

在本章中主要介绍卡方检验、二项式检验、游程检验、单样本 K-S 检验、两独立样本的非参数检验、多独立样本的非参数检验等。

8.1 卡 方 检 验

卡方检验是一种用途很广的计数资料的假设检验方法，属于非参数检验，是对样本的频数分布所来自的总体分布是否服从某种理论分布或某种假设分布所做的假设检验，即根据样本的频数分布来推断总体的分布。

8.1.1 原理

卡方检验的基本思想是比较理论频数和实际频数的吻合程度或者拟合优度问题。根据卡方检验的基本思想首先提出一种彼此对立的假设，即零假设：观察值与理论值之间的偏离程度不大；备择假设：观察值与理论值之间的偏离程度太大。然后基于零假设计算出χ^2，根据卡方分布临界值得出 P，比较 P 与检验水平α的大小，若 P 小于α，则拒绝零假设，接受备择假设，若 P 大于α，则接受零假设，拒绝备择假设。

8.1.2 实例详解

【例 8.1】 两对相对性状杂交子二代 A_B_、A_bb、aaB_、aabb 4 种表现型的观察次数依次为 315、108、101、32，问是否符合 9∶3∶3∶1 的遗传比例？

操作步骤如下。

第一，在 SPSS“变量视图”中建立“表现型”“观察次数”变量，其中“表现型”标签的设置如下：将 A_B_设为 1，将 A_bb 设为 2，将 aaB_设为 3，将 aabb 设为 4，然后在“数据视图”中将对应的数据输入，建立数据文件（图 8.1)。

第二，根据实际情况对数据进行加权，其方法为在菜单中选择“数据”，然后选择“个案加权”，单击“个案加权”按钮，弹出“个案加权”对话框，选择“个案加权系数”，将“观察次数”转到右侧“频率变量”中，单击“确定”，完成对个案的加权（图 8.2)。

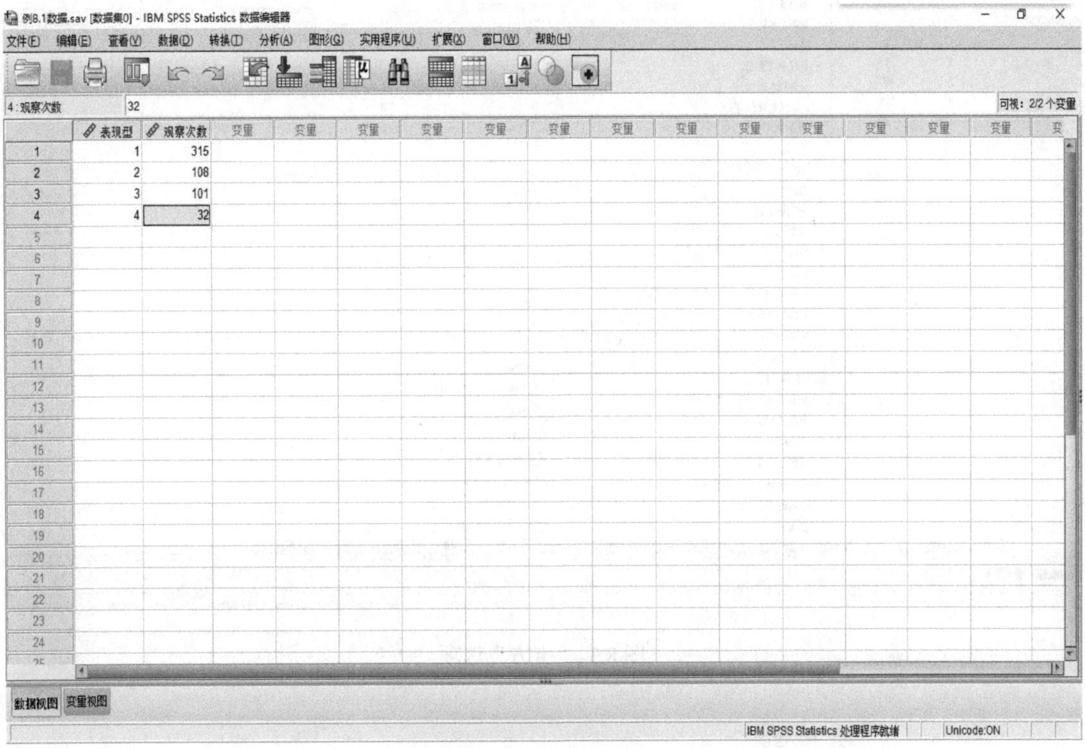

图 8.1　数据文件建立

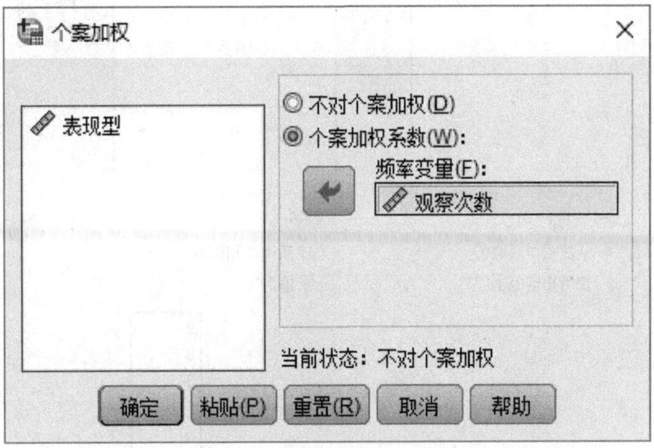

图 8.2　“个案加权”对话框

第三，单击“分析”按钮，依次选择“非参数检验”“旧对话框”“卡方”，然后单击“卡方”按钮（图 8.3），弹出“卡方”对话框（图 8.4），将“表现型”输入“检验变量列表”栏中；在“期望值”栏中选择“值”，依次输入 9、3、3、1，按“添加”按钮依次输入空白框中。

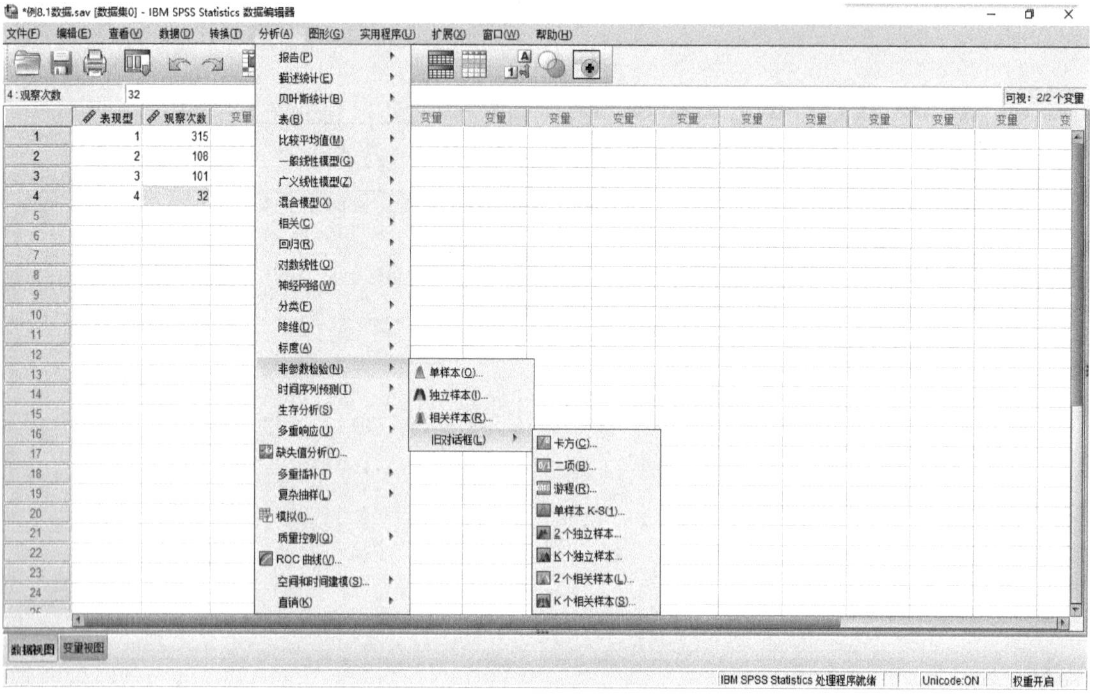

图 8.3 “卡方”选项

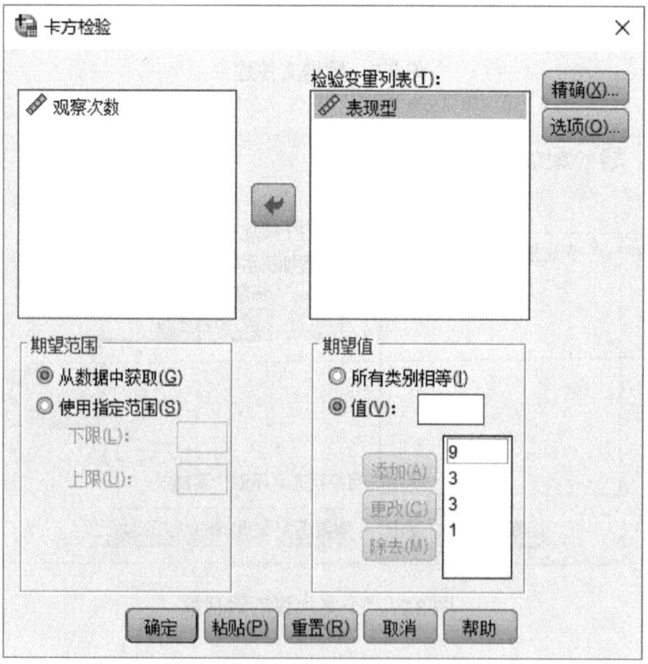

图 8.4 “卡方”对话框

第四，单击“精确”按钮，弹出“精确检验”对话框，因本例中自由度为 3，大于 1，选择“仅渐进法”，单击“继续”返回（图 8.5）。

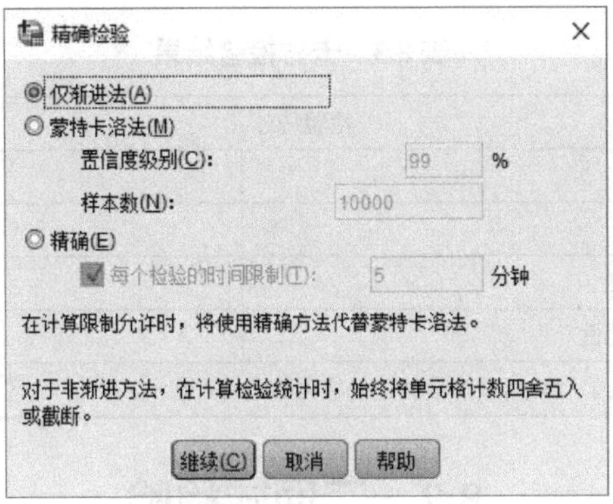

图 8.5 “精确检验”对话框

第五，单击“选项”按钮，弹出“选项”对话框，选择“描述”，单击“继续”返回（图 8.6）。

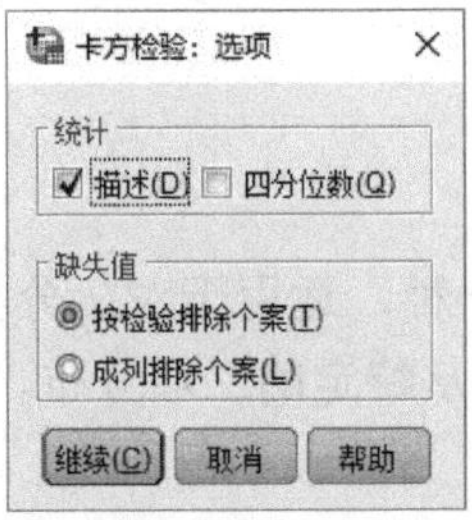

图 8.6 “选项”对话框

第六，单击“确定”按钮，输出分析结果。

表 8.1 列出了平均值、标准偏差等。表 8.2 列出了各表现型的实测个案数、期望个案数和残差。

表 8.1 描述性统计

描述统计					
	个案数	平均值	标准偏差	最小值	最大值
表现型	556	1.73	.953	1	4

表 8.2 实测个案数、期望个案数和残差

表现型			
	实测个案数	期望个案数	残差
A_B	315	312.8	2.3
A_bb	108	104.3	3.8
aaB_	101	104.3	−3.3
aabb	32	34.8	−2.8
总计	556		

卡方检验结果（表 8.3）说明：本例中$\chi^2 = 0.470$，$P = 0.925$，说明零假设发生的概率大于显著水平α，应该接受零假设，即本例符合 9∶3∶3∶1 的遗传规律。

表 8.3 卡方检验结果

检验统计	
	表现型
卡方	.470[a]
自由度	3
渐近显著性	.925
a. 0 个单元格 (0.0%) 的期望频率低于 5。期望的最低单元格频率为 34.8。	

8.2 二项式检验

在数据分析中，常常可以见到二分类的数据，如患病的有和无等，这种“非此即彼”的事件所构成的总体称为二项总体。从这类数据中抽取样本，只存在两种情况，要么是对立中的一类，要么是另一类。

8.2.1 原理

二项式检验也是非参数检验的一种，适用于对二分类变量的适合度检验，其基本功能是通过样本频数分布来推断总体是否服从特定的二项分布。

8.2.2 实例详解

【例 8.2】 根据筛查得知某省份成人的α-地中海贫血基因携带率为 7.6%，某研究机构在本省的山区随机抽样 125 例成人，检出α-地中海贫血基因携带者有 12 例，分析该山区与本省一般成年人此基因的携带率有无差异。

操作步骤如下。

第一，在 SPSS“变量视图”中建立“地中海贫血基因携带”和“频数”变量，其中地中海贫血基因携带的值标签设置 1 为携带，0 为不携带；在“数据视图”中输入相应的数据，建立数据文件（图 8.7）。

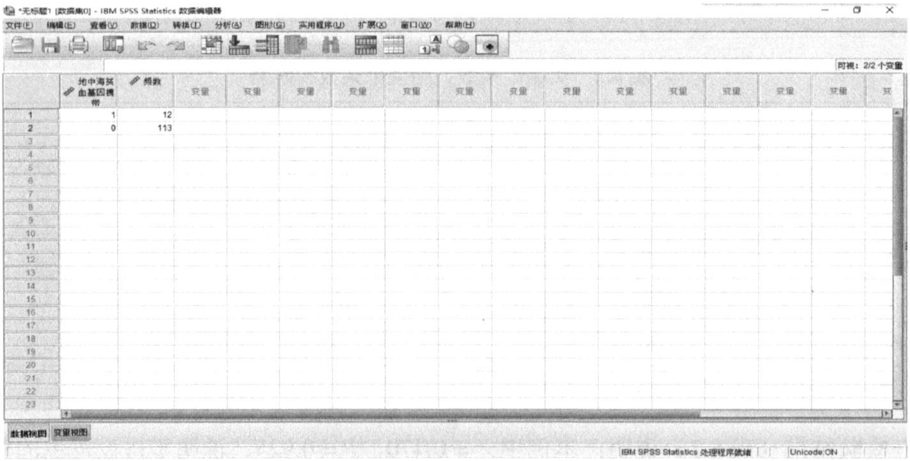

图 8.7 数据文件建立

第二，本例对数据进行加权，具体步骤为单击菜单栏中的“数据”按钮，选择“个案加权”，将“频数”输入“个案加权系数”下的空表栏中，单击“确定”完成对数据的加权（图 8.8）。

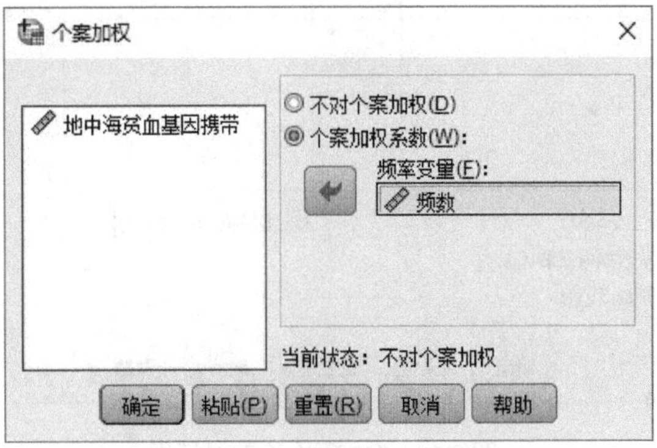

图 8.8　“个案加权”对话框

第三，单击菜单栏中的“分析”按钮，依次选择“非参数检验”“旧对话框”“二项”（图 8.9），弹出“二项检验”对话框（图 8.10）。将“地中海贫血基因携带”输入“检验变量列表”中，“检验比例”中输入 0.076。

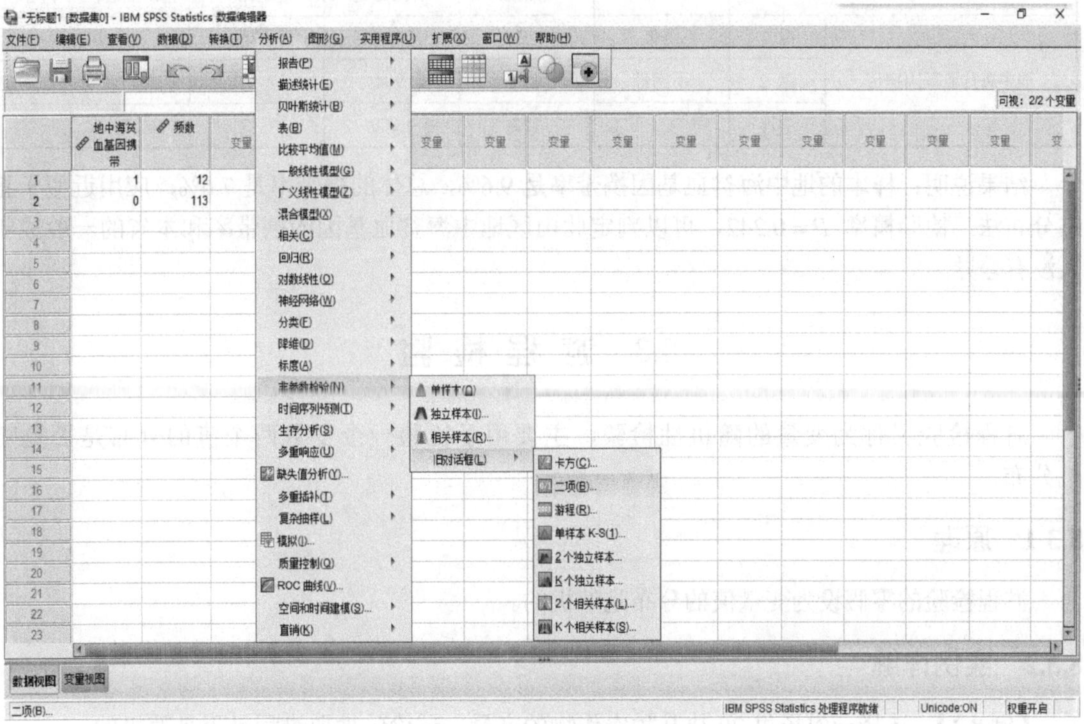

图 8.9　“二项”分布选项

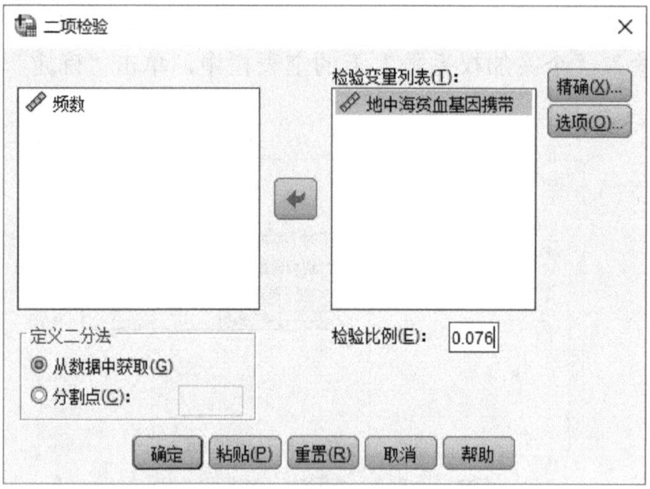

图 8.10 “二项检验”对话框

第四，单击“确定”按钮，输出检验结果（表 8.4）。

表 8.4 二项检验

二项检验							
		类别	个案数	实测比例	检验比例	精确显著性（单尾）
地中海贫血基因携带	组 1	携带	12	.096	.076	.242
	组 2	不携带	113	.904		
	总计		125	1.000		

结果说明：样本的地中海贫血基因携带率是 9.6%，总体的携带率是 7.6%，应用近似于正态分布法，检验概率 $P = 0.242$，可以判定此山区地中海贫血基因的携带率和本省的一般成年人没有差异。

8.3 游 程 检 验

游程检验又称为变量的随机性检验，主要用于检验一个变量两个值的分布是否是随机分布。

8.3.1 原理

游程检验的零假设为变量值的分布是随机的。

8.3.2 实例详解

【例 8.3】 选择一农场里 20 块某种农作物的产量，试检验抽取过程是否是随机的。

操作步骤如下。

第一，在 SPSS 中建立产量数据文件（图 8.11）。

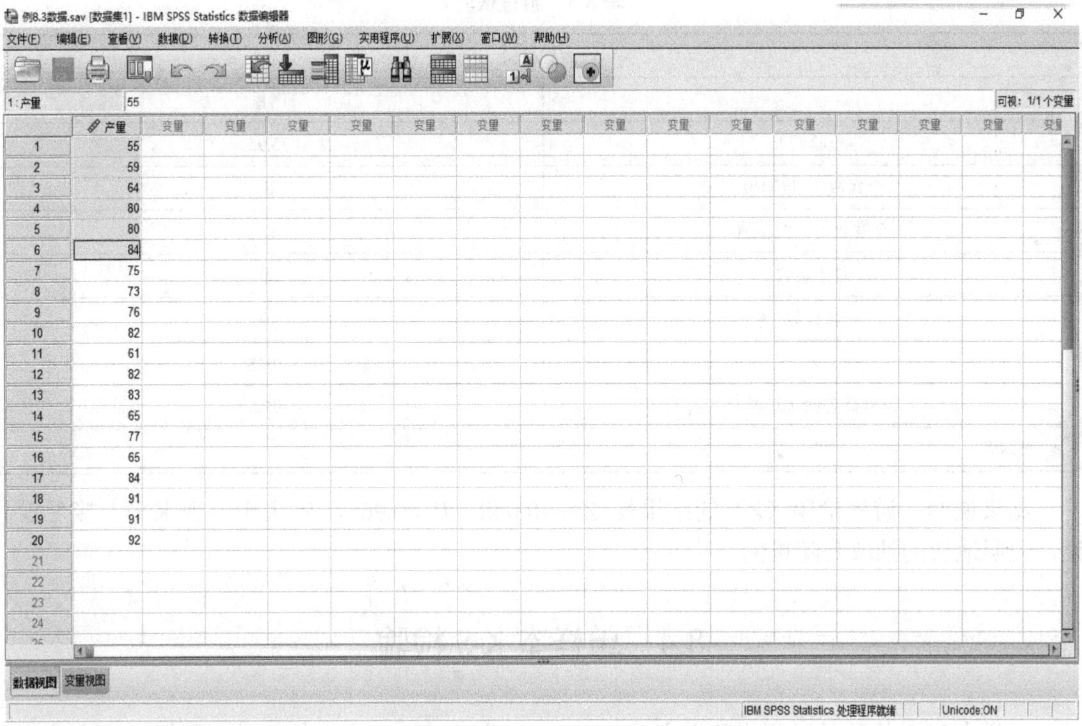

图 8.11　数据文件建立

第二，单击菜单栏中的“分析”按钮，依次选择“非参数检验”“旧对话框”“游程”，将“产量”输入“检验变量列表”中。“分割点”选择“平均值”，其他按钮根据实际需求进行设置（图 8.12）。

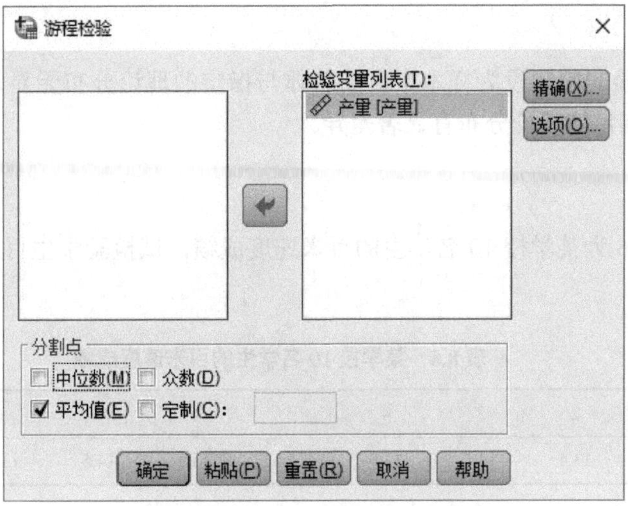

图 8.12　“游程检验”对话框

第三，设置完成后，单击“确定”按钮，输出检验结果（表 8.5）。

表 8.5 游程检验

游程检验	
	产量
检验值[a]	75.95
个案数 < 检验值	8
个案数 >= 检验值	12
总个案数	20
游程数	10
Z	–.048
渐近显著性（双尾）	.962
a. 平均值。	

结果说明：游程检验（Z）的结果是 $Z = -0.048$，$P = 0.962$，P 大于显著水平，接受零假设，说明地块的抽取是随机的。

8.4 单样本 K-S 检验

单样本 K-S 检验是以两位数学家 Kolmogorov 和 Smirnov 命名的，是一种拟合优度的非参数检验方法。单样本 K-S 检验是利用样本数据推断总体是否服从某一理论分布的方法，适用于探索连续型随机变量的分布形态。

单样本 K-S 检验可以将一个变量的实际频数分布与正态分布、均匀分布、泊松分布、指数分布进行比较。

8.4.1 原理

单样本 K-S 检验的零假设为样本来自的总体与指定的理论分布无显著差异，备择假设为样本来自的总体与指定的理论分布有显著差异。

8.4.2 实例详解

【例 8.4】 表 8.6 为某学校 10 名学生的百米速度成绩，试检验学生百米成绩是否服从正态分布。

表 8.6 某学校 10 名学生的百米速度成绩 （单位：s）

编号	1	2	3	4	5	6	7	8	9	10
速度	12.6	13.4	14.1	13.9	14.4	13.9	14.5	13.7	13.3	14.3

操作步骤如下。

第一，在 SPSS“变量视图”中建立“编号”和“速度”两变量，在“数据视图”中输入相应的数据，建立数据文件。

第二，单击菜单栏中的“分析”按钮，依次选择“非参数检验”“旧对话框”“单样本 K-S”（图 8.13）。

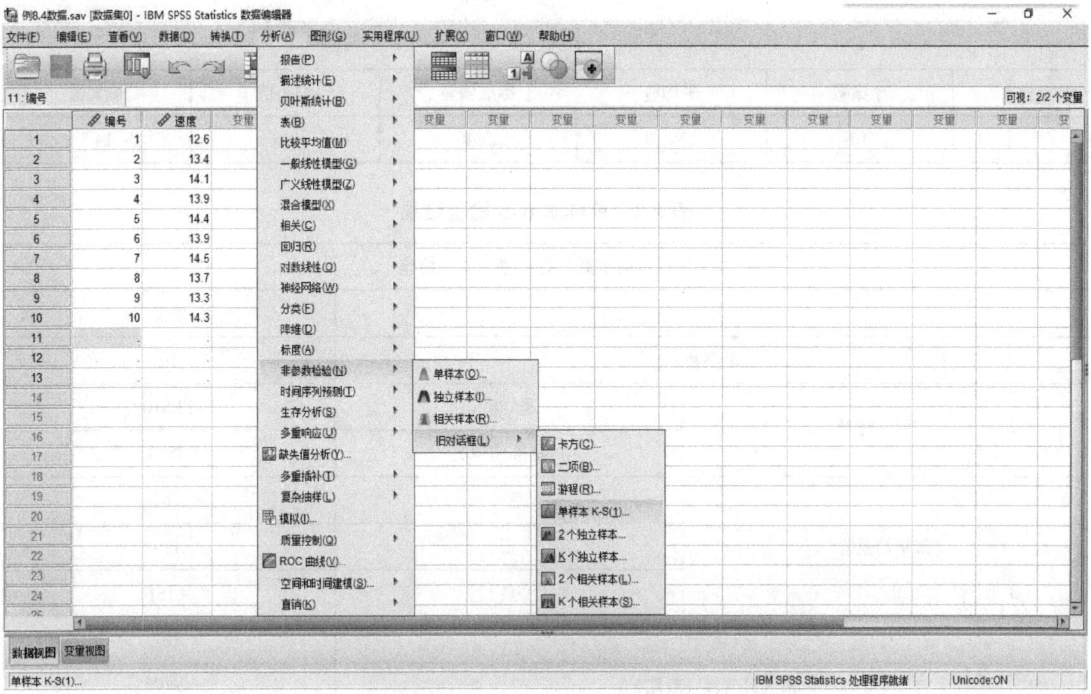

图 8.13　“单样本 K-S”检验选项

第三，单击“单样本 K-S”按钮，弹出“单样本柯尔莫戈洛夫-斯米诺夫检验”对话框，将“速度”输入右侧“检验变量列表”栏中，“检验分布”栏勾选“正态”，单击“选项”，弹出“选项”对话框，勾选“描述”（图 8.14）。

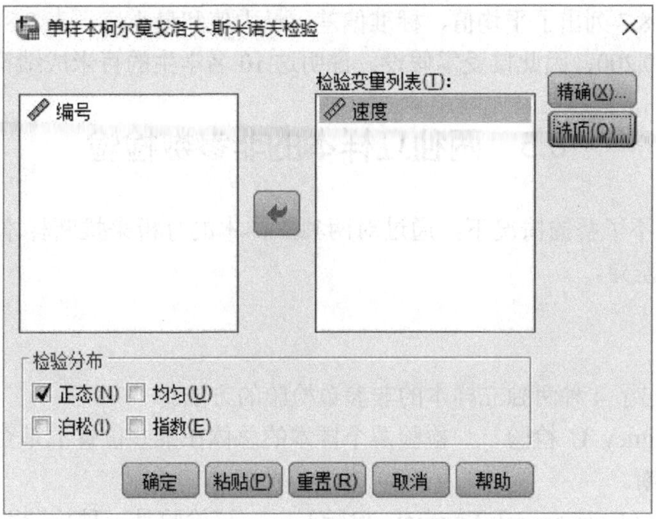

图 8.14　“单样本柯尔莫戈洛夫-斯米诺夫检验”对话框

第四，设置完成后，单击“确定”按钮，输出统计分析结果（表8.7和表8.8）。

表8.7 描述统计

描述统计					
	个案数	平均值	标准偏差	最小值	最大值
速度	10	13.810	.5840	12.6	14.5

表8.8 单样本K-S检验结果

单样本柯尔莫戈洛夫-斯米诺夫检验		
		速度
个案数		10
正态参数[a,b]	平均值	13.810
	标准偏差	.5840
最极端差值	绝对	.161
	正	.119
	负	–.161
检验统计		.161
渐近显著性（双尾）		.200[c,d]
a. 检验分布为正态分布。		
b. 根据数据计算。		
c. 里利氏显著性修正。		
d. 这是真显著性的下限。		

结果说明：表8.7列出了平均值、标准偏差、最大值和最小值，表8.8列出了K-S检验统计量为0.161，$P=0.200$，因此接受零假设，说明这10名学生的百米成绩符合正态分布。

8.5 两独立样本的非参数检验

在对总体分布不了解的情况下，通过对两独立样本的分析来推断样本来自的两个总体分布是否存在显著性差异。

8.5.1 原理

在SPSS中给出了4种两独立样本的非参数检验的方法。

（1）Mann-Whitney U 检验　　检验两个样本的总体在某些位置上是否相同，其基于对平均秩的分析实现推断。

（2）K-S 检验（Kolmogorov-Smirnov 检验）　　该检验是一种检验两组样本秩分累计频数和累计频率的差异检验。

（3）W-W 检验（Wald-wolfwitz runs 检验）　该检验是一种对两组样本秩分别排列的游程检验。

（4）摩西极端反应检验（Moses extreme reaction）　该检验也是一种检验样本来自的两个总体分布是否存在显著差异的方法。

8.5.2　实例详解

【例 8.5】 为了研究某项犯罪的季节性差异，警察记录了 10 年来春季和夏季的犯罪数量（表 8.9），请问该项犯罪在春季和夏季有无差异。

表 8.9　某项犯罪数量的春季与夏季统计值

春季	28	18	24	32	18	29	23	38	28	18
夏季	18	20	15	16	21	20	12	16	19	20

操作步骤如下。

第一，在 SPSS“变量视图”中建立“季节”和“报警数量”两个变量，其中“季节”变量中将春季设为 1，夏季设为 2，在“数据视图”中输入对应的数据，建立数据文件（图 8.15）。

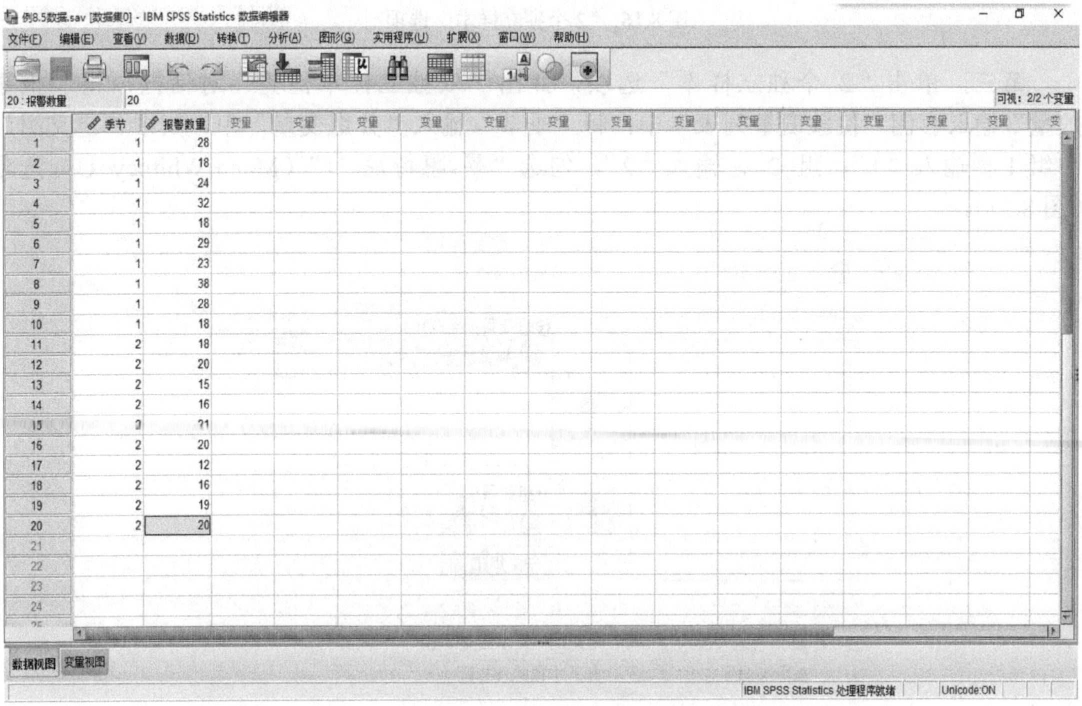

图 8.15　数据文件建立

第二，单击菜单栏中的“分析”按钮，依次选择“非参数检验”“旧对话框”“2 个独立样本”（图 8.16）。

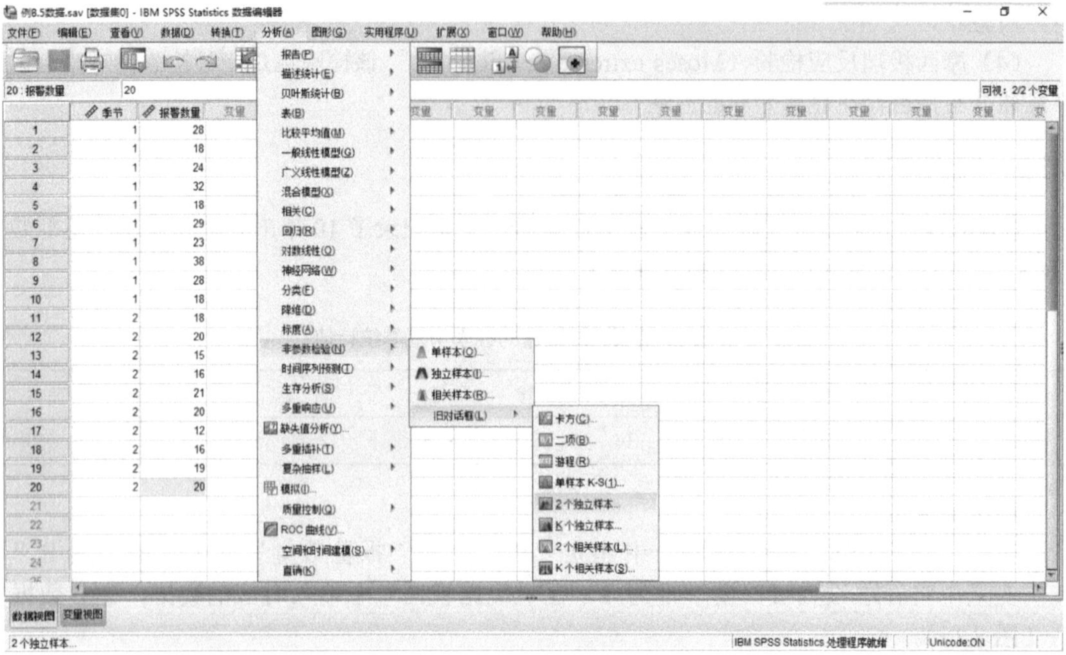

图 8.16 “2 个独立样本”选项

第三，单击“2 个独立样本”选项，弹出“双独立样本检验”对话框，将“报警数量”输入右侧“检验变量列表”中，将“季节”输入“分组变量”中，其中“定义组”中组 1 栏输入“1”，组 2 栏输入“2”，勾选“曼-惠特尼 U”（Mann-Whitney U）选项（图 8.17）。

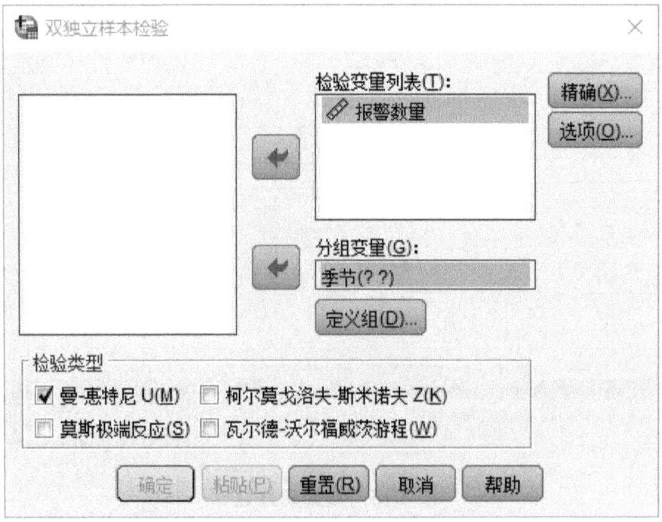

图 8.17 “双独立样本检验”对话框

第四，设置完成后，单击“确定”按钮，输出统计分析结果（表 8.10 和表 8.11）。

表 8.10　秩

秩				
	季节	个案数	秩平均值	秩的总和
报警数量	春季	10	13.85	138.50
	夏季	10	7.15	71.50
	总计	20		

表 8.11　两独立样本之和检验结果

检验统计[a]	
	报警数量
曼-惠特尼 U	16.500
威尔科克森 W	71.500
Z	–2.548
渐近显著性（双尾）	.011
精确显著性[2*(单尾显著性)]	.009[b]
a. 分组变量：季节。	
b. 未针对绑定值进行修正。	

结果说明：表 8.10 主要列出秩平均值、秩的总和。表 8.11 列出了曼-惠特尼 U 统计量为 16.500，威尔科克森 W 统计量为 71.500，两种方法的检验统计量完全一致，$Z = -2.548$，$P = 0.011$，故拒绝零假设，认为报警数量在季节上有统计学差异。

8.6　多独立样本的非参数检验

多独立样本的非参数检验用于在总体分布未知的情况下判断多个独立的样本是否来自相同分布的总体。

8.6.1　原理

在 SPSS 中给出了 3 种两独立样本的非参数检验的方法。

（1）Kruskal-Wallis H 检验　　该检验为 Mann-Whitney U 检验的扩展，是一种推广的评价值检验，用来检验 K 个独立样本是否来自不同总体，其零假设是多个独立样本来自的总体分布无显著差异。

（2）Median（中位数）检验　　该法用于检验多个样本是否来自具有相同中位数的总体，其零假设是多个独立样本来自的多个总体的中位数无显著差异。

（3）Jonckheere-Terpstra 检验　　该法用于检验样本来自多个独立总体的分布是否存在显著差异，其零假设是多个独立样本来自的多个总体的分布无差异。

8.6.2 实例详解

【例 8.6】 某实验研究三种不同制剂治疗钩虫的效果，用 11 只大白鼠做试验，分为三组。每只鼠先人工感染 500 条钩虫，感染后第 8 天，三组分别服用甲、乙、丙三种制剂，第 10 天全部检查各鼠体内活虫数，实验结果如表 8.12 所示。试检验三种制剂杀灭钩虫的效果有无差异。

表 8.12 服用不同制剂的各大白鼠体内活虫数

甲制剂组	乙制剂组	丙制剂组
279	229	210
338	274	285
334	310	117
198		
303		

操作步骤如下。

第一，在 SPSS“变量视图”中建立“制剂”和“钩虫数”变量，其中“制剂”栏中设 1 为甲制剂，2 为乙制剂，3 为丙制剂，在“数据视图”中输入相对应的数据，建立数据文件（图 8.18）。

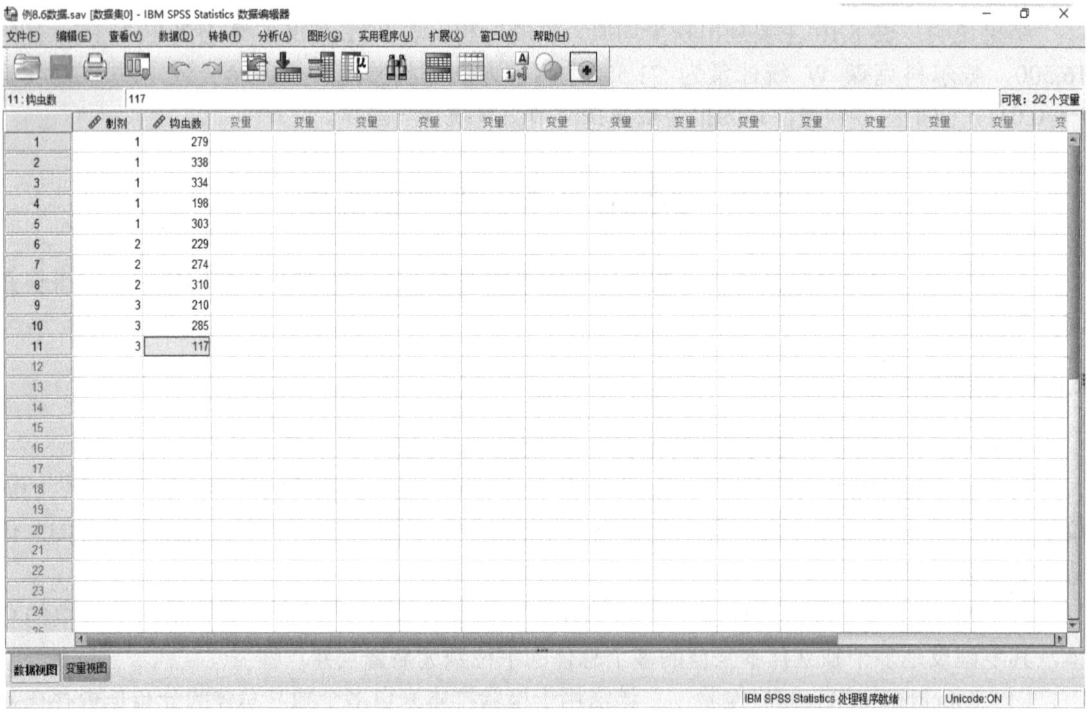

图 8.18 数据文件建立

第二，单击菜单中的“分析”按钮，依次选择“非参数检验”“旧对话框”“K 个独立样本”（图 8.19）。

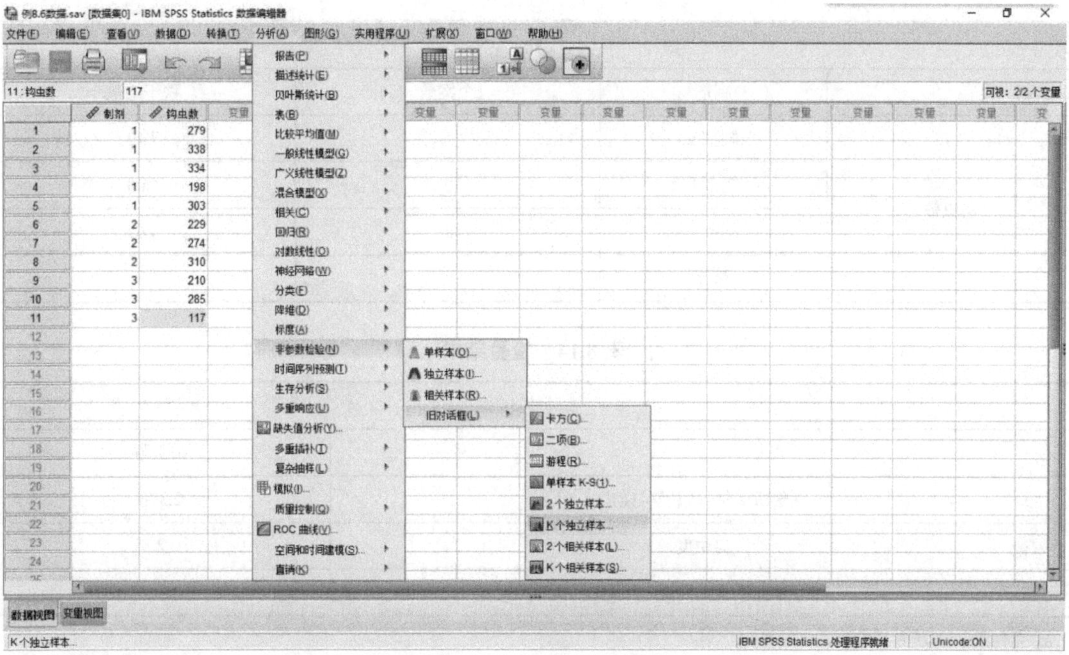

图 8.19　“K 个独立样本”选项

第三，单击“K 个独立样本”选项，弹出“针对多个独立样本的检验”对话框，将“钩虫数”输入“检验变量列表”栏中，“制剂”输入“分组变量”栏，“定义范围”中最小值输入“1”，最大值输入“3”，勾选“克鲁斯卡尔-沃利斯 H”（Kruskal-Wallis H）（图 8.20）。

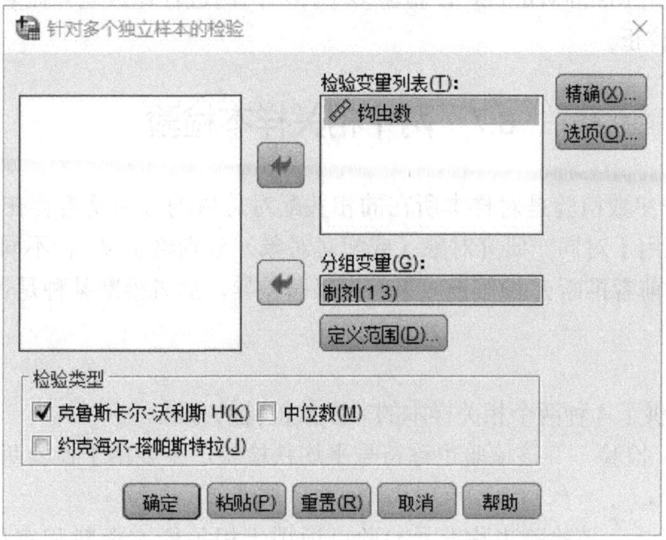

图 8.20　“针对多个独立样本的检验”对话框

第四，设置完成后单击“确定”按钮，输出统计分析结果（表 8.13 和表 8.14）。

表 8.13 秩

秩			
	制剂	个案数	秩平均值
钩虫数	制剂 a	5	7.40
	制剂 b	3	6.00
	制剂 c	3	3.67
	总计	11	

表 8.14 检验结果

检验统计 a,b	
	钩虫数
克鲁斯卡尔–沃利斯 H(K)	2.376
自由度	2
渐近显著性	.305
a. 克鲁斯卡尔-沃利斯检验。	
b. 分组变量：制剂。	

结果说明：Kruskal-Wallis H 检验给出了 3 种制剂的个案数和秩平均值（表 8.13），检验结果中（表 8.14）给出了 3 种处理卡方统计量的近似显著性概率为 0.305，大于 0.05，故应接受零假设，可以认为 3 种制剂杀灭钩虫效果无显著差异。若检验结果为有显著差异，则需进行两两比较，可以利用 Mann-Whitney U 检验多个样本两两进行均数差异显著性检验，对所得的 P 进行 Bonferroni 校正。

8.7 两个相关样本检验

相关样本的非参数检验是对样本所在的相关配对总体的分布是否存在显著性差异进行检验。该检验一般应用于对同一研究对象（或配对对象）分别给予 K 种不同处理或对处理前后的效果进行比较，前者推断 K 种假设效果有无显著差异，后者推断某种是否有效。

8.7.1 原理

在 SPSS 中提供了 4 种两个相关样本的非参数检验的方法。

（1）Wilcoxon 检验　该检验也称符号平均秩检验，主要用于检验两个相关样本是否来自相同的总体。

（2）Sign 检验　该检验也称符号检验，适用于相关样本资料和定性变量，测量特征是用正、负号而不是用定量测量，其零假设是样本来自的两配对样本对总体分布无显著差异。

（3）McNemar 检验　该检验又称变量显著性检验，其将研究对象自身作为对照，检验其“前后”变化是否有显著差异，零假设为样本来自的两配对总体分布无显著差异。

（4）Marginal Homogeneity 检验　该检验又称为边缘一致性检验，是 McNemar 检验从二分类事件向多分类事件的推广。

8.7.2　实例详解

【例 8.7】 某研究测定了噪声刺激前后 10 头猪的心率，结果如表 8.15 所示，问噪声对猪的心率有无影响。

表 8.15　噪声刺激前后 10 头猪的心率

猪号	1	2	3	4	5	6	7	8	9	10
刺激前	61	70	68	73	85	81	65	62	72	84
刺激后	75	79	85	77	84	87	88	76	74	81

操作步骤如下。

第一，在 SPSS“变量视图”中建立“刺激前”与“刺激后”两个变量，然后在“数据视图”中输入对应的数据，建立数据文件（图 8.21）。

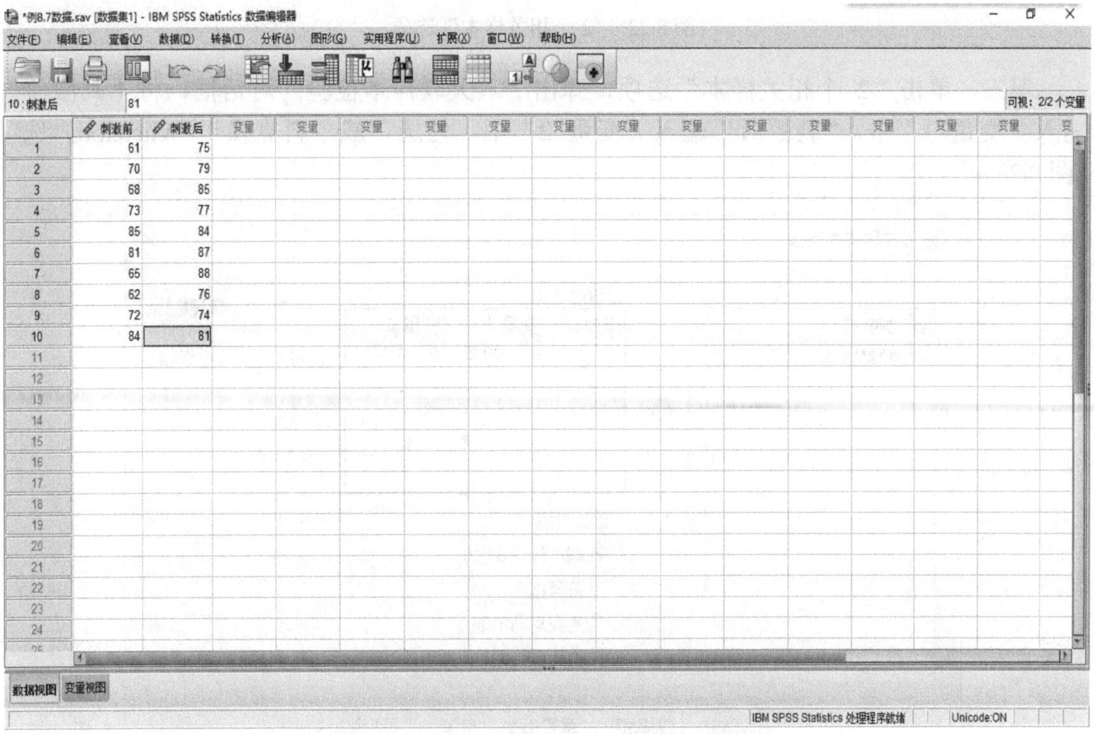

图 8.21　数据文件建立

第二，单击菜单栏中的“分析”按钮，依次选择“非参数检验”“旧对话框”“2 个相关样本”（图 8.22）。

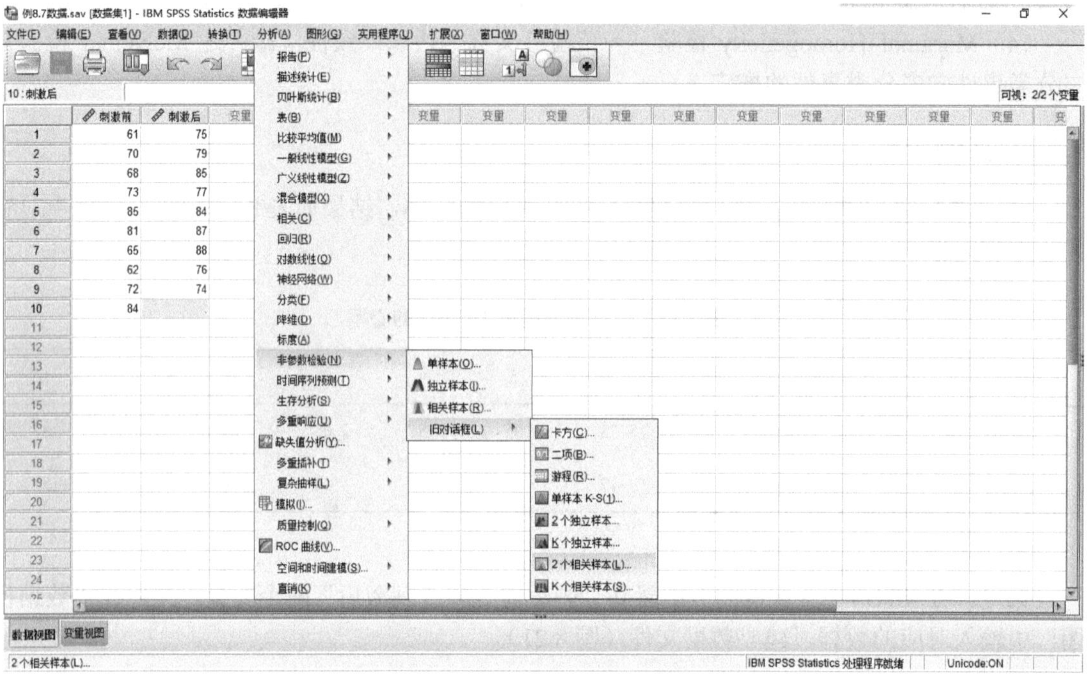

图 8.22 “2 个相关样本”选项

第三，单击“2 个相关样本”选项，弹出“双关联样本检验”对话框，将“刺激前”输入“变量 1”中，“刺激后”输入“变量 2”中，勾选“威尔科克森”（Wilcoxon）选项（图 8.23）。

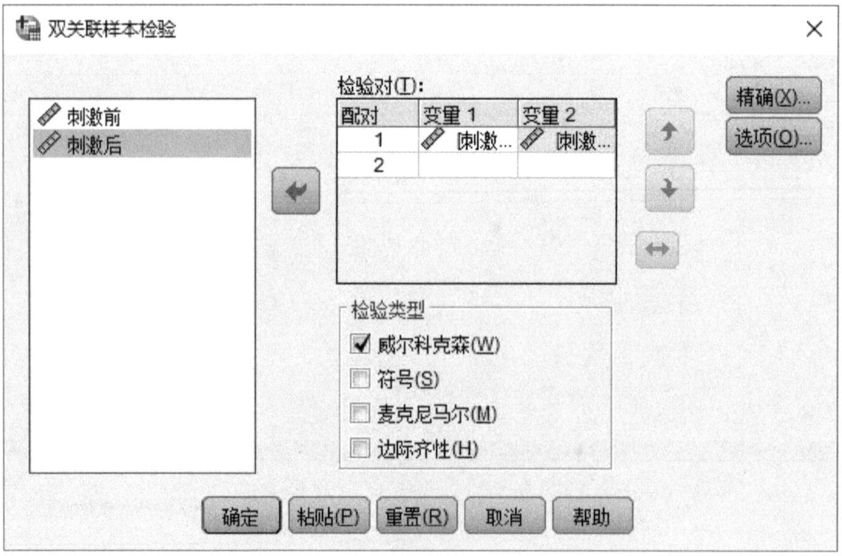

图 8.23 “双关联样本检验”对话框

第四，设置完成后，单击“确定”按钮，输出统计分析结果（表 8.16 和表 8.17）。

表 8.16　秩次统计量

秩				
		个案数	秩平均值	秩的总和
刺激后-刺激前	负秩	2[a]	2.00	4.00
	正秩	8[b]	6.38	51.00
	绑定值	0[c]		
	总计	10		
a. 刺激后 < 刺激前。				
b. 刺激后 > 刺激前。				
c. 刺激后 = 刺激前。				

表 8.17　两相关样本检验结果

检验统计[a]	
	刺激后-刺激前
Z	−2.397[b]
渐近显著性（双尾）	.017
a. 威尔科克森符号秩检验。	
b. 基于负秩。	

结果说明：表 8.16 中负秩号有 2 例，正秩号有 8 例，结（绑定值）0 例，负秩号的平均值为 2.00，正秩号的平均值为 6.38，以正秩号占优，说明刺激后猪的心率有所提高；从表 8.17 可以看出，$Z = -2.397$，$P = 0.017$，小于 0.05，所以拒绝零假设，认为刺激前后猪的心率有显著差异。

8.8　*K* 个相关样本检验

在参数检验中，我们常常对三个或三个以上总体的均值进行相等性检验，在非参数分析中也会遇到同样的问题，检验多个总体的分布是否相同，要解决多个相关样本（如配伍组资料）是否来自同一总体，就需要借助 *K* 个相关样本检验的方法。

8.8.1　原理

在 SPSS 中提供了 3 种 *K* 个相关样本检验的方法。

（1）Friedman 检验　　该检验法又称为双向等级方差分析，它是检验 *K* 个总体的分布中心是否有差异，其零假设为样本来自的多配对总体分布无显著差异。

（2）Kendall’s W 检验　　该检验法又称为 Kendall’s 和谐系数检验法，取值为 0～1，其常常用于分析评判者的评判标准是否一致公平，分析过程是将每个评判对象的分数看作来自多个配对总体的样本，其零假设为样本来自的多配对总体分布无显著差异。

（3）Cochran's Q 检验　　该检验法又称为 Cochran 二分变量检验，适用于二分类变量，其零假设为样本来自的多配对总体分布无显著差异。

8.8.2 实例详解

【例 8.8】 美国通用、福特与克莱斯勒汽车公司 5 种不同车型的某年产品的耗油情况如表 8.18 所示，试分析三个公司汽车油耗有无差异。

表 8.18 美国通用、福特与克莱斯勒汽车公司 5 种不同车型的某年产品的耗油情况 （单位：L/100km）

公司	超小型	小型	中型	大型	运动型
通用	20.3	21.2	18.2	18.6	18.5
福特	25.6	24.7	19.3	19.3	20.7
克莱斯勒	24.0	23.1	20.6	19.8	21.4

操作步骤如下。

第一，在 SPSS“变量视图”中建立“通用”“福特”和“克莱斯勒”三个变量，在“数据视图”中输入对应的数据，建立数据文件（图 8.24）。

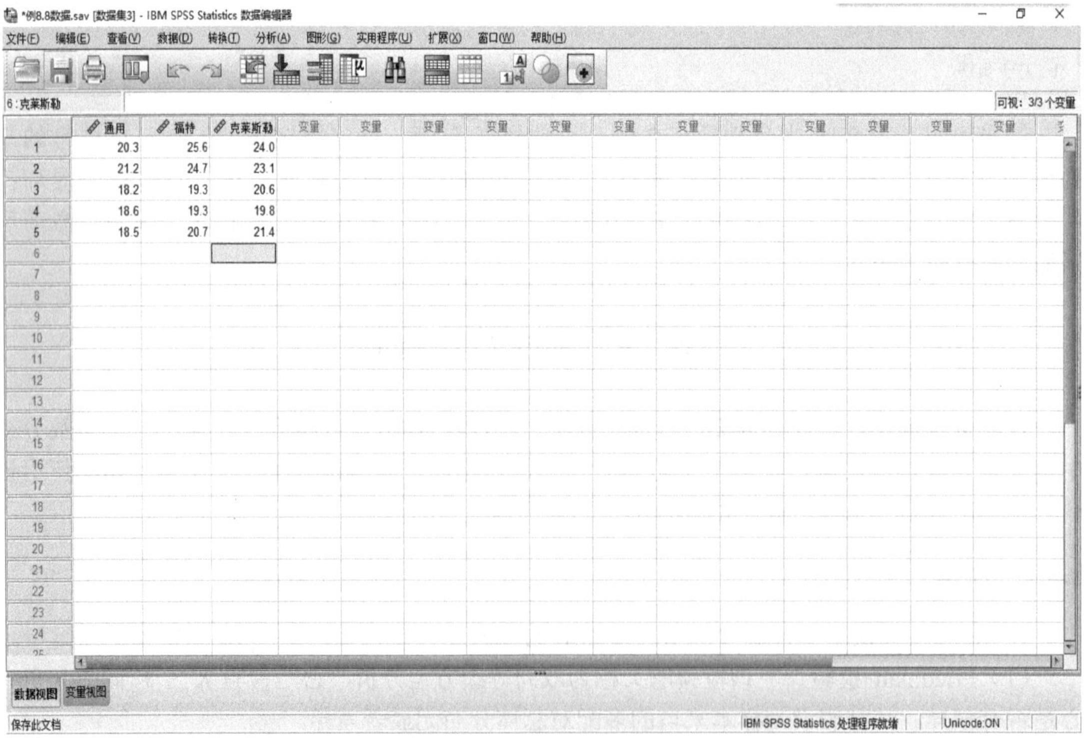

图 8.24 数据文件建立

第二，单击菜单栏中的“分析”按钮，依次选择“非参数检验”“旧对话框”“K 个相关样本”选项（图 8.25）。

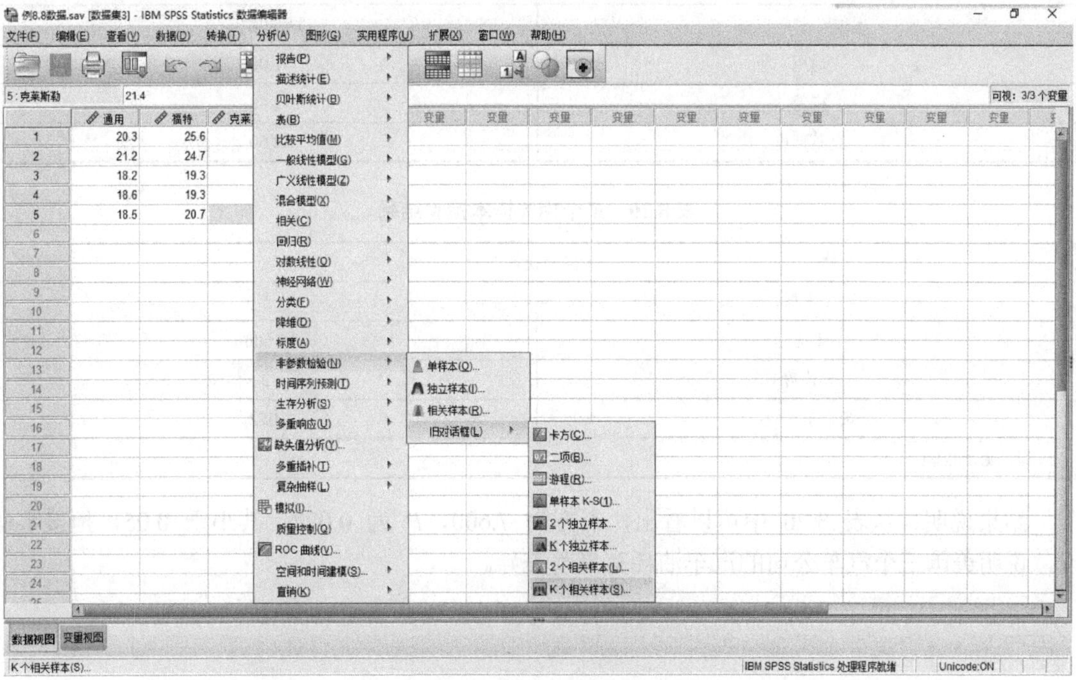

图 8.25 “K 个相关样本”选项

第三，单击“K 个相关样本”选项，弹出“针对多个相关样本的检验”对话框，将“通用”“福特”“克莱斯勒”输入“检验变量”栏中，勾选“傅莱德曼”（图 8.26）。

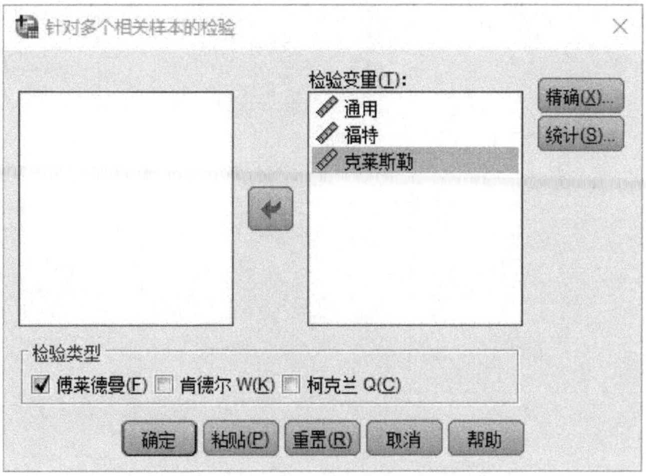

图 8.26 “K 个相关样本”对话框

第四，设置完成后，单击“确定”按钮后，输出统计分析结果（表 8.19 和表 8.20）。

表 8.19 秩统计结果

秩	
	秩平均值
通用	1.00
福特	2.40
克莱斯勒	2.60

表 8.20 *K*个相关样本检验结果

检验统计[a]	
个案数	5
卡方	7.600
自由度	2
渐近显著性	.022

a. 傅莱德曼检验。

结果说明：从表 8.20 中可以看出，卡方为 7.600，P 为 0.022，其小于 0.05，拒接零假设，说明美国三个汽车公司的汽车油耗有显著差异。

第 3 部分

高　级　篇

第 9 章

多元统计分析

9.1 Logistic 回归

简单回归模型中要求因变量是连续型的，其符合正态分布，但在实际的科研数据中，有的因变量是分类变量，不能再用线性回归模型进行分析，这时我们需要采用 Logistic 回归模型进行分析。Logistic 回归是一种广义的线性回归分析模型，因此与多重线性回归分析有很多相同之处，Logistic 包括二项分类 Logistic 回归、有序 Logistic 回归、多分类 Logistic 回归，本书仅介绍最简单的二项分类 Logistic 回归。

二项分类 Logistic 回归是指因变量为二分类变量时的回归分析，如采用某种治疗方案后，患者的治疗结果是有效或无效，生存或死亡，即“有效”或“无效”为二分类变量。

【例 9.1】 研究新疗法与传统疗法对某病疗效的影响，得到数据如表 9.1 所示，试分析两种疗法疗效是否有差异。

表 9.1　新疗法与传统疗法对某病疗效的影响

疗法	有效	无效
传统疗法	16	48
新疗法	40	20

操作步骤如下。

第一，在 SPSS 变量视图中建立“疗法”“效果”和“次数”变量，“疗法”变量值中设置“1”为传统疗法，“2”为新疗法，“效果”变量值中设置“1”为有效，“0”为无效，在“数据视图”中输入对应的数据，建立数据文件（图 9.1）。

第二，单击菜单栏中的“数据”按钮，单击“个案加权”，弹出“个案加权”对话框，将“次数”输入“个案加权系数”栏中，单击“确定”按钮，完成对次数变量的加权（图 9.2）。

第三，单击菜单栏中“分析”按钮，依次选择“回归”“二元 Logistic”（图 9.3）。

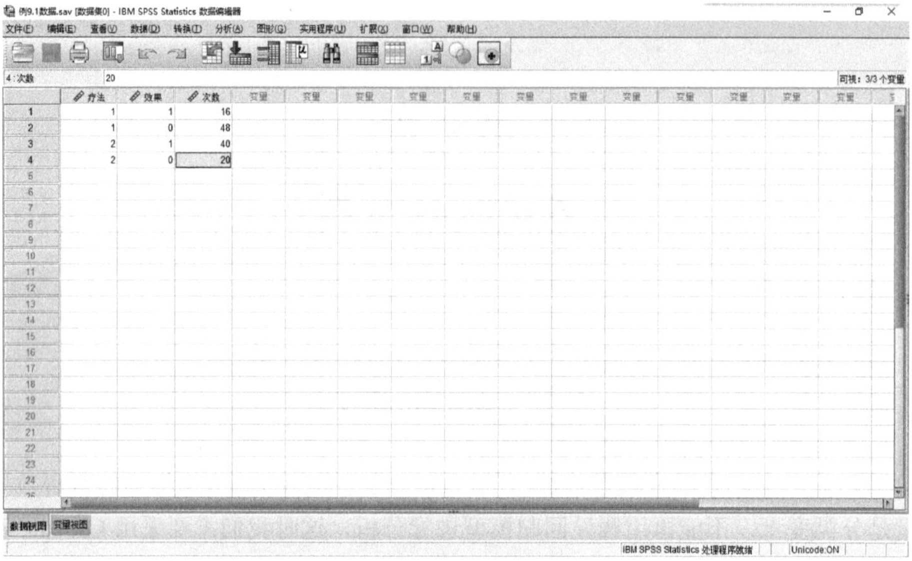

图 9.1 数据文件建立

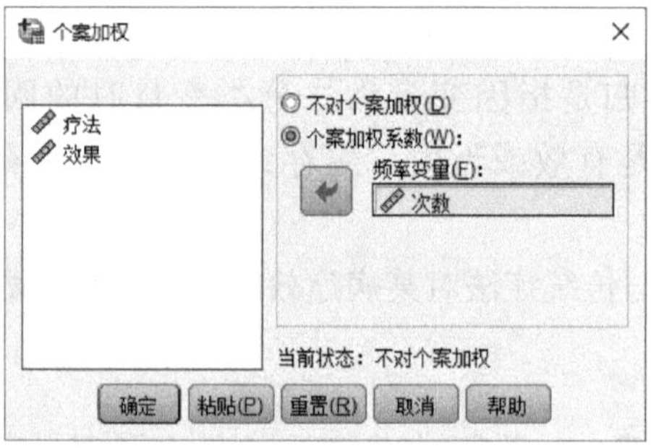

图 9.2 “个案加权”对话框

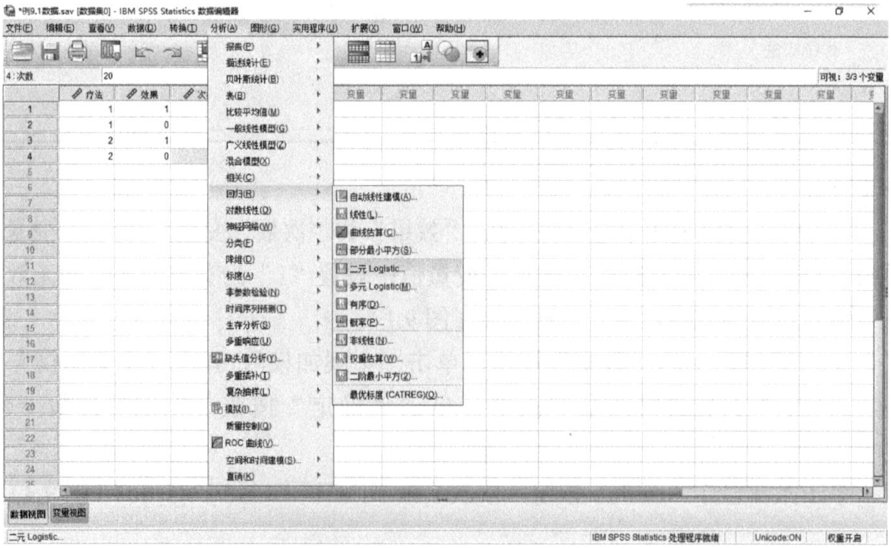

图 9.3 “二元 Logistic”选项

第四，单击“二元 Logistic”选项，弹出“Logistic 回归”对话框，将“效果”输入“因变量”列表中，“疗法”输入“块”中（图9.4）。

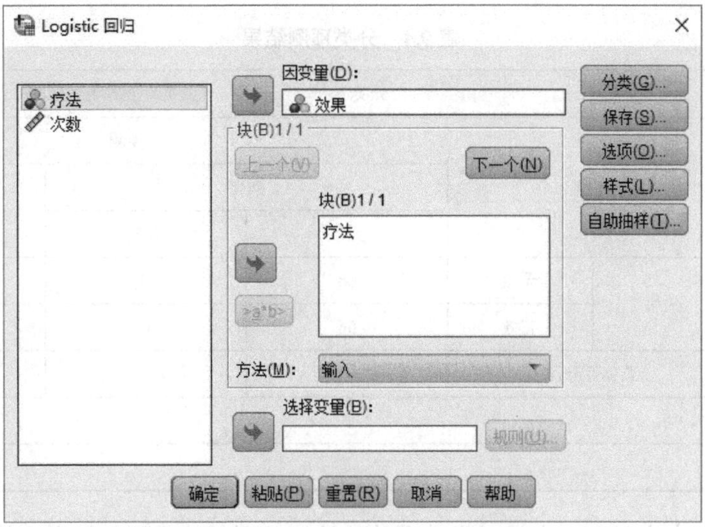

图9.4 “Logistic 回归”对话框

第五，单击“确定”按钮，输出统计分析结果。

表9.2给出了数据一般情况的分析，包括总体样本量及缺失值。

表9.2 一般情况汇总

个案处理摘要			
未加权个案数[a]		个案数	百分比
选定的个案	包括在分析中的个案数	4	100.0
	缺失个案数	0	.0
	总计	4	100.0
未选定的个案		0	.0
总计		4	100.0
a. 如果权重为生效状态，请参阅分类表以了解个案总数。			

表9.3给出因变量取值水平编码信息。

表9.3 因变量取值水平编码

因变量编码	
原值	内部值
无效	0
有效	1

表9.4是模型中仅含有常数项时的正确预测结果，此例中正确预测结果是54.8%。其意义

就是，原始数据中 124 个观察个体中，未康复的有 68 人，康复的有 56 人，如果每一个体均分类到未康复，则可以得到正确预测百分率是 54.8%。

表 9.4 分类预测结果

分类表[a,b]					
	实测		预测		
			效果		正确百分比
			无效	有效	
步骤 0	效果	无效	68	0	100.0
		有效	56	0	.0
	总体百分比				54.8
a. 常量包括在模型中。					
b. 分界值为 .500。					

表 9.5 是模型中为引入自变量时常数项的估计值，瓦尔德是瓦尔德卡方值，是对总体回归系数是否为零进行假设检验。

表 9.5 常数项的假设检验

方程中的变量							
		B	标准误差	瓦尔德	自由度	显著性	Exp(B)
步骤 0	常量	-.194	.180	1.158	1	.282	.824

表 9.6 反映了当前未引入模型的变量的比分检验结果，其意义为向当前模型中引入某变量（如疗法）时，该变量回归系数是否等于 0 的比分检验假设。对于取值水平为二分类的自变量来说，得分检验的卡方值等于由该自变量与因变量构成的 4 个表的 Pearson 卡方值。同时，给出了自变量全部进入模型后的得分检验结果。在本例中，自变量“疗法”与因变量之间有统计学意义，模型的全局性检验也具有统计学意义。

表 9.6 单变量分析结果

未包括在方程中的变量					
			得分	自由度	显著性
步骤 0	变量	疗法	21.709	1	.000
	总体统计		21.709	1	.000

表 9.7 是模型系数的综合检验结果，其中“步骤”表示每一步与前一步相比的似然比检验结果，“块”表示“块 1”与“块 0”相似的似然比检验结果，“模型”表示上一个模型与当前模型的似然比检验结果。本例中似然比卡方值为 22.377，自由度为 1，P 等于 0.000，说明疗法自变量具有统计学意义。

表 9.7　模型系数的综合检验

模型系数的 Omnibus 检验				
		卡方	自由度	显著性
步骤 1	步骤	22.377	1	.000
	块	22.377	1	.000
	模型	22.377	1	.000

表 9.8 是考克斯-斯奈尔的决定系数和内戈尔科的决定系数，其值分别为 0.165 和 0.221。

表 9.8　模型汇总

模型摘要			
步骤	−2 对数似然	考克斯-斯奈尔 R 方	内戈尔科 R 方
1	148.361[a]	.165	.221
a. 由于参数估算值的变化不足 .001，因此估算在第 4 次迭代时终止。			

表 9.9 是两个自变量重新引入模型后的回归模型进行预测的分类表格，预测正确率为 71.0%，比没有自变量只用常数项时高了 16.2%。

表 9.9　引入自变量时分类预测结果

分类表[a]					
	实测		预测		
			效果		正确百分比
			无效	有效	
步骤 1	效果	无效	48	20	70.6
		有效	16	40	71.4
	总体百分比				71.0
a. 分界值为 .500。					

表 9.10 给出了模型中疗法的偏回归系数（B）、标准误差、瓦尔德卡方值、自由度、显著性。本例中常数项的参数估计为−2.890，瓦尔德卡方值为 20.459，P 小于 0.001，自变量疗法的参数估计为 1.792，瓦尔德卡方值为 20.276，P 小于 0.001，说明自变量的回归系数具有统计学意义，因此本例的回归方程为 ln（odd）= ln[P/（1−P）] = $\alpha+\beta x$ = −2.890 + 1.792 疗法，有效的概率为 $e^{-2.890+1.792\text{疗法}}/(1-e^{-2.890+1.792\text{疗法}})$，无效的概率为 $1-P$。

在 Logistic 回归方程中，P 是治疗的概率；P/（$1-P$）为治愈率与未治愈概率的比值，称为比数（odd）。那么新法和旧法两个比数之比称为比数比或优势比。在表 9.10 中给出的 Exp（B）实际就是比数比，表示治疗方法增加一个单位，即将疗法从传统疗法改为新疗法时，新疗法组患者治愈与未治愈的比值相对于传统疗法组患者的治愈与未治愈比值的倍数。本例中比数比为 6，表明新疗法有效的比数是传统疗法比数的 6 倍。

表 9.10 Logistic 回归分析结果

方程中的变量							
		B	标准误差	瓦尔德	自由度	显著性	Exp(B)
步骤 1[a]	疗法	1.792	.398	20.276	1	.000	6.000
	常量	−2.890	.639	20.459	1	.000	.056
a. 在步骤 1 输入的变量：疗法。							

9.2 曲线回归与非线性回归

线性回归能够满足大部分数据分析的需求，但是线性回归不能对所有的问题都适用，因为有时候自变量在一定范围内呈现直线关系，但扩大范围后不一定是直线关系，可能呈现曲线变换，若事物呈现曲线关系，通过曲线回归可以更好地描述变量间的数量关系。

9.2.1 曲线回归

曲线回归是对非线性关系的变量进行回归分析的方法，其方法是根据数据的特点先进行某些变换（如对数变换、平方根变换等），如果变换后得到线性模型，就进行线性回归，但这种变换可能导致更为复杂的计算或数据关系失真，仍然得不到线性模型，这时我们可以用曲线拟合对原始数据进行拟合，曲线拟合是求解反映变量间曲线关系的曲线回归方程的过程。

【例 9.2】 表 9.11 是广告支付与销售量之间的关系，试用曲线回归分析方法拟合曲线。

表 9.11 广告支付与销售量

广告支付/万元	销售量/万元
4.69	12.23
6.41	11.84
5.47	12.25
3.43	11.10
4.39	10.97
2.15	8.75
1.54	7.75
2.67	10.50
1.24	6.71
1.77	7.60
4.46	12.46
1.83	8.47
5.15	12.27
5.25	12.57

操作步骤如下。

第一，在 SPSS“变量视图”中建立“广告支付”和“销售”两个变量，在“数据视图”中输入对应的数据，建立数据文件（图9.5）。

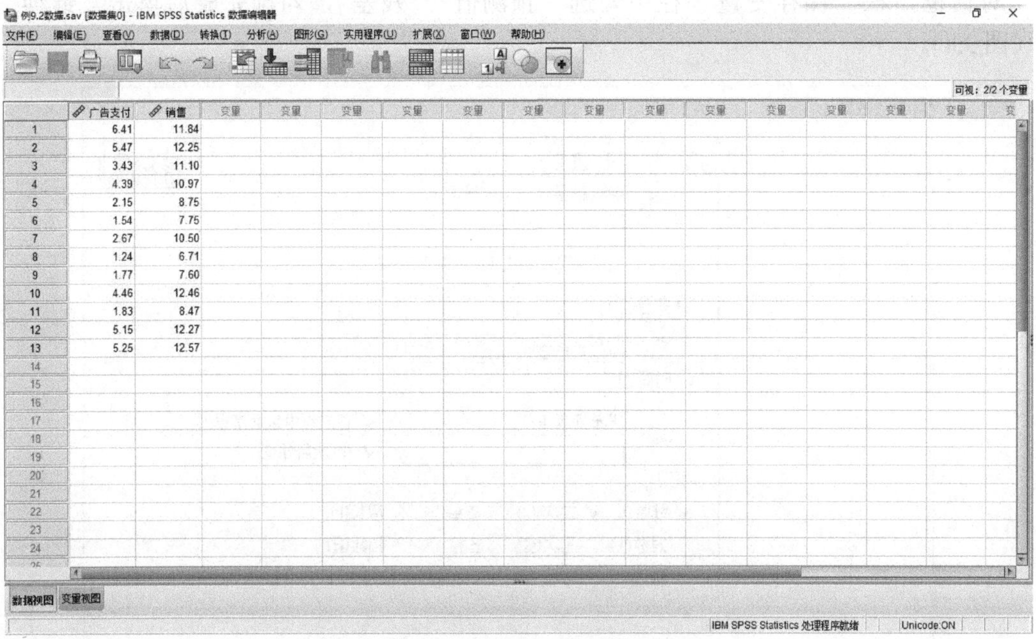

图9.5　数据文件建立

第二，单击菜单栏中的“分析”按钮，依次选择“回归”“曲线估算”选项（图9.6）。

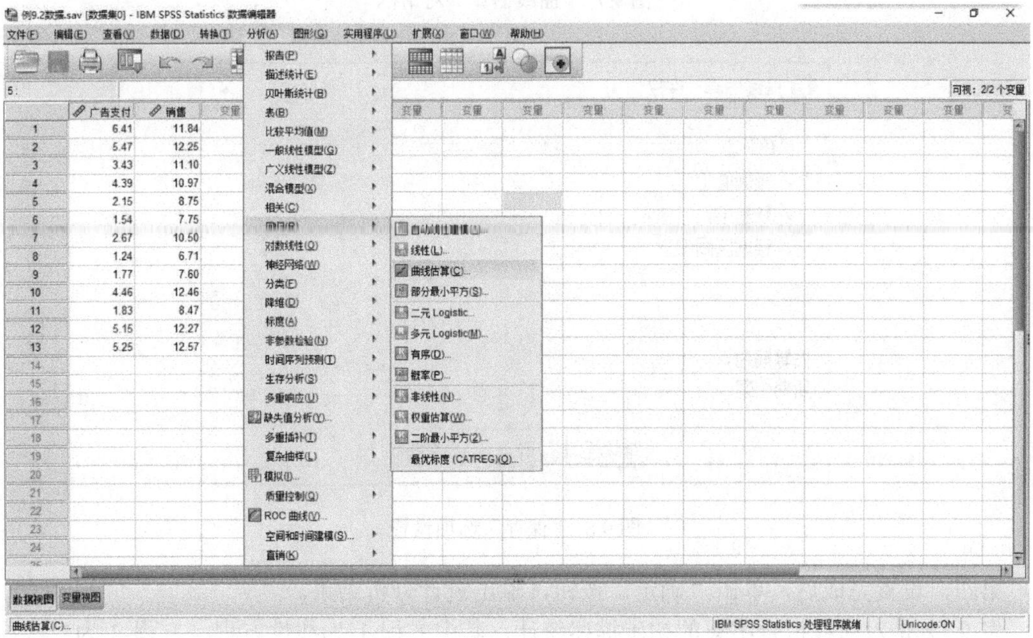

图9.6　“曲线估算”选项

第三，单击“曲线估算”选项，弹出“曲线估算”对话框，将“销售”变量输入“因变量”栏中，“广告支付”输入“变量”栏中，“模型”栏中勾选“线性”“二次”，同时勾选在“方程中包括常量”“模型绘图”（图 9.7）；然后单击“保存”按钮，弹出“保存”对话框，在“保存变量”栏中勾选“预测值”“残差”，勾选完成后单击“继续”返回（图 9.8）。

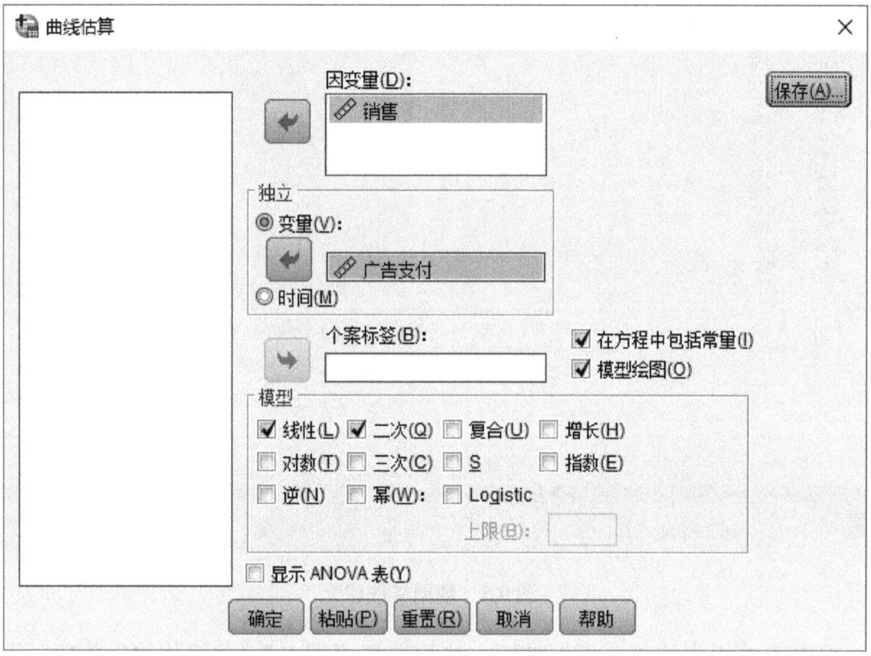

图 9.7 “曲线估算”对话框

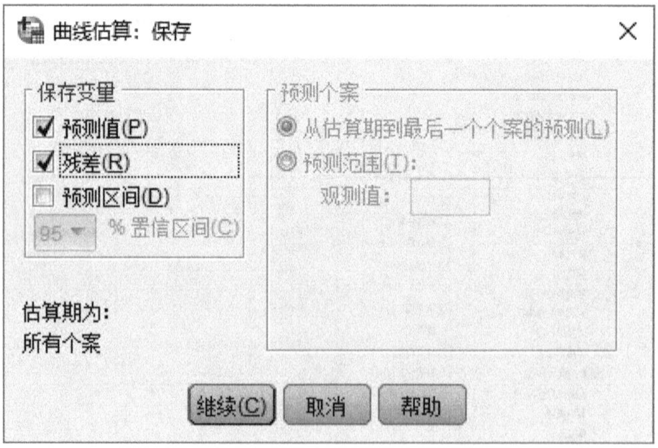

图 9.8 “保存”选项设置

第四，设置完成后，单击“确定”按钮，输出统计分析结果。

表 9.12 是对曲线拟合结果的初步描述统计，其中方程 1 为线性方程，方程 2 为二次曲线方程。

表 9.12　模型描述

模型描述		
模型名称		MOD_1
因变量	1	销售
方程	1	线性
	2	二次
自变量		广告支付
常量		包括
值用于在图中标注观测值的变量		未指定
有关在方程中输入项的容差		.0001

表 9.13 是对进行拟合的样本例数进行说明的信息，排除的个案数为 0，说明变量中所有的个案都不带有“缺失值”，个案总数为 14 个。

表 9.13　拟合的样本例数的说明信息

个案处理摘要	
	个案数
总个案数	14
排除个案数[a]	0
预测的个案	0
新创建的个案	0

a. 在分析中，将排除那些在任何变量中具有缺失值的个案。

表 9.14 为变量拟合过程的处理摘要。

表 9.14　变量拟合过程的一些情况

变量处理摘要			
		变量	
		因变量	自变量
		销售	广告支付
正值的数目		14	14
零的数目		0	0
负值的数目		0	0
缺失值的数目	用户缺失值	0	0
	系统缺失值	0	0

从表 9.15 可以看出，二次曲线模型的拟合度高于线性模型拟合度（0.965＞0.849），F 统计量的显著值都为 0.000，小于 0.01，说明两个模型都显著，并且具备常数项，线性为

6.343，二次为 2.893，线性具备一个参数估计值，而二次曲线具备两个参数估计值，一个为正，一个为负。线性方程为销售量 = 6.343 + 1.123 × 广告支付，二次曲线方程为销售量 = 2.893 + 3.53×广告支付 − 0.332×广告支付。从线性模型可以看出随着广告费用的增加，销售量也会逐渐增加，根据二次曲线模型得出，当广告费用增加到一定数额时，销售不会增加，会呈现下降趋势；利用极限可以求广告支付达到多少时，销售量将不会增加，即转折点 = 3.530/（2×0.332）= 5.316。

表 9.15 模型汇总及参数估计

模型摘要和参数估算值								
因变量: 销售								
方程	模型摘要					参数估算值		
	R 方	F	自由度 1	自由度 2	显著性	常量	b1	b2
线性	.849	67.209	1	12	.000	6.343	1.123	
二次	.965	150.502	2	11	.000	2.893	3.530	−.332
自变量为广告支付。								

从拟合曲线图（图 9.9）可以看出，二次曲线更好地反映了随着广告费用的增加、销售量的变换情况，而线性模型，却一直呈现增加的趋势。

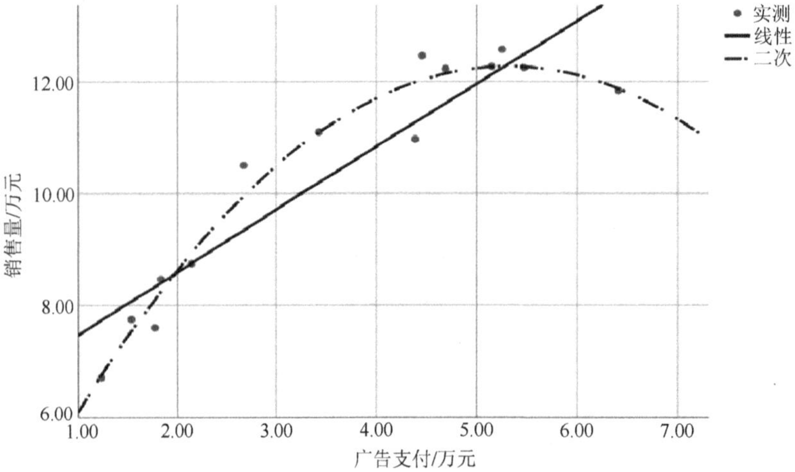

图 9.9 拟合曲线图

9.2.2 非线性回归

因变量与自变量之间的相互关系可以用线性方程来近似地反映，但是在许多实际问题中，回归函数往往是较复杂的非线性函数，前面介绍的线性回归模型要求变量之间必须是线性的，曲线回归只能处理通过变量变换转化为线性关系的非线性问题，如果回归规律在图形上表现为形态各异的各种曲线，利用线性回归与曲线回归存在一定的局限性，这时我们可以利用非线性回归进行分析。

9.2.2.1　原理

非线性回归的原理主要用两种：第一种是对标准的线性模型做一些修正，使其能处理各种异常情况，但方法仍在线性回归的范围内；第二种是彻底打破原有模型的束缚，采用非线性模型来拟合。

9.2.2.2　实例详解

【例 9.3】 表 9.16 是化肥施用量与农作物产量的相关数据，试进行非线性回归分析。

表 9.16　化肥施用量与农作物产量　（单元：kg / 亩）

化肥施用量	产量
3.43	11.10
4.39	10.97
2.15	8.75
1.54	7.75
2.67	10.50
1.24	6.71
1.77	7.60
4.46	12.46
1.83	8.47
5.15	12.27
5.25	12.57
1.72	8.87
3.04	11.15
4.92	11.86
4.85	11.07
3.13	10.38
2.29	8.71
4.90	12.07
5.75	12.74
3.61	9.82
4.62	11.51

操作步骤如下。

第一，进行非线性回归之前一般须绘制散点图，从而确定变量之间的关系，本例中依据以往经验，确认化肥与农作物产量之间为非线性关系。

第二，在 SPSS“变量视图”中建立“HF”（化肥施用量）和“CL”（产量）变量，在“数据视图”中输入对应的数据，建立数据文件（图 9.10）。

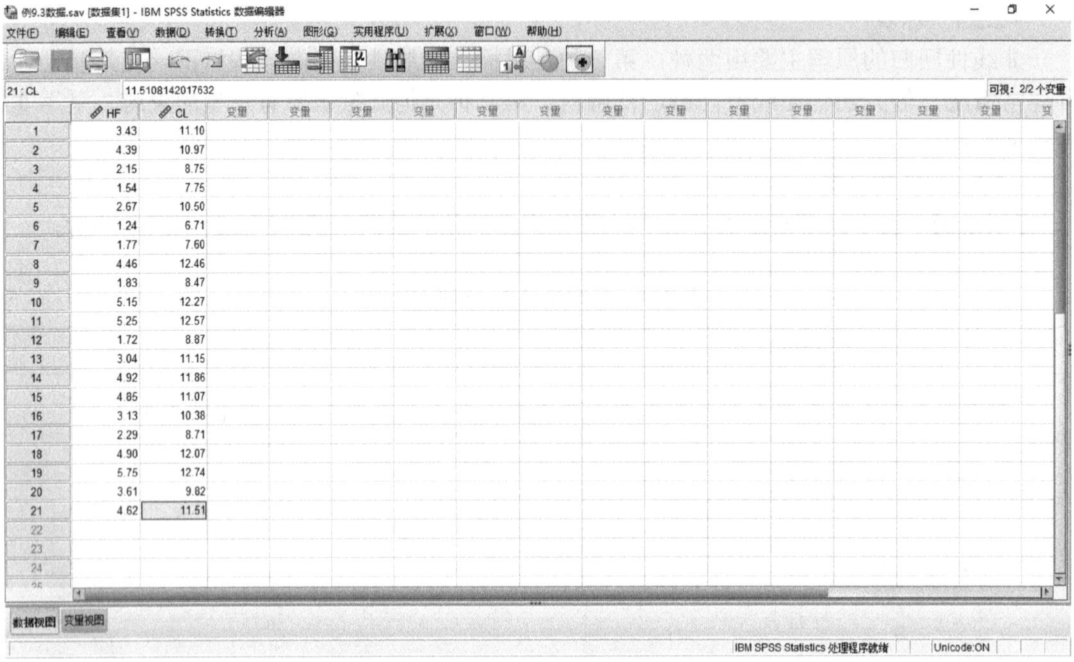

图 9.10 数据文件建立

第三，单击菜单栏中的“分析”按钮，依次选择“回归”“非线性”（图 9.11）。

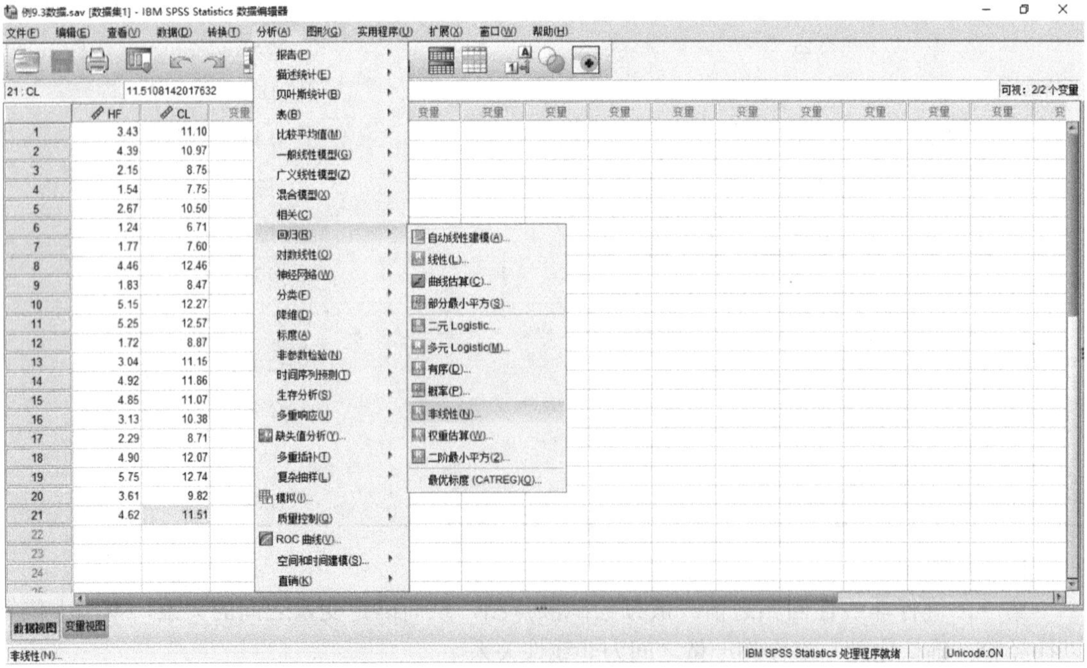

图 9.11 “非线性”选项

第四，单击“非线性”按钮，弹出“非线性回归”对话框，将“HF”输入“因变量”栏中，根据以往的经验，在模型表达式中输入“a + b * exp(c * HF)”，然后单击“参数”按钮，定义 a 的初始值为 13，b 的初始值为 6.5，c 的初始值为 1.5，单击“继续”返回；单击“保存”按钮，勾选“残差”选项，单击“继续”返回；单击“选项”按钮，勾选“标准误差的自助抽样估算”，单击“继续”返回（图 9.12～图 9.15）。

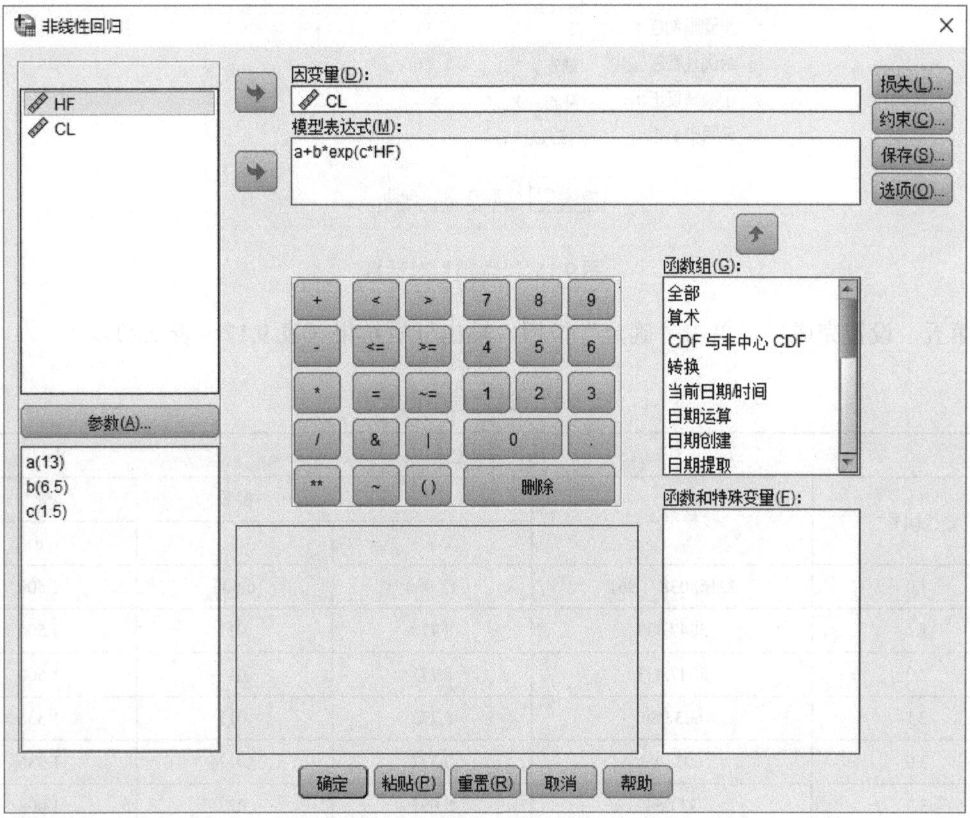

图 9.12　“非线性回归”对话框

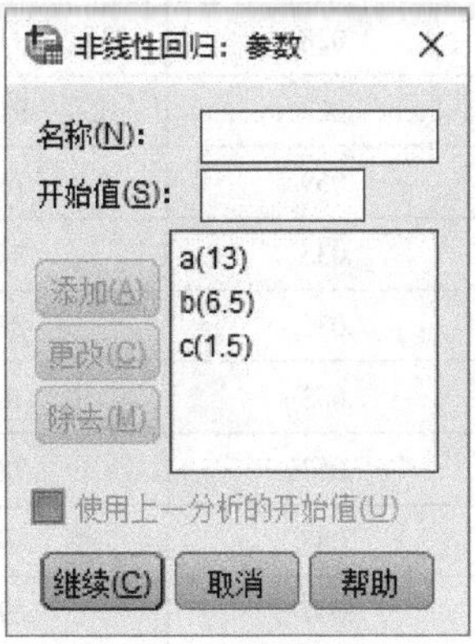

图 9.13　“参数”定义

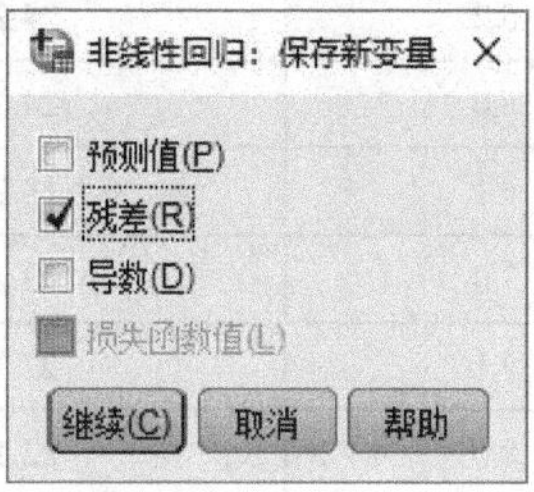

图 9.14　“保存新变量”对话框

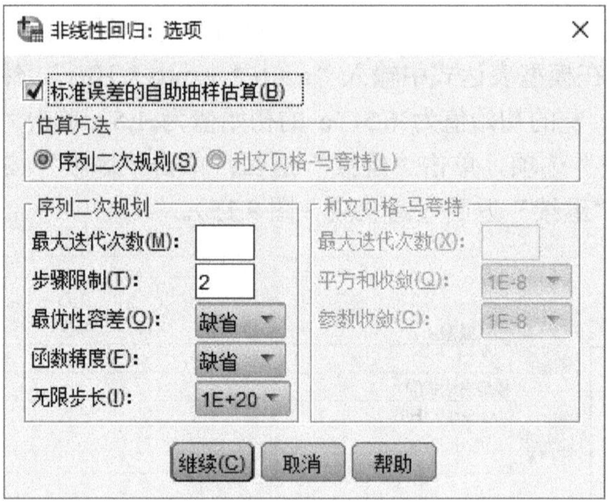

图 9.15 “选项”对话框

第五，设置完成后，单击“确定”按钮，输出分析结果（表 9.17～表 9.20）。

表 9.17 迭代程序记录表

迭代历史记录[b]				
迭代编号[a]	残差平方和	参数		
		a	b	c
1.0	2216803877.961	13.000	6.500	1.500
1.1	5047.437	8.772	.011	1.500
2.0	5047.437	8.772	.011	1.500
2.1	603.980	8.772	.011	1.336
3.0	603.980	8.772	.011	1.336
3.1	33.064	8.695	.022	1.008
4.0	33.064	8.695	.022	1.008
4.1	104.645	8.375	.094	.384
4.2	25.106	9.017	.028	.911
5.0	25.106	9.017	.028	.911
5.1	29.940	8.799	.059	.718
5.2	24.257	8.960	.035	.867
6.0	24.257	8.960	.035	.867
6.1	23.277	8.845	.053	.785
7.0	23.277	8.845	.053	.785
7.1	22.184	8.681	.087	.696
8.0	22.184	8.681	.087	.696
8.1	20.697	8.471	.143	.612
9.0	20.697	8.471	.143	.612

续表

迭代历史记录[b]				
迭代编号[a]	残差平方和	参数		
		a	b	c
9.1	19.253	8.203	.236	.530
10.0	19.253	8.203	.236	.530
10.1	18.607	7.826	.402	.442
11.0	18.607	7.826	.402	.442
11.1	15.229	7.475	.591	.399
12.0	15.229	7.475	.591	.399
12.1	16.977	6.856	.968	.313
12.2	14.153	7.222	.741	.372
13.0	14.153	7.222	.741	.372
13.1	13.849	6.788	1.021	.320
14.0	13.849	6.788	1.021	.320
14.1	13.551	6.155	1.473	.267
15.0	13.551	6.155	1.473	.267
15.1	11.996	5.644	1.875	.244
16.0	11.996	5.644	1.875	.244
16.1	12.384	4.751	2.597	.199
16.2	11.576	5.255	2.189	.227
17.0	11.576	5.255	2.189	.227
17.1	11.445	4.535	2.786	.196
18.0	11.445	4.535	2.786	.196
18.1	10.872	4.006	3.252	.182
19.0	10.872	4.006	3.252	.182
19.1	10.825	3.073	4.075	.156
20.0	10.825	3.073	4.075	.156
20.1	10.321	2.444	4.654	.146
21.0	10.321	2.444	4.654	.146
21.1	10.389	1.220	5.778	.124
21.2	10.174	1.913	5.142	.137
22.0	10.174	1.913	5.142	.137
22.1	10.112	.843	6.134	.120
23.0	10.112	.843	6.134	.120
23.1	9.852	.263	6.683	.115
24.0	9.852	.263	6.683	.115

续表

迭代历史记录[b]				
迭代编号[a]	残差平方和	参数		
		a	b	c
24.1	9.786	−.871	7.755	.102
25.0	9.786	−.871	7.755	.102
25.1	9.615	−2.034	8.869	.093
26.0	9.615	−2.034	8.869	.093
26.1	9.491	−3.205	9.997	.085
27.0	9.491	−3.205	9.997	.085
27.1	9.390	−4.380	11.134	.078
28.0	9.390	−4.380	11.134	.078
28.1	9.545	−6.727	13.418	.066
28.2	9.320	−5.065	11.800	.075
29.0	9.320	−5.065	11.800	.075
29.1	9.268	−6.309	13.012	.069
30.0	9.268	−6.309	13.012	.069
30.1	9.199	−7.675	14.349	.064
31.0	9.199	−7.675	14.349	.064
31.1	9.136	−9.041	15.688	.060
32.0	9.136	−9.041	15.688	.060
32.1	9.214	−11.768	18.371	.052
32.2	9.091	−9.906	16.538	.057
33.0	9.091	−9.906	16.538	.057
33.1	9.056	−11.485	18.093	.053
34.0	9.056	−11.485	18.093	.053
34.1	9.007	−13.211	19.796	.049
35.0	9.007	−13.211	19.796	.049
35.1	8.961	−14.935	21.500	.046
36.0	8.961	−14.935	21.500	.046
36.1	9.036	−18.379	24.910	.040
36.2	8.928	−15.920	22.475	.044
37.0	8.928	−15.920	22.475	.044
37.1	8.903	−17.744	24.281	.041
38.0	8.903	−17.744	24.281	.041
38.1	8.870	−19.710	26.231	.039
39.0	8.870	−19.710	26.231	.039

续表

迭代历史记录[b]				
迭代编号[a]	残差平方和	参数		
		a	b	c
39.1	8.839	−21.675	28.181	.036
40.0	8.839	−21.675	28.181	.036
40.1	8.882	−25.601	32.082	.032
40.2	8.816	−22.871	29.370	.035
41.0	8.816	−22.871	29.370	.035
41.1	8.798	−25.094	31.579	.033
42.0	8.798	−25.094	31.579	.033
42.1	8.773	−27.484	33.956	.031
43.0	8.773	−27.484	33.956	.031
43.1	8.749	−29.873	36.334	.029
44.0	8.749	−29.873	36.334	.029
44.1	8.791	−34.648	41.089	.026
44.2	8.732	−31.208	37.663	.028
45.0	8.732	−31.208	37.663	.028
45.1	8.719	−33.713	40.158	.026
46.0	8.719	−33.713	40.158	.026
46.1	8.701	−36.382	42.818	.025
47.0	8.701	−36.382	42.818	.025
47.1	8.684	−39.050	45.477	.024
48.0	8.684	−39.050	45.477	.024
48.1	8.710	−44.383	50.795	.021
48.2	8.671	−40.634	47.056	.023
49.0	8.671	−40.634	47.056	.023
49.1	8.661	−43.611	50.026	.022
50.0	8.661	−43.611	50.026	.022
50.1	8.647	−46.778	53.185	.020
51.0	8.647	−46.778	53.185	.020
51.1	8.634	−49.943	56.344	.019
52.0	8.634	−49.943	56.344	.019
52.1	8.659	−56.273	62.662	.017
52.2	8.624	−51.681	58.078	.019
53.0	8.624	−51.681	58.078	.019
53.1	8.616	−54.970	61.361	.018

续表

迭代历史记录[b]				
迭代编号[a]	残差平方和	参数		
		a	b	c
54.0	8.616	−54.970	61.361	.018
54.1	8.605	−58.444	64.829	.017
55.0	8.605	−58.444	64.829	.017
55.1	8.595	−61.572	67.952	.016
56.0	8.595	−61.572	67.952	.016
56.1	8.597	−67.285	73.658	.015
56.2	8.588	−64.272	70.648	.016
57.0	8.588	−64.272	70.648	.016
57.1	8.584	−69.281	75.651	.015
58.0	8.584	−69.281	75.651	.015
58.1	8.573	−74.679	81.044	.014
59.0	8.573	−74.679	81.044	.014
59.1	8.562	−80.077	86.436	.013
60.0	8.562	−80.077	86.436	.013
60.1	8.552	−85.474	91.829	.012
61.0	8.552	−85.474	91.829	.012
61.1	8.544	−90.871	97.221	.012
62.0	8.544	−90.871	97.221	.012
62.1	8.536	−96.267	102.614	.011
63.0	8.536	−96.267	102.614	.011
63.1	8.530	−101.129	107.473	.011
64.0	8.530	−101.129	107.473	.011
64.1	8.535	−110.019	116.358	.010
64.2	8.525	−104.174	110.515	.010
65.0	8.525	−104.174	110.515	.010
65.1	8.522	−109.951	116.289	.010
66.0	8.522	−109.951	116.289	.010
66.1	8.516	−116.039	122.374	.009
67.0	8.516	−116.039	122.374	.009
67.1	8.511	−121.551	127.884	.009
68.0	8.511	−121.551	127.884	.009
68.1	8.516	−131.670	137.999	.008
68.2	8.507	−124.885	131.216	.009

续表

迭代历史记录[b]				
迭代编号[a]	残差平方和	参数		
		a	b	c
69.0	8.507	−124.885	131.216	.009
69.1	8.505	−131.237	137.566	.008
70.0	8.505	−131.237	137.566	.008
70.1	8.500	−137.905	144.232	.008
71.0	8.500	−137.905	144.232	.008
71.1	8.496	−143.984	150.308	.008
72.0	8.496	−143.984	150.308	.008
72.1	8.500	−155.198	161.520	.007
72.2	8.493	−147.683	154.006	.007
73.0	8.493	−147.683	154.006	.007
73.1	8.491	−154.748	161.069	.007
74.0	8.491	−154.748	161.069	.007
74.1	8.487	−162.145	168.464	.007
75.0	8.487	−162.145	168.464	.007
75.1	8.484	−168.918	175.235	.007
76.0	8.484	−168.918	175.235	.007
76.1	8.488	−181.457	187.772	.006
76.2	8.481	−172.942	179.259	.006
77.0	8.481	−172.942	179.259	.006
77.1	8.480	−180.653	186.968	.006
78.0	8.480	−180.653	186.968	.006
78.1	8.477	−188.702	195.016	.006
79.0	8.477	−188.702	195.016	.006
79.1	8.474	−196.113	202.426	.006
80.0	8.474	−196.113	202.426	.006
80.1	8.477	−209.887	216.197	.005
80.2	8.472	−200.526	206.837	.006
81.0	8.472	−200.526	206.837	.006
81.1	8.471	−208.995	215.305	.005
82.0	8.471	−208.995	215.305	.005
82.1	8.468	−217.820	224.128	.005
83.0	8.468	−217.820	224.128	.005
83.1	8.466	−225.977	232.285	.005

续表

迭代历史记录[b]				
迭代编号[a]	残差平方和	参数		
		a	b	c
84.0	8.466	−225.977	232.285	.005
84.1	8.469	−241.173	247.479	.005
84.2	8.464	−230.753	237.060	.005
85.0	8.464	−230.753	237.060	.005
85.1	8.463	−239.948	246.254	.005
86.0	8.463	−239.948	246.254	.005
86.1	8.461	−249.500	255.805	.005
87.0	8.461	−249.500	255.805	.005
87.1	8.459	−258.359	264.663	.004
88.0	8.459	−258.359	264.663	.004
88.1	8.462	−274.935	281.237	.004
88.2	8.458	−263.538	269.841	.004
89.0	8.458	−263.538	269.841	.004
89.1	8.457	−273.518	279.820	.004
90.0	8.457	−273.518	279.820	.004
90.1	8.455	−283.876	290.177	.004
91.0	8.455	−283.876	290.177	.004
91.1	8.453	−293.509	299.809	.004
92.0	8.453	−293.509	299.809	.004
92.1	8.456	−311.579	317.878	.004
92.2	8.452	−299.091	305.391	.004
93.0	8.452	−299.091	305.391	.004
93.1	8.451	−309.864	316.163	.004
94.0	8.451	−309.864	316.163	.004
94.1	8.450	−321.029	327.327	.004
95.0	8.450	−321.029	327.327	.004
95.1	8.449	−331.453	337.750	.003
96.0	8.449	−331.453	337.750	.003
96.1	8.450	−351.055	357.351	.003
96.2	8.448	−337.460	343.757	.003
97.0	8.448	−337.460	343.757	.003
97.1	8.447	−349.063	355.360	.003
98.0	8.447	−349.063	355.360	.003

续表

迭代历史记录[b]				
迭代编号[a]	残差平方和	参数		
		a	b	c
98.1	8.446	−359.921	366.217	.003
99.0	8.446	−359.921	366.217	.003
99.1	8.447	−380.357	386.652	.003
99.2	8.445	−366.334	372.630	.003
100.0	8.445	−366.334	372.630	.003
100.1	8.444	−378.747	385.042	.003
101.0	8.444	−378.747	385.042	.003
101.1	8.443	−390.365	396.659	.003
102.0	8.443	−390.365	396.659	.003
102.1	8.444	−412.274	418.568	.003
102.2	8.442	−396.985	403.279	.003
103.0	8.442	−396.985	403.279	.003
103.1	8.441	−409.832	416.126	.003
104.0	8.441	−409.832	416.126	.003
104.1	8.440	−421.866	428.159	.003
105.0	8.440	−421.866	428.159	.003
105.1	8.442	−444.607	450.899	.003
105.2	8.440	−428.925	435.217	.003
106.0	8.440	−428.925	435.217	.003
106.1	8.439	−442.603	448.895	.003
107.0	8.439	−442.603	448.895	.003
107.1	8.438	−455.457	461.748	.003
108.0	8.438	−455.457	461.748	.003
108.1	8.440	−479.767	486.058	.002
108.2	8.438	−462.730	469.021	.002
109.0	8.438	−462.730	469.021	.002
109.1	8.437	−476.838	483.129	.002
110.0	8.437	−476.838	483.129	.002
110.1	8.436	−490.121	496.411	.002
111.0	8.436	−490.121	496.411	.002
111.1	8.437	−515.299	521.589	.002
111.2	8.436	−497.850	504.140	.002
112.0	8.436	−497.850	504.140	.002

续表

迭代历史记录[b]				
迭代编号[a]	残差平方和	参数		
		a	b	c
112.1	8.435	–512.870	519.160	.002
113.0	8.435	–512.870	519.160	.002
113.1	8.434	–526.982	533.271	.002
114.0	8.434	–526.982	533.271	.002
114.1	8.436	–553.773	560.061	.002
114.2	8.434	–534.937	541.226	.002
115.0	8.434	–534.937	541.226	.002
115.1	8.433	–550.403	556.691	.002
116.0	8.433	–550.403	556.691	.002
116.1	8.433	–565.017	571.305	.002
117.0	8.433	–565.017	571.305	.002
117.1	8.434	–592.812	599.099	.002
117.2	8.432	–573.423	579.712	.002
118.0	8.432	–573.423	579.712	.002
118.1	8.432	–589.750	596.038	.002
119.0	8.432	–589.750	596.038	.002
119.1	8.431	–605.206	611.494	.002
120.0	8.431	–605.206	611.494	.002
120.1	8.432	–634.540	640.827	.002
120.2	8.431	–613.919	620.207	.002
121.0	8.431	–613.919	620.207	.002
121.1	8.431	–630.871	637.158	.002
122.0	8.431	–630.871	637.158	.002
122.1	8.430	–646.914	653.201	.002
123.0	8.430	–646.914	653.201	.002
123.1	8.431	–677.420	683.706	.002
123.2	8.430	–656.047	662.333	.002
124.0	8.430	–656.047	662.333	.002
124.1	8.429	–673.793	680.079	.002
125.0	8.429	–673.793	680.079	.002
125.1	8.429	–690.671	696.957	.002
126.0	8.429	–690.671	696.957	.002
126.1	8.430	–722.794	729.080	.002

续表

迭代历史记录[b]				
迭代编号[a]	残差平方和	参数		
		a	b	c
126.2	8.428	–700.102	706.388	.002
127.0	8.428	–700.102	706.388	.002
127.1	8.428	–718.475	724.760	.002
128.0	8.428	–718.475	724.760	.002
128.1	8.428	–735.930	742.215	.002
129.0	8.428	–735.930	742.215	.002
129.1	8.428	–769.169	775.454	.002
129.2	8.427	–745.842	752.127	.002
130.0	8.427	–745.842	752.127	.002
130.1	8.427	–765.166	771.451	.002
131.0	8.427	–765.166	771.451	.002
131.1	8.427	–783.569	789.854	.001
132.0	8.427	–783.569	789.854	.001
132.1	8.427	–818.626	824.910	.001
132.2	8.426	–793.755	800.039	.001
133.0	8.426	–793.755	800.039	.001
133.1	8.426	–813.688	819.973	.001
将通过数字计算来确定导数。				
a. 主迭代号在小数点左侧显示，次迭代号在小数点右侧显示。				
b. 由于达到迭代次数限制，因此运行在 300 次模型评估和 133 次导数评估后停止。				

表 9.18　模型计算的参数估计值

参数估算值				
参数	估算	标准错误	95% 置信区间	
			下限	上限
a	–813.688	94107.033	–198525.228	196897.852
b	819.973	94106.050	–196889.501	198529.446
c	.001	.171	–.358	.361

表 9.19　参数估计相关系数矩阵

参数估算值相关性			
	a	b	c
a	1.000	–1.000	1.000
b	–1.000	1.000	–1.000
c	1.000	–1.000	1.000

表 9.20 方差分析表

ANOVA[a]			
源	平方和	自由度	均方
回归	2307.052	3	769.017
残差	8.426	18	.468
修正前总计	2315.478	21	
修正后总计	66.319	20	
因变量：CL。			
a. R 方 = 1 – (残差平方和) / (修正平方和) = .873。			

结果说明：经过 130 次迭代（表 9.17），模型达到收敛标准，最佳解被找到，最终得到了产量与化肥之间的预测回归模型（表 9.18）如下：产量（CL）＝–813.688 + 819.973×exp（0.001×化肥使用量）。表 9.20 给出了整个模型的显著性检验结果，其决定系数为 0.873，拟合效果较好，还给出了修正前的总误差平方和与修正后的总误差平方和、自由度，其中修正前的总误差平方和被分解为回归平方和与残差平方和。

9.3 主成分与因子分析

在实际的科学研究与应用中，为了全面地、完整地把握和认识问题，往往需要对反映事物的多个变量进行大量的观测，收集大量数据以便进行分析寻找规律。大量数据增加了数据分析的复杂性，更重要的是在大多数情况下，这些变量之间可能存在相关性。在这种情况下，如果分别对每个指标进行分析，分析往往是孤立的，而不是综合的。盲目减少指标又会损失很多信息，容易产生错误的结论，在 SPSS 中主成分与因子分析就是解决这类问题的方法之一。

9.3.1 主成分分析

主成分分析是一种统计方法，其通过正交变换将一组可能存在相关性的变量转换为一组线性不相关的变量，转化后的这组变量叫作主成分。

主成分分析是考察多个变量间相关性的一种多元统计分析方法，其主要目的是用较少的变量去解释原始数据中的大部分变异。它通常用来寻找判断某种事物或现象的综合指标，并且综合指标所包含的信息以适当的解释，从而更好地揭示事物内在的规律。但在实际的应用中，主成分分析只是一种达到目的的中间手段，而不是最终目的，要结合其他的统计方法来处理。

9.3.1.1 原理

主成分分析的原理是将原来的变量重新组合一组新的相互无关的几个综合变量，同时根据实际需要从中取出几个较少的总和变量，尽可能多地反映原来变量的信息，其是一种数据上处理降维的方法。

9.3.1.2 实例详解

【例 9.4】 2002 年 16 家公司（A1～A16）4 项指标的数据见表 9.21，试做主成分分析。

表 9.21　16 家公司销售净利润、净资产利率、净资产收益率和销售毛利率

公司	销售净利润（x_1）/亿元	净资产利率（x_2）/%	净资产收益率（x_3）/%	销售毛利率（x_4）/%
A1	43.31	7.39	8.73	54.89
A2	17.11	12.13	17.29	44.25
A3	21.11	6.03	7.00	89.37
A4	29.55	8.62	10.13	73
A5	11.00	8.41	11.83	25.22
A6	17.63	13.86	15.41	36.44
A7	2.73	4.22	17.16	9.96
A8	29.11	5.44	6.09	56.26
A9	20.29	9.48	12.97	82.23
A10	3.99	4.64	9.35	13.04
A11	22.65	11.13	14.3	50.51
A12	4.43	7.30	14.36	29.04
A13	5.40	8.90	12.53	65.5
A14	7.06	2.79	5.24	19.79
A15	19.82	10.53	18.55	42.04
A16	7.26	2.99	6.99	22.72

操作步骤如下。

第一，在 SPSS“变量视图”中建立“公司”“销售净利润 x1”“净资产利率 x2”“净资产收益率 x3”和“销售毛利率 x4”变量，在“数据视图”中输入对应的数据，建立数据文件（图 9.16）。

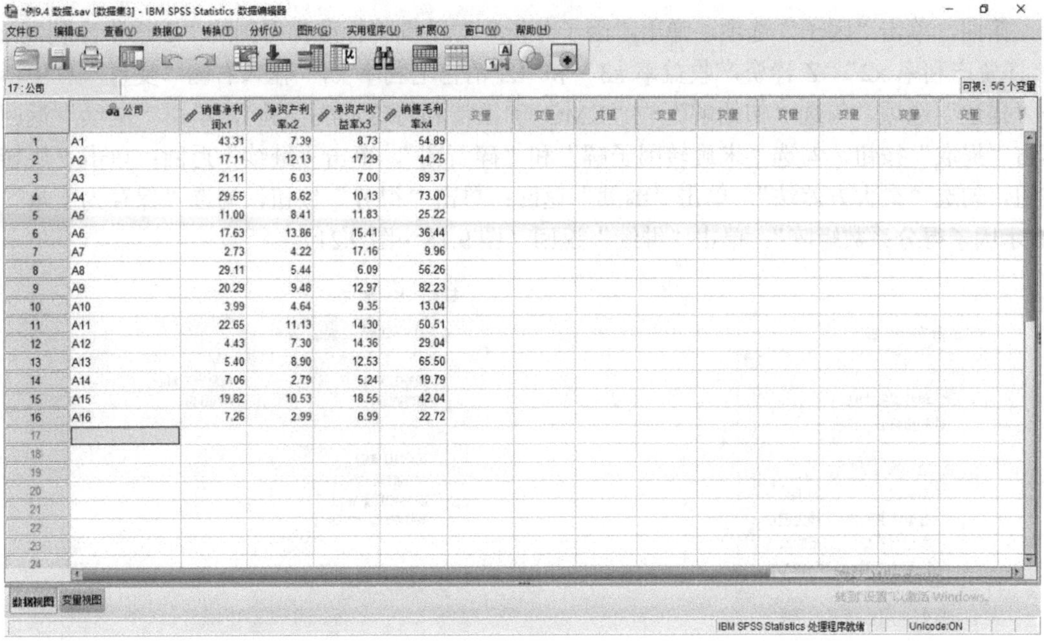

图 9.16　数据文件建立

第二，为了消除变量间的量纲关系，从而使数据具有可比性，需对变量进行标准化处理。单击菜单栏中的“分析”按钮，依次选择“描述统计”“描述”，单击“描述”按钮，弹出“描述”对话框，将“销售净利润 x1”“净资产利率 x2”“净资产收益率 x3”和“销售毛利率 x4”变量输入右侧“变量”栏中，勾选“将标准化值另存为变量”，单击“确定”按钮，输出标准化结果。

第三，单击“分析”按钮，依次选择“降维”“因子”选项（图 9.17）。

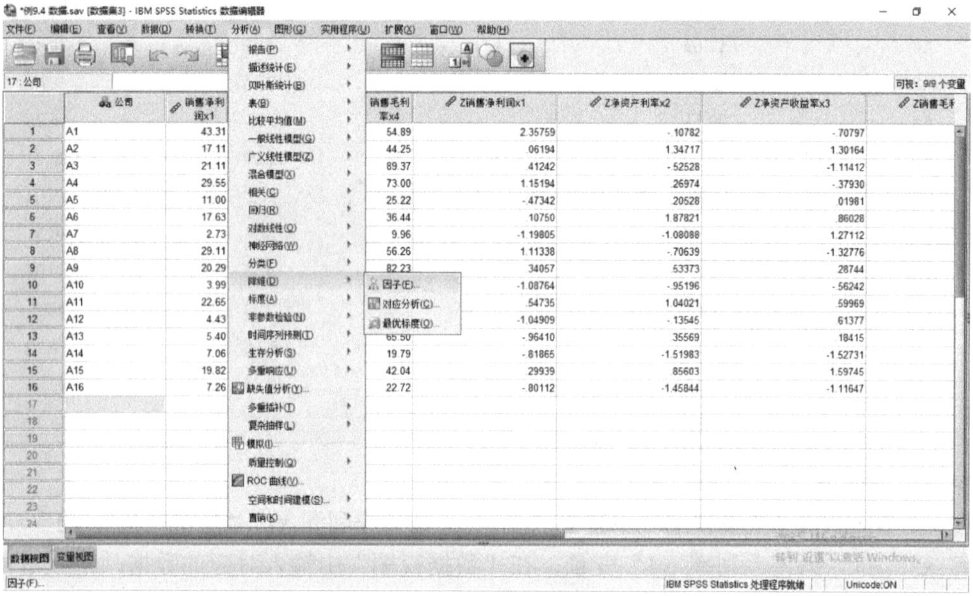

图 9.17 “因子”选项

第四，单击“因子”选项，弹出“因子分析”对话框将标准化得到的“Z 销售净利润 x1”“Z 净资产利率 x2”“Z 净资产收益率 x3”和“Z 销售毛利率 x4”输入右侧“变量”栏中，单击“描述”选项，勾选“初始解”与“KMO 和巴特利特球形度检验”，单击“继续”返回；单击“提取”按钮，勾选“未旋转因子解”和“碎石图”，单击“继续”返回；单击“旋转”按钮，勾选“最大方差法”，单击“继续”返回；单击“得分”按钮，勾选“保存为变量”和“显示因子得分系数矩阵”，单击“继续”返回（图 9.18～图 9.21）。

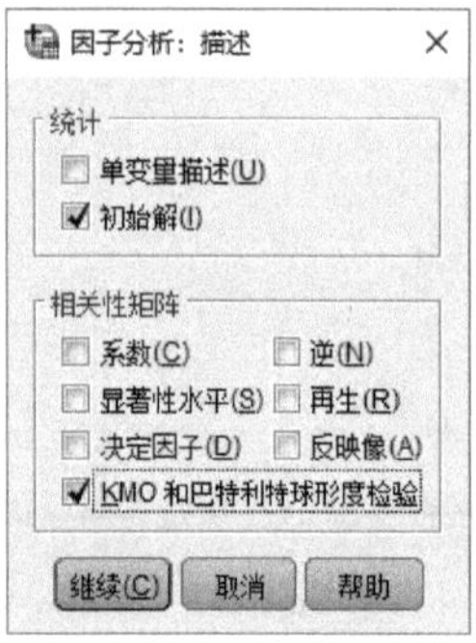

图 9.18 “描述”选项

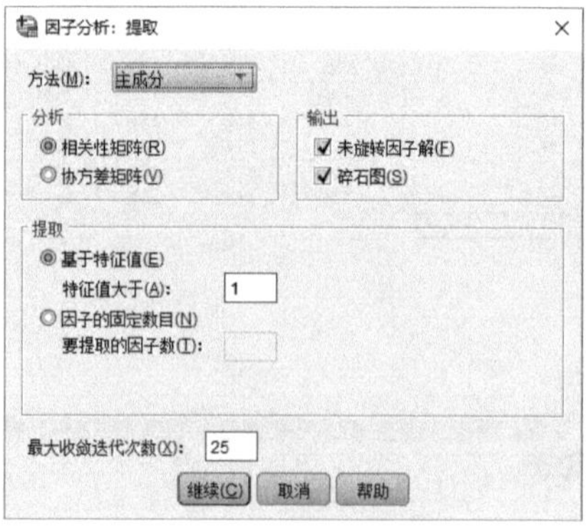

图 9.19 “提取”选项

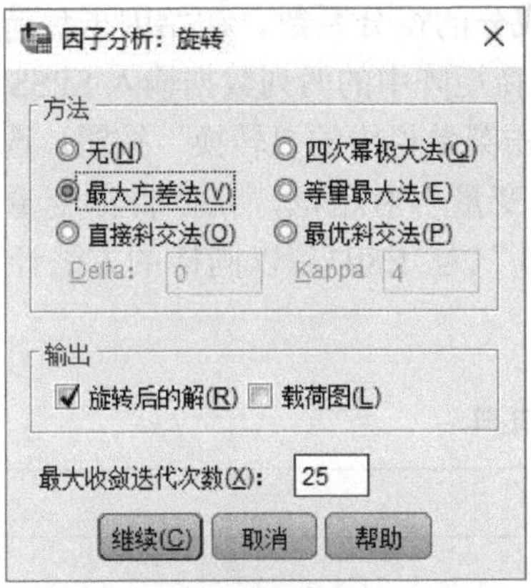

图 9.20 “旋转”选项

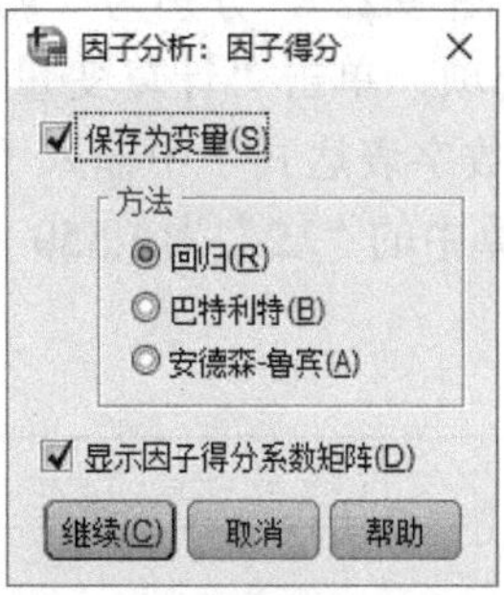

图 9.21 “因子得分”选项

第五，设置完成后，单击“确定”按钮，输出主成分分析结果。

从表 9.22 可以看出 KMO 值接近于 1，意味着变量间相关性强，原有变量适合作因子分析。巴特利特球形度检验的 Sig.小于 0.05，说明变量之间存在相关关系，本例可以进行因子分析，SPSS 接着进行了主成分分析。

表 9.22　KMO 和巴特利特检验

KMO 和巴特利特检验		
KMO 取样适切性量数		.455
巴特利特球形度检验	近似卡方	21.647
	自由度	6
	显著性	.001

表 9.23 表明，依据特征值大于 1 及方差贡献率累计贡献率达到 80%~85%及以上，本例提取的主成分个数为 2 个，其初始特征值为$\lambda_1 = 1.879$、$\lambda_2 = 1.550$，贡献率分别为 $r_1 = 0.47429$、$r_2 = 0.38740$。

表 9.23　主成分的统计信息结果

总方差解释						
成分	初始特征值			旋转载荷平方和		
	总计	方差百分比	累积 %	总计	方差百分比	累积 %
1	1.897	47.429	47.429	1.779	44.486	44.486
2	1.550	38.740	86.169	1.667	41.684	86.169
3	.393	9.826	95.995			
4	.160	4.005	100.000			
提取方法：主成分分析法。						

第六，通过初始因子负荷矩阵还未能得出主成分的表达式，还需把初始因子负荷矩阵中的每列除以相应主成分的特征值平方根才能得出主成分的得分系数。初始因子负荷矩阵中每个指标的负荷见表9.24。计算方式为，将初始因子负荷矩阵中的两列数据输入SPSS数据编辑窗口里（图 9.22），分别为“V1”和“V2”，然后单击菜单栏中的“转换”按钮，选择“计算变量”选项，单击“计算变量”按钮，打开“计算变量”对话框，在“目标变量”中输入“F1”，“数字表达式”中输入“V1/SQR（λ1）”，“λ1”为 1.897，以同样的方法计算“F2”，“F2”计算中的“λ2”为1.550（图9.23）。

表 9.24 因子负荷矩阵

成分矩阵 [a]		
	成分	
	1	2
Zscore(销售净利润 x1)	.731	−.513
Zscore(净资产利率 x2)	.818	.503
Zscore(净资产收益率 x3)	.359	.897
Zscore(销售毛利率 x4)	.752	−.477
提取方法：主成分分析法。		
a. 提取了 2 个成分。		

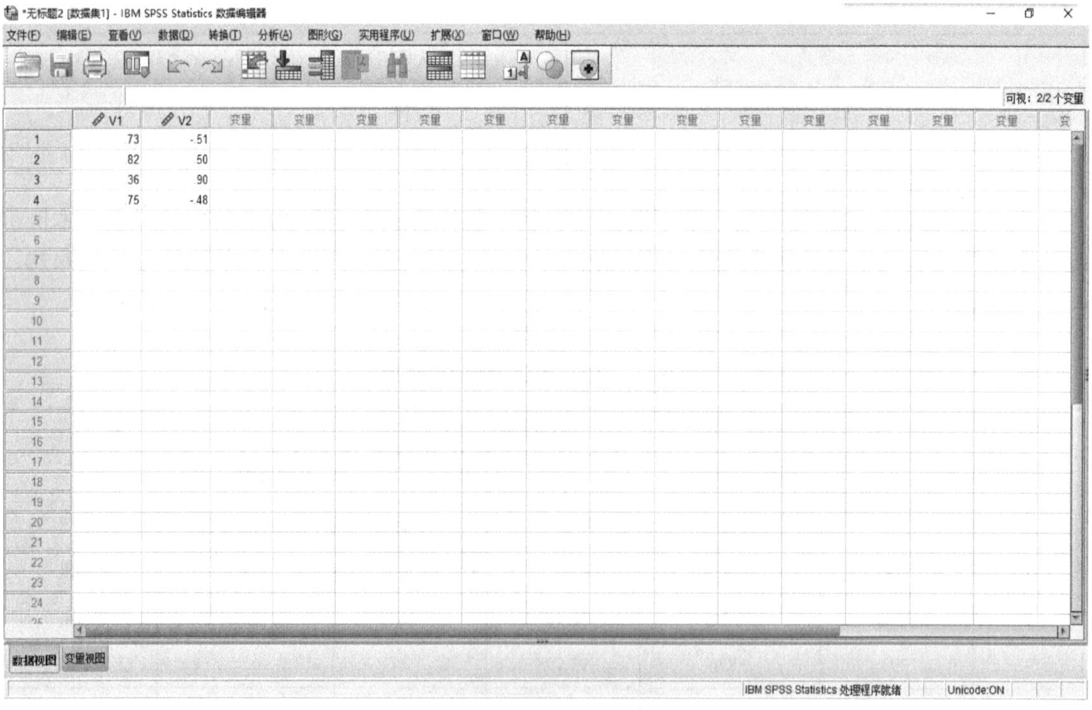

图 9.22 初始因子负荷值

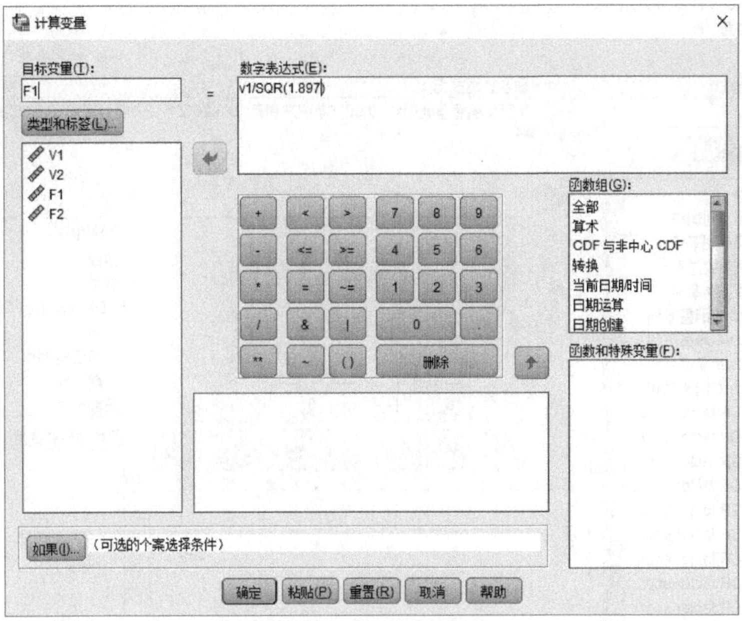

图 9.23　特征向量计算

第七，计算主成分得分，将得到的特征向量 F_1 和 F_2（图 9.24）与标准化的数据相乘，即可得出主成分得分，其计算表达式为 $Z_1 = F_{11} \cdot Zx_1 + F_{12} \cdot Zx_2 + F_{13} \cdot Zx_3 + F_{14} \cdot Zx_4$，$Z_2 = F_{21} \cdot Zx_1 + F_{22} \cdot Zx_2 + F_{23} \cdot Zx_3 + F_{24} \cdot Zx_4$，计算方法为单击菜单栏中的“转换”按钮，选定“计算变量”，单击“计算变量”，打开“计算变量”对话框，在“目标变量”栏中输入“Z1”，“数字表达式”中输入“0.53 • Z 销售净利润 x1 + 0.59 • Z 资产净利率 x2 + 0.26 • Z 净资产收益率 x3 + 0.54 • Z 销售毛利率 x4”，单击“确定”按钮从而得到特征向量 Z_1，以同样的方法计算出 Z_2（图 9.25 和图 9.26）。

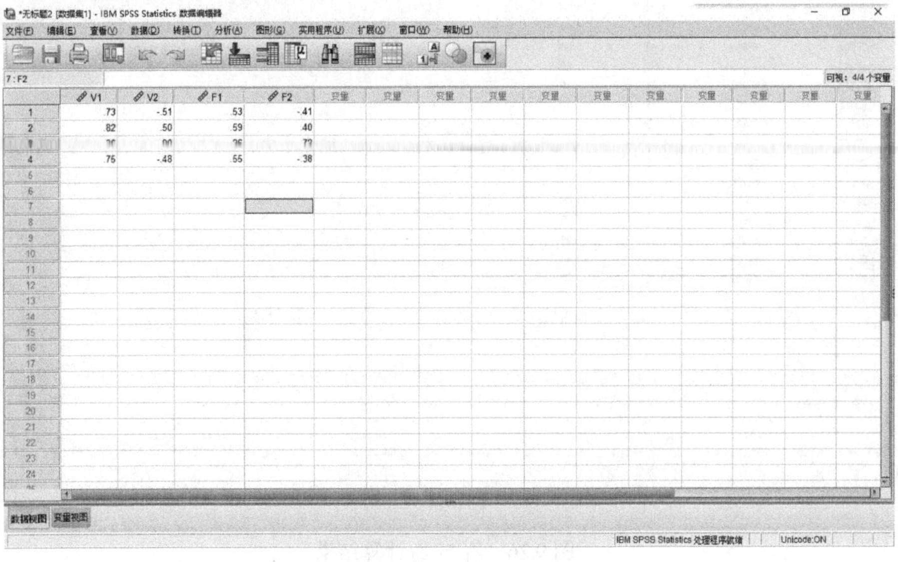

图 9.24　F_1 与 F_2 的值

图 9.25 特征向量 Z_1 与 Z_2 计算

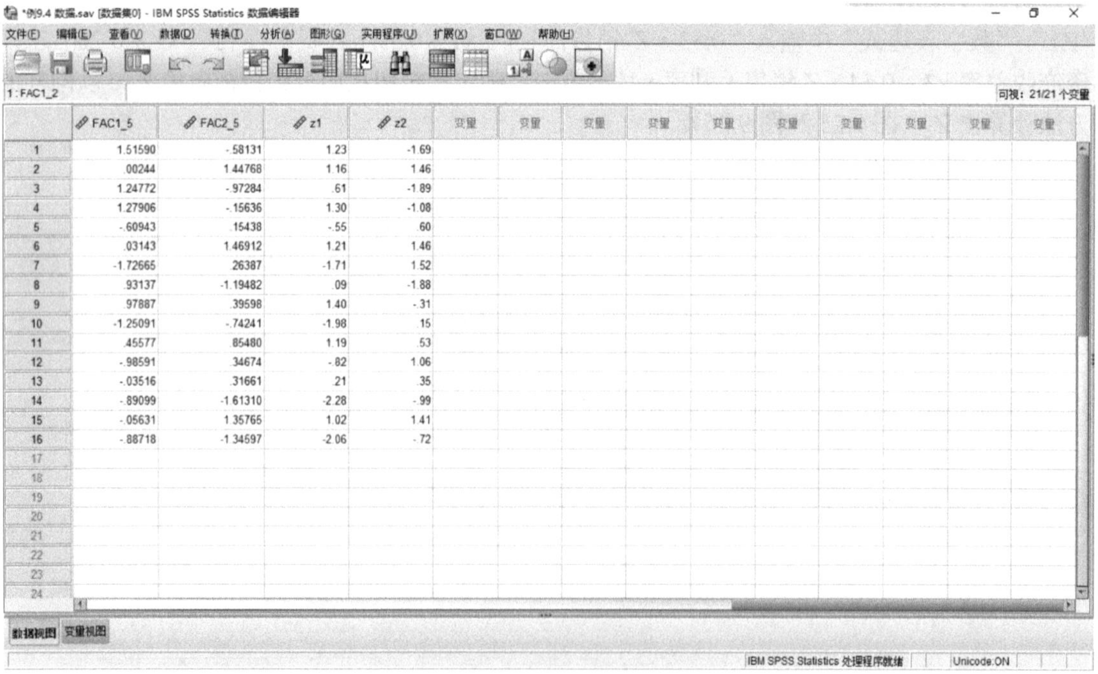

	FAC1_5	FAC2_5	z1	z2
1	1.51590	-.58131	1.23	-1.69
2	.00244	1.44768	1.16	1.46
3	1.24772	-.97284	.61	-1.89
4	1.27906	-.15636	1.30	-1.08
5	-.60943	.15438	-.55	.60
6	.03143	1.46912	1.21	1.46
7	-1.72665	.26387	-1.71	1.52
8	.93137	-1.19482	.09	-1.88
9	.97887	.39598	1.40	-.31
10	-1.25091	-.74241	-1.98	.15
11	.45577	.85480	1.19	.53
12	-.98591	.34674	-.82	1.06
13	-.03516	.31661	.21	.35
14	-.89099	-1.61310	-2.28	-.99
15	-.05631	1.35765	1.02	1.41
16	-.88718	-1.34597	-2.06	-.72

图 9.26 Z_1 与 Z_2 计算结果

第八，利用主成分函数，综合主成分公式，其中主成分表达式为 $Z = r_1 \cdot Z_1 + r_2 \cdot Z_2$，$r_1$为 0.47429，$r_2$为 0.3874（表 9.23），计算方法也为单击菜单栏中的“转换”按钮，打开“计算变量”对话框，在“目标变量”中输入“Z”，“数字表达式”中输入“r1*Z1 + r2*Z2”，即可得到综合主成分（图 9.27）。

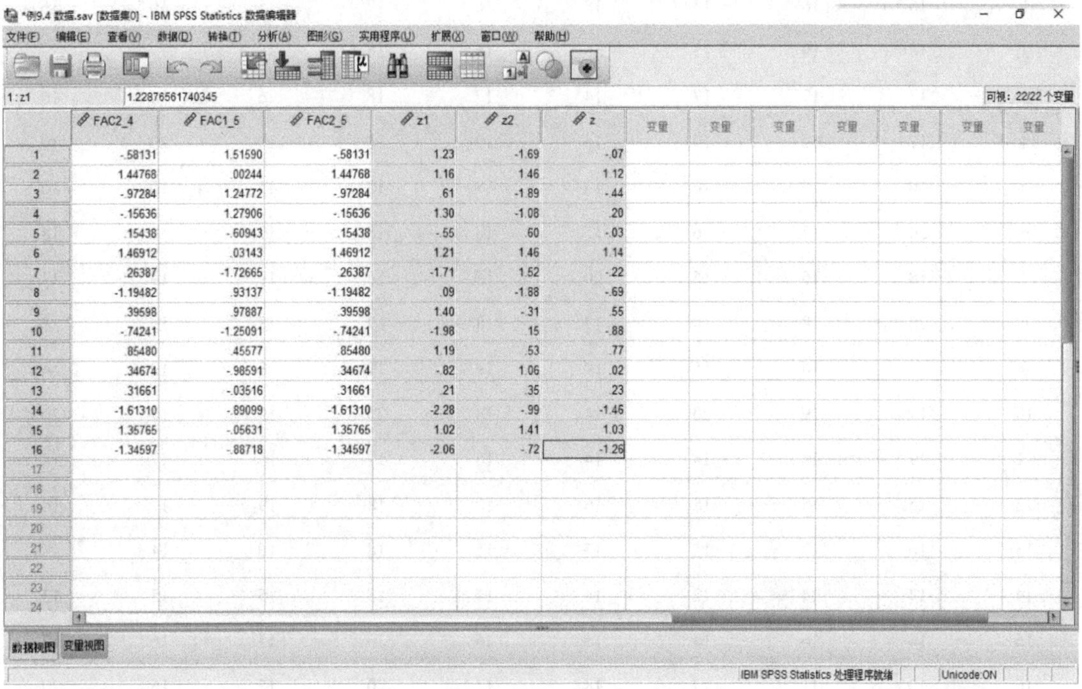

	FAC2_4	FAC1_5	FAC2_5	z1	z2	z
1	-.58131	1.51590	-.58131	1.23	-1.69	-.07
2	1.44768	.00244	1.44768	1.16	1.46	1.12
3	-.97284	1.24772	-.97284	.61	-1.89	-.44
4	-.15636	1.27906	-.15636	1.30	-1.08	.20
5	.15438	-.60943	.15438	-.55	.60	-.03
6	1.46912	.03143	1.46912	1.21	1.46	1.14
7	.26387	-1.72665	.26387	-1.71	1.52	-.22
8	-1.19482	.93137	-1.19482	.09	-1.88	-.69
9	.39598	.97887	.39598	1.40	-.31	.55
10	-.74241	-1.25091	-.74241	-1.98	.15	-.88
11	.85480	.45577	.85480	1.19	.53	.77
12	.34674	-.98591	.34674	-.82	1.06	.02
13	.31661	-.03516	.31661	.21	.35	.23
14	-1.61310	-.89099	-1.61310	-2.28	-.99	-1.46
15	1.35765	-.05631	1.35765	1.02	1.41	1.03
16	-1.34597	-.88718	-1.34597	-2.06	-.72	-1.26

图 9.27　主成分、综合主成分值

9.3.2　因子分析

在实际的科研中，往往涉及众多变量，且各变量之间可能存在着错综复杂的相关关系，需要从中提取少数的综合变量，而且提取的变量能够包含原变量的大部分信息，因子分析就是解决这一问题的统计分析方法。

因子分析是从研究变量群中提取共性因子的统计技术，其能将多个观测变量转化为少数几个不相关的具有代表性的因子，可以减少变量的数目，这些共性因子能反映资料的特点与本质。

9.3.2.1　原理

因子分析的基本思想是用少数几个因子去描述原来变量的大部分信息，即将相关比较密切的几个变量归在同一类中，每一类变量就成为一个因子。

9.3.2.2　实例详解

【例 9.5】 为了研究大学生的价值观，某研究人员抽样调查了 20 名大学生关于合作性（x_1）、对分配的看法（x_2）、行为出发点（x_3）、工作投入程度（x_4）、对发展机会的看法（x_5）、对社会地位的看法（x_6）、权利距离（x_7）、升职的态度（x_8）、领导风格的偏好（x_9）9 项价值观，其结果如表 9.25 所示，根据 9 项指标进行因子分析，得到较少维度的几个因子。

表 9.25 20名大学生9项价值观的相关数据

序号	x_1	x_2	x_3	x_4	x_5	x_6	x_7	x_8	x_9
1	16	16	13	18	16	17	15	16	16
2	18	19	15	16	18	18	18	17	19
3	17	17	17	14	17	18	16	16	16
4	17	17	17	16	19	18	19	20	19
5	16	15	16	16	18	18	15	16	16
6	20	17	16	17	18	18	17	19	18
7	18	16	16	20	15	16	19	14	17
8	20	18	18	17	18	19	18	19	18
9	14	16	15	19	19	19	18	19	14
10	19	19	20	14	18	20	19	17	20
11	19	19	14	14	16	17	16	17	18
12	15	15	18	16	18	18	19	17	18
13	16	17	15	17	15	18	16	14	13
14	17	14	12	14	14	18	15	15	13
15	14	16	14	15	16	16	17	16	17
16	10	11	13	18	17	20	17	16	20
17	16	17	15	16	14	16	14	15	17
18	15	16	15	17	16	16	16	15	16
19	16	19	18	15	17	12	19	18	18
20	16	16	13	18	16	17	15	16	16

操作步骤如下。

第一，在 SPSS“变量视图”中建立“x1”“x2”“x3”“x4”“x5”“x6”“x7”“x8”“x9”变量，在“数据视图”中输入对应的数据，建立数据文件（图 9.28）。

第二，单击菜单栏“分析”按钮，依次选择“降维”“因子分析”，单击“因子分析”按钮，弹出“因子分析”对话框，将“x1”～“x9”输入右侧“变量”栏中（图 9.29），单击“描述”按钮，弹出“描述”对话框，勾选“初始解”“KMO 和巴特利特球形度检验”，单击“继续”返回（图 9.30）；单击“提取”按钮，弹出“提取”对话框，勾选“相关性矩阵”“未旋转的因子解”，“基于特征值”方框内输入“1”，单击“继续”返回（图 9.31）；单击“旋转”按钮，弹出“旋转”对话框，勾选“四次幂极大法”和“旋转后的解”，单击“继续”返回（图 9.32）；单击“得分”按钮，弹出“因子得分”对话框，勾选“保存为变量”，方法为“回归”，勾选“显示因子得分系数矩阵”，单击“继续”返回（图 9.33）。

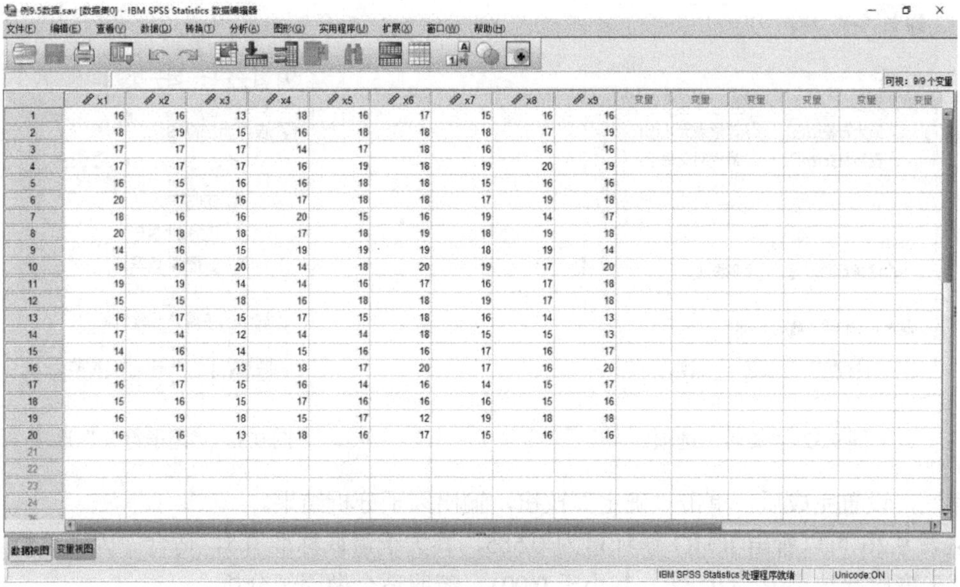

图 9.28　数据文件建立

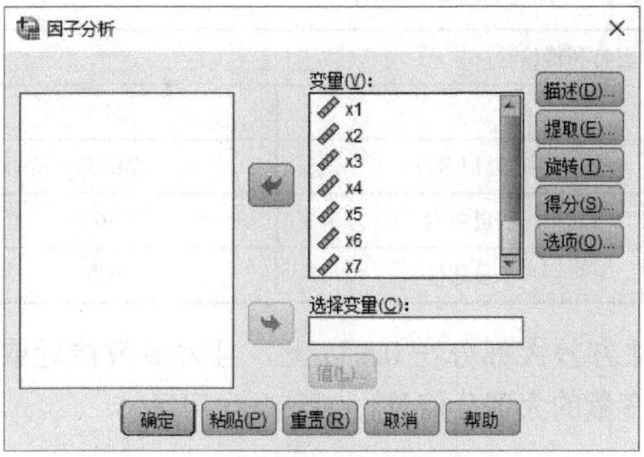

图 9.29 “因子分析”对话框

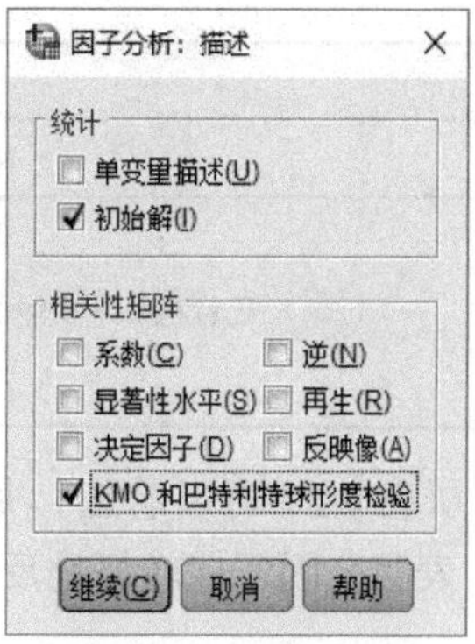

图 9.30 “描述”选项

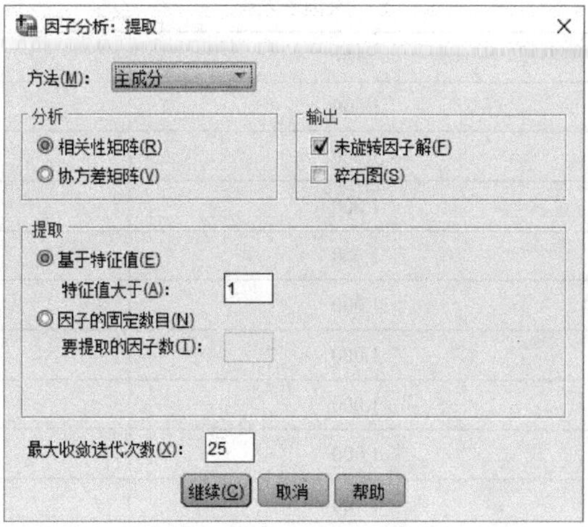

图 9.31 “提取”选项

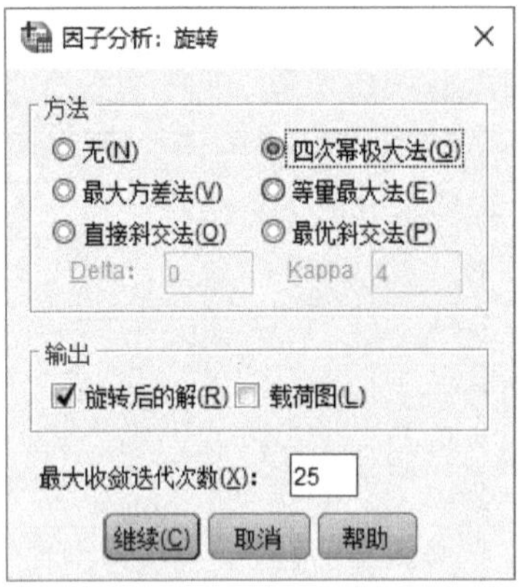

图 9.32 “旋转”选项

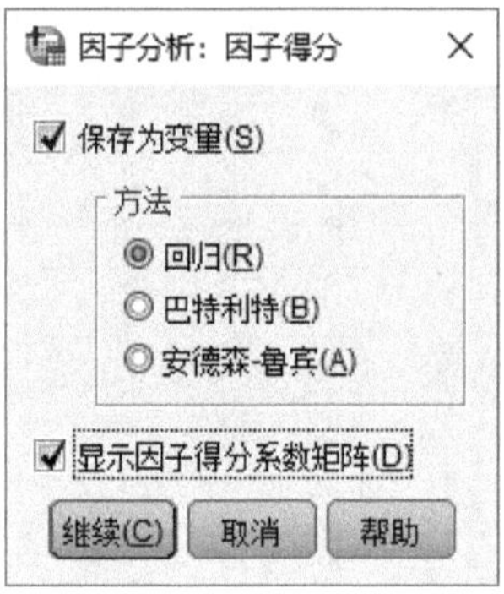

图 9.33 “因子得分”选项

第三，设置完成后，单击“确定”按钮，输出因子分析结果。

从表 9.26 可以看出 KMO 统计量为 0.585，其大于最低标准 0.5，适合做因子分析。巴特利特球形度检验结果 P 为 0.000，其小于 0.001，表明适合做因子分析。

表 9.26 KMO 和巴特利特球形度检验结果

KMO 和巴特利特检验		
KMO 取样适切性量数		.585
巴特利特球形度检验	近似卡方	74.733
	自由度	36
	显著性	.000

从表 9.27 可以看出，每一个变量的共性方差大部分在 0.5 以上，且大多数接近或超过 0.7，表明公因子能较好地反映原始各项指标变量的大部分信息。

表 9.27 公因子方差比

公因子方差		
	初始	提取
x1	1.000	.722
x2	1.000	.848
x3	1.000	.708
x4	1.000	.504
x5	1.000	.863
x6	1.000	.871
x7	1.000	.799
x8	1.000	.681
x9	1.000	.486
提取方法：主成分分析法。		

从表 9.28 可以看出，前 3 个主成分的特征值大于 1，且这 3 个公因子的累计贡献率为 72.032，因此选择前 3 个公因子。

表 9.28 主成分列表

总方差解释						
成分	初始特征值			提取载荷平方和		
	总计	方差百分比	累积 %	总计	方差百分比	累积 %
1	3.576	39.730	39.730	3.576	39.730	39.730
2	1.886	20.952	60.682	1.886	20.952	60.682
3	1.022	11.350	72.032	1.022	11.350	72.032
4	.845	9.385	81.417			
5	.638	7.085	88.502			
6	.518	5.753	94.255			
7	.250	2.774	97.030			
8	.186	2.069	99.099			
9	.081	.901	100.000			
提取方法：主成分分析法。						

碎石图（图 9.34）也表明前 3 个主成分的折现坡度较陡，后面则区域平缓，故从碎石图也说明取前 3 个主成分为宜。

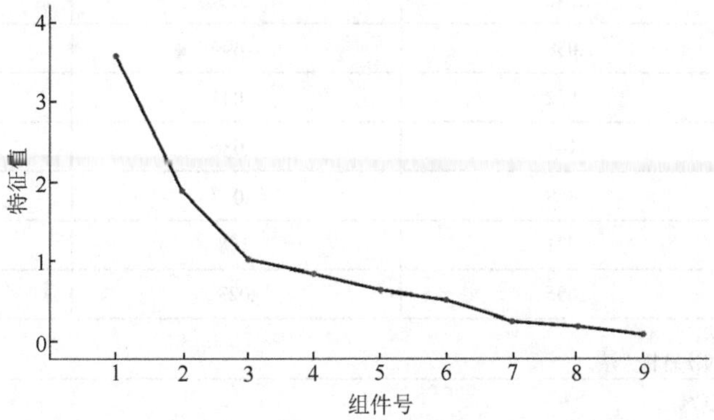

图 9.34 各成分的碎石图

根据 0.5 原则，从表 9.29 看不出各指标变量在各类因子上的解释，需要进行旋转（表 9.30）。

表 9.29 旋转前的因子负荷结果

成分矩阵[a]			
	成分		
	1	2	3
x1	.493	−.626	.295
x2	.596	−.701	−.029
x3	.823	−.130	−.120
x4	−.222	.537	−.407
x5	.787	.479	.122
x6	.133	.558	.737
x7	.763	.248	−.394
x8	.781	.239	.117
x9	.650	.194	−.162
提取方法：主成分分析法。			
a. 提取了 3 个成分。			

表 9.30 旋转后的因子负荷

旋转后的成分矩阵[a]			
	成分		
	1	2	3
x1	.188	.828	−.023
x2	.330	.791	−.339
x3	.742	.373	−.135
x4	.058	−.699	−.107
x5	.852	−.033	.369
x6	.141	−.086	.919
x7	.869	−.077	−.196
x8	.771	.158	.249
x9	.696	.023	−.023
提取方法：主成分分析法。 旋转方法：凯撒正态化四次幂极大法。			
a. 旋转在 5 次迭代后已收敛。			

经过旋转后，x_3（行为出发点）、x_5（对发展机会的看法）、x_7（权利距离）、x_8（升职的态度）、x_9（领导风格的偏好）在因子 1 上有较大负荷。x_1（合作性）、x_2（对分配的看法）、x_4（工作投入程度）在因子 2 上有较大负荷。x_6（对社会地位的看法）在因子 3 上有较大负荷。因此，因子 1 可称为发展潜力因子，因子 2 可称为协作能力因子，因子 3 是单指标因子，可称为社会地位因子。

表 9.31 所示为该结果是通过 4 次最大旋转得到的正交旋转矩阵。

表 9.31　正交旋转矩阵

成分转换矩阵			
成分	1	2	3
1	.921	.387	.040
2	.322	−.815	.481
3	−.219	.430	.876
提取方法：主成分分析法。 旋转方法：凯撒正态化四次幂极大法。			

9.4　聚类与判别分析

物以类聚，人以群分，在实际的科研工作中，常常遇到分类问题，若事先已经建立类别，则使用判别分析，若事先没有建立类别，则使用聚类分析。

9.4.1　聚类分析

聚类分析是根据研究对象的某些数量特征将研究对象进行分类的一种多元分析技术，把性质相近的个体归为一类，使得同一类中的个体都具有高度的同质性，不同类之间的个体具有高度的异质性。根据分类对象的不同分为样品聚类（Q-型聚类）和变量聚类（R-型聚类）。在聚类分析中反映样品或变量间性质远近的统计量称为聚类统计量，常用的聚类统计量有距离和相似系数。SPSS 提供了二阶段聚类、K-均值聚类和系统聚类，本文介绍 K-均值聚类法。

【例 9.6】 现有 10 名白血病患者的 9 种基因表达的 cDNA 微阵列扫描数据（x_1～x_9），根据 x_1～x_9 的变量信息（表 9.32），对该 10 名白血病患者给予分类。

表 9.32　10 名白血病患者的 9 种基因表达的 cDNA 微阵列扫描数据

序号	x_1	x_2	x_3	x_4	x_5	x_6	x_7	x_8	x_9
1	2.57	2.53	2.53	2.12	2.00	2.00	2.00	2.53	2.15
2	2.87	2.81	2.88	2.74	2.00	2.00	2.30	3.27	3.43
3	2.56	2.00	2.57	2.00	2.56	2.00	2.47	2.99	3.87
4	2.65	2.28	2.37	2.02	2.00	2.11	2.00	2.46	2.59
5	3.12	2.54	2.65	2.35	2.26	2.17	2.44	3.16	3.81
6	3.15	2.72	3.03	2.00	3.19	2.00	2.85	3.11	3.18
7	2.77	2.02	2.53	2.22	2.77	2.00	2.00	2.83	3.79
8	3.05	2.60	2.43	2.16	2.32	2.23	2.66	2.95	2.00
9	2.97	2.34	2.77	2.35	2.00	2.00	2.00	2.87	3.32
10	3.01	2.81	2.66	2.00	2.04	2.00	2.58	3.02	3.22

操作步骤如下。

第一，在 SPSS“变量视图”中建立“x1”“x2”“x3”“x4”“x5”“x6”“x7”“x8”“x9”，在“数据视图”中输入对应的数据，建立数据文件（图 9.35）。

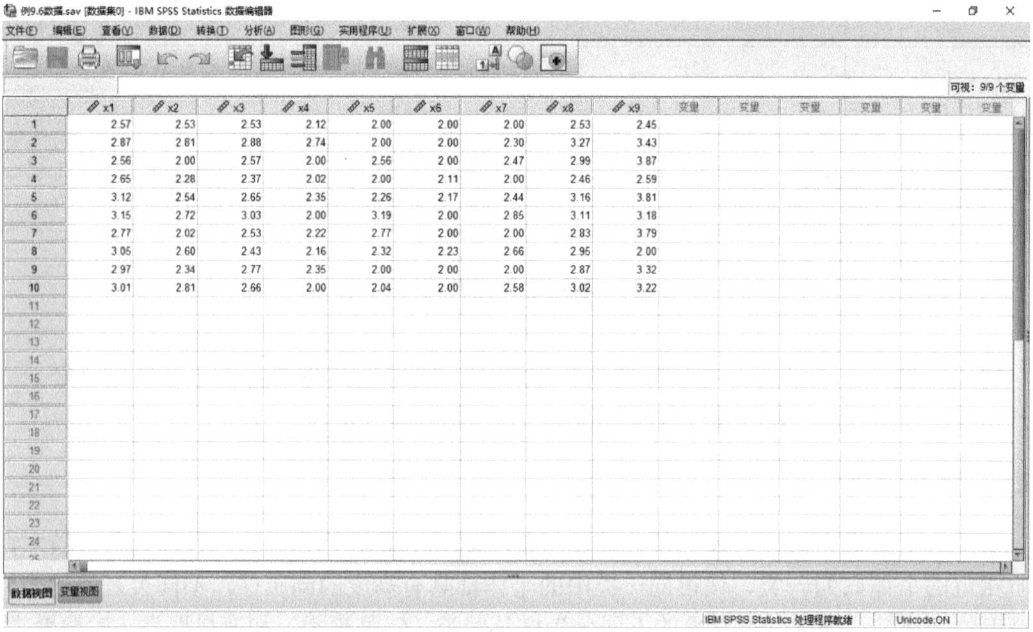

图 9.35 数据文件建立

第二，单击菜单栏中的“分析”按钮，依次选择“分类”“K-均值聚类”（图 9.36）。

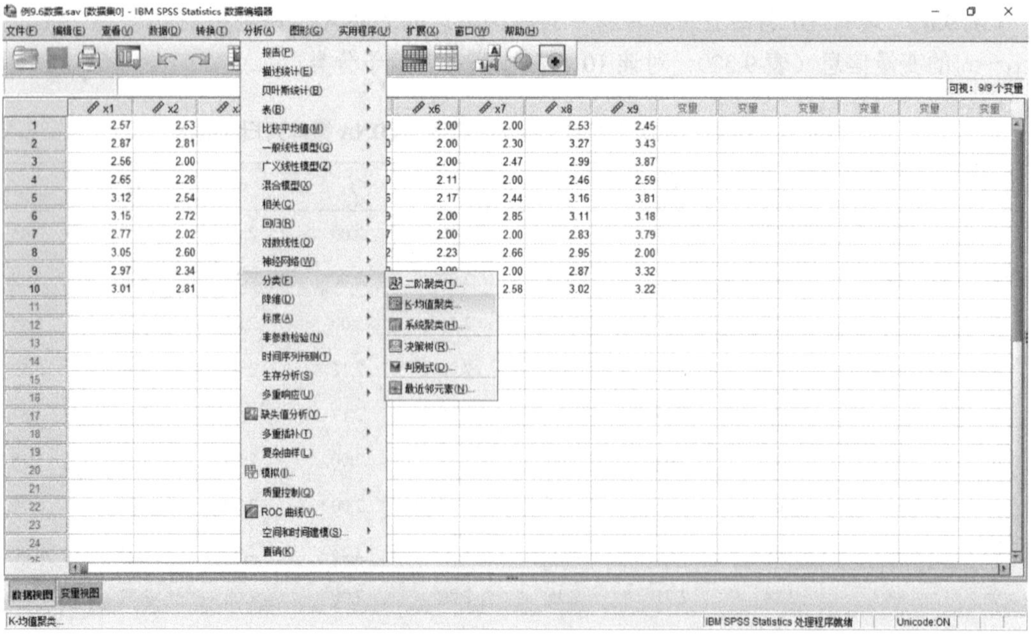

图 9.36 “K-均值聚类”选项

第三，单击“K-均值聚类”选项，打开“K 均值聚类分析”对话框，将“x1”“x2”“x3”“x4”“x5”“x6”“x7”“x8”“x9”选入右侧“变量”栏中，单击“选项”按钮，勾选“初始聚类中心”“ANOVA 表”和“每个个案的聚类信息”，单击“继续”返回（图 9.37 和图 9.38）。

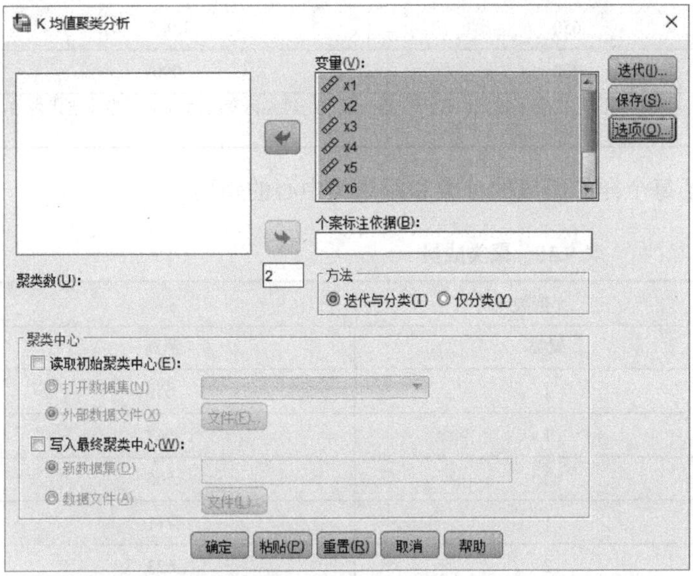

图 9.37 “K 均值聚类分析”对话框

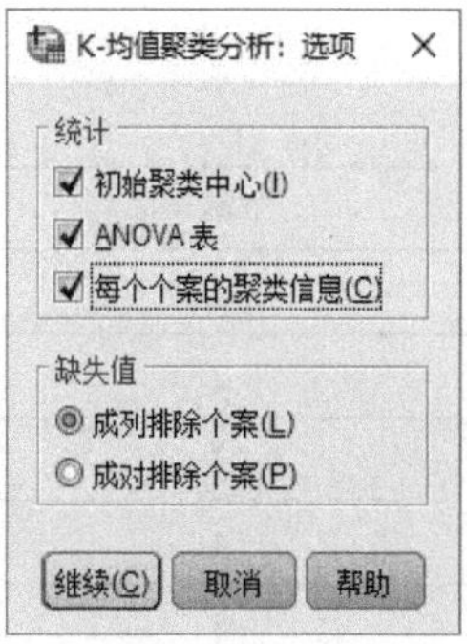

图 9.38 “选项”对话框

第四，设置完成后，单击“确定”，输出 K-均值聚类分析结果。

表 9.33 表示初始类中心坐标。

表 9.33　初始类中心

初始聚类中心		
	聚类	
	1	2
x1	2.37	3.15
x2	2.53	2.72
x3	2.53	3.03
x4	2.12	2.00
x5	2.00	3.19
x6	2.00	2.00
x7	2.00	2.85
x8	2.53	3.11
x9	2.45	3.18

表 9.34 为迭代历史记录，从表中可以看出，经过 2 次迭代后收敛。

表 9.34 迭代历史记录

迭代历史记录[a]		
迭代	聚类中心中的变动	
	1	2
1	.650	1.005
2	.000	.000

a. 由于聚类中心中不存在变动或者仅有小幅变动，因此实现了收敛。任何中心的最大绝对坐标变动为 .000。当前迭代为 2。初始中心之间的最小距离为 1.909。

表 9.35 为聚类成员，记录了每个样品所属的分类和距离类中心的距离。

表 9.35 聚类成员

聚类成员		
个案号	聚类	距离
1	1	.650
2	1	.967
3	2	.565
4	1	.711
5	2	.623
6	2	1.005
7	2	.628
8	1	1.022
9	1	.642
10	1	.654

表 9.36 和表 9.37 列出了最终两个聚类中心和它们之间的距离。

表 9.36 最终聚类中心

最终聚类中心		
	聚类	
	1	2
x1	2.85	2.90
x2	2.56	2.32
x3	2.61	2.70
x4	2.23	2.14
x5	2.06	2.70
x6	2.06	2.04
x7	2.26	2.44
x8	2.85	3.02
x9	2.84	3.66

表 9.37　最终聚类中心间的距离

最终聚类中心之间的距离		
聚类	1	2
1		1.108
2	1.108	

表 9.38 为单因素方差分析结果，其结果为 x_1～x_9 9 个变量在类间分布没有差异，表示 9 个变量对分类结果未起作用。

表 9.38　单因素方差分析

ANOVA						
	聚类		误差		F	显著性
	均方	自由度	均方	自由度		
x1	.005	1	.055	8	.095	.766
x2	.140	1	.082	8	1.712	.227
x3	.019	1	.044	8	.423	.534
x4	.019	1	.060	8	.319	.588
x5	.968	1	.068	8	14.324	.005
x6	.000	1	.008	8	.057	.817
x7	.081	1	.104	8	.778	.403
x8	.071	1	.067	8	1.068	.332
x9	1.643	1	.245	8	6.719	.032
由于已选择聚类以使不同聚类中个案之间的差异最大化，因此 F 检验只应该用于描述目的。实测显著性水平并未因此进行修正，所以无法解释为针对“聚类平均值相等”这一假设的检验。						

表 9.39 为每个聚类中的个案数目，其中 1 类为 6 个样品，2 类为 4 个样品。

表 9.39　每个聚类中的个案数目

每个聚类中的个案数目		
聚类	1	6.000
	2	4.000
有效		10.000
缺失		.000

9.4.2　判别分析

判别分析又称为分辨法，是在分类确定的条件下，根据某一研究对象的各种特征数值判别其类型归属问题的一种多变量统计分析方法。

判别分析是一种对观察对象进行分类的统计学方法，它与聚类分析不同，在分析之前就非常明确观察对象分为几个类别，该分析方法的目的就是从现有已知类别的观察对象中建立一个判别函数，然后再用该判别函数去判断同质的未知类别的观察对象。

9.4.2.1 *原理*

判别分析过程是基于对预测变量的线性组合，这些预测变量应能够充分体现各类别之间的差异。判别分析从已确定类别样本中拟合判别函数，再把判别函数应用于相同变量所记录的新数据集，以判断新样本的类别归属。判别分析包括 Fisher 判别和 Bayes 判别。

其基本原理是按照一定的判别准则，建立一个或多个判别函数，用研究对象的大量资料确定判别函数中的待定系数，并计算判别指标，据此即可确定某一样本属于何类。

9.4.2.2 *实例详解*

【例 9.7】 表 9.40 是不同类型胃病患者的生化指标测定值，试进行判别分析。

表 9.40 不同类型胃病患者的生化指标测定值

胃病类型	血清铜蛋白/（g/L）	蓝色反应/（mol/L）	尿吲哚乙酸/（μg/ml）	中性硫化物/（mg/ml）
胃癌	228	134	20	11
胃癌	245	134	10	40
胃癌	200	167	12	27
胃癌	170	150	7	8
胃癌	100	167	20	14
萎缩性胃炎	225	125	7	14
萎缩性胃炎	130	100	6	12
萎缩性胃炎	150	117	7	6
萎缩性胃炎	120	133	10	26
萎缩性胃炎	160	100	5	10
非胃炎	185	115	5	19
非胃炎	170	125	6	4
非胃炎	165	142	5	3
非胃炎	135	108	2	12
非胃炎	100	117	7	2

操作步骤如下。

第一，在 SPSS“变量视图”中，建立“胃病类型”“血清铜蛋白”“蓝色反应”“尿吲哚乙酸”“中性硫化物”变量，其中“胃病类型”变量中，1 为胃癌，2 为萎缩性胃炎，3 为非胃炎，在“数据视图”中输入对应的数据，建立数据文件（图 9.39）。

第二，单击菜单中的“分析”按钮，依次选择“分类”“判别式”（图 9.40）。

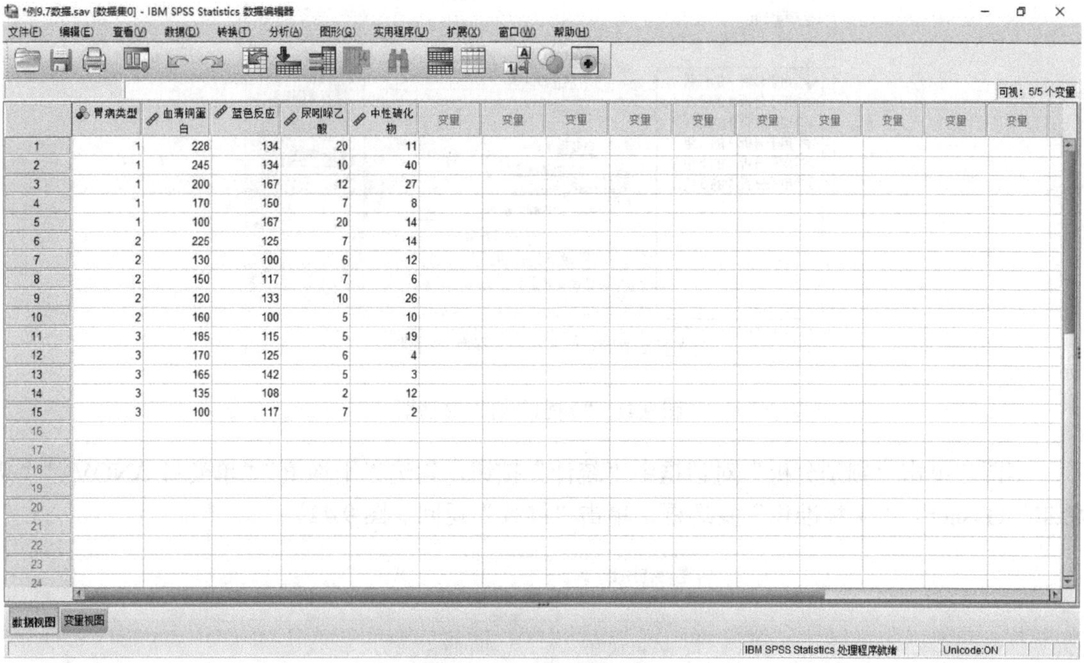

图 9.39 数据文件建立

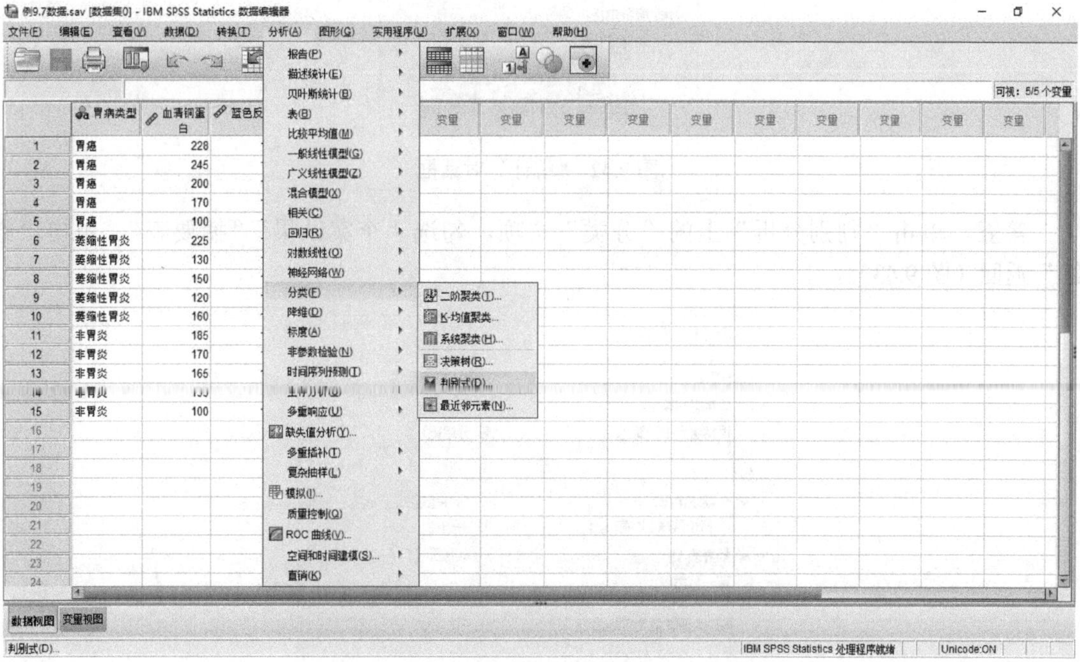

图 9.40 “判别式”选项

第三，单击“判别式”，弹出“判别分析”对话框，将“胃病类型”输入“分组变量”中，“定义范围”中最小值输入 1，最大值输入 3，将“血清铜蛋白”“蓝色反应”“尿吲哚乙酸”“中性硫化物”输入“自变量”栏中，勾选“使用步进法”（图 9.41）。

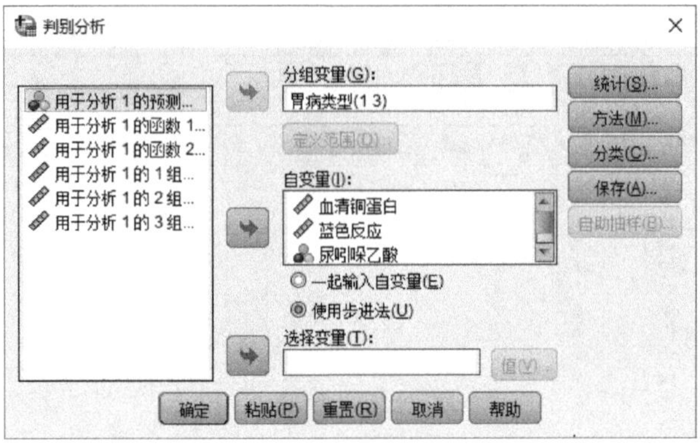

图 9.41 “判别分析”对话框

第四，单击“判别分析”对话框中“统计”按钮，勾选“平均值”“单变量 ANOVA”“费希尔”（Fisher）、“未标准化”复选框，单击“继续”返回（图 9.42）。

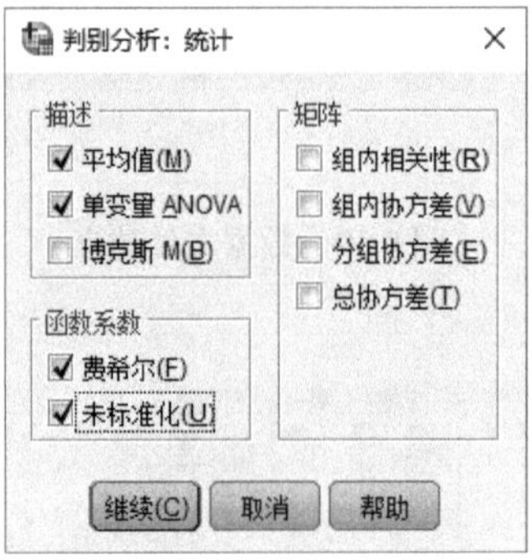

图 9.42 “统计”对话框

第五，单击“判别分析”上的“分类”选项，勾选“个案结果”“摘要表”，单击“继续”返回（图 9.43）。

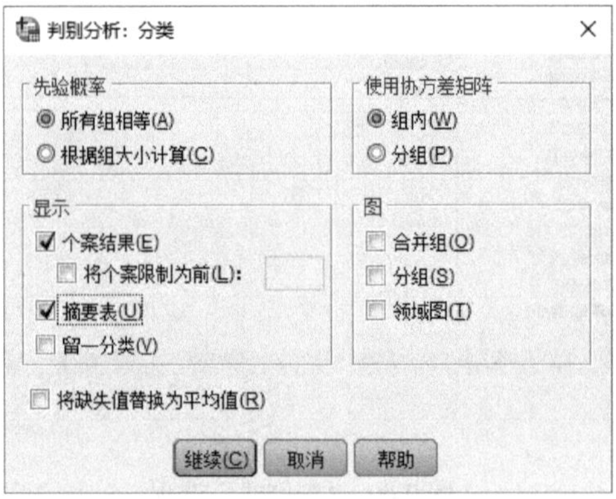

图 9.43 “分类”选项

第六，单击“判别分析”上的“保存”按钮，勾选“预测组成员”“判别得分”“组成成员概率”，单击“继续”返回（图 9.44）。

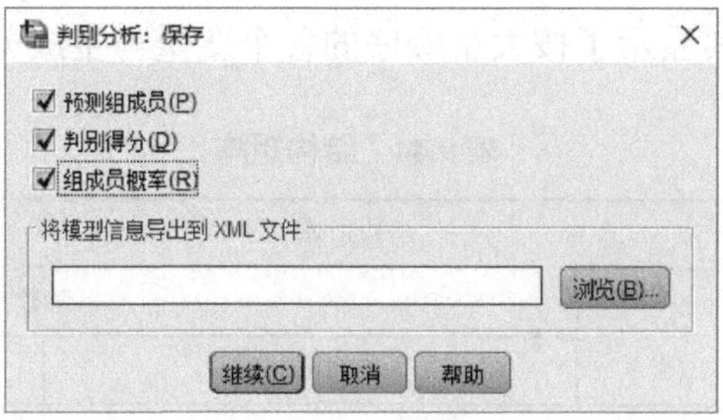

图 9.44 “保存”选项

第七，设置完成后，单击“确定”按钮，输出判别分析统计分析结果。

表 9.41 为特征值，说明分析中一共提取了两个维度的 Fisher 判别函数，其中第一个解释了所有变异的 93.6%，第二个解释了所有变异的 6.4%。

表 9.41　特征值

特征值				
函数	特征值	方差百分比	累积百分比	典型相关性
1	3.044[a]	93.6	93.6	.868
2	.207[a]	6.4	100.0	.414
a. 在分析中使用了前 2 个典则判别函数。				

表 9.42 为威尔克的 Lambda，表示经检验的第一个判别函数有意义。

表 9.42　威尔克的 Lambda

威尔克 Lambda				
函数检验	威尔克 Lambda	卡方	自由度	显著性
1 直至 2	.205	16.649	8	.034
2	.828	1.978	3	.577

表 9.43 为标准化典则判别函数系数，提供了两个判别函数中各个变量的标准化系数，其用于判断两个函数受哪些变量影响较大，根据该系数可写出标准化的判别函数式，其函数式为 $Z_1 = 0.453\times$血清铜蛋白$+0.596\times$蓝色反应$+0.662\times$尿吲哚乙酸$+0.299\times$中性硫化物；$Z_2 = -0.175\times$血清铜蛋白$-0.811\times$蓝色反应$+0.600\times$尿吲哚乙酸$+0.608\times$中性硫化物。

表 9.43　标准化典则判别函数系数

标准化典则判别函数系数		
	函数	
	1	2
血清铜蛋白	.453	−.175
蓝色反应	.596	−.811
尿吲哚乙酸	.662	.600
中性硫化物	.299	.608

表 9.44 为结构矩阵，其显示了按大小顺序的各个变量与主成分的相关系数。

表 9.44 结构矩阵

结构矩阵		
	函数	
	1	2
尿吲哚乙酸	.638*	.327
血清铜蛋白	.234*	.057
蓝色反应	.643	−.645*
中性硫化物	.295	.478*
判别变量与标准化典则判别函数之间的汇聚组内相关性。 变量按函数内相关性的绝对大小排序。		
*. 每个变量与任何判别函数之间的最大绝对相关性。		

表 9.45 为非标准化典则判别函数系数，根据表中提供的数据可以写出判别函数式：
$Z_1 = -8.784 + 0.010\times$血清铜蛋白$+ 0.040\times$蓝色反应$+0.176\times$尿吲哚乙酸$+ 0.031\times$中性硫化物；
$Z_2 = 5.448 - 0.004\times$血清铜蛋白$-0.055\times$蓝色反应$+0.160\times$尿吲哚乙酸$+ 0.0628\times$中性硫化物。

使用上式进行坐标值计算时，不需要将原始值进行标准化，直接代入即可。

表 9.45 非标准化典则判别函数系数

典则判别函数系数		
	函数	
	1	2
血清铜蛋白	.010	−.004
蓝色反应	.040	−.055
尿吲哚乙酸	.176	.160
中性硫化物	.031	.062
（常量）	−8.784	5.448
未标准化系数。		

表 9.46 为组质心处的函数，即各类别重心在空间中的坐标位置，如胃癌的重心为（2.199，−0.049）。根据各类别的重心，只要计算出各观察值对象具体坐标位置后，再计算出它们分别离各重心的距离，就可以知道它们的分类。

表 9.46 组质心处的函数

组质心处的函数		
胃病类型	函数	
	1	2
胃癌	2.199	−.049

续表

组质心处的函数		
胃病类型	函数	
	1	2
萎缩性胃炎	-.936	.522
非胃炎	-1.263	-.472
按组平均值进行求值的未标准化典则判别函数。		

表 9.47 列出了分类过程中处理与排除变量的情况。

表 9.47　分类处摘要

分类处理摘要		
已处理		15
排除	缺失或超出范围组代码	0
	至少一个缺失判别变量	0
已在输出中使用		15

表 9.48 为各组的先验概率，从表中可以看出三组的先验概率是相同的。

表 9.48　各组的先验概率

组的先验概率			
胃病类型	先验	在分析中使用的个案	
		未加权	加权
胃癌	.333	5	5.000
萎缩性胃炎	.333	5	5.000
非胃炎	.333	5	5.000
总计	1.000	15	15.000

表 9.49 为各分类函数系数，根据该表可以写出判别函数。

表 9.49　分类函数系数

分类函数系数			
	胃病类型		
	胃癌	萎缩性胃炎	非胃炎
血清铜蛋白	.164	.130	.130
蓝色反应	.753	.595	.637

续表

分类函数系数			
	胃病类型		
	胃癌	萎缩性胃炎	非胃炎
尿吲哚乙酸	.778	.317	.100
中性硫化物	.073	.012	-.059
(常量)	-79.212	-46.721	-49.598
费希尔线性判别函数			

胃癌：$Y_1=-79.212+0.164\times$血清铜蛋白$+0.753\times$蓝色反应$+0.778\times$尿吲哚乙酸$+0.073\times$中性硫化物。

萎缩性胃炎：$Y_2=-46.721+0.130\times$血清铜蛋白$+0.595\times$蓝色反应$+0.317\times$尿吲哚乙酸$+0.012\times$中性硫化物。

非胃炎：$Y_3=-49.598+0.130\times$血清铜蛋白$+0.637\times$蓝色反应$+0.100\times$尿吲哚乙酸$-0.059\times$中性硫化物。

将各样品的自变量值代入上述三个 Bayes 判别，得到三个函数值，比较这三个函数值，哪个函数值比较大就可以判断该样品判入哪一类。

第 10 章 灰色系统方法

10.1 灰色关联分析方法

10.1.1 简介

对于两个系统之间的因素，其随时间或不同对象而变化的关联性大小的量度，称为关联度。在系统发展过程中，若两个因素变化的趋势具有一致性，即同步变化程度较高，即可谓二者关联程度较高；反之，则较低。因此，灰色关联分析方法是根据因素之间发展趋势的相似或相异程度，亦即“灰色关联度”，作为衡量因素间关联程度的一种方法。

10.1.2 实例详解

【例 10.1】 某市 2010～2015 年环境综合评价指数如表 10.1 所示，根据该市统计数据，计算 GDP、人口数量、降水量与环境综合评价指数的关联度。

表 10.1 某市 2010～2015 年环境综合评价指数及各类统计数据

年份	GDP/亿元（2015 年不变价）	人口数量/万人	降水量/mm
2010	55.44	16.18	783.96
2011	62.15	16.26	654.76
2012	69.74	16.35	682.66
2013	76.85	16.42	853.71
2014	83.00	16.50	979.89
2015	90.05	16.57	1080.47

（1）数据标准化处理　　由于各指标的性质不同，通常具有不同的量纲和数量级。当各指标间的水平相差很大时，如果直接用原始指标值进行分析，就会突出数值较高的指标在综合分析中的作用，相对削弱数值水平较低指标的作用。因此，为了保证结果的可靠性，需要对原始指标数据进行标准化处理。

本案例中采用极差标准化（min-max）法。

$$y_i = \frac{x_i - x_{\min}}{x_{\max} - x_{\min}}$$

本案例数据标准化后的数据如表 10.2 所示。

表 10.2 表 10.1 数据标准化后的数据

年份	GDP/亿元（2015 年不变价）	人口数量/万人	降水量/mm
2010	0.00	0.00	0.30
2011	0.19	0.21	0.00
2012	0.41	0.43	0.07
2013	0.62	0.61	0.47
2014	0.80	0.80	0.76
2015	1.00	1.00	1.00

（2）确定数据列，求差绝对值　进行关联分析时先要指定参考数据列，参考数据列记为 X_0，第一个值为 $X_0(1)$，第二个值为 $X_0(2)$，……，第 k 个值为 $X_0(k)$。因此，参考序列可表示为 $X_0=\left(X_0(1),X_0(2),\cdots,X_0(n)\right)$。

关联分析中被比较数列记为 $X_1,X_2,\cdots,X_k$，与参考数列 X_0 类似表示方法，有 $X_1=\left(X_1(1),X_1(2),\cdots,X_1(n)\right)$，…，$X_k=\left(X_k(1),X_k(2),\cdots,X_k(n)\right)$。

对于一个参考数据列 X_0，有几个比较数列 $X_1,X_2,\cdots,X_k$ 的情况。可以用下述关系表示各比较数列与参考数列在各点的差的绝对值。

$$\alpha_k(n)=\left|X_k(n)-X_0(n)\right|$$

式中，$\alpha_k(n)$ 为第 k 个比较数列第 n 个数值与参考数列第 k 个数值的差的绝对值。

本案例数差绝对值如表 10.3 所示。

表 10.3 【例 10.1】的数差绝对值

年份	GDP/亿元(2015 年不变价）	人口数量/万人	降水量/mm
2010	0.36	0.36	0.06
2011	0.34	0.32	0.54
2012	0.07	0.09	0.28
2013	0.62	0.61	0.47
2014	0.02	0.01	0.05
2015	0.00	0.00	0.00

（3）确定差绝对值最大值和最小值，求关联系数　差绝对值最大值与最小值的计算公式为

$$\alpha_{\max}=\mathrm{MAX}\left(\alpha_k(n)\right)$$

$$\alpha_{\min}=\mathrm{MIN}\left(\alpha_k(n)\right)$$

本案例中，差的绝对值最大值为 0.62，最小值为 0。

关联系数的计算公式为

$$\xi_k(n)=\frac{\alpha_{\min}+0.5\cdot\alpha_{\max}}{\alpha_k(n)+0.5\cdot\alpha_{\max}}$$

式中，$\xi_k(n)$ 为第 k 个比较数列第 n 个数值的关联系数。

本案例的计算数据如表 10.4 所示。

表 10.4 【例 10.1】的计算数据

年份	GDP/亿元（2015 年不变价）	人口数量/万人	降水量/mm
2010	0.46	0.46	0.84
2011	0.47	0.49	0.37
2012	0.82	0.78	0.53
2013	0.33	0.34	0.40
2014	0.94	0.96	0.85
2015	1.00	1.00	1.00

（4）计算关联度　　关联度的计算公式为

$$\omega_k = \text{AVERAGE}\left(\xi_K(n)\right)$$

本案例关联系数如表 10.5 所示。

表 10.5　【例 10.1】的关联系数

GDP/亿元（2015 年不变价）	人口数量/万人	降水量/mm
0.67	0.67	0.66

10.2　灰色预测方法

10.2.1　简介

灰色预测是一种对含有不确定因素的系统进行预测的方法。灰色预测通过鉴别系统因素之间发展趋势的相异程度，即进行关联分析，并对原始数据进行生成处理来寻找系统变动的规律，生成有较强规律性的数据序列，然后建立相应的微分方程模型，从而预测事物未来发展趋势的状况。其用等时距观测到的反映预测对象特征的一系列数量值构造灰色预测模型 GM(1, 1)，预测未来某一时刻的特征量，或达到某一特征量的时间。

10.2.2　实例详解

【例 10.2】 某市 2010～2015 年人口数量如表 10.6 所示，根据该市人口数据，构建预测模型并预测 2016 年该市的人口数量。

表 10.6　某市 2010～2015 年人口数量

年份	人口数量/万人
2010	16.18
2011	16.26
2012	16.35
2013	16.42
2014	16.50
2015	16.57

（1）数据的检验与处理　为了保证 GM(1,1)建模方法的可行性，需要对已知数据做必要的检验处理。设原始数列为 $X_0=\left(X_0(1),X_0(2),\cdots,X_0(n)\right)$，计算数列的级比，计算公式为

$$\lambda_k=\frac{X_0(k-1)}{X_0(k)},\quad k=2,3,\cdots,n$$

如果所有的级比都落在可容覆盖区间 $\delta=\left(e^{\frac{-2}{n+1}},e^{\frac{2}{n+1}}\right)$ 内，则数列 X_0 可以建立 GM(1, 1)模型且可以进行灰色预测。否则，对数据做适当的变换处理，如平移变换：

$$Y_0(k)=X_0(k)+c,\quad k=1,2,3,\cdots,n$$

取 c 使得数据列的级比都落在可容覆盖内。

本案例的级比如表 10.7 所示。

表 10.7 【例 10.2】的数据级比

年份	人口数量/万人	级比
2010	16.18	
2011	16.26	0.99
2012	16.35	0.99
2013	16.42	1.00
2014	16.50	1.00
2015	16.57	1.00

本案例可容覆盖区间为(0.75,1.33)，所有的级比都在可容覆盖区间内，因此可以用 X_0 做 GM(1, 1)建模。

（2）GM(1, 1)建模

1）对原始数据 X_0 做一次累加，公式为

$$X_1(i)=\left\{\sum_{j=1}^{i}X_0(j)\middle| i=1,2,\cdots,n\right\}$$

本案例为 $X_1=(16.18,32.44,48.79,65.21,81.70,98.28)$。

2）构建数据矩阵 $\boldsymbol{B}$ 及数据向量 $\boldsymbol{Y}$。

$$\boldsymbol{B}=\begin{bmatrix}-\frac{1}{2}[X_1(2)+X_1(1)] & 1\\ -\frac{1}{2}[X_1(3)+X_1(2)] & 1\\ \vdots & \vdots\\ -\frac{1}{2}[X_1(n)+X_1(n-1)] & 1\end{bmatrix},\quad \boldsymbol{Y}=[X_0(2),X_0(3),\cdots,X_0(n)]^{\mathrm{T}}$$

本案例矩阵 $\boldsymbol{B}=\begin{bmatrix}-24.31 & 1\\ -40.62 & 1\\ -57.00 & 1\\ -73.46 & 1\\ -89.99 & 1\end{bmatrix}$，$\boldsymbol{Y}=\left[16.26,16.35,16.42,16.50,16.57\right]^{\mathrm{T}}$

3）计算 $(\boldsymbol{B}^{\mathrm{T}}\boldsymbol{B})^{-1}$

$$(\boldsymbol{B}^{\mathrm{T}}\boldsymbol{B})^{-1}=\begin{bmatrix}0.0004 & 0.0212\\ 0.0212 & 1.4082\end{bmatrix}$$

4）计算 $\hat{\boldsymbol{U}}=(\boldsymbol{B}^{\mathrm{T}}\boldsymbol{B})^{-1}\boldsymbol{B}^{\mathrm{T}}y$，求估值 $\hat{a}$ 和 $\hat{u}$。

$$\hat{\boldsymbol{U}}=\begin{bmatrix}\hat{a}\\ \hat{u}\end{bmatrix}=(\boldsymbol{B}^{\mathrm{T}}\boldsymbol{B})^{-1}\boldsymbol{B}^{\mathrm{T}}y=\begin{bmatrix}-0.004657\\ 16.153500\end{bmatrix}$$

把 $\hat{a}$ 和 $\hat{u}$ 代入时间相应方程：

$$X_1(k+1)=\left[X_1(1)-\frac{\hat{u}}{\hat{a}}\right]\mathrm{e}^{-\hat{a}k}+\frac{\hat{u}}{\hat{a}}=3484.47\mathrm{e}^{0.004657k}-3468.29$$

（3）精度检验

1）根据求得的预测模型，计算得到 $X_1'=(16.18,32.45,48.79,65.20,81.70,98.27,114.92)$。

2）进行减运算得到 $X_0'=(16.18,16.27,16.34,16.42,16.49,16.57,16.65)$。

3）对两组数据进行方差分析。

第 11 章

决策分析方法——AHP 决策分析方法

11.1 简　介

层次分析法（analytic hierarchy process，AHP 法）是美国运筹学家 T. L. Saaty 等在 20 世纪 70 年代中期提出的一种定性和定量相结合的，系统性、层次化的多目标决策分析方法。在环境科研实践中，AHP 法广泛应用于生态安全、环境规划、区域承载力、化学品环境性能评价等众多领域。AHP 法的核心是将决策者的经验判断定量化，增强了决策依据的准确性，在目标结构较为复杂且缺乏统计数据的情况下更为实用。应用 AHP 法确定评价指标的权重，就是在建立有序递阶的指标体系的基础上，通过比较同一层次各指标的相对重要性来综合计算指标的权重系数。

层次分析法的基本步骤是：①建立层次结构模型；②构造成对比较阵（判断矩阵）；③计算权向量并做一致性检验；④计算组合权向量。

11.2 实例详解

【例 11.1】 周末聚餐，有 P_1、P_2、P_3 三个餐馆供选择，选择的标准和依据有环境、费用、饮食和距离，请用层次分析法确定推荐去的地点。

第一，建立层次结构模型。

1）确定目标层，即需要解决的问题。本研究的目标为选择聚餐地点。

2）确定准则层，即考虑的因素、决策的准则。本研究的考虑因素为环境、费用、饮食和距离。

3）确定方案层，即用于问题的各种措施和方案。

第二，构造成对比较阵（判断矩阵）。

要比较某一层 n 个因素$(X_1，X_2,\cdots,X_n)$对上一层一个因素 Z 的影响，可从 X_1，X_2，…，X_n 中任取 X_i 与 X_j，比较它们对于 Z 的贡献（或重要性）大小。按照表 11.1 的 1~9 比例尺度给 X_i/X_j 赋值。得到 $A=(X_{ij})$，$X_{ij}>0$，$X_{ij}=1/X_{ji}$，组合为判断矩阵。

表 11.1　不同尺度及其含义

尺度 X_{ij}	含义
1	X_i 与 X_j 的影响相同
3	X_i 与 X_j 的影响稍强

续表

尺度 X_{ij}	含义
5	X_i 与 X_j 的影响强
7	X_i 与 X_j 的影响明显强
9	X_i 与 X_j 的影响绝对强
2，4，6，8	X_i 与 X_j 的影响之比在上述两个相邻等级之间
1，1/2，…，1/9	X_i 与 X_j 的影响之比为上面 a_{ij} 的互反数

用上述方法得到“周末聚餐”中环境、费用、饮食和距离 4 个因素对于目标 Z 的比较矩阵如下：

$$\begin{array}{c} \\ \boldsymbol{A}= \end{array}\begin{array}{c} \begin{matrix} X_1 & X_2 & X_3 & X_4 \end{matrix} \\ \begin{bmatrix} 1 & 2 & 7 & 1/2 \\ 1/2 & 1 & 3 & 1/4 \\ 1/7 & 1/3 & 1 & 1/9 \\ 2 & 4 & 9 & 1 \end{bmatrix} \end{array}\begin{array}{l} \\ X_1\ \text{环境} \\ X_2\ \text{费用} \\ X_3\ \text{餐饮} \\ X_4\ \text{距离} \end{array}$$

其中，$X_{12}=1/2$ 表示环境 X_1 与费用 X_2 对选择聚餐地这个目标 Z 的重要性之比为 1∶2，即认为费用比环境更重要，其他类同。

第三，计算权向量并做一致性检验。

将判断矩阵 $\boldsymbol{A}$ 的各行向量进行几何平均，然后归一化，得到的行向量就是权重向量，AHP 法计算的过程如下。

（1）$\lambda_{\max}$ 和 w 的方根法计算步骤

1）计算矩阵每一行元素的乘积 $M_i=\prod_{j=1}^{n} b_{ij}, i=1,2,\cdots,n$。

2）计算 M_i 的 n 次方根 $\overline{W_i}=\sqrt[n]{M_i}$。

3）对向量 $w=\left[\overline{W_1},\overline{W_2},\cdots,\overline{W_n}\right]^{\mathrm{T}}$ 归一化，$w_i=\overline{W_i}\Big/\sum_{i=1}^{n}\overline{W_i}$，$w$ 即指标权重。

4）计算判断矩阵的最大特征根 $\lambda_{\max}=\dfrac{1}{n}\sum_{i=1}^{n}\dfrac{(AW)_i}{w_i}$。

计算结果如表 11.2 所示。

表 11.2　案例指标权重计算结果

指标	X_1	X_2	X_3	X_4	行内连乘	开 n 次方	权重 w	$\lambda_{\max}$
X_1	1	1/2	1/7	2	0.14	0.61	0.10	4.02
X_2	2	1	1/3	4	2.67	1.28	0.21	
X_3	7	3	1	9	189.00	3.71	0.62	
X_4	1/2	1/4	1/9	1	0.01	0.34	0.06	

（2）判断矩阵一致性检验　AHP 法对人们的主观判断加以形式化的表达和处理，逐步剔除主观性，从而尽可能地转化成客观描述。其正确与否，取决于客观成分能否达到足够合理的地步。由于客观事物的复杂性及决策者认识的主观性，对判断矩阵做一致性检验，成为不可或缺的环节。一致性指标 $CI=\frac{\lambda_{max}-n}{n-1}$。

为了度量不同阶数判断矩阵是否具有满意的一致性，需引入判断矩阵的平均随机一致性指标 RI。1～10 阶判断矩阵的 RI 值如表 11.3 所示。当阶数大于 2，判断矩阵的一致性比率 $CR=CI/RI<0.10$ 时，即认为判断矩阵具有满意的一致性，否则需要调整判断矩阵，以使之具有满意的一致性（表 11.4）。

表 11.3　平均随机一致性指标 RI

n	1	2	3	4	5	6	7	8	9	10
RI	0	0	0.52	0.89	1.12	1.26	1.36	1.41	1.46	1.49

表 11.4　案例计算结果 CI、CR 值

λ_{max}	CI	CR
4.02	0.01	0.01

根据 CR 的计算结果，该案例的 CR 小于 0.10，因此该矩阵具有满意的一致性。

第 12 章

系统动力学方法

12.1 简　　介

系统动力学（system dynamics，SD）是系统科学理论与计算机仿真紧密结合、研究系统反馈结构与行为的一门科学，是系统科学与管理科学的一个重要分支。系统动力学建模软件为 Vensim，根据功能不同，其有个人学习版（personal learning edition，PLE）、个人学习拓展版（PLE Plus）、决策支撑版（Professional & DSS）等多个版本，其中 PLE 为免费版，可从软件官方网站下载。

建模没有固定的方法，建模从本质上是创造性的，不同的建模者有不同的风格和方法。但一般建模者都会遵循以下步骤：①明确要解决的问题，确定系统边界；②提出关于问题因果关系的一个动态假说或理论；③写方程来测试动态假说；④调试模型；⑤情景设计和评估。

12.2 实 例 详 解

【例 12.1】 假设某市 2015 年总人口数量为 670 万人，年增长率为 1.18%，城镇化率为 56.8%，年增长率为 2.5%，求 2025 年城镇人口数量和农村人口数量。

第一，新建辅助/常数变量。

在菜单栏中单击“Variable-Auxiliary/Constant”图标，在工作区的空白处单击，出现文本框，在文本框中输入“城镇人口数量”，点击回车即完成一个名为“城镇人口数量”的变量创建。重复上述步骤，在空白区域创建“农村人口数量”。如果要修改变量名称，直接在创建的变量上单击。如果要删除变量，单击菜单栏的“Delete”图标，然后在所要删除的变量名上单击。完成第一步后，工作区内的内容如图 12.1 所示。

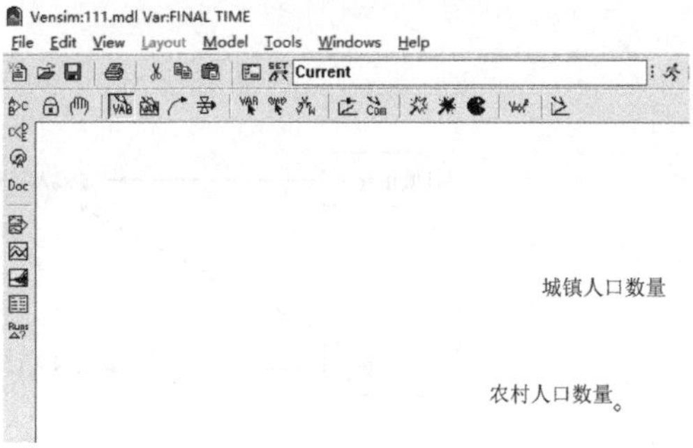

图 12.1　新建辅助/常数变量

第二，新建状态变量。

在菜单栏中找到“Box Variable-Level”图标，在工作区的空白处单击，出现文本框，在文本框中输入“总人口数量”，输入完成后，点击回车即完成一个名为“总人口数量”的变量创建。重复上述步骤，在其他空白区域创建“城镇化率”。完成第二步后，工作区内的内容如图 12.2 所示。

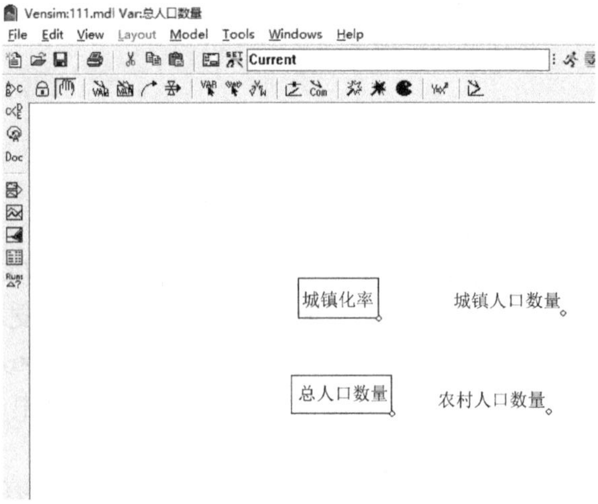

图 12.2 新建状态变量

第三，建立变量关系。

单击菜单栏的“Arrow”图标，先在“城镇化率”变量上单击，再在“城镇人口数量”变量上单击，此时出现一个从“城镇化率”变量指向“城镇人口数量”变量的箭头，表示前者影响后者取值。采用相同的方法，建立“总人口数量”与“城镇人口数量”变量的关系、“总人口数量”与“农村人口数量”变量的关系、“城镇人口数量”与“农村人口数量”变量的关系。如需移动变量位置，单击“Move/Size Words and Arrows”图标，将鼠标移到需要移动的变量上，按住鼠标左键不动即可拖动。完成第三步后，工作区内应出现图 12.3 所示内容。

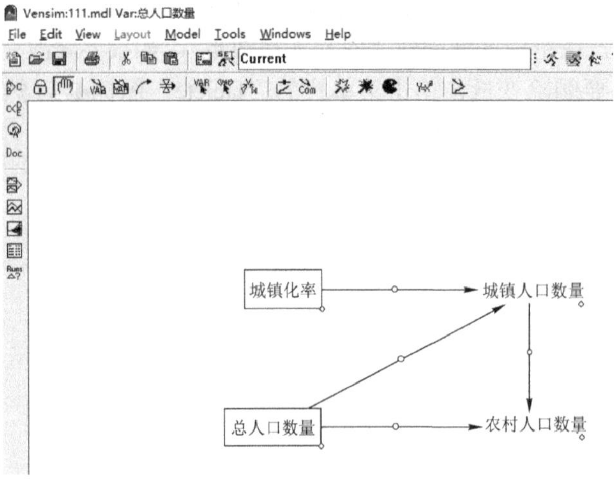

图 12.3 建立变量关系

第四，新建速率变量。

点击菜单栏的“Rate”图标，先在工作区空白处左键单击，再单击“总人口数量”变量，此时出现文本框，输入“总人口数量年变化”，完成速率变量的创建。按照上述步骤，创建速率变量“城镇化率年变化”，完成操作后工作区如图 12.4 所示。

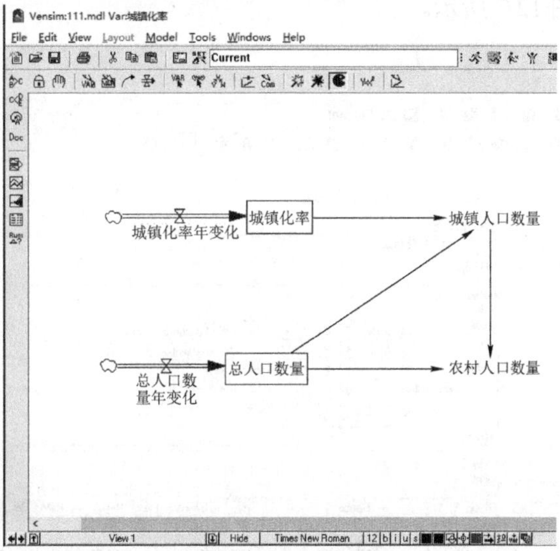

图 12.4　新建速率变量

第五，新建常数变量。

点击菜单栏的“Variable-Auxiliary/Constant”图标，创建常数变量“人口年增长率”。点击菜单栏的“Arrow”图标，将“总人口数量年变化”与“人口年增长率”和“总人口数量”关联起来。完成操作后工作区如图 12.5 所示。

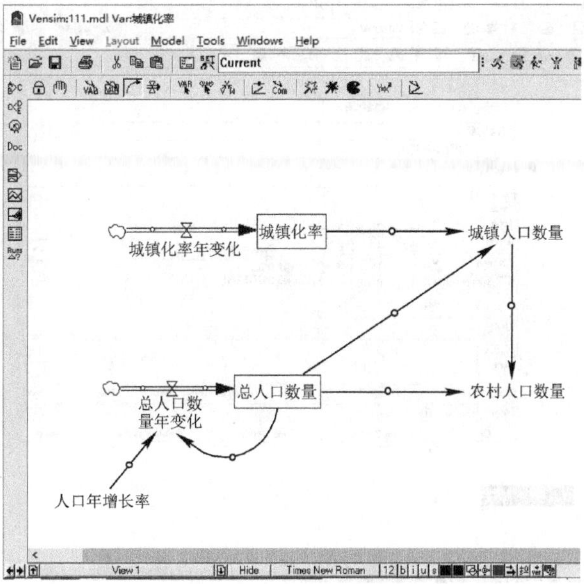

图 12.5　新建常数变量

第六，设置状态变量。

点击菜单栏的“Equations”图标，此时所有变量变黑，表示未设置数值或函数。左键单击“总人口数量”变量，弹出如图 12.6 所示的对话框，在“Initial Value”框中填入 2015 年某市的常住人口数量，即 670 万人，按相同的方法设置“城镇化率”的初始值。完成操作后工作区如图 12.6 和图 12.7 所示。

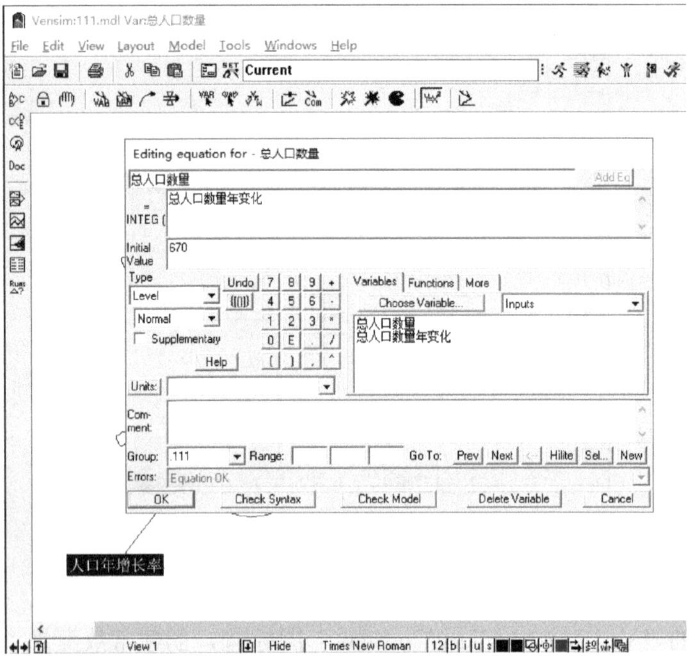

图 12.6　设置状态变量“总人口数量”

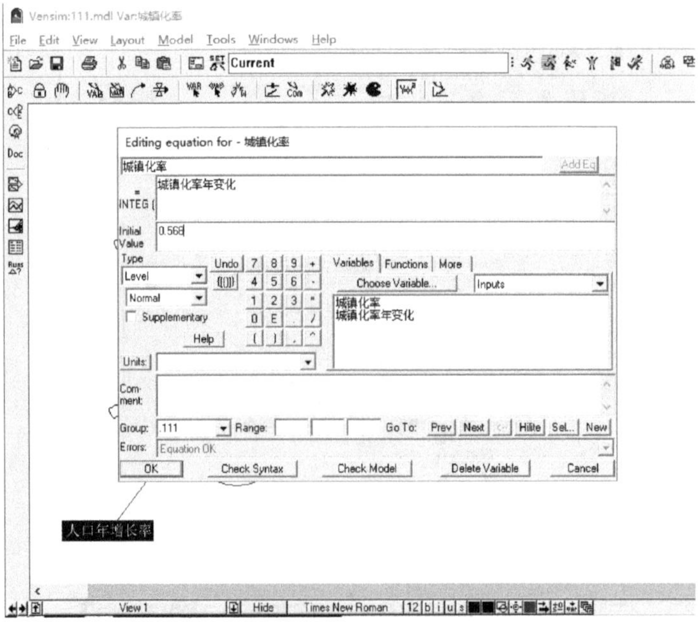

图 12.7　设置状态变量“城镇化率”

第七，设置常数变量。

左键单击“人口年增长率”，在弹出对话框的等号后空白处填入 0.025。完成操作后工作区如图 12.8 所示。

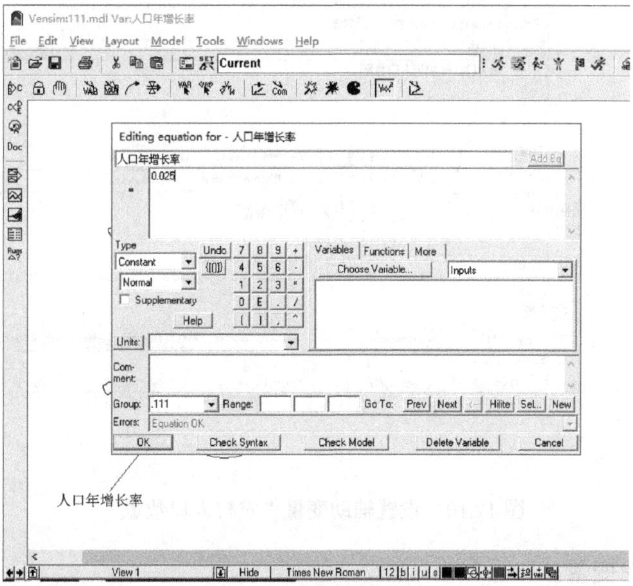

图 12.8　设置常数变量

第八，设置辅助变量。

左键单击“城镇人口数量”变量，在弹出对话框的等号后空白处填入“城镇化率”“总人口数量”。注意，这两个变量在“Variables”中可供选择，计算的符号在“Keypad Buttons”选择。采用相同方法设置“农村人口数量”变量。完成操作后工作区如图 12.9 和图 12.10 所示。

图 12.9　设置辅助变量“城镇人口数量”

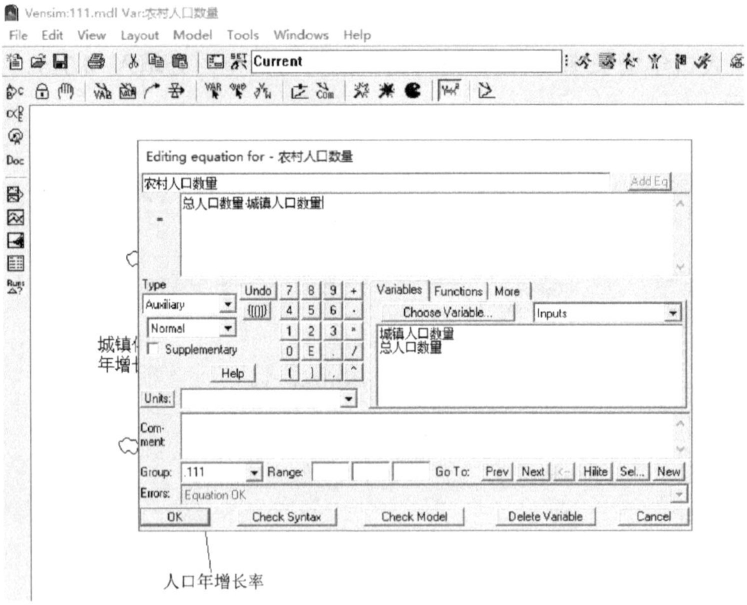

图 12.10 设置辅助变量“农村人口数量”

第九，设置速率变量。

左键单击“总人口数量年变化”速率变量，在弹出对话框的“Equations”部分填入“人口年增长率”“总人口数量”。注意，这两个变量在“Variables”中可供选择，计算的符号在“Keypad Buttons”选择。左键单击“城镇化率年变化”速率变量，在等号后空白处填入“0.025”。完成操作后工作区如图 12.11 和图 12.12 所示。

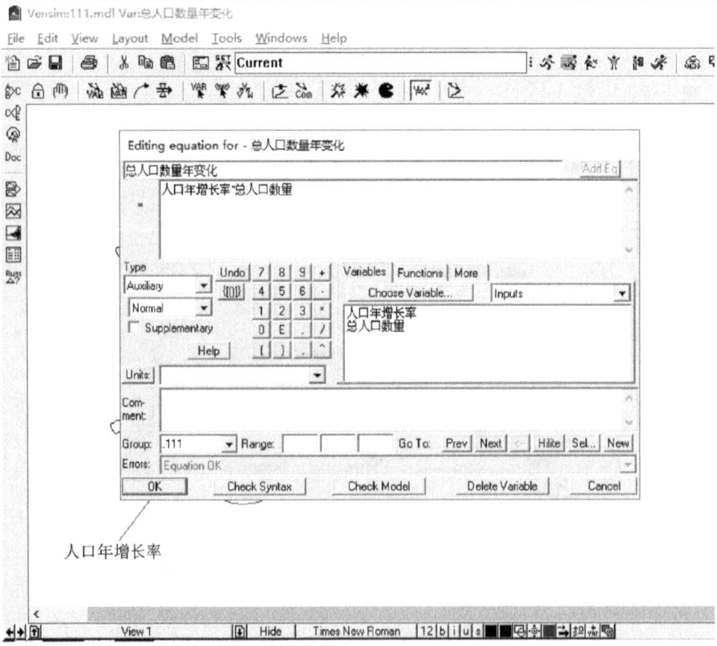

图 12.11 设置速率变量“总人口数量年变化”

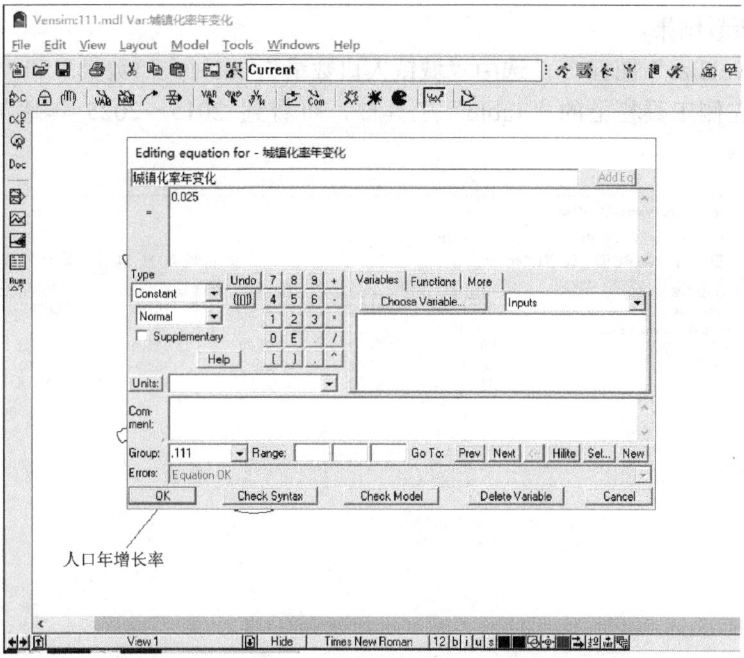

图 12.12　设置速率变量“城镇化率年变化”

第十，运行模型。

点击菜单栏的“Model”，打开模型运行设置对话框，在“INITIAL TIME”中填入模拟起始时间“2015”，“FINAL TIME”填入模型模拟结果时间“2025”。“Units for Time”选择“Year”，其他默认。点击菜单栏的“Run a Simulate”图标 ，运行模型（图 12.13）。

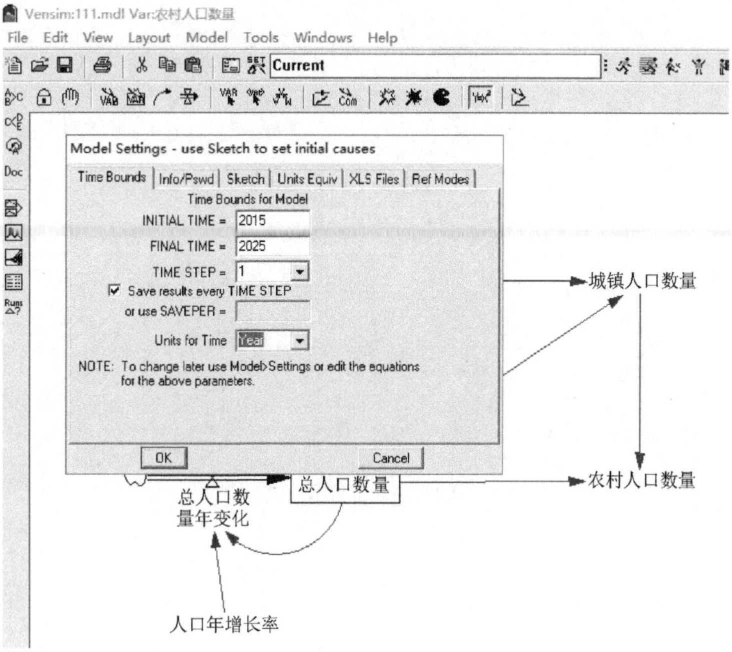

图 12.13　运行模型

第十一，查看结果。

点击“Move/Size”图标，选中“城镇人口数量”“农村人口数量”和“总人口数量”，再点击工作区左侧工具栏上的“Table”工具，可看到 2015～2025 年逐年变化，具体如图 12.14 所示。

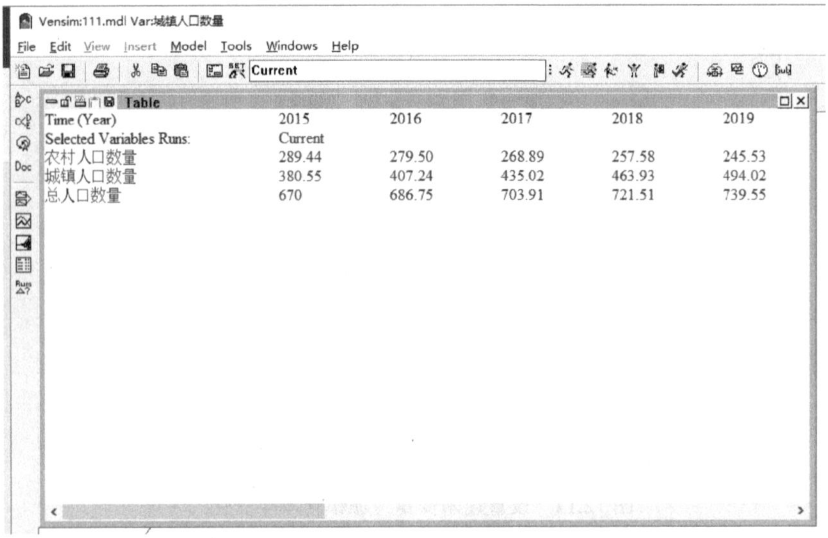

图 12.14 查看结果

第 13 章

生物多样性方法

生物多样性是生命有机体及其生存环境形成的生态复合体，以及与此相关的各种生态过程的总和，生物多样性一般认为有三个水平，即基因水平、物种水平、生态系统水平。生物多样性作为一种生命资源，与生态系统的稳定、生物量生产及其功能的发挥有着必然联系，对整个人类社会具有现实和潜在的价值。

13.1 研究方法

13.1.1 样地设置与调查

本研究结合“典型脆弱生态系统重建技术与示范”国家科技支撑项目，以中国科学院沈阳应用生态研究所大青沟沙地生态实验站退化生态系统综合整治模式与技术对策为研究对象，按照综合治理模式与技术类型，分别选择具有相同恢复年限稀疏种植樟子松、榆树的退化草地治理模式、四周营造防护林的退化纯草地治理模式和未采取任何措施的撂荒草地治理模式为样地，分别以樟子松疏林草地、榆树疏林草地、防护林（北京杨）围纯草地和撂荒草地为样地名称，采用植物生态学中常用的取样方法，每样地随机布设 1m×1m 的草本样方25 个，调查内容包括物种种类、株数、盖度、高度、海拔、经纬度、地形、土壤类型等。

13.1.2 物种多样性测度

群落组成结构的测定应用生态学上较为普遍的物种重要值、Margalef 物种丰富度指数、Simpson 多样性指数、Shannon-Wiener 指数和均匀度指数进行度量。其中，物种重要值、Simpson 指数、Shannon-Wiener 指数和 Pielou 均匀度指数按如下公式计算。

（1）重要值

$$\text{重要值} = (\text{相对密度} + \text{相对盖度} + \text{相对植株平均高度})/300$$

（2）物种数、Margalef 丰富度指数、Shannon-Wiener 指数等

物种数（S）：

$$S = \text{出现在样地中的物种数}$$

Margalef 丰富度指数（R）：

$$R = \frac{S-1}{\ln N}$$

Shannon-Wiener 指数（H'）：

$$H' = -\sum_{i=1}^{S} P_i \ln P_i$$

Simpson 多样性指数（D）：

$$D=1-\sum_{i=1}^{S}P_i^2$$

Pielou 均匀度指数（J_{sw}）：

$$J_{sw}=\left(-\sum_{i=1}^{S}P_i\ln P_i\right)/\ln S$$

式中，$P_i=N_i/N$，P_i为第 i 个物种的相对重要值，N_i为各物种的重要值，N 为全部物种重要值之和，S 为样方中物种总数。

13.2 结果与分析

退化草地不同恢复方式下群落物种与优势种组成差异，在一定程度上体现了该种恢复方式下产生的生境空间异质性与植被恢复的状况。对 4 种恢复模式物种组成（表 13.1）调查结果显示：防护林围纯草地共有 61 种，分属 19 科 43 属，以猪毛蒿（*Artemisia scoparia*）为优势种，其重要值百分率为 15.25%，其次为狗尾草（*Setaria viridis*）、冰草（*Agropyron cristatum*）、朝阳隐子草（*Cleistogenes hackelii*）等；樟子林疏林草地共有 40 种，分属 18 科 33 属，以朝阳隐子草为优势种，其重要值为 13.52%，其次为狗尾草、猪毛蒿、拂子茅（*Calamagrostis epigeios*）等；榆树疏林草地 32 种，分属 13 科 27 属，以狗尾草为优势种，其重要值为 15.45%，其次是中华隐子草、猪毛蒿、野艾蒿（*Artemisia lavandulifolia*）等；撂荒地共有 20 种，分属 5 科 19 属，以狗尾草为优势种，其重要值为 40.37%，其次为猪毛蒿、猪毛菜、尖叶胡枝子［*Lespedeza juncea* (L. f.) Pers.］等。从各种恢复方式下的物种组成可以看出，防护林围草地物种种类最多，其次分别是樟子松疏林草地、榆树疏林草地，撂荒草地物种种类最少。

表 13.1 不同恢复方式下的物种组成

模式名称	科	属	种
防护林围纯草地	19	43	61
樟子松疏林草地	18	33	40
榆树疏林草地	13	27	32
撂荒草地	5	19	20

恢复与重建退化草地的过程是通过一些人为措施使植物群落向着最大限度地利用环境资源的方向演替，构成最复杂的植物群落结构和功能。不同的恢复方式形成了不同的植物群落生境差异和结构类型，从而导致了不同的物种多样性。物种多样性能较好地反映群落的结构类型、组织水平、演替阶段、稳定程度、生境差异等。均匀度是反映群落稳定性的一个指标。Simpson 指数是表示群落优势度的统计量。

由表 13.2 可以看出，防护林围纯草地 Margalef 丰富度指数（$R=12.9628$）、Simpson 指数（$D=0.9676$）、Shannon-Wiener 指数（$H'=3.36$）、Pielou 均匀度指数（$J_{sw}=0.8137$）均最大，表明该恢复方式下的群落物种多样性最高，其次是樟子松疏林草地、榆树疏林草地，撂荒草地 Margalef 丰富度指数（$R=4.1258$）、Simpson 指数（$D=0.7980$）、Shannon-Wiener 指数（$H'=2.16$）、Pielou 均匀度指数（$J_{sw}=0.7617$）均最小，表明该恢复方式下的群落的物种多样性水平最低；防护林围纯草地、樟子松疏林草地、榆树疏林草地的物种多样性指数均较未采取任何人为措施的撂荒草地高，这表明各项治理措施更有利群落向优化组成结构发展，是行之有效的治理措施。

表 13.2　不同恢复方式下的群落物种多样性

多样性指数	防护林围纯草地	樟子松疏林草地	榆树疏林草地	撂荒草地
Margalef 丰富度指数	12.9628	8.5342	6.0818	4.1258
Simpson 指数	0.9676	0.9287	0.9032	0.7980
Shannon-Wiener 指数	3.36	3.00	2.64	2.16
Pielou 均匀度指数	0.8173	0.8133	0.7790	0.7617

4 种植被恢复方式下群落物种组成与多样性特征总的趋势为：防护林围纯草地＞樟子松疏林草地＞榆树疏林草地＞撂荒草地。

第 14 章

生物信息数据挖掘

14.1 概　述

20 世纪后期，由于人类等生物物种基因组学以及生物科学技术的飞速发展，生物信息越来越多，这极大地丰富了生物科学的数据资源，并随之诞生了生物信息学（Bioinformatics）。生物信息学最先由 Paulien Hogeweg 和 Ben Hesper 于 1978 年提出，到了 20 世纪 80 年代才被广泛使用。随着人类基因组计划的实施，海量的基因和蛋白质序列数据从世界各地的研究机构不断涌现，面对如此大量而复杂的数据，如何解读数据中的有用信息成为生命科学研究者的一道难题。随着计算机科学技术的发展，大量的计算机程序应用到了生物信息数据处理的工作中，从而诞生了生物信息学这一学科。生物信息学是建立在应用数学、计算机科学和生命科学基础上的一门交叉学科。广义上讲，生物信息学是指利用先进的数据管理技术、数据分析模型、计算机软件对各种生物信息数据（特别是分子生物学数据）进行提取、储存、处理和分析；就基因分析角度而言，生物信息学主要是指核酸与蛋白质序列数据、蛋白质三维结构数据的计算机处理和分析。生物信息学的诞生及发展，使得核酸、蛋白质结构和功能的数据，各种疾病相关数据及生物文献数据都飞速增多。但由此也带来一系列问题：一方面，日益增多的数据对信息的采集和处理提出了空前的要求，从各种图谱的分析、大量序列片段的联配、计算机克隆、寻找基因、预测结构和功能，到数据和研究结果的可视化，无不需要高效率的算法和程序；另一方面，如何从已经积累的海量数据和知识出发，从 DNA 序列中识别编码蛋白质的基因，以及调控基因表达的各种信号，预测蛋白质的功能和结构，解读生物的遗传密码，进行药物设计等，是对计算机工作者和生物学家的巨大挑战。

数据挖掘技术是解决上述问题强有力的工具。数据挖掘是从大量数据中提取潜在的信息与知识，并寻找其规律，是生物信息学采用的主要数据分析技术。数据挖掘在科学发现、商业零售及信用管理等领域得到了越来越广泛的应用。在生物信息领域，计算机工作者与生物学家合作，研究提出了一系列的挖掘算法和挖掘模式，并应用于生物数据，取得了传统生物计算技术无可比拟的效果。

数据挖掘也称为数据库知识发现（knowledge discovery in database，KDD），是从数据库中识别出有效的、新颖的、潜在有用的，并且最终可理解的模式的非平凡过程，具有以下特点：①有效性，要求挖掘前要对被挖掘的数据进行预处理，具备了该特性，才能保证挖掘出来的信息的可靠性；②新颖性，要求发现的模式应该是未知的，是靠直觉无法发现的信息和知识；③潜在有用性，发现的知识将来有实际效用，即这些信息或知识对于所讨论的业务或研究领域是有效的、有实用价值和可实现的，常识性的结论或已被人们掌握的事实或无法实现的推测都是没有意义的；④最终可理解性，要求发现的模式能被用户理解，目前它主要是体现在简洁性上。发现的知识要可接受、可理解、可运用，最好能用自然语言表达所发现的结果；并不要求发现放之四海皆准的知识，也不是要去发现崭新的自然科学定理和纯数学公式，更不是什么机器定理证明。任何发现的知识都是相对的，是有特定前提和约束条件，面向特定领域的。

生物信息学包括了序列分析、基因表达、蛋白质结构和功能预测、药物设计等方面的研究。许多有效的挖掘模式和挖掘算法已经应用于这些方面，并取得了良好的成果。目前，生物数据挖掘研究的重点主要有以下几个方面。

（1）数据的清理和集成　许多研究机构建立了生物序列数据库、蛋白质结构数据库以及蛋白质功能数据库，为研究人员提供了丰富的数据信息。但是，这些数据较为分散，存储的介质不一，数据库中存在重复的数据，造成了数据冗余。因此，对这些数据进行清理和集成就成为一项有意义的工作。

（2）生物序列比对和相似性搜索　识别一个新发现的基因与已知基因之间的进化关系，确定它们是否具有同源性，我们通常采用序列比对的方法。通过序列比对可以得出两个或两个以上序列之间的相似程度。由于生物序列数据是由符号组成的，不同种类的核苷酸或氨基酸之间的相似度不尽相同，因此探索高效的序列比对算法在序列分析中有着至关重要的作用。

（3）基因组特征和基因序列的分析　对于基因家族的特征分析,必须了解基因家族中序列间的关系。利用关联规则、聚类分析有助于发现基因组序列之间的相似或差异性，从而掌握基因家族的重要特征。医学研究发现，人类疾病的产生主要是由特定的基因所决定的，通过数据挖掘的相关技术能够帮助我们确定产生疾病基因的种类。

（4）蛋白质结构和功能预测　蛋白质在生物体中的角色决定了它的功能，而蛋白质的功能基本上由其结构决定。对蛋白质结构和功能的研究是从分子水平了解生命现象的基础，从而解释生命发展的规律。在蛋白质序列数据快速增长的今天，采用数据挖掘技术建立可靠的预测模型成为迫切的需要。

（5）生物数据可视化　生物数据的复杂性和高维性难以用数字或逻辑公式表示，因此需要借助可视化工具采用图像或图形的方式表示其复杂的结构。常用的生物数据可视化技术有信息壁技术、基因调控网格等，便于用户获得数据间的规律和关系。

随着多年的研究与发展，已有很多数据挖掘和分析的工具用于生物信息处理，网上可查的多达数百种，本书重点介绍一些常用的生物信息学工具及部分工具的使用方法，涉及生物信息数据库、分子生物学常用软件、序列比对工具、核酸与蛋白质功能预测、基因组序列信息分析等。另外，在学习生物信息学工具之前，需要了解和掌握基因的基本结构等相关知识。

14.2 基因的基本结构

14.2.1 基因的概念

基因通常又叫作顺反子（cistron），是遗传的基本单位，携带着某种蛋白质或 RNA 的遗传信息。从化学本质上看，基因是一段具有特定功能的、连续的脱氧核糖核酸（DNA），是构成巨大遗传单位染色体的组成部分。关于基因定义应掌握如下 3 个要点：①基因携带着蛋白质或 RNA 的信息，即基因的编码产物是蛋白质或 RNA；②基因是一段具有特定功能的 DNA 序列；③基因是染色体的组成部分。

生物体中基因的数量相当庞大，但不同进化水平的生物体基因的数量有很大的差别。即便是最简单的单细胞生物，如细菌，也起码有数千种不同的基因及其相应的编码产物；而复杂的多细胞真核生物，如我们人类本身则需要 4 万～5 万种不同的基因（有的文献说人类基因组大约编码 10 万种基因）。

14.2.2 基因的组成部分

无论是真核生物的基因还是原核生物的基因，从大的方面讲都可以划分成如下几个基本的组成部分。

（1）编码区（coding region） 编码区含有大量的遗传密码，包括起始密码子（AUG）和终止密码子（UAA、UAG 或 UGA）及表达子（exon）。

（2）非编码区（noncoding region） 是指基因分子结构中存在的对于遗传信息表达所必需的，但不能转译成蛋白质多肽的 DNA 序列，主要有：5′-UTR，即 5′端非转译区；3′-UTR，即 3′端非转译区；内含子（intron），即真核基因的间隔子序列。

（3）启动区（promoter region） 是指位于基因 5′上游的一段具有特殊功能的核苷酸序列区，也称启动子（promoter）。RNA 聚合酶是通过同它结合而启动基因的转录。原核基因启动子与真核基因启动子在结构上是有差别的：①原核基因启动子比较简单，具有–10 和–35 等结构元件；②真核基因启动子比较复杂，分子质量也大，距离转录起点数千个之遥，也能对基因的转录发生效力，且具有 TATA 盒及上游元件等特征性结构。

（4）终止子（terminator） 也叫终止区，是位于基因 3′ 端下游外侧与终止密码子相连的一段非编码的核苷酸短序列区，具有终止转录信号的功能，也就是说可使 RNA 转录活性终止。

14.2.3 原核基因的结构

（1）原核基因范围 原核基因是指由原核生物，如大肠杆菌基因组编码的基因，以及高等植物叶绿体基因组编码的基因，还有线粒体基因组编码的基因等。

（2）原核基因的组成 原核基因的 DNA 序列结构包括如下三大部分：①启动子序列；②转录区序列，包含 5′-URT，cDNA 序列区-编码区和 3′-UTR；③终止子序列。

（3）原核基因 mRNA 结构 原核基因的 mRNA 序列结构包括如下三大部分：①编码区（是连续不间断的序列）；②转录而不转译的 5′-UTR；③转录而不转译的 3′-UTR。

14.2.4 真核基因的结构

（1）真核基因概念 真核基因是指由真核细胞基因组编码的基因，感染真核细胞的 DNA 病毒及反转录病毒基因组编码的基因也属于真核基因。

（2）真核基因的特征

1）与原核基因不同，真核基因往往具有内含子（intron），它是包围在编码区之中的非编码序列。

2）真核基因是单顺反子，编码单基因产物，而原核基因则往往组成大的转录单位——多顺反子，即单一的 mRNA 分子可编码多种基因产物。

3）成熟的真核 mRNA 分子的 5′ 端有一个帽的结构，3′ 端有一段 polyA 尾巴。

（3）真核基因的结构

1）真核基因 DNA 序列结构包括如下三大部分：①启动子序列区；②终止子序列区；③转录序列区。

2）真核基因初级 RNA 转录本包括如下四大部分：①5′-UTR 序列区；②3′-UTR 序列区；③表达子（外显子）；④间隔子（内含子）。

3）真核基因成熟 mRNA 的结构包括如下几个部分：①5′端帽的结构；②5′-UTR 序列；③编码序列区；④3′-UTR 序列；⑤3′端 polyA 尾巴。

真核基因的初级转录本经过加工剪辑（即去掉间隔子，并加上 5′ 端帽的结构和 3′ 端 polyA 尾巴），此时由细胞核输向细胞质。

14.2.5　基因的最终产物

通常人们会说"基因的最终产物是蛋白质多肽"，其实此种说法是不严谨的，因为并非所有基因的最终编码产物都是蛋白质，已经知道有些基因的最终编码产物是 RNA 而非蛋白质，如 rRNA 基因、tRNA 基因、核小 RNA（snRNA）基因。

14.2.6　基因的类型

14.2.6.1　根据拷贝数多寡分类

（1）单拷贝基因（single-copy gene）　在单倍体或二倍体细胞的基因组中，编码多肽链的基因一般只有 1 或 2 个拷贝，叫作单拷贝基因。

（2）多拷贝基因（multiple copy gene）　例如，编码 tRNA、rRNA 及组蛋白的基因，往往是多拷贝的，以保证有足够的基因产物满足细胞的生命需求，这样的基因叫作多拷贝基因。

14.2.6.2　根据产物类型分类

（1）结构基因（structural gene）　除了调节基因以外的编码任何 RNA 或蛋白质产物的基因，都叫作结构基因（此处需注意结构基因与看家基因在概念上的差别）。

（2）调节基因（regulator gene）　从广义上讲，任何一种能够调节或限制其他基因表达活性的基因，都叫作调节基因。但在一般情况下，调节基因是指其产物能够控制另外一个基因或若干基因表达效率的基因。例如，大肠杆菌 lac 操纵子的 *laci* 基因，其编码蛋白质能够控制 lac 操纵子结构基因的表达。

14.2.6.3　根据表达特性分类

（1）组成基因（constitutive gene）　又叫作看家基因（housekeeping gene），是一类理论上在所有细胞类型中都能进行表达，并为所有类型细胞生存提供必需的基本功能的基因。组成基因在中文中有时也译为"组成型基因"或"组成型表达基因"。

（2）诱导基因（inducible gene）　因环境中某种特殊物质的存在而被诱导表达的基因，叫作"诱导型基因"，简称"诱导基因"。因环境中某种物质的存在而使特定基因表达活性得以开启的过程，叫作诱导（induction）；能够引起诱导反应的物质或分子，叫作诱导物（inducer）。

14.2.6.4　根据实验用途分类

（1）选择基因　选择基因（selectable gene），又叫作选择标记基因（selectable marker

gene)，是指可使被转化的细胞获得其亲本细胞所不具备的新的遗传特性，从而使得人们能够使用特定的选择性培养基，将转化的新细胞从其亲本细胞群体中选择出来的一类特殊的基因。

选择基因主要是一类编码可使抗生素（如新霉素、潮霉素、链霉素及庆大霉素等）或除草剂失活的蛋白酶基因。最常用的有新霉素磷酸转移酶基因（*neo*）、二氢叶酸还原酶基因（*dhfr*）、潮霉素磷酸转移酶基因（*hpt*）、膦丝菌素乙酰转移酶基因（*bar*）。

（2）标记基因　标记基因（marker gene）在概念上与选择基因是有差别的，它是指其功能和染色体座位是已知的，并易根据其编码产物或杂交实验测得其存在的一类独特的基因，它可以作为绘制新基因座位的参照点。

（3）报告基因　特指其编码产物能被快速检测的基因，常用来判断外源基因是否已经成功地导入寄主细胞、器官或组织。常用的报告基因有氯霉素乙酰转移酶（CAT）基因、葡萄糖醛酸糖苷酶（GUS）基因及荧光素酶基因。

14.2.6.5　根据排列组合特点分类

（1）基因家族（gene family）　基因家族是指同一生物种中，从同一祖先基因经过复制、突变而来的一组具有相似结构、相似产物及相似功能的基因群体。从广义上讲，同一基因家族的各个成员也可以看成重复基因。然而两者相比，基因家族不同成员之间序列差异毕竟要比重复序列的大一些，也就是说同源性还是较低一些。基因家族，也可叫作多基因家族（multigene family），它们往往编码着一个由许多种相关多肽组成的蛋白质家族，属于同一多家族的各个成员，可以存在于不同的染色体上，也可以位于同一条染色体上。

（2）基因簇（gene cluster）　是指真核生物基因组中，由不同基因组成的一个特殊的组合排列方式。同一基因簇的各个基因在遗传上往往是紧密联系的，它们可以是属于同一操纵子的不同结构基因，也可以是属于不同操纵子的不同结构基因；它们可以是来自同一基因家族的不同成员，也可以是来自不同基因家族的不同成员。

（3）孤独基因（orphans）　是指与串联排列的基因簇成员相关，但位置彼此分立的一类基因。孤独基因在功能上与串联基因是有差别的。

14.2.6.6　根据细胞类型分类

（1）原核基因　概念见 14.2.3。

（2）真核基因　概念见 14.2.4。

14.2.6.7　根据结构特点分类

（1）断裂基因（split gene）　编码序列不连续的间断基因，亦即在其核苷酸序列中间插入了与氨基酸编码无关的 DNA 间隔区，使一个基因分隔成若干个不连续的区段。

（2）移动基因（movable gene）　又叫作跳跃基因或转位因子，是指一种可以在染色体基因组上移动，甚至在不同染色体之间、噬菌体及质粒 DNA 之间跃迁的 DNA 短片段。

（3）假基因（pseudogene）　有人译作伪基因，是指一类同野生型基因序列大部分同源，但由于突变而失去活性的畸变的核苷酸序列。

（4）重叠基因（overlapping gene）　又叫作嵌套基因（nested gene），是指编码序列彼此重叠的、编码不同蛋白质的两个或多个基因。

（5）重复基因（repeat gene）　在基因组上存在着多个或大量的序列重复的基因，如 rRNA 基因、tRNA 基因等。

14.3　生物信息数据库与查询

近年来大量生物学实验的数据积累，形成了当前数以百计的生物信息数据库。它们各自按一定的目标收集和整理生物学实验数据，并提供相关的数据查询、数据处理的服务。随着互联网的普及，这些数据库大多可以通过网络来访问，或者通过网络下载。表 14.1 列举了一些常用的生物信息数据库。

表 14.1　常用的生物信息数据库

数据库类型	数据库名称	数据库描述
核酸数据库	EMBL database	欧洲分子生物学实验室（European Molecular Biology Laboratory）核酸序列数据库，为欧洲最主要的核酸序列数据库，是世界两大核酸数据库之一
	GenBank	美国国立生物技术信息中心（National Center for Biotechnology Information，NCBI）基因序列数据库。其是美国最主要的核酸序列数据库，世界两大核酸数据库之一
	DDBJ	日本 DNA 数据仓库（DNA database of Japan），位于日本的核酸序列数据库，为亚洲主要的核酸序列数据库
	HIV database	HIV 序列数据库
	IMGT	数据库含有与免疫系统有关的核酸序列数据
	dbEST	序列表达标记（expressed sequences tags）数据库
	5S rRNA	5S rRNA 数据库
	EPD	真核启动子数据库
蛋白质数据库	SWISS-PROT	SWISS-PROT 蛋白质序列数据库，是欧洲最主要的蛋白质序列数据库，为世界两大蛋白质序列数据库之一
	PIR	蛋白质信息数据库（protein information resource，PIR），由美国国家生物医学研究基金会（National Biomedical Research Foundation）维护，是美国最主要的蛋白质序列数据库，为世界两大蛋白质序列数据库之一
	PDB	蛋白质数据仓库为 Brookhaven 实验室建立的蛋白质序列三维立体结构数据库
	PROSITE	蛋白质特征序列字典
	ENZYME	蛋白酶数据库
	REBASE	限制酶数据库
	HSSP	同类二级结构蛋白（homology-derived secondary structure of proteins）数据库
	BLOCKS	蛋白质序列块（protein blocks database）数据库
	KABAT	具有免疫学重要性的蛋白质（database of proteins of immunological interest）数据库
	InterPro	蛋白质家族数据库（protein family database）
	TMBASE	跨膜蛋白数据库，包括一些预测工具
基因组数据库	DICTYDB	盘基网柄菌（*Dictyostelium discoideum*）基因组数据库
	EcoGene	大肠杆菌（*Escherichia coli*）K12 基因组数据库
	FLYBASE	果蝇基因组数据库
	MAIZEDB	玉米基因组数据库
	SGD	酵母菌基因组数据库
	SUBTILIST	纤小杆菌（*Bacillus subtilis*）168 基因组数据库
	WORMPEP	蠕虫（*Caenorhabditis elegans*）基因组计划蛋白数据库

续表

数据库类型	数据库名称	数据库描述
其他数据库	GCRDB	G 蛋白结合受体数据库（G-protein-coupled receptor database）
	OMIM	MIM 人类孟德尔遗传学数据库（Mendelian inheritance in man database）
	RHDP	放射杂交体数据库（the radiation hybrid database）
	SWISS-2DPAGE	日内瓦大学人类两维凝胶蛋白数据库（human 2D gel protein database）
	TRANSFAC	转录因子数据库（transcription factor database）
	SRPDB	信号识别位点数据库（signal recognition particle database）
	中国微生物资源数据库群	包括中国微生物菌种目录数据库、经济真菌多媒体数据库、革兰氏阴性杆菌编码鉴定数据库、微生物物种编目数据库、国际微生物菌种数据网络 MSDN 中国国家节点、国际核酸序列数据库（DDBJ/GenBank/EMBL 数据库）、国际微生物性状编码数据库、弧菌编码鉴定数据库、培养基数据库、亚洲石耳数据库、真菌新种数据库等

一般而言，这些生物信息数据库可以分为一级数据库和二级数据库。一级数据库的数据都直接来源于实验获得的原始数据，只经过简单的归类整理和注释；二级数据库是在一级数据库、实验数据和理论分析的基础上针对特定目标衍生而来，是对生物学知识和信息的进一步整理。国际上著名的一级核酸数据库有 GenBank 数据库、EMBL 核酸序列数据库和 DDBJ 数据库等；蛋白质序列数据库有 SWISS-PROT、PIR 等；蛋白质结构库有 PDB 等。国际上二级生物学数据库非常多，它们因针对不同的研究内容和需要而各具特色，如人类基因组图谱数据库（GDB）、转录因子和结合位点库（TRANSFAC）、蛋白质结构家族分类库（SCOP）等。下面将简要介绍一些著名和有特色的生物信息数据库，并以较为常用的 GenBank 数据库、PIR 国际蛋白质序列数据库为代表，介绍其使用方法。

14.3.1 基因和基因组数据库介绍简介

14.3.1.1 GenBank 数据库

GenBank 数据库包含了所有已知的核酸序列和蛋白质序列，以及与它们相关的文献著作和生物学注释。它是由美国国立生物技术信息中心（NCBI）建立和维护的。它的数据直接来源于测序工作者提交的序列；由测序中心提交的大量 EST 序列和其他测序数据；以及与其他数据机构协作交换数据而来。GenBank 每天都会与欧洲分子生物学实验室（EMBL）的数据库，和日本 DNA 数据仓库（DDBJ）交换数据，使这三个数据库的数据同步。GenBank 的数据可以从 NCBI 的 FTP 服务器上免费下载完整的库，或下载积累的新数据。NCBI 还提供广泛的数据查询、序列相似性搜索及其他分析服务，用户可以从 NCBI 的主页上找到这些服务。

GenBank 库里的每条 GenBank 数据记录包含了对序列的简要描述、它的科学命名、物种分类名称、参考文献、序列特征表及序列本身。序列特征表里包含对序列生物学特征注释，如编码区、转录单元、重复区域、突变位点或修饰位点等。所有数据记录被划分在若干个文件里，如细菌类、病毒类、灵长类、啮齿类，以及 EST 数据、基因组测序数据、大规模基因组序列数据等 16 类，其中 EST 数据等又被各自分成若干个文件。

14.3.1.2 EMBL 核酸序列数据库

EMBL 核酸序列数据库由欧洲分子生物学实验室维护的核酸序列数据构成，由于与 GenBank 和 DDBJ 的数据合作交换，它也是一个全面的核酸序列数据库。

该数据库由 Oracal 数据库系统管理维护，查询检索可以通过网上的序列提取系统（SRS）服务完成。向 EMBL 核酸序列数据库提交序列可以通过基于 Web 的 WEBIN 工具完成，也可以用 Sequin 软件来完成。

14.3.1.3 DDBJ 数据库

日本 DNA 数据仓库（DDBJ）也是一个全面的核酸序列数据库，与 GenBank 和 EMBL 核酸序列库合作交换数据。可以使用其主页上提供的 SRS 工具进行数据检索和序列分析。可以用 Sequin 软件向该数据库提交序列。

14.3.1.4 GDB 数据库

人类基因组图谱数据库（GDB）为人类基因组计划（HGP）保存和处理基因组图谱数据。GDB 的目标是构建关于人类基因组的百科全书，除了构建基因组图谱之外，还开发了描述序列水平的基因组内容的方法，包括序列变异和其他对功能和表型的描述。目前 GDB 中有人类基因组区域［包括基因、克隆、断点（breakpoints）、细胞遗传标记（cytogenetic marker）、易碎位点（fragile site）、EST 序列、综合区域（syndromic region）、重复序列］；人类基因组图谱（包括细胞遗传图谱、连接图谱、放射性杂交图谱和综合图谱等）；人类基因组内的变异（包括突变和多态性，加上等位基因频率数据）。GDB 数据库以对象模型来保存数据，提供基于 Web 的数据对象检索服务，用户可以搜索各种类型的对象，并以图形方式观看基因组图谱。

14.3.2 蛋白质数据库简介

14.3.2.1 PIR 国际蛋白质序列数据库（PSD）

PIR 国际蛋白质序列数据库（PSD）是由蛋白质信息数据库（PIR）、慕尼黑蛋白质序列信息中心（MIPS）和日本国际蛋白质序列数据库（JIPID）共同维护的国际上最大的公共蛋白质序列数据库。这是一个全面的、经过注释的、非冗余的蛋白质序列数据库。所有序列数据都经过整理，超过 99%的序列已按蛋白质家族分类，一半以上还按蛋白质超家族进行了分类。PSD 的注释中还包括对许多序列、结构、基因组和文献数据库的交叉索引，以及数据库内部条目之间的索引，这些内部索引帮助用户在包括复合物、酶-底物相互作用、活化和调控级联和具有共同特征的条目之间方便地检索。每季度都发行一次完整的数据库，每周可以得到更新部分。PSD 数据库有几个辅助数据库，如基于超家族的非冗余库等。PIR 提供三类序列搜索服务：基于文本的交互式检索；标准的序列相似性搜索，包括 BLAST、FASTA 等；结合序列相似性、注释信息和蛋白质家族信息的高级搜索，包括按注释分类的相似性搜索、结构域搜索等。

尽管 PIR 数据库被公认为是国际上最大的蛋白质序列数据库，但除了蛋白质序列数据，PIR 还包含以下信息：①蛋白质名称、蛋白质的分类、蛋白质的来源；②关于原始数据的参考文献；③蛋白质功能和蛋白质的一般特征，包括基因表达、翻译后处理、活化等；④序列中相关的位点、功能区域。

14.3.2.2 SWISS-PROT

SWISS-PROT 是经过注释的蛋白质序列数据库，由欧洲分子生物学实验室维护。数据库由蛋白质序列条目构成，每个条目包含蛋白质序列、引用文献信息、分类学信息、注释等，注释中包括蛋白质的功能、转录后修饰、特殊位点和区域、二级结构、四级结构、与其他序列的相似性、序列残缺与疾病的关系、序列变异体和冲突等信息。SWISS-PROT 中尽可能减少了冗余序列，并与其他30多个数据建立了交叉引用，其中包括核酸序列库、蛋白质序列库和蛋白质结构库等。利用序列提取系统（SRS）可以方便地检索 SWISS-PROT 和其他 EBI 的数据库。SWISS-PROT 只接受直接测序获得的蛋白质序列，序列提交可以在其 Web 页面上完成。

14.3.2.3 PROSITE 数据库

PROSITE 数据库收集了生物学有显著意义的蛋白质位点和序列模式，并能根据这些位点和模式快速和可靠地鉴别一个未知功能的蛋白质序列应该属于哪一个蛋白质家族。在有的情况下，某个蛋白质与已知功能蛋白质的整体序列相似性很低，但由于功能的需要保留了与功能密切相关的序列模式，这样就可能通过 PROSITE 的搜索找到隐含的功能 motif，因此 PROSITE 是序列分析的有效工具。PROSITE 中涉及的序列模式包括酶的催化位点、配体结合位点、与金属离子结合的残基、含二硫键的半胱氨酸、与小分子或其他蛋白质结合的区域等；除了序列模式之外，PROSITE 还包括由多序列比对构建的结构域，能更敏感地发现序列与结构域的相似性。PROSITE 的主页上提供各种相关检索服务。

14.3.2.4 PDB

蛋白质数据仓库（PDB）是国际上唯一的生物大分子结构数据档案库，由美国 Brookhaven 国家实验室建立。PDB 收集的数据来源于 X 射线晶体衍射和核磁共振（NMR）的数据，经过整理和确认后存档而成。目前 PDB 数据库的维护由结构生物信息学研究合作组织（RCSB）负责。RCSB 的主服务器和世界各地的镜像服务器提供数据库的检索和下载服务，以及关于 PDB 数据文件格式和其他文档的说明，PDB 数据还可以从发行的光盘获得。使用 Rasmol 等软件可以在计算机上按 PDB 文件显示生物大分子的三维结构。

14.3.2.5 SCOP 数据库

蛋白质结构分类（SCOP）数据库详细描述了已知蛋白质结构之间的关系。分类基于若干层次：家族，描述相近的进化关系；超家族，描述远源的进化关系；折叠子（fold），描述空间几何结构的关系；折叠类，所有折叠子被归于全α、全β、α/β、α+β和多结构域等几大类。SCOP 还提供一个非冗余的 ASTRAIL 序列库，这个库通常被用来评估各种序列比对算法。此外，SCOP 还提供一个 PDB-ISL 中介序列库，通过与这个库中序列的两两比对，可以找到与未知结构序列远缘的已知结构序列。

14.3.2.6 COG 数据库

蛋白质直系同源簇（COG）数据库是对细菌、藻类和真核生物的21个完整基因组的编码蛋白，根据系统进化关系分类构建而成。COG 数据库对于预测单个蛋白质的功能和整个新基因组中蛋白质的功能都很有用。利用 COGNITOR 程序，可以把某个蛋白质与所有 COG 中的蛋白质进行比对，并把它归入适当的蛋白质直系同源簇。COG 数据库提供了对 COG 分类数据的检索和查询，基于 Web 的 COGNITOR 服务，系统进化模式的查询服务等。

14.3.3 功能数据库简介

14.3.3.1 KEGG

京都基因和基因组百科全书（KEGG）是系统分析基因功能，联系基因组信息和功能信息的知识库。基因组信息存储在 GENES 数据库里，包括完整和部分测序的基因组序列；更高级的功能信息存储在 PATHWAY 数据库里，包括图解的细胞生化过程，如代谢、膜转运、信号传递、细胞周期，还包括同系保守的子通路等信息。KEGG 的另一个数据库是 LIGAND，包含关于化学物质、酶分子、酶反应等的信息。KEGG 提供了 Java 的图形工具来访问基因组图谱，比较基因组图谱和操作表达图谱，以及其他序列比较、图形比较和通路计算的工具，可以免费获取。

14.3.3.2 DIP

相互作用的蛋白质数据库（DIP）收集了由实验验证的蛋白质-蛋白质相互作用。数据库包括蛋白质的信息、相互作用的信息和检测相互作用的实验技术三个部分。用户可以根据蛋白质、生物物种、蛋白质超家族、关键词、实验技术或引用文献来查询。

14.3.3.3 ASDB

可变剪接数据库（ASDB）包括蛋白质库和核酸库两部分。蛋白质部分来源于 SWISS-PROT 蛋白质序列库，通过选取有可变剪接注释的序列，搜索相关可变剪接的序列，经过序列比对、筛选和分类构建而成。核酸部分来自 GenBank 中提及和注释的可变剪接的完整基因。数据库提供了方便的搜索服务。

14.3.3.4 TRRD

转录调控区数据库（TRRD）是在不断积累的真核生物基因调控区结构-功能特性信息基础上构建的。每一个 TRRD 的条目里包含特定基因各种结构-功能特性：转录因子结合位点、启动子、增强子、静默子及基因表达调控模式等。TRRD 包括 5 个相关的数据表：TRRDGENES（包含所有 TRRD 中基因的基本信息和调控单元信息）；TRRDSITES（包括调控因子结合位点的具体信息）；TRRDFACTORS（包括 TRRD 中与各个位点结合的调控因子的具体信息）；TRRDEXP（包括对基因表达模式的具体描述）；TRRDBIB（包括所有注释涉及的参考文献）。TRRD 主页提供了对这几个数据表的检索服务。

14.3.3.5 TRANSFAC 数据库

TRANSFAC 数据库是关于转录因子及其在基因组上的结合位点序列或者序列模式的数据库，由 SITE、GENE、FACTOR、CLASS、MATRIX、CELLS、METHOD 和 REFERENCE 等数据表构成。此外，还有几个与 TRANSFAC 密切相关的扩展库：PATHODB 库收集了可能导致病态的突变的转录因子和结合位点；S/MART DB 收集了与染色体结构变化相关的蛋白质因子和位点的信息；TRANSPATH 库用于描述与转录因子调控相关的信号传递的网络，CYTOMER 库表现了人类转录因子在各个器官、细胞类型、生理系统和发育时期的表达状况。TRANSFAC 及其相关数据库可以免费下载，也可以通过 Web 进行检索和查询。

除了以上提及的数据库之外，还有许多专门的生物信息数据库，涉及了目前生物学研究的各个层面和领域，由于篇幅所限无法一一详述。

14.3.4 GenBank 数据库使用方法

目前，NCBI 提供的资源有 Entrez、PubMed、PubMed Central、NCBI Taxonomy Browser、BLAST、BLAST Link (BLink)、BankIt、Sequin、Electronic PCR、My NCBI 等共计 30 多种功能，而且都可以在 NCBI 的主页上找到相应链接。由于篇幅关系，本书仅就较常用的数据检索、数据提交及数据比对三个功能的使用方法进行介绍。

14.3.4.1 数据检索

NCBI 的数据库检索查询系统是 Entrez。Entrez 是基于 Web 界面的综合生物信息数据库检索系统。利用 Entrez 系统，用户不仅可以方便地检索 GenBank 的核酸数据，还可以检索来自 GenBank 和其他数据库的蛋白质序列数据、基因组图谱数据、来自分子模型数据库（MMDB）的蛋白质三维结构数据、种群序列数据集及由 PubMed 获得 Medline 的文献数据。

例如，以氨氧化细菌的氨单加氧酶（ammonia monooxygenase）的检索为例子，介绍其具体的操作步骤（图 14.1）。

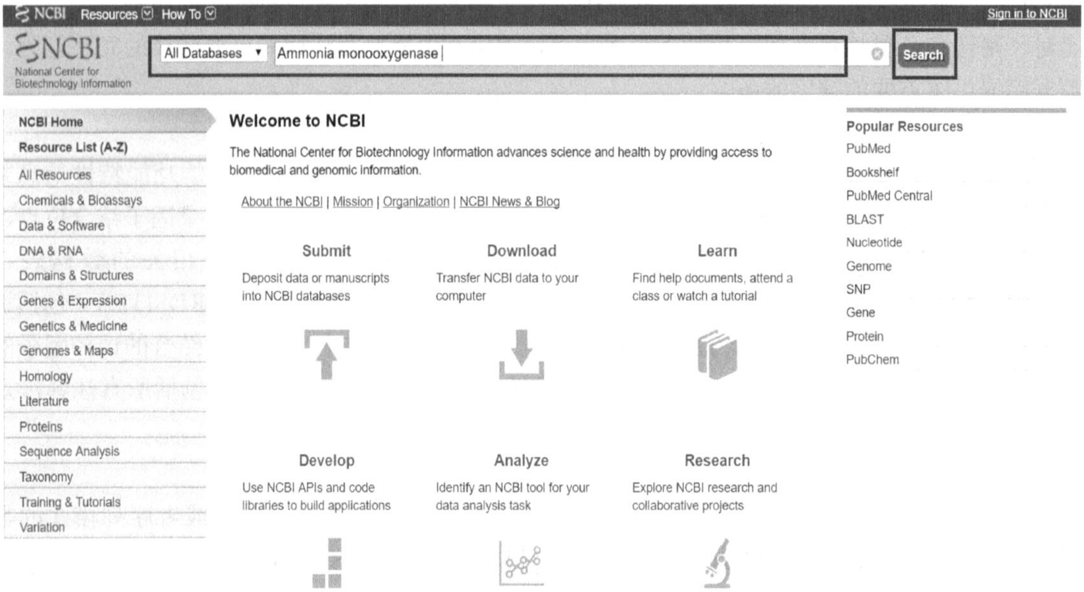

图 14.1 NCBI 数据库主页及检索窗口

（1）选择检索数据库　进入如图 14.2 所示的页面后，根据需要选择不同的数据库，如需要获得相关文献，点击“PubMed”进行相应检索；如需要获得相关蛋白酶序列信息，点击“Protein”进行相应检索；如需要获得相关核酸序列信息，点击“Nucleotide”进行相应检索等，本案例点击“Nucleotide”进入。

（2）检索结果查阅及保存　检索结果页面如图 14.3 所示（此时，也可通过如图 14.4 所示的数据库选项框，重新选择数据库，并点击“Search”进行检索）。每一条结果列表中展示了该核酸序列的相关信息，包括来源菌种、核酸类型、序列长度、序列编号等，并可通过点击“Summary”，选择检索结果显示的格式，如选择“FASTA”格式，如图 14.5 所示。同时，可勾选列表中感兴趣的条目（勾选条目左边的方框），点击右上角“Send to”进行保存，保存时注意按照需求选择相应的格式文件，如图 14.6 所示。

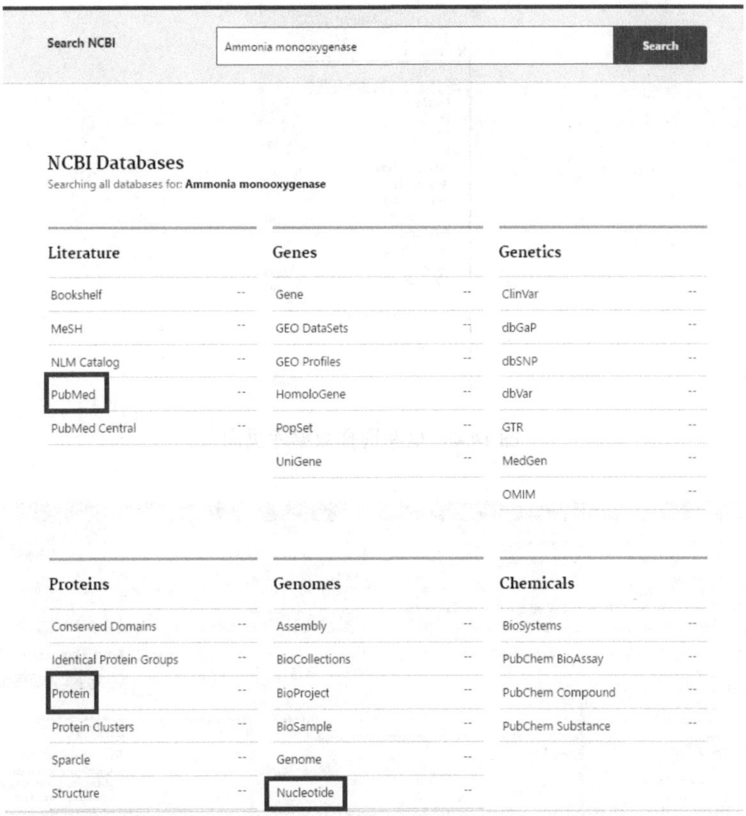

图 14.2 数据库选择页面

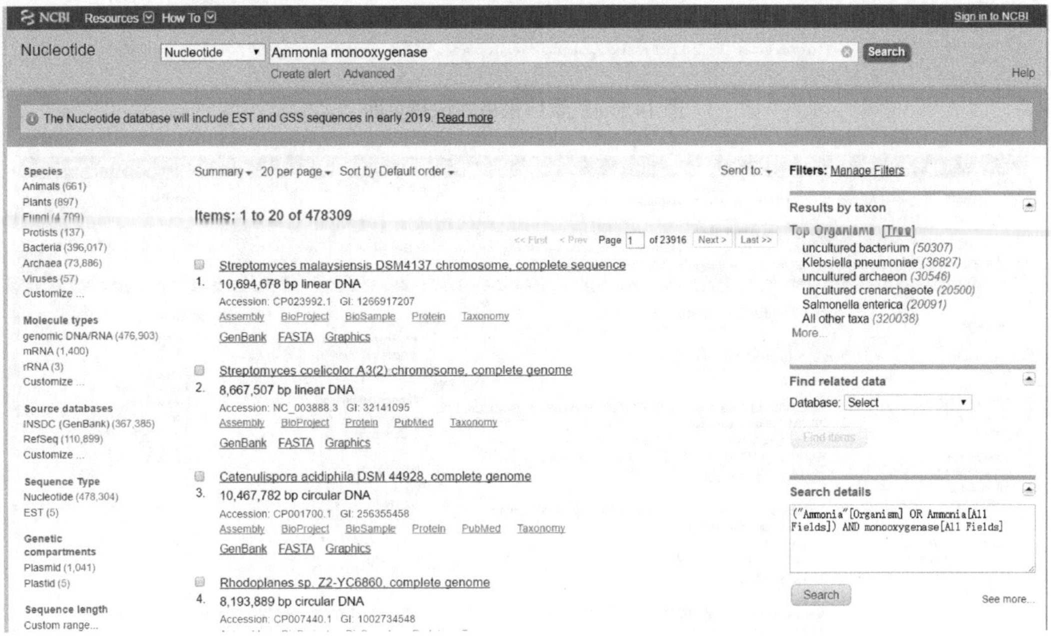

图 14.3 检索结果页面

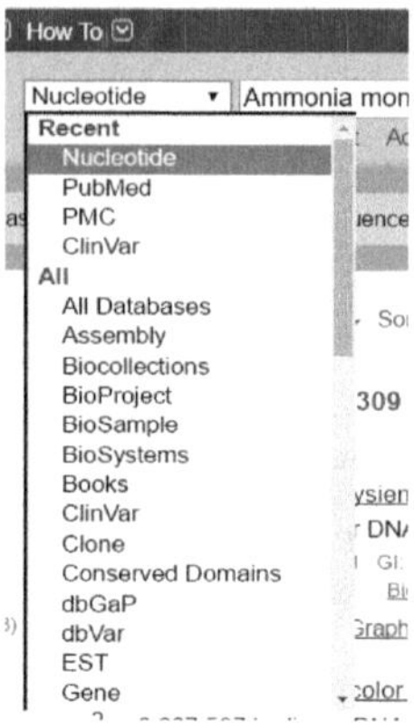

图 14.4 重新选择数据库页面

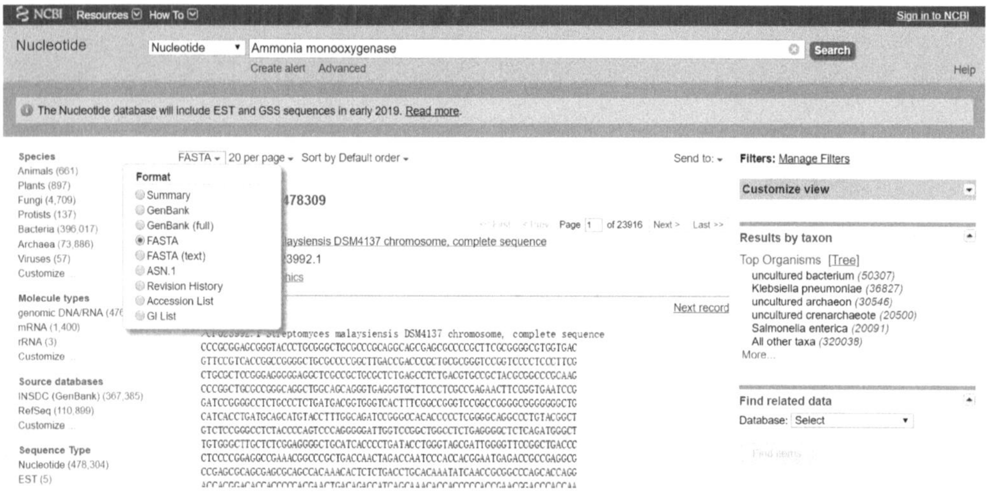

图 14.5 检索结果格式选择页面

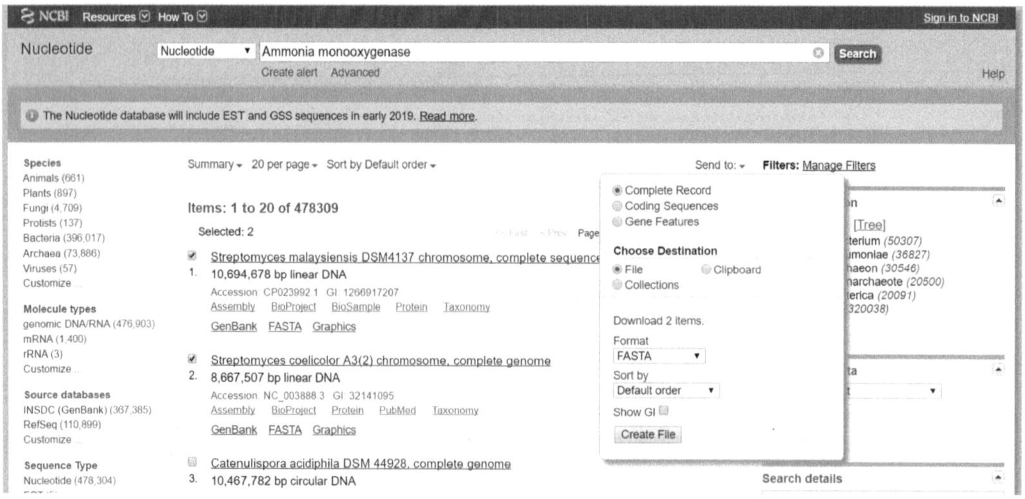

图 14.6 检索结果保存页面

14.3.4.2 数据提交

测序工作者可以把自己工作中获得的新序列提交给 NCBI，添加到 GenBank 数据库。这个任务可以由基于 Web 界面的 BankIt 或独立程序 Sequin 来完成。

BankIt 是一系列表单，包括联络信息、发布要求、引用参考信息、序列来源信息及序列本身的信息等。用户提交序列后，会从电子邮件收到自动生成的数据条目、GenBank 的新序列编号，以及完成注释后完整的数据记录。用户还可以在 BankIt 页面下修改已经发布的序列信息。BankIt 适合于独立测序工作者提交少量序列，而不适合大量序列的提交，也不适合提交很长的序列，EST 序列和 GSS 序列也不应用 BankIt 提交。

大量的序列提交可以由 Sequin 程序完成。Sequin 程序能方便地编辑和处理复杂注释，并包含一系列内建的检查函数来提高序列的质量保证。它还被设计用于提交来自系统进化、种群和突变研究的序列。Sequin 除了用于编辑和修改序列数据记录外，还可以用于序列的分析，任何以 FASTA 或 ASN.1 为格式的序列，作为输入数据的序列分析程序都可以整合到 Sequin 程序下。

此处仅介绍在线 BankIt 的提交步骤，Sequin 程序提交方法与在线 BankIt 的提交大同小异。

（1）整理序列信息　包括物种采集地、采集方法、采集人等基本信息；还有序列分析结果，包括序列全长大小，可读框（ORF）的长度、位置及特定 ORF 序列翻译的氨基酸序列等基因水平的信息，这对于接下来的快速准确提交序列及提交成功后为全世界作者准确全面分享此类信息来说很重要。

（2）打开 BankIt 界面并登录　BankIt 序列提交网址为 https://www.ncbi.nlm.nih.gov/WebSub/?tool=genbank，可在浏览器地址栏中输入该网址进入，或者从 NCBI 主页上的链接进入（图 14.7），进入后的界面如图 14.8 所示。注意到页面右上角的“Sign in”标签，点击登录进入。如果没有账号就注册一个，注册账号界面如图 14.9 所示，需要填写的项目有 Username（用户名）、Password（密码）、E-mail（电子邮箱）。注册后邮箱会收到确认邮件，确认后需登录系统填写个人基本信息，需要填写的基本信息有 First (given) name（名）、Last (family) name（姓）、Institution（单位名称）、Department（部门名称）、Street（所在街道）、City（城市）、Postal code（邮编）、Country（国家）。以上内容填写完成后，才能提交数据。

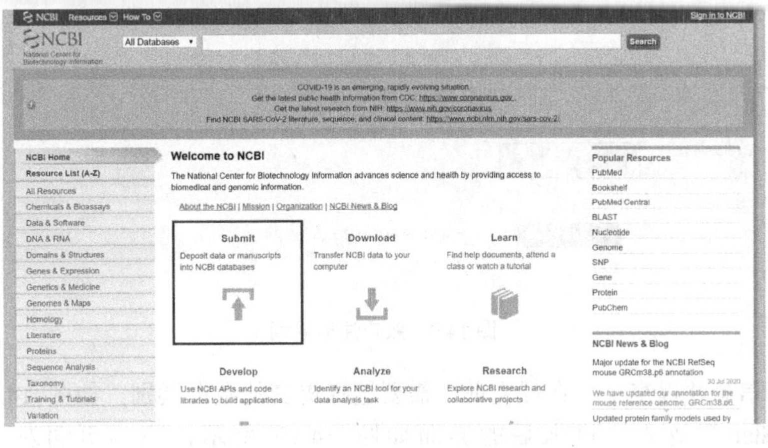

图 14.7　NCBI 主页上的 BankIt 入口

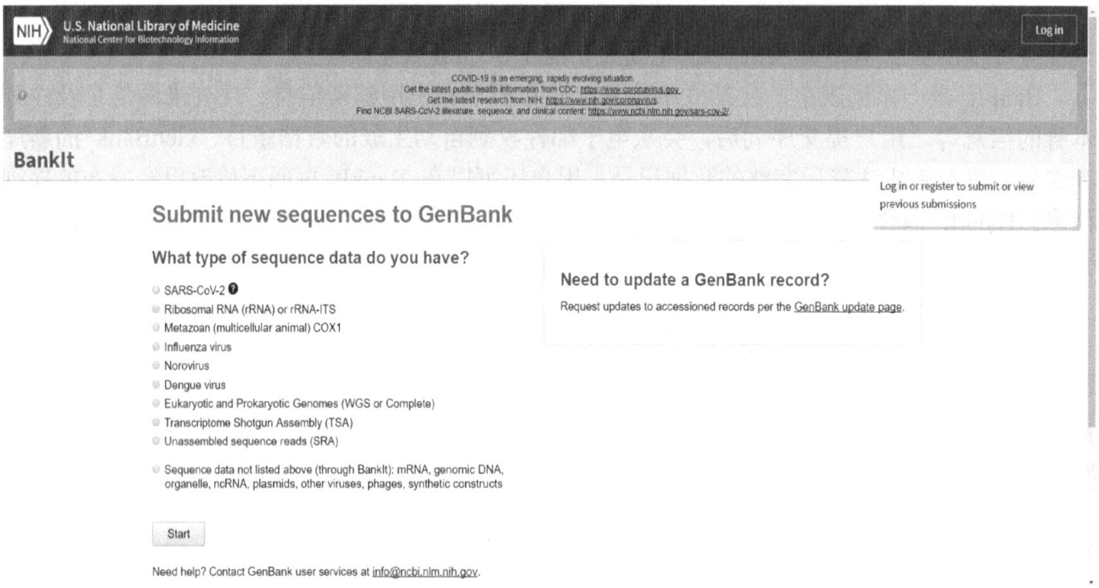

图 14.8 BankIt 界面

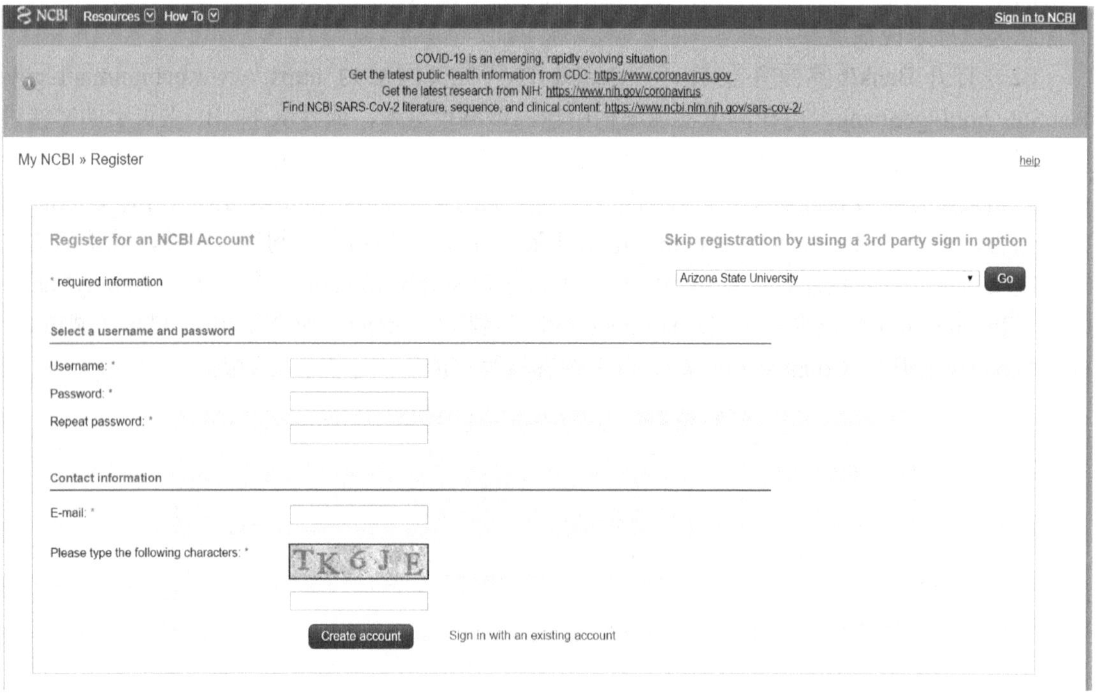

图 14.9 账户注册界面

（3）填写信息并提交 在提交前，需要选择提交的数据类别，如图 14.8 所示，选择后，点击“Start”进入，进入后的界面如图 14.10 所示，点击页面左上角的“New submission”，此时 NCBI 会自动分配一个 Submission ID，但不是最终的提交序列 ID，接下来共有 7 个步骤。

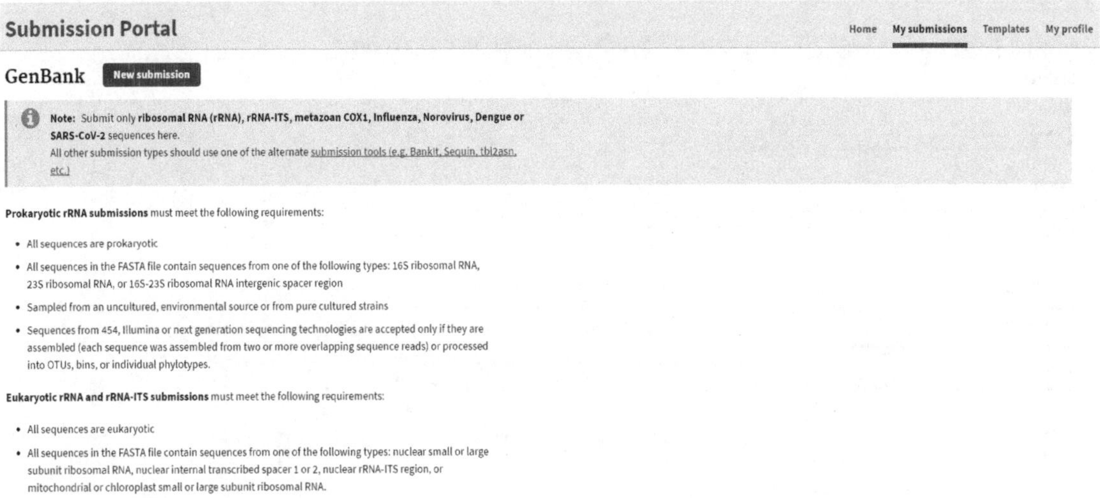

图 14.10　新建提交任务界面

1）“Submission Type”：如图 14.11 所示，选择序列的基因类型及标题，填写完毕点击“Continue”。

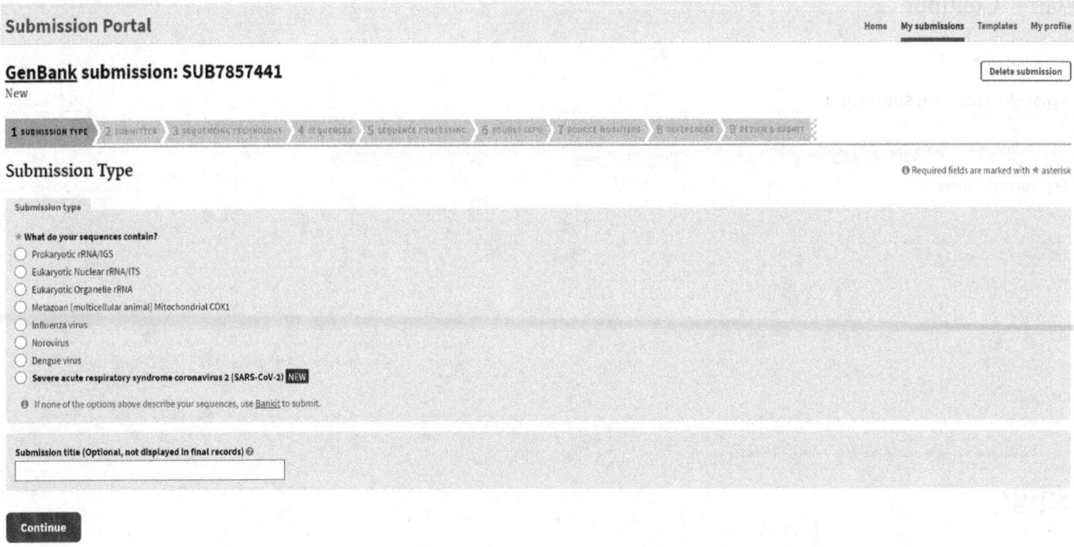

图 14.11　序列类型填写界面

2）“Submitter”：如图 14.12 所示，填写个人机构、姓名、地址、邮箱等资料，如注册后已填写，此处会自动生成，核对正确后点击“Continue”。

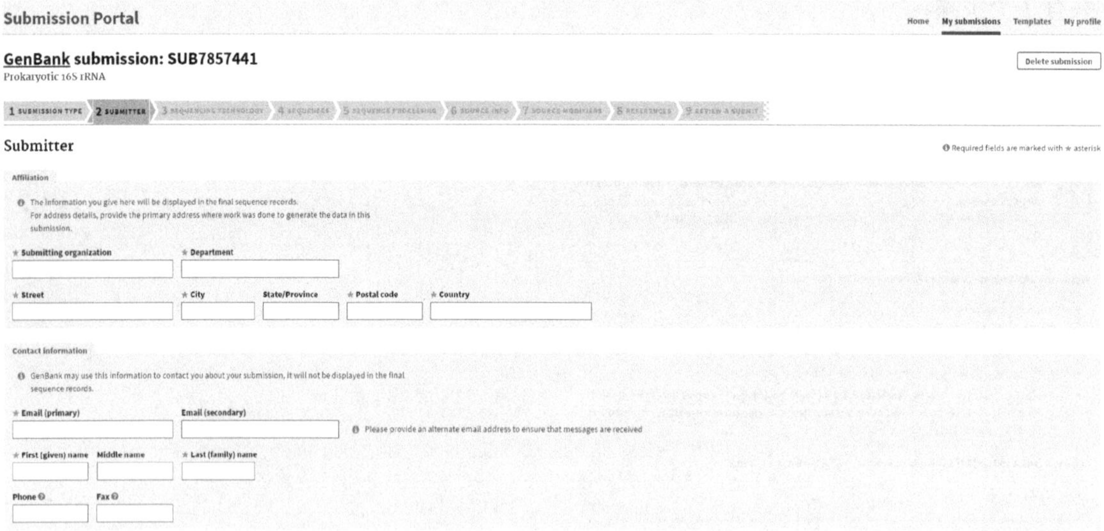

图 14.12 个人信息填写界面

3）“Sequencing Technology”：如图 14.13 所示，呈现有 Sanger dideoxy sequencing、454、Helicos、Illumina、SOLiD 等测序方法，此处选择常用的“Sanger dideoxy sequencing”，即一代测序方法测序，并且所提交的序列均为 Assembled sequences，填写完毕点击“Continue”。

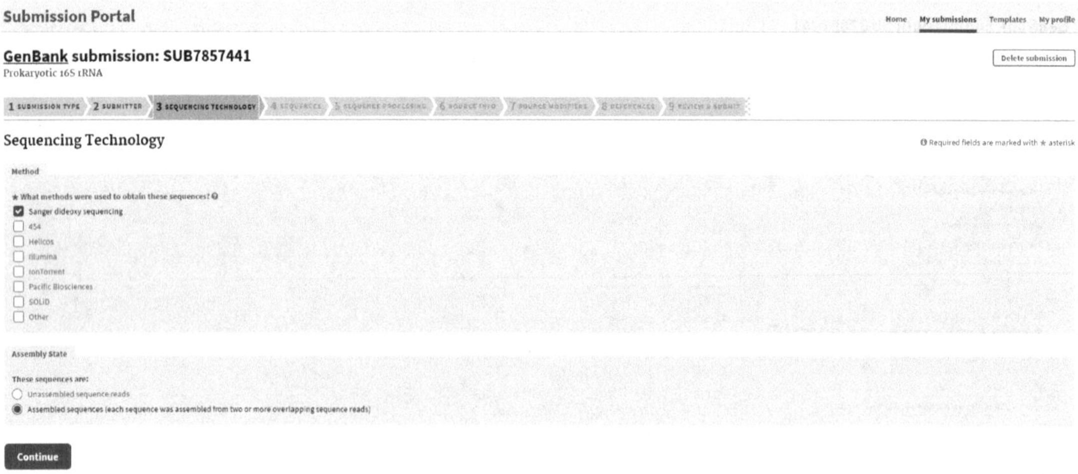

图 14.13 测序技术填写界面

4）“Sequences”：如图 14.14 所示，包括 4 小项：“Submission Release Date”（期望 NCBI 什么时候公布你的序列）、“Chimera check”（该序列是否进行了嵌合体检查）、“Cultured or Uncultured”（该序列是来自培养物种还是非培养物种）、“Sequences”（上传序列，需提交 FASTA 格式文件），填写完毕点击“Continue”。

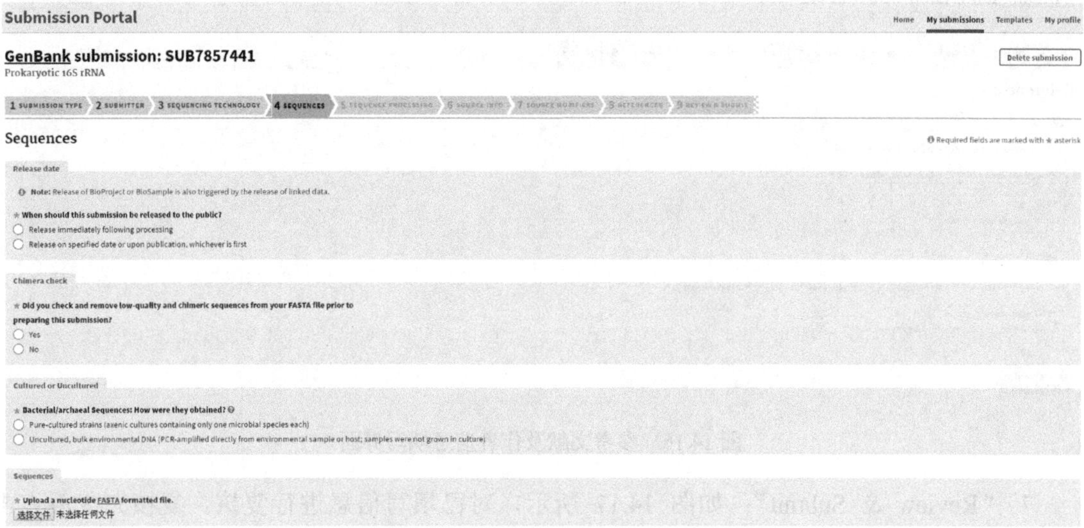

图 14.14　序列信息填写界面

5）“Source Modifiers”：如图 14.15 所示，填写“Organism”（物种）名称和“Strain”（菌株）编号，即序列公开显示时候的标题，填写完毕点击“Continue”。

图 14.15　物种信息填写界面

6）“References”：如图 14.16 所示，填写“Sequence authors”（作者）信息及“Reference”（参考文献）信息，如该序列是否对应有文章，若单纯提交序列则只需选择“Unpublished”即可（“Reference title”项可以填入“Direct Submission”），有的话就填写已发表文章的信息（卷、期等），接下来会问你该序列的提交者是否是序列的发现者等信息，填写完毕点击“Continue”。

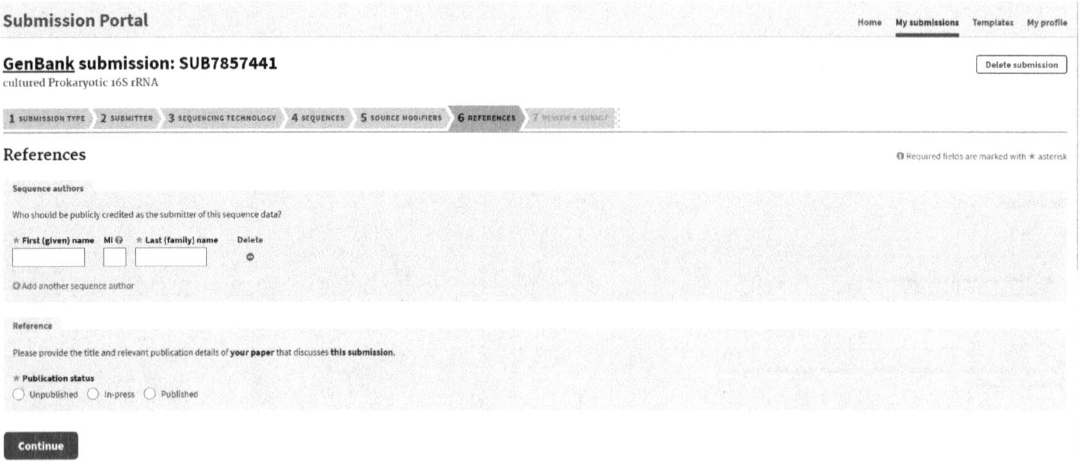

图 14.16　参考文献及作者信息填写界面

7）“Review & Submit”：如图 14.17 所示，对已填写信息进行复核，复核完成后点击“Submit”进行提交。提交前会被告知在 2 个工作日之内会收到 NCBI 的电子邮件，需要进一步对序列进行审查核对。

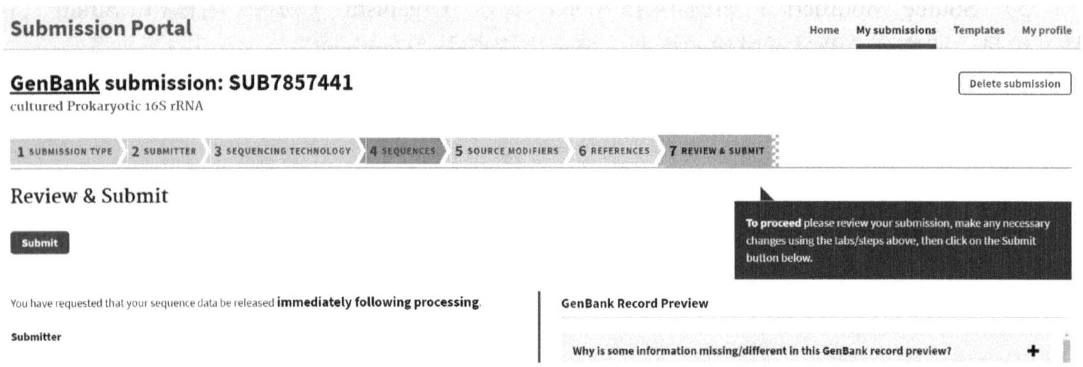

图 14.17　信息复核及提交界面

至此，基本序列提交已经完工，剩下的事情就是等待审核，大概 2 个工作日后会收到来自 NCBI 工作人员的电子邮件，如有问题会通知你进一步修改信息直到完全无误，包括以后的接受序列号，即你的序列会出现在 NCBI 里面在世界上唯一的一个界面里。

14.3.4.3　数据比对

详见本书 14.5.2 部分。

14.3.5　PIR 国际蛋白质序列数据库

14.3.5.1　PIR 的主要资源

目前，PIR 数据库主要包含以下资源库。

（1）UniProt——通用蛋白质资源库　　UniProt 是由 UniProt 协会编辑、制作的一个信息资源，旨在为从事现代生物研究的科研人员提供一个有关蛋白质序列及其相关功能方面的广泛的、高质量的并可免费使用的共享数据库。是一个集中收录蛋白质资源并能与其他资源相互联系的数据库，也是目前为止收录蛋白质序列目录最广泛、功能注释最全面的一个数据库。

UniProt 数据库由 UniProt 知识库（UniProtKB）、UniProt 档案（UniParc）、UniProt 参考资料库（UniRef）、UniProt 元基因组学、环境微生物序列数据库（UniMES）构成。

（2）iProClass——蛋白质知识整合数据库　iProClass 提供来自 90 多个生物学数据库的大量整合数据，包括蛋白质 ID 图谱服务、UniProtKB 编注蛋白质摘要描述和筛选 UniParc 数据库的蛋白质序列。使用 iProClass 可以检索最新的蛋白质综合信息，包括功能、转导通路、相互作用、家族分类、基因和基因组、功能注释标准体系（ontology）、文献和分类学信息。使用 iProClass 还可以检索 ID 图谱、蛋白质词典和相关序列。

（3）PIRSF——蛋白质家族分类系统　PIRSF 概要论述蛋白质家族的特征，如蛋白质家族名称、分类分布、分级和功能域结构，以及家族成员，包括功能、结构、传导通路、功能注释标准体系（ontology）和家族分类。利用这些信息可以获得蛋白质的准确功能或预测的功能和该蛋白质所属家族成员共有的其他特征。

（4）iProLINK——蛋白质文献、信息和知识整合数据库　iProLINK 提供有关注释内容的文献、蛋白质名称词典和其他有助于文献挖掘的人文语言处理技术开发的信息、数据库校正、蛋白质名称标记和功能注释标准体系（ontology）。使用 iProLINK 可以获得描述蛋白质记录的文本文献资源，在 UniProtKB 中加入蛋白质或基因命名的图谱，获得用于开发文本挖掘算法的注释数据集、挖掘蛋白质磷酸化（RLIMS-P）文献和获得蛋白质功能注释标准体系（ontology）信息。

（5）PIR-PSD　PIR-PSD 是由 Margaret Dayhoff 编辑的《蛋白质序列和结构图集》（1965～1978 年）中衍生的世界上第一个分类和功能注释的蛋白质序列数据库。PIR-PSD 由蛋白质信息数据库与慕尼黑蛋白质序列信息中心（MIPS）和日本国际蛋白质信息数据库（JIPID）联合制作和开发，20 多年来一直是公共领域最全面、最专业的蛋白质序列数据库。2002 年，PIR 加入了 EBI（欧洲生物信息学研究所）和 SIB（瑞士生物信息学研究所），组成了 UniProt 联盟。PIR-PSD 序列和注释已集成到 UniProt 知识库中。在 UniProt（UniProt 知识库和/或 UniParc）和 PIR-PSD 之间建立双向交叉引用，以便于跟踪以前的 PIR-PSD 条目。PIR-PSD 中的序列、参考文献和实验验证数据现在可以在相关的 UniProt 记录中找到。

（6）iPTMnet　iPTMnet 是在系统生物学背景下产生的，用于综合理解的蛋白质翻译后修饰（protein post-translational modifications, PTMS）的生物信息学资源。它将多种不同的生物信息学工具和系统文本挖掘、数据挖掘、分析和可视化工具及数据库和蛋白质本体连接到一个集成的交叉研究资源中，以解决、探索和发现 PTM 网络中的知识缺口。

（7）PRO　PRO 通过准确定义蛋白质相关实体并显示它们之间的关系，提供了蛋白质相关实体的本体表示。每一个 PRO 术语代表一类不同的实体（包括特定的修饰形式、同源异型体和蛋白质复合物），这种术语从中性分类单元到特异性分类单元都适用。

14.3.5.2　PIR 蛋白质搜索方法

（1）打开 PIR 网址　打开后首页如图 14.18 所示，主要包含以下几项：①“About PIR”，对网站历史、发展及各类刊物的介绍；②“Resources”，包括“*i*PTMnet”“Protein

Ontology”“*i*ProLink”“*i*ProClass”“PIRSF”“PIR-PSD”“UniProt”7个数据库；③“Search/Analysis”，为对蛋白质序列分析的多种途径；④“Download”，网站提供的蛋白质下载；⑤“Support”，为一些其他链接，包括支持等；⑥其他一些与PIR相关的介绍链接。

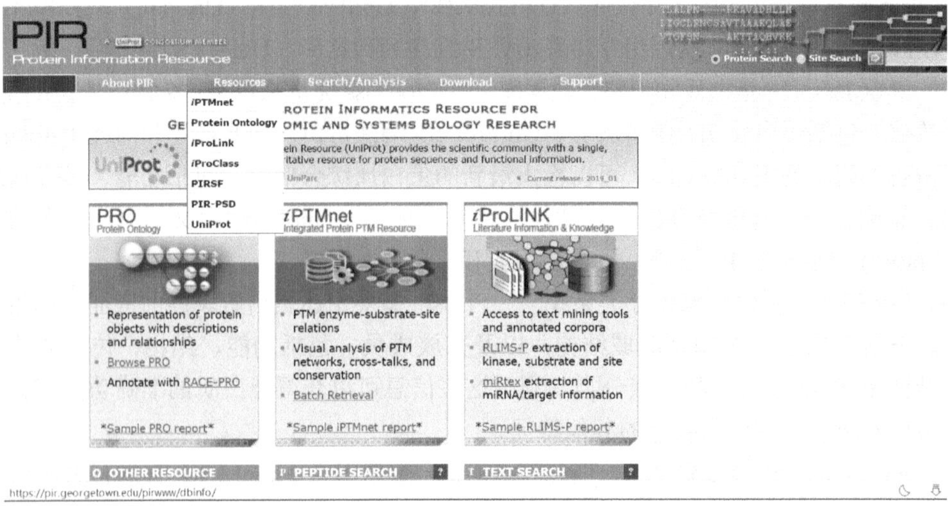

图14.18 PIR蛋白质搜索首页

（2）蛋白质搜索　点击“Search/Analysis”进入蛋白质搜索页面，内容包括“*Text Search*”“*Batch Retrieval*”“*Peptide Match*”“*Multiple Alignment*”“*Pairwise Alignment*”等，以下以“*Text Search*”为例进行介绍（其他与此类似，在此不详细介绍）（图14.19）。

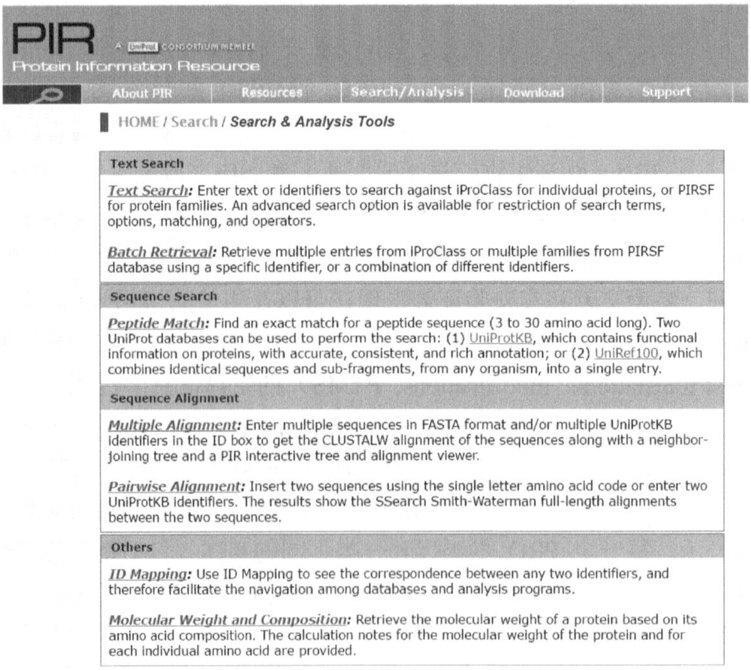

图14.19 蛋白质搜索页面

点击“*Text Search*”进入，如图 14.20 所示，进行数据库及领域的选择，并输入检索词。此处我们以水稻（rice）相关蛋白质的检索为例进行方法的介绍，检索框中输入“rice”并点击“Search”。

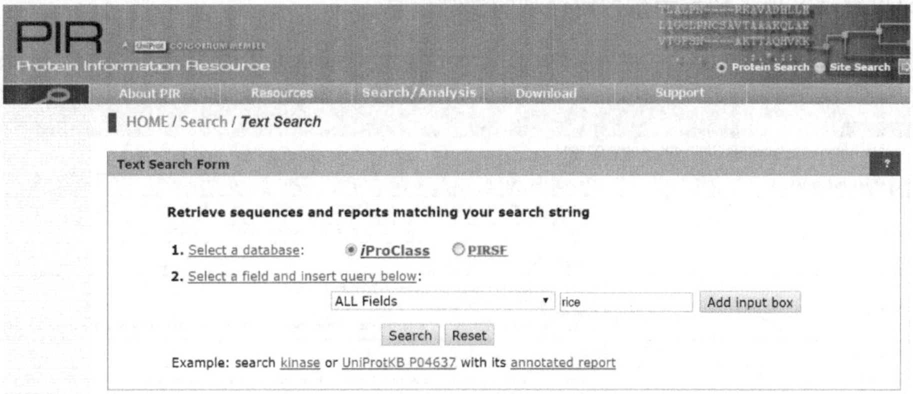

图 14.20　数据库及领域选择页面

进入关于“rice”的蛋白质检索列表，如图 14.21 所示，列表中主要包括“Protein AC/ID”（蛋白质 ID）、“Protein Name”（蛋白质名字）、“Length”（长度）、“Organism Name”（物种名）、“PRO ID”“PIRSF ID”“UniRef50”项目。

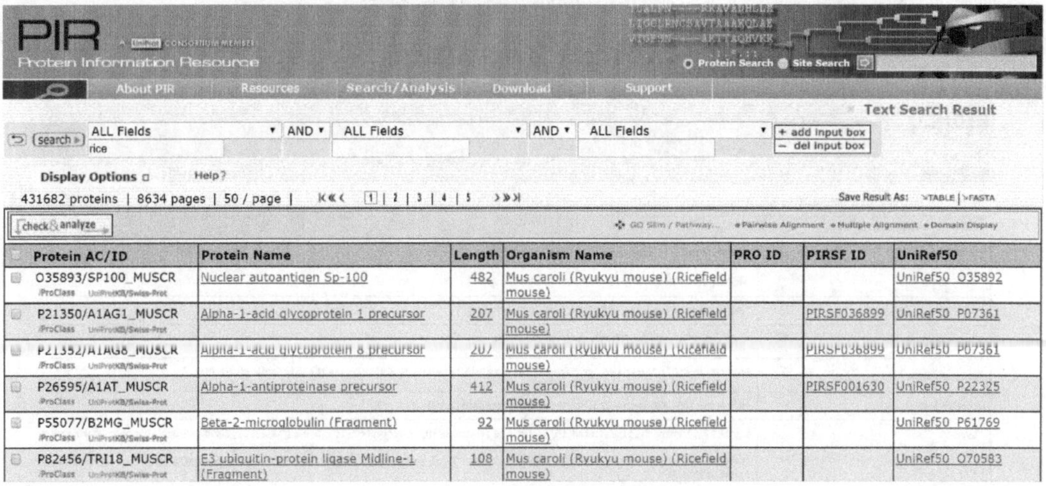

图 14.21　蛋白质检索结果页面

点击列表中的不同项目条目，可以获取更详细的相应信息。例如，点击“Protein Name”，即可进入相应的蛋白质信息页面，如图 14.22 所示，内容主要有“GENERAL INFORMATION”（蛋白质一般信息）、“CROSS-REFERENCES”（交叉引用文献）、“FAMILY CLASSIFICATION”（相关蛋白质家族信息）等；点击“PIRSF ID”即可进入相应的蛋白质序列详细信息页，如图 14.23 所示，主要有“PIRSF Number”（蛋白质序列的 PIRSF ID 号）、“PIRSF Name”（蛋白质序列的命名）、“PIRSF Size”（蛋白质序列的大小）、“PIRSF

Hierarchy”（蛋白质序列 PIRSF 等级）、“Taxonomy Range”（蛋白质序列的分类范围）、“Length Range”（蛋白质序列的长度范围）、“Keyword”（关键字）、“Representative member”（代表成员）、“Seed Members”（种子成员）及其他相关信息（在此不一一列举），在这里可以很清楚地了解相关蛋白质序列的详细信息。

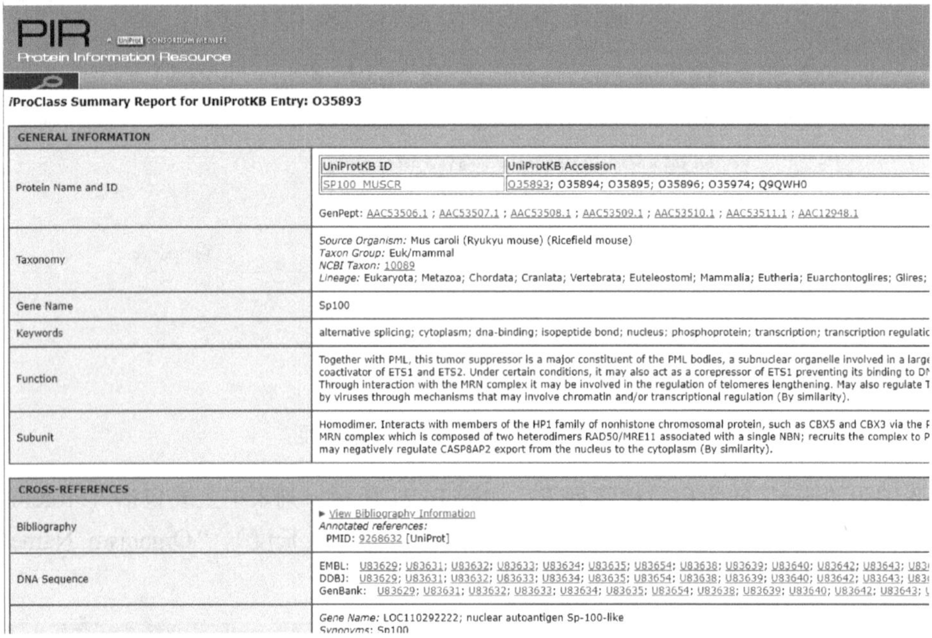

图 14.22 蛋白质信息页面

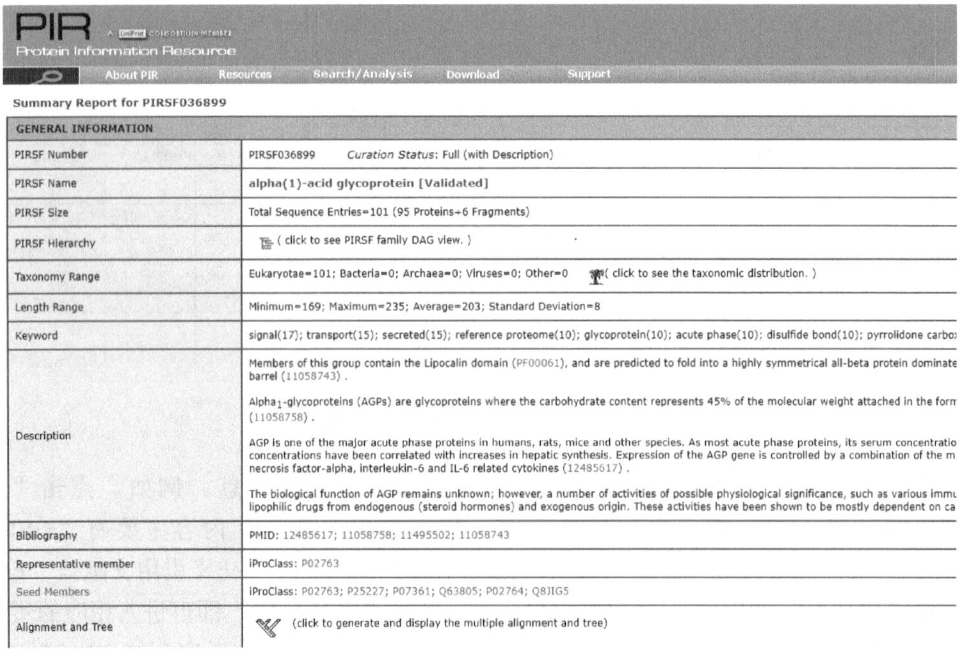

图 14.23 蛋白质序列详细信息页面

（3）蛋白质序列搜索　以 PIRSF 数据库为例进行蛋白质序列搜索方法介绍。PIR 主页上点击“Resources”下拉菜单中的“PIRSF”进入蛋白质序列搜索页面，如图 14.24 所示。在“TEXT SEARCH”搜索框中输入蛋白质序列 ID（如图 14.23 中的“PIRSF000641”）即可进入搜索结果页面。

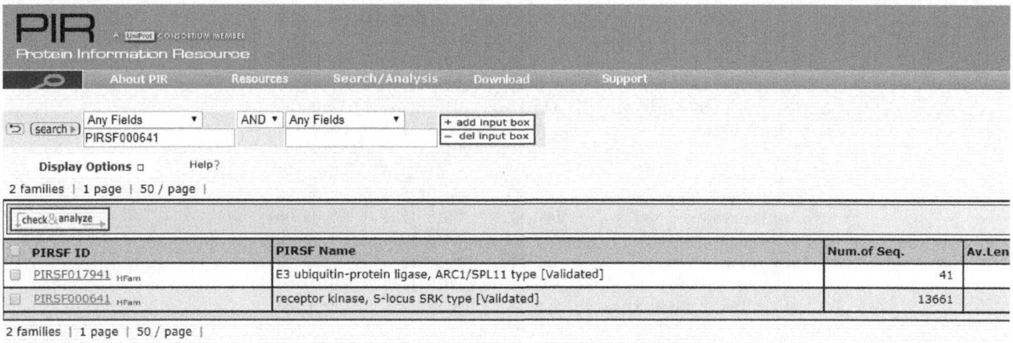

图 14.24　PIRSF 蛋白质序列搜索结果页面

搜索结果页面如图 14.25 所示，点击“PIRSF ID”编号即可进入详细信息，详细信息页面与图 14.23 相同，截图和各项目信息就不再重复介绍。

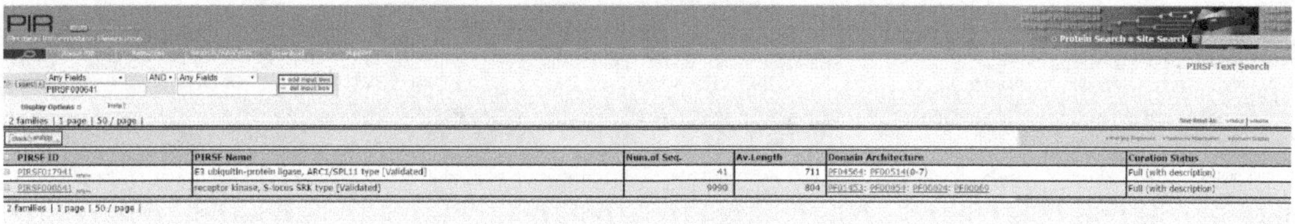

图 14.25　搜索结果页面

（4）蛋白质序列下载　在 PIR 主页上点击“Download”进入蛋白质序列下载界面，界面如图 14.26 所示，主要包括“*i*ProClass”“PIRSF”“PRO”。

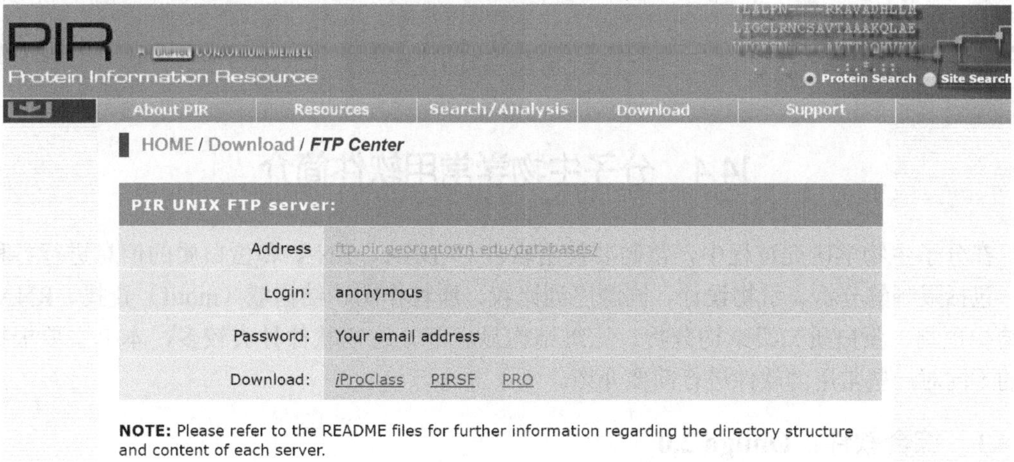

图 14.26　蛋白质序列下载页面

点击“PRO”进入下载目录，如图 14.27 所示。点击任意目录进入下载文件界面，其中，*.txt 文件需要复制，如图 14.28 所示为 txt 文件，PDF 及文件夹可以直接下载。

/databases/ontology/pro_obo/ 的索引

名称	大小	修改日期
[上级目录]		
PAF.txt	1.5 MB	2018/12/5 下午3:00:00
PAF_guidelines.pdf	81.8 kB	2018/10/22 下午1:14:00
PAF_guidelines.pdf.old	115 kB	2015/9/23 上午12:00:00
PRO_mappings/		2018/12/5 下午3:00:00
TLR/		2015/1/20 上午12:00:00
old_files/		2018/12/10 下午6:02:00
pro_nonreasoned.obo	141 MB	2018/12/5 下午3:00:00
pro_nonreasoned.owl	900 MB	2018/12/5 下午3:00:00
pro_readme.txt	6.9 kB	2018/12/5 下午3:00:00
pro_reasoned.obo	162 MB	2018/12/5 下午3:00:00
pro_reasoned.owl	965 MB	2018/12/5 下午3:00:00
pro_release_note.txt	2.0 kB	2018/12/5 下午3:00:00

图 14.27 蛋白质序列下载目录

```
PRO_ID  Object_term     Object_syny     Modifier        Relation        Ontology_ID     Ontology_term   Relative_to     Interaction_with        Evidence_source
Evidence_code   Taxon   Inferred_from   DB_ID   Date    Assigned_by     Comment
PR:000000002    E3 ubiquitin ligase SFC complex Skp1 subunit            has_part        Pfam:PF01466    Skp1 family, dimerisation domain
PIRSF:PIRSF028729       ISS     PIRSF:PIRSF028729       PIRSF:PIRSF028729       20080301        PRO:CNA
PR:000000002    E3 ubiquitin ligase SFC complex Skp1 subunit            has_part        Pfam:PF03931    Skp1 family, tetramerisation domain
PIRSF:PIRSF028729       ISS     PIRSF:PIRSF028729       PIRSF:PIRSF028729       20080301        PRO:CNA
PR:000000002    E3 ubiquitin ligase SFC complex Skp1 subunit            part_of GO:0019005      SCF ubiquitin ligase complex
PIRSF:PIRSF028729       ISS     PIRSF:PIRSF028729       PIRSF:PIRSF028729       20080301        PRO:CNA
PR:000000002    E3 ubiquitin ligase SFC complex Skp1 subunit            participates_in GO:0006511      ubiquitin-dependent protein catabolic process
PIRSF:PIRSF028729       ISS     PIRSF:PIRSF028729       PIRSF:PIRSF028729       20080301        PRO:CNA
PR:000000003    HLH DNA-binding protein inhibitor       bHLH clade D|bHLH class V|DNA-binding protein inhibitor ID|ID protein           has_function    GO:0003700
DNA-binding transcription factor activity               PIRSF:PIRSF005808       ISS     PIRSF:PIRSF005808       PIRSF:PIRSF005808       20150820
PRO:CNA
PR:000000003    HLH DNA-binding protein inhibitor       bHLH clade D|bHLH class V|DNA-binding protein inhibitor ID|ID protein           has_part        Pfam:PF00010
Helix-loop-helix DNA-binding domain             PIRSF:PIRSF005808       ISS     PIRSF:PIRSF005808       PIRSF:PIRSF005808       20080301
PRO:CNA
PR:000000003    HLH DNA-binding protein inhibitor       bHLH clade D|bHLH class V|DNA-binding protein inhibitor ID|ID protein           participates_in GO:0006355
regulation of transcription, DNA-templated              PIRSF:PIRSF005808       ISS     PIRSF:PIRSF005808       PIRSF:PIRSF005808       20080301
PRO:CNA
PR:000000004    RING-box protein                has_function    GO:0004842      ubiquitin-protein transferase activity          PIRSF:PIRSF016237
ISS     PIRSF:PIRSF016237       PIRSF:PIRSF016237       20080301        PRO:CNA
PR:000000004    RING-box protein                has_function    GO:0005515      protein binding         PIRSF:PIRSF016237       ISS
PIRSF:PIRSF016237       PIRSF:PIRSF016237       20080301        PRO:CNA
PR:000000004    RING-box protein                has_part        Pfam:PF00097    Zinc finger, C3HC4 type (RING finger)           PIRSF:PIRSF016237
ISS     PIRSF:PIRSF016237       PIRSF:PIRSF016237       20080301        PRO:CNA
PR:000000004    RING-box protein                participates_in GO:0016567      protein ubiquitination          PIRSF:PIRSF016237       ISS
PIRSF:PIRSF016237       PIRSF:PIRSF016237       20080301        PRO:CNA
PR:000000005    TGF-beta receptor type-2        TbetaR-II|TGF-beta receptor type II|TGF-beta type II receptor|TGFBR2|TGFR-2|transforming growth factor-beta receptor
type II has_function    GO:0004672      protein kinase activity         PIRSF:PIRSF037393       ISS     PIRSF:PIRSF037393
PIRSF:PIRSF037393|UniProtKB:P37173|UniProtKB:Q62312     20080301        PRO:CNA
PR:000000005    TGF-beta receptor type-2        TbetaR-II|TGF-beta receptor type II|TGF-beta type II receptor|TGFBR2|TGFR-2|transforming growth factor-beta receptor
type II has_function    GO:0005515      protein binding         PIRSF:PIRSF037393       ISS     PIRSF:PIRSF037393
```

图 14.28 需复制的 txt 文件内容

14.4 分子生物学常用软件简介

在分子生物学研究过程中，常需要使用软件对 DNA、RNA 和蛋白质的信息进行各种处理，包括限制酶分析、引物设计、同源序列比较、质粒作图、结构域（motif）查找、RNA 二级结构预测、蛋白质二级结构分析、三维结构显示等。这些软件种类较多，本书主要根据功能的不同对一些常用的软件进行简要介绍。

14.4.1 综合软件：Omiga 2.0

Omiga 是一款强大的蛋白质、核酸分析软件，它还兼有引物设计的功能。主要功能有编辑、浏览蛋白质或核酸序列，分析序列组成。用 Clustalw 进行同源序列比较，发现同源区。实现核酸序列与其互补链之间的转化，序列的拷贝、删除、粘贴、置换及转化为 RNA 链，以不同的读码框、遗传密码标准翻译成蛋白质序列。查找核酸限制性酶切位点、结构域（motif）及可读框（ORF），设计并评估 PCR、测序引物。查找蛋白质解蛋白位点（proteolytic sites）、结构域、二级结构等。查寻结果可以以图谱及表格的形式显示，表格设有多种分类显示形式。利用“Mange”快捷键，用户可以向限制性内切酶、蛋白质或结构域、可读框及蛋白质位点等数据库中添加或移去某些信息。每一数据库中都设有多种查寻参数，可供选择使用。用户也可以添加、编辑或自定义某些查寻参数。可从 MacVectorTM、Wisconsin PackageTM 等数据库中输入或输出序列。另外，该软件还提供了一个很有特色的类似于核酸限制酶分析的蛋白质分析功能，对蛋白质进行有关的多肽酶处理后产生多肽片段。

同类软件有 DNASIS 2.5、DNATools 5.1。

14.4.2 限制酶切位点分析：DNAssist 2.2

限制酶切位点分析是分子生物学研究过程中最基本的操作，虽然可以通过文本编辑软件来查找，但过程烦琐（特别是序列长且分析的酶切位点多时）。通过专门的限制酶分析软件，不但方便，不易出错；而且输出的格式多样，可满足用户的各种要求。DNAssist 2.2 是一款非常专业和实用的限制酶分析软件，并含有部分蛋白序列分析功能。

同类软件有 Primer Premier 5.0、DNAClub。

14.4.3 引物设计：Primer Premier 5.0

优秀的引物设计软件能从模板序列中按用户的要求挑选出一系列引物序列，同时把这些序列的所有特性（包括分子质量、T_m 值、二级结构、上下游引物间的错配、3′端的稳定性及 GC 含量等）分析出来。当然，这里的引物包括 PCR 引物、测序引物和探针。Primer Premier 5.0 是由加拿大的 Premier 公司开发的专业用于 PCR 或测序引物以及杂交探针的设计和评估的软件。其主要界面分为序列编辑窗口（“Genetank”）、引物设计窗口（“Primer Design”）、酶切分析窗口（“Restriction Sites”）和 motif 分析窗口。顾名思义，该软件就是用来进行引物设计的，可以简单地通过手动拖动鼠标以扩增出相应片段所需的引物，而在手动的任何时候，下面显示各种参数的改变和可能的二聚体、异二聚体、发夹结构等。也可以给定条件，让软件自动搜索引物，并将引物分析结果显示出来。而且进行这些操作非常简单。

同类软件有 DNAClub。

14.4.4 序列的同源比较：Clustalx

Clustalx 是用来对核酸与蛋白质序列进行多序列比较（multiple sequence alignment）的软件。多序列比较在分子生物学中是一个基本方法，用来发现特征序列，进行蛋白质分类，证明序列间的同源性，帮助预测新序列的二级结构与三级结构，确定 PCR 引物，以及在分子进化分析方面均有很大帮助，Clustalx 很适合这些方面的要求。

同类软件有 MACAW 2.05、GeneDoc 3.2。

14.4.5 质粒绘图：Plasmid Premier 2.02

就像限制酶切位点分析一样，质粒绘图也是常用的功能。Plasmid Premier 2.02 是由加拿大的 Premier Biosoft 公司推出的用于质粒作图的专业软件，主要用于进行质粒作图、质粒特征分析和质粒设计。其主要界面分为序列编辑窗口（“Genetank”）、质粒作图窗口（“Plasmid Design”）、酶切分析窗口（“Restriction Sites”）和纹基分析窗口（“Motif”）。

同类软件有 Winplas 2.6、Gene Construction Kit 2.0。Gene Construction Kit 2.0 是一个非常好的质粒构建软件包。与大多数分析软件不同，它制作并显示克隆策略中的分子构建过程，包括质粒构建、模拟电泳条带；当然还可以质粒作图（有无序列均可）。

14.4.6 RNA 二级结构预测：RNAdraw 1.1b2

二级结构分析和预测的软件很多，但绝大部分都只能在 Mac 和 Unix 下使用，在 Windows 平台下的很少。建议使用 RNAdraw 1.1b2，其是 Windows 下的多文档窗口（multiple document interface）软件，允许同时打开多个数据处理窗口。主窗口的工具条提供一些基本功能：打开文件、导入文件、关闭文件、设置程序参数、重排窗口及即时帮助和退出程序。RNAdraw 中一个非常重要的特征是鼠标右键打开的菜单显示鼠标当前所指向的对象/窗口可以使用的功能列表。

同类软件有 RNAStructure 3.5。

14.4.7 蛋白质二级结构分析：Antheprot 4.5

Antheprot 4.5 软件包括了蛋白质研究领域所包括的大多数内容，功能非常强大。应用此软件包，使用个人电脑，便能进行各种蛋白质序列分析与特性预测。更重要的是，该软件能够提供蛋白质序列的一些二级结构信息，使用户有可能模拟出未知蛋白质的高级结构。

14.4.8 三维结构显示：Cn3D

通过各种方法计算出来的各种三维结构的数据，只有在三维结构浏览软件的帮助下，才能显示出来，从而使用户形象地看到生物大分子的三维立体结构。Cn3D 是由 NCBI 开发的用于观看蛋白质三维结构的软件，其设计的主要目的是为 NCBI 在其站点中的蛋白质结构数据库 MMDB 提供专业的结构观察软件。其主要的操作界面分为两个窗口，一个为结构窗口，另一个为序列窗口。与其他类似的软件，如 Rasmol、Weblabview 等相比，其在结构观察方面主要功能上基本相似，但是在图形格式上比 Rasmol 和 Weblabview 要差一些。而在与网络连接上，该软件能依托 NCBI 所建立的 MMDB 结构数据库，能直接根据输入的序列号从数据库中利用其内嵌的 Entrez 搜索引擎调出蛋白质结构来进行观察，比其他软件要简便。而 Cn3D 主要的特点是能够将两个蛋白质放在一起直观地进行三维结构上的比较。同样，Cn3D 在结构比较方面也能利用其内嵌的 Blast 搜索引擎直接访问 GenBank 数据库找到具有局部相似性的结构数据，并在三维结构图中显示出二者具有相似性的结构区域。

同类软件有 RasMol 2.7.1。

14.5 序列比对

序列比对是指通过一定算法对两个或多个核酸或氨基酸序列（即字符序列）进行比较，逐列比较其字符的异同，判断它们之间的相似程度和同源性，从而推测它们的结构、功能及进化上的联系。序列比对不仅是数据库搜索、基因比较和新基因发现中最常用和最经典的序列分析手段，而且序列比对的结果作为二级生物数据，为蛋白质结构和功能预测、系统进化树的建立、基因病的治疗、新药物设计等许多生物研究提供了宝贵的信息。

序列比对是生物信息学中最基本、最重要的操作，通过序列比对可以发现生物序列中的功能、结构和进化的信息。序列比对的根本任务是：通过比较生物分子序列，发现它们的相似性，找出序列之间共同的区域，同时辨别序列之间的差异。在分子生物学中，DNA 或蛋白质的相似性是多方面的，可能是核酸或氨基酸序列的相似，可能是结构的相似，也可能是功能的相似。一个普遍的规律是序列决定结构，结构决定功能。研究序列相似性的目的之一，就是通过相似的序列得到相似的结构或相似的功能。研究序列相似性的另一个目的是通过序列的相似性，判别序列之间的同源性，推测序列之间的进化关系。这里，将序列看成由基本字符组成的字符串，无论核酸序列还是蛋白质序列，都是特殊的字符串。

序列比对根据同时进行比对的序列数目分为双序列比对（pair-wise sequence alignment）和多序列比对（multiple sequence alignment）。序列比对从比对范围考虑也可分为全局比对（global alignment）和局部比对（local alignment）。全局比对考虑序列的全局相似性，局部比对考虑序列片段之间的相似性。全局比对是从头到尾全程比较，考虑序列的整体相似性。全局多序列比对可以鉴别或证明新序列与已有序列家族的同源性；帮助预测新蛋白质序列的二级和三级结构，是进行分子进化分析的重要前提。局部比对考虑序列部分区域的相似性，局部比对的生物学基础是蛋白质功能位点是由较短的序列片段组成，尽管在序列的其他部位可能有插入、删除或突变，但是这些序列片段具有相当大的保守性。此时，局部比对往往比全局比对具有更高的灵敏度，其结果更具生物学意义。局部多序列比对可以用来刻画蛋白质家族和超家族。

14.5.1 序列比对常用工具介绍

当前存在很多种序列比对工具，包括早期序列比对工具 Needleman-Wunsch、Smith-Waterman 到后来的 Clustal 算法，以及近几年的 Muscle、MAFFT 序列比对算法。算法在向更快、更精确、能处理更多数据这些方向进行缓慢而有力的发展。从使用方式上主要分为离线的比对软件和在线比对工具，目前常用的在线比对软件如下。

14.5.1.1 Clustal

Clustal 是一个单机版的基于渐进比对的多序列比对工具，由 D. G. Higgins 等开发，包括 Clustal Omega（升级版，同时具有在线版本）、Clustalx（图形化界面版）和 Clustalw（命令界面），是生物信息学常用的多序列比对工具，有应用于多种操作系统平台的版本。Clustalx 和 Clustalw 的官方下载地址为http://www.clustal.org/download/current/，Clustal

Omega 的官方下载地址为http://www.clustal.org/omega/，Clustal Omega 的在线使用地址为https://www.ebi.ac.uk/Tools/msa/clustalo/。

14.5.1.2 DiAlign

DiAlign 可以输入一个文件，包含每条序列的锚定位点（即强制比对的区域），在此基础上比对其余序列。换句话说，可以通过 DiAlign 软件预先强制确定某个序列的某个位点与另外一个序列的某位点是比对在一起的，从而实现人为对比对结果进行修改。DiAlign 的计算过程如下：①对所有序列进行两两之间的局部最优化的比对；②找到所有能够匹配的部分（M1）；将重叠的、前后连续（consistency）的匹配部分连接起来（diagonals）（M2）；③将剩下的未比对的序列重新比对，再发现能够匹配的部分，构成新 M1，将前后连续部分构成 M2；④重复上述步骤，直到结果收敛。DiAlign 的下载地址为 http://bibiserv.techfak.uni-bielefeld.de/dialign/。

14.5.1.3 MUSCLE

MUSCLE（multiple protein sequence alignment）是一款蛋白质水平多序列比对的软件，在速度和精度上都优于 Clustalw。在进行多序列比对时，大多数情况下可以优先使用 MUSCLE。其有本地版和在线版，本地版下载地址为 http://www.drive5.com/muscle/downloads.htm，在线版网址为 http://www.ebi.ac.uk/Tools/msa/muscle/。MUSCLE 的算法：先使用渐进式比对（progressive alignment）获得初始的多序列比对，再使用横向精炼（horizontal refinement）迭代提高多序列比对结果。

14.5.1.4 PROBCONS

PROBCONS 由 Chuong Do 和 Serafim Batzoglou 合作开发，是一种蛋白质序列多重比对的新工具。通过结合概率建模和基于一致性的比对技术，并进行了如下改进：①所有序列的两两比对，通过 profile HMM 的方法进行双序列比对；②将渐进算法与迭代算法整合。PROBCONS 已经达到迄今为止所有比对方法的最高准确度，性能最优。但仍然存在速度慢、内存需求高等不足。PROBCONS 的下载地址如下：http://probcons.stanford.edu/download.html。

14.5.1.5 T-Coffee

T-Coffee 有强大的功能和较高的准确度，它能够整合很多信息，如结构信息、实验数据等用于序列比对。它的基本原理是首先构建一个库，包含 Clustalw 得到的序列两两比对和 Fasta 得到的局部两两比对，并且给每个比对一个权重；然后把全局比对和局部比对的结果进行整合，每个两两比对中每个位点的比对都是综合了库中该两两比对的序列和其他序列比对的结果，这样就给该位点比对一个权重用以表明该位点的该比对在整个库中的合理性程度；最后是 Progressive 比对过程。该方法的最大优势在于能够整合各种信息，所以它的可拓展性较强，从 2000 年出现以来到现在，T-Coffee 得到了极大的发展，功能非常丰富。但是它的缺点是速度非常慢，因此数据集较小（$n<100$）时用它比较合适。

对上述 5 个常用的序列比对软件进行比较可以发现，各软件各有特点，PROBCONS 综合性能最好；T-Coffee 序列相似性高时最准确；DiAlign 序列相似性低时最准确；Clustalw/x 最经典，被广泛接受；MUSCLE 是目前最流行的多序列比对工具。使用时需要根据具体需求进行选择。

常用的在线序列比对工具主要由 EMBL-EBI 提供，包括但不限于 Needle、Water、Clustal Omega、Muscle、Mafft、T-Coffee 等，以及 NCBI 提供的 Blast2seq 工具；常用的序列相似性搜索工具有 NCBI 提供的 BLAST、UCSC 提供的 BLAT 等。EMBL-EBI 与 NCBI 同时期也开发了一套序列相似性搜索工具，然而最终没能流行起来。BLAST 一家独大，BLAT 依赖 UCSC 占据一点小市场。EMBL-EBI 提供大量的对比工具在线服务，并不代表其拥有这些工具的所有权。在线序列比对工具按功能大致可以分为三类：配对序列比对工具、多序列比对工具及序列相似性搜索工具。配对序列比对是用来研究两条序列（核酸序列或者蛋白序列）之间功能、结构或者进化关系，如 Needle 等；多序列比对工具当然也支持配对序列比对，不过更多的是用来比对 3 条及以上序列，研究序列之间是否同源及序列间的进化关系，如 Clustal Omega（http://www.clustal.org/omega/）、Muscle（http://www.ebi.ac.uk/Tools/msa/muscle/）及 Mafft（https://www.ebi.ac.uk/Tools/msa/mafft/）等；序列相似性搜索工具主要是在一个序列数据库中查找一条序列，找出与查询序列最相似的序列，如 NCBI 的 BLAST（https://blast.ncbi.nlm.nih.gov/Blast.cgi）、UCSC 的 BLAT（https://genome.ucsc.edu/cgi-bin/hgBlat）等。

14.5.2 NCBI 的 BLAST 在线比对

14.5.2.1 BLAST 介绍

在序列分析中，BLAST 算得上是最出名的序列分析工具。它通过最大程度的彼此比对，在数据库中查询该序列的方式来比较两条序列。BLAST 程序的总体比对算法思想是：首先通过完全匹配来查找序列，然后通过允许有误匹配的方式来扩展比对区域。BLAST 程序的主要用途如下。

1）推断和鉴定查询序列的功能。

2）帮助指导实验设计来论证该功能。

3）在模式生物（如人类、酵母和小鼠等）中发现相似的序列，并用该序列来进一步研究基因。

4）在全基因组之间进行彼此之间的比较，从而来识别不同生物体之间的相似性和差异。

5）发现与该序列相似的同源序列。

6）用序列相似性来推断两个或更多的基因或蛋白质之间的同源性和结构相似性。

7）识别一个蛋白质中更多的保守区域，特别是潜在的具有重要功能的区域。

8）在基于在同一个位点或区域的基础上来比较和同源对照。

9）从序列相似性来推断进化距离，包括相似性和同源性。

BLAST 是用来把感兴趣的序列跟已经存在的大的数据库进行比较的一个强大的比对工具，通过比对识别相关的序列，能获得感兴趣的基因和蛋白质的功能和进化过程。

14.5.2.2 BLAST 程序介绍

BLAST 有 5 种比对方式，即 BLASTn、BLASTp、BLASTx、TBLASTn 和 TBLASTx，各个程序的介绍如表 14.2 所示。

表 14.2 BLAST 程序比对方式

程序名	查询序列类型	数据库序列类型	比对后的序列类型
BLASTn	核酸序列	核酸数据库	核酸
BLASTp	蛋白质序列	蛋白质数据库	蛋白质
BLASTx	核酸序列	蛋白质数据库	蛋白质
TBLASTn	蛋白质序列	核酸数据库	蛋白质
TBLASTx	核酸序列	核酸数据库	蛋白质

具体解释如下。

1）BLASTn：从核酸序列到核酸数据库中的一种查询。库中存在的每条已知序列都将同所查序列做一对一的核酸序列比对。

2）BLASTp：从蛋白质序列到蛋白质数据库中的一种查询。库中存在的每条已知序列将逐一地同每条所查序列做一对一的序列比对。

3）BLASTx：从核酸序列到蛋白质数据库中的一种查询。首先将核酸序列翻译成蛋白质序列（一条核酸序列会被翻译成可能的 6 条蛋白质序列），再对每一条做一对一的蛋白质序列比对。

4）TBLASTn：从蛋白质序列到核酸数据库中的一种查询。它与 BLASTx 相反，是将库中的核酸序列翻译成蛋白质序列，再同所查序列做蛋白质与蛋白质的比对。

5）TBLASTx：从核酸序列到核酸数据库中的一种查询。此种查询将库中的核酸序列和所查的核酸序列都翻译成蛋白质序列（每条核酸序列会产生 6 条可能的蛋白质序列），这样每次比对会产生 36 种比对阵列，这是最耗费时间的一种比对方法。

14.5.2.3 BLAST 使用方法

（1）打开 BLAST 主页　打开后的主页如图 14.29 所示，其提供了多款 BLAST 子工具，常用的是“Nucleotide BLAST”及“Protein BLAST”，点击图 14.29 的“Nucleotide BLAST”进入工具内部。

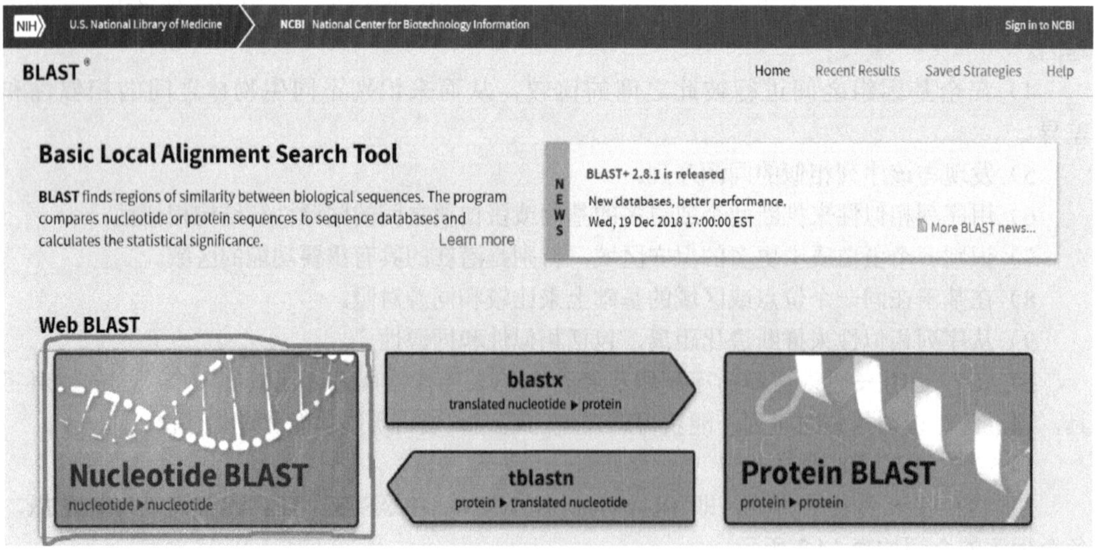

图 14.29 BLAST 主页界面

（2）序列输入及参数选择　　进入后的界面如图 14.30 所示。

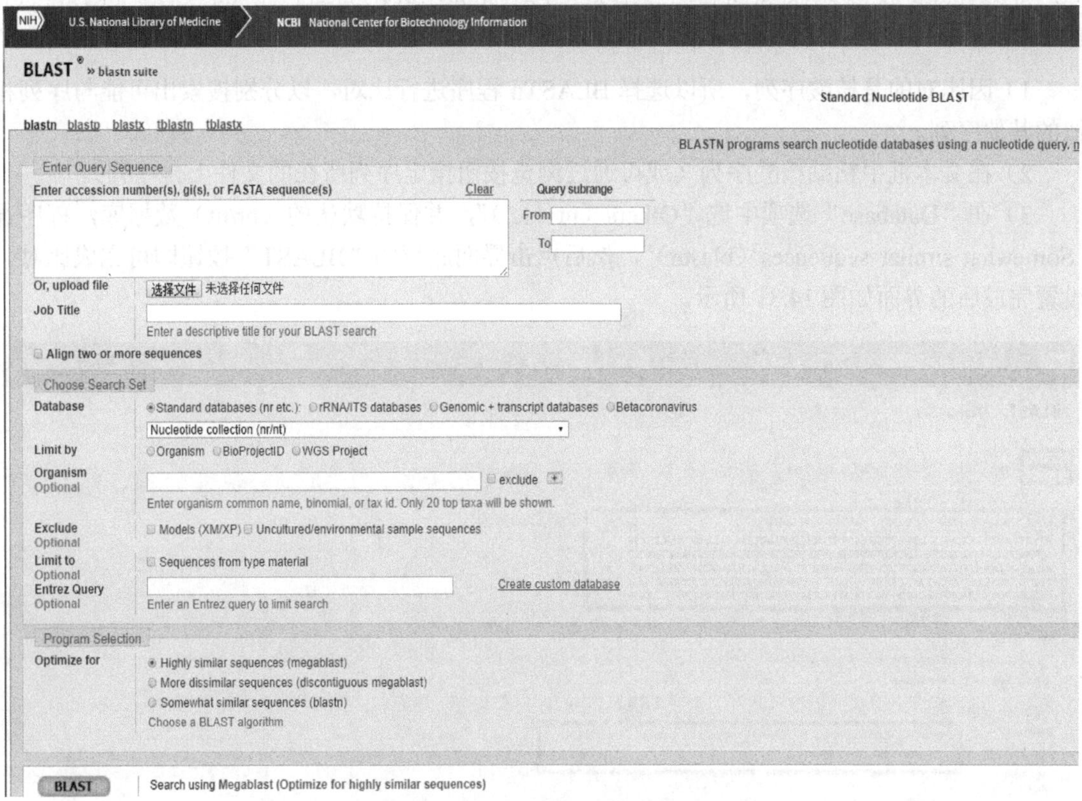

图 14.30　序列输入及参数选择界面

此处以未知菌株的 16S rDNA 基因部分序列的搜索和比对为例进行详细说明。所使用的未知菌的 16S rDNA 基因部分序列如下：

```
AGAGTTTGATCCTGGCTCAGGACGAACGCTGGCGGCGTGCTTAACACATGCAAGTCGAACGATGAAGCCCAGCTTGCTG
GGTGGATTAGTGGCGAACGGGTGAGTAACACGTGGGTGATCTGCCCTGCACTTCGGGATAAGCCTGGGAAACTGGGTCT
AATACCGGATAGGACCTCGGGATGCATGTTCCGGGGTGGAAAGGTCTTCCGGTGCAGGATGGGCCCGCGGCCTATCAGC
TTGTTGGTGGGGTAACGGCCCACCAAGGCGACGACGGGTAGCCGGCCTGAGAGGGCGACCGGCCACACTGGGACTGAGA
CACGGCCCAGACTCCTACGGGAGGCAGCAGTGGGGAATATTGCACAATGGGCGCAAGCCTGATGCAGCGACGCCGCGTG
AGGGATGACGGCCTTCGGGTTGTAAACCTCTTTCAGTACCGACGAAGCGCAAGTGACGGTAAGTACAGAAGAAGCACCG
GCCAACTACGTGCCAGCAGCCGCGGTAATACGTAGGGTGCGAGCGTTGTCCGGAATTACTGGGCGTAAAGAGCTCGTAG
GCGGTTTGTCGCGTCGTCTGTGAAAACCCGCAGCTCAACTGCGGGCTTGCAGGCGATACGGGCAGACTTGAGTACTGCA
GGGGAGACTGGAATTCCTGGTGTAGCGGTGAAATGCGCAGATATCAGGAGGAACACCGGTGGCGAAGGCGGGTCTCTGG
GCAGTAACTGACGCTGAGGAGCGAAAGCGTGGGTAGCGAACAGGATTAGATACCCTGGTAGTCCACGCCGTAAACGGTG
GGCGCTAGGTGTGGGTTTCCTTCCACGGGATCCGTGCCGTAGCTAACGCATTAAGCGCCCCGCCTGGGGAGTACGGCCG
CAAGGCTAAAACTCAAAGGAATTGACGGGGGCCCGCACAAGCGGCGGAGCATGTGGATTAATTCGATGCAACGCGAAGA
ACCTTACCTGGGTTTGACATACACCGGACCGCCCCAGAGATGGGGTTTCCCTTGTGGTCGGTGTACAGGTGGTGCATGG
CTGTCGTCAGCTCGTGTCGTGAGATGTTGGGTTAAGTCCCGCAACGAGCGCAACCCTTGTCCTGTGTTGCCAGCACGTA
ATGGTGGGGACTCGCAGGAGACTGCCGGGGTCAACTCGGAGGAAGGTGGGGACGACGTCAAGTCATCATGCCCCTTATG
TCCAGGGCTTCACACATGCTACAATGGCCGGTACAGAGGGCTGCGATACCGCGAGGTGGAGCGAATCCCTTAAAGCCGG
```

TCTCAGTTCGGATCGGGGTCTGCAACTCGACCCCGTGAAGTCGGAGTCGCTAGTAATCGCAGATCAGCAACGCTGCGGT
GAATACGTTCCCGGGCCTTGTACACACCGCCCGTCACGTCATGAAAGTCGGTAACACCCGAAGCCGGTGGCCTAACCCC
TCGTGGGAGGGAGCCGTCGAAGGTGGGATCGGCGATTGTTGCGAAGTCGTAACAAGGTAACC

1）因比对的是核酸序列，所以选择 BLASTn 程序进行比对，以分别搜索出可能与序列相似的其他序列。

2）在文本框中粘贴核酸序列（或可通过浏览按钮指定序列所在的文件上传序列）。

3）在“Database”选项中选“Others（nr etc.）”，并保持默认的（nr/nt）数据库，程序选“Somewhat similar sequences（blastn）”，然后点击界面底端的“BLAST”按钮即可完成比对。设置完成后的界面如图 14.31 所示。

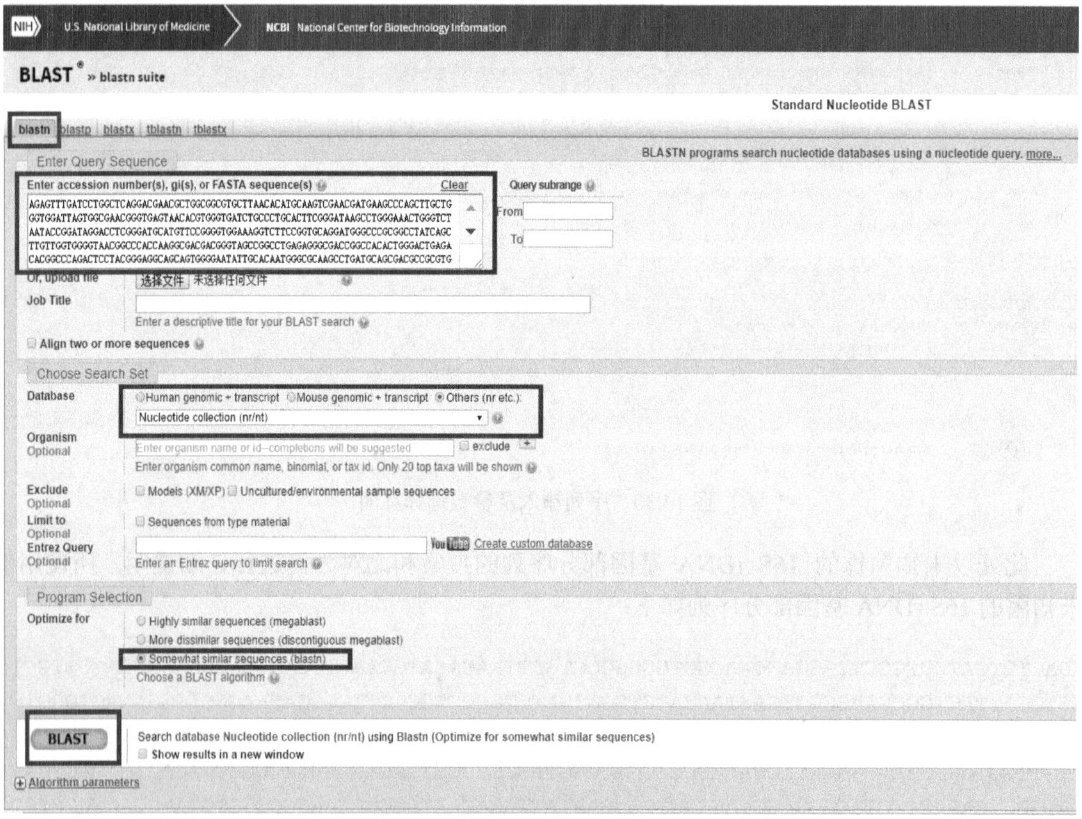

图 14.31　参数设置完成后界面

（3）BLAST 比对结果　　上述未知菌株 16S rDNA 基因部分序列的比对结果如图 14.32 所示。

向下翻看网页，可查看数据库中与该序列相似度较高的序列的信息及参数，包括 Description、Max score、Total score、Query cover、Evalue、Ident 及 Accession，并按照 Max score 降序排列。可根据需要勾选序列前面的方框，然后点击“Downlaod”，对需要的序列信息进行保存，如图 14.33 所示。保存可根据需要选择相应的文件格式，如图 14.34 所示。

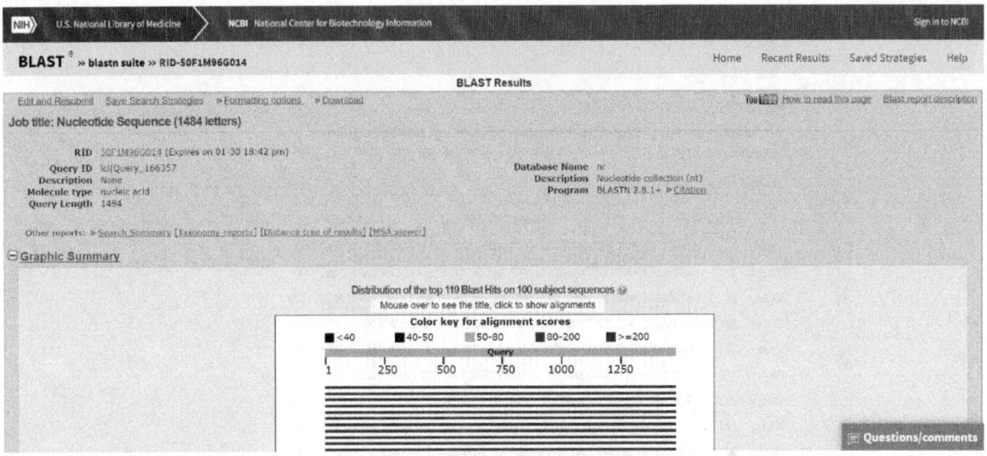

图 14.32　序列比对结果界面

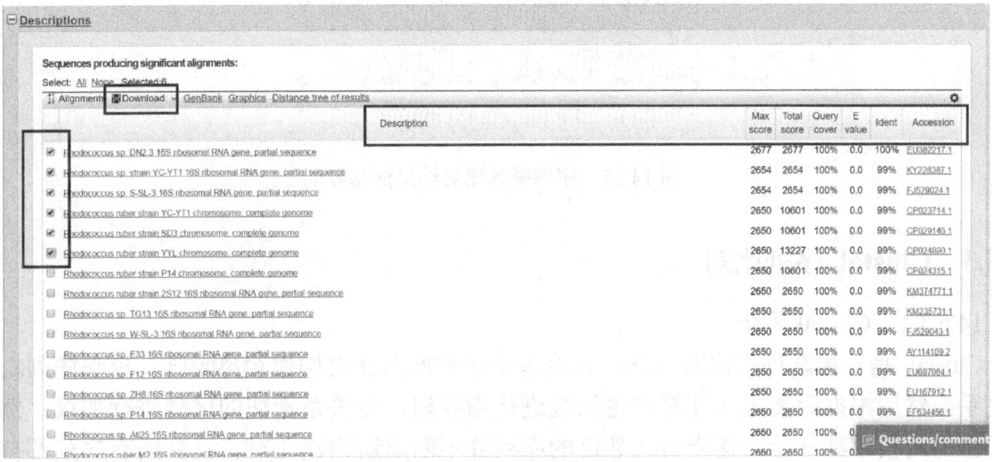

图 14.33　序列选择及下载界面

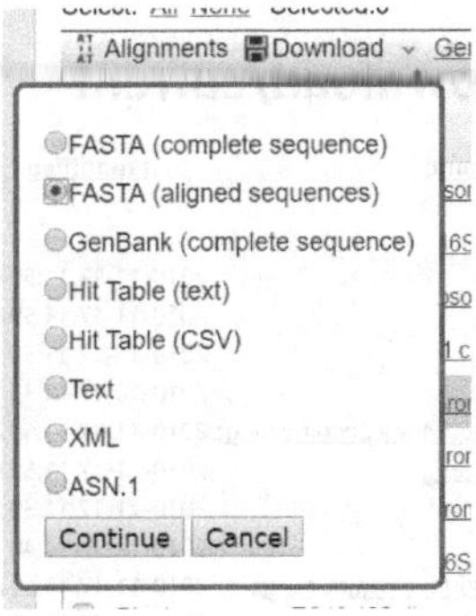

图 14.34　文件格式选择界面

继续下翻，还可以直观地看到测试序列与数据库中检索获得序列的碱基比对结果信息，同样可以对相关信息进行保存，如图 14.35 所示。

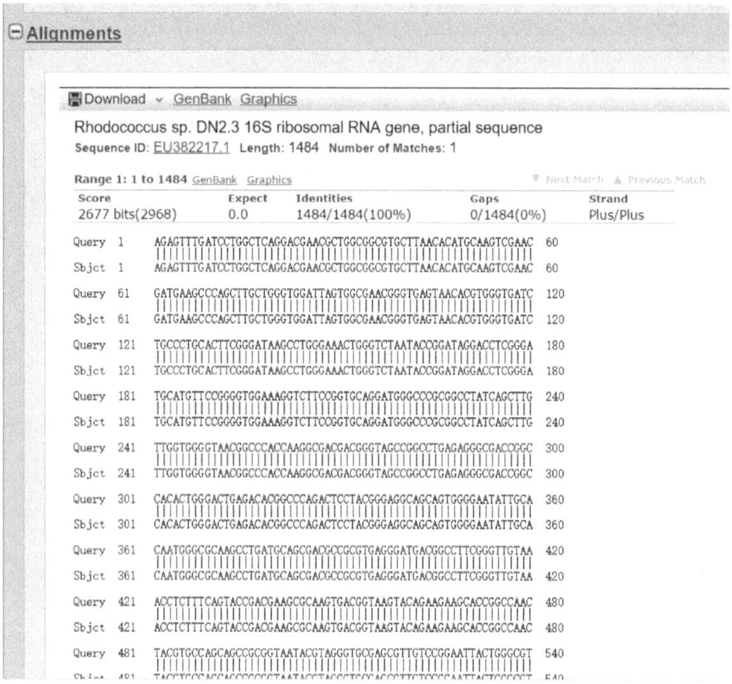

图 14.35 序列碱基比对结果信息界面

14.5.3 Clustal 序列比对

14.5.3.1 Clustal 简介

Clustal 是一种渐进的比对方法，先将多个序列两两比对构建距离矩阵，反映序列之间两两关系；然后根据距离矩阵计算产生系统进化指导树，对关系密切的序列进行加权；然后从最紧密的两条序列开始，逐步引入邻近的序列并不断重新构建比对，直到所有序列都被加入为止。Clustalx 和 Clustalw 的下载页面如图 14.36 所示；Clustal Omega 的下载页面如图 14.37 所示，其在线使用页面如图 14.38 所示。

图 14.36 Clustalx 和 Clustalw 下载页面

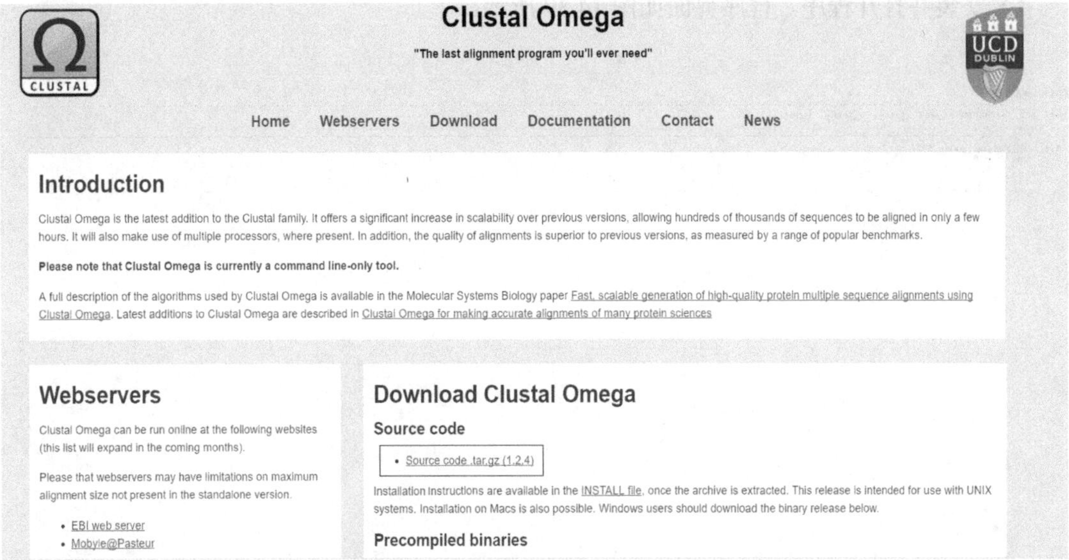

图 14.37　Clustal Omega 下载页面

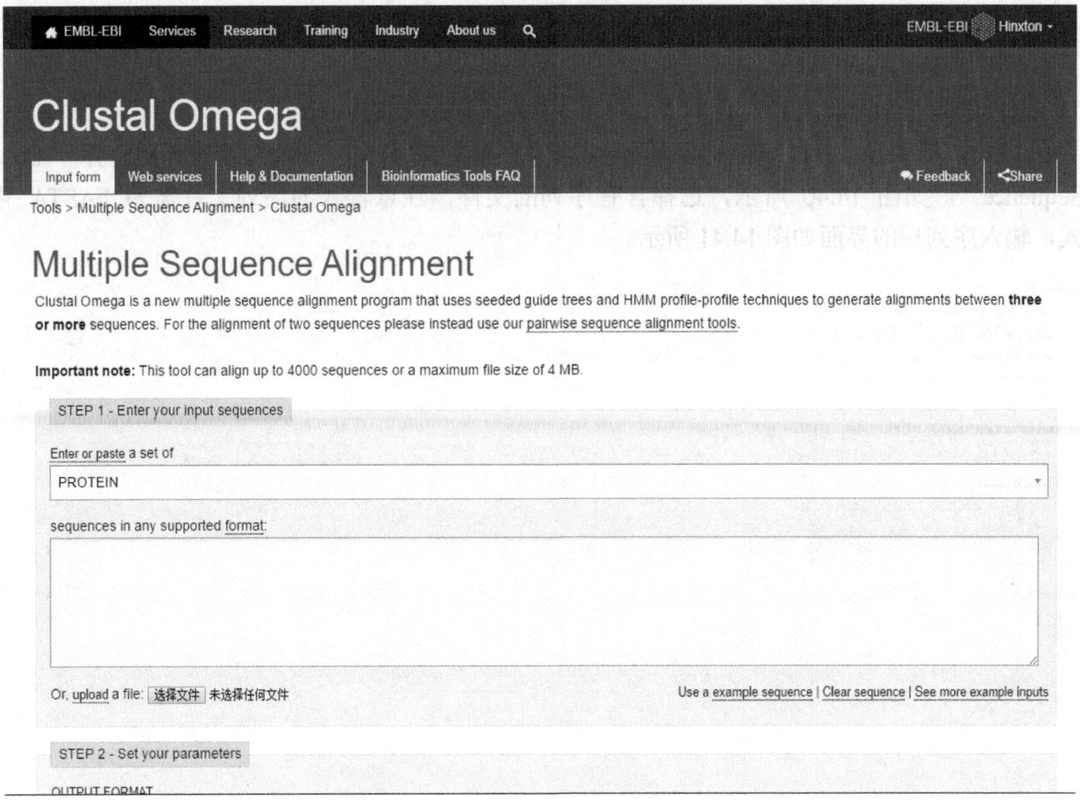

图 14.38　Clustal Omega 在线使用页面

14.5.3.2 Clustalx 的使用方法

1）安装并打开程序，程序界面如图 14.39 所示。

图 14.39 Clustalx 程序界面

2）输入序列文件（load sequences）。单击菜单中的“File”按钮，选择“Load Sequences”，如图 14.40 所示，选择含有序列的文件，注意输入的序列文件需为 FASTA 格式，输入序列后的界面如图 14.41 所示。

图 14.40 输入序列文件方法

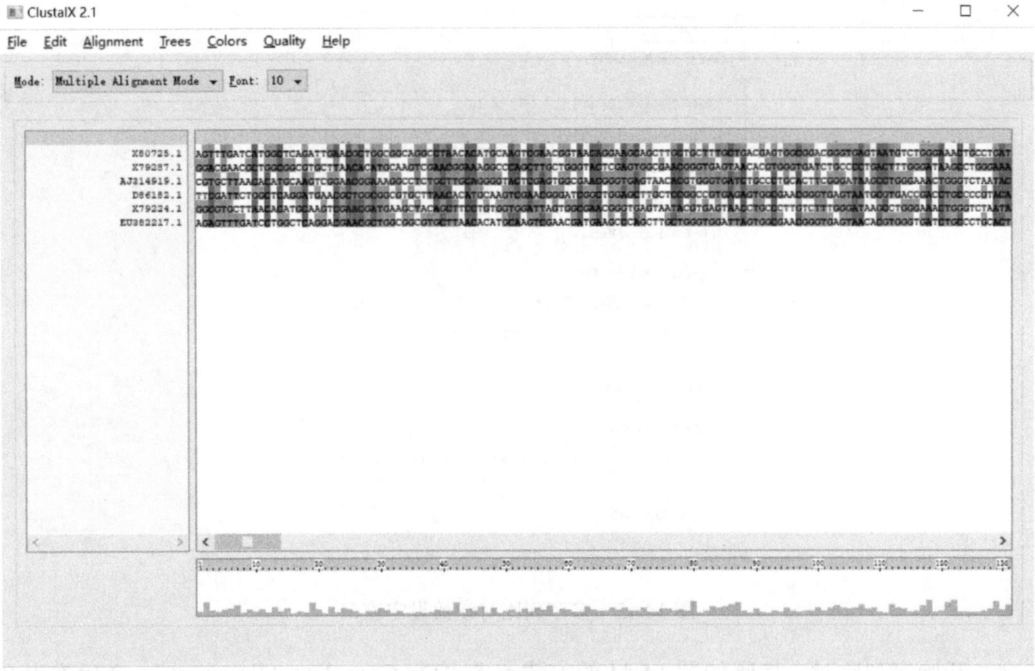

图 14.41　含输入序列的界面

3）设定比对的一些参数。按照如图 14.42 的点击方式调出多序列比对参数设定窗口。参数设定窗口如图 14.43 所示，根据需要设定相关参数。

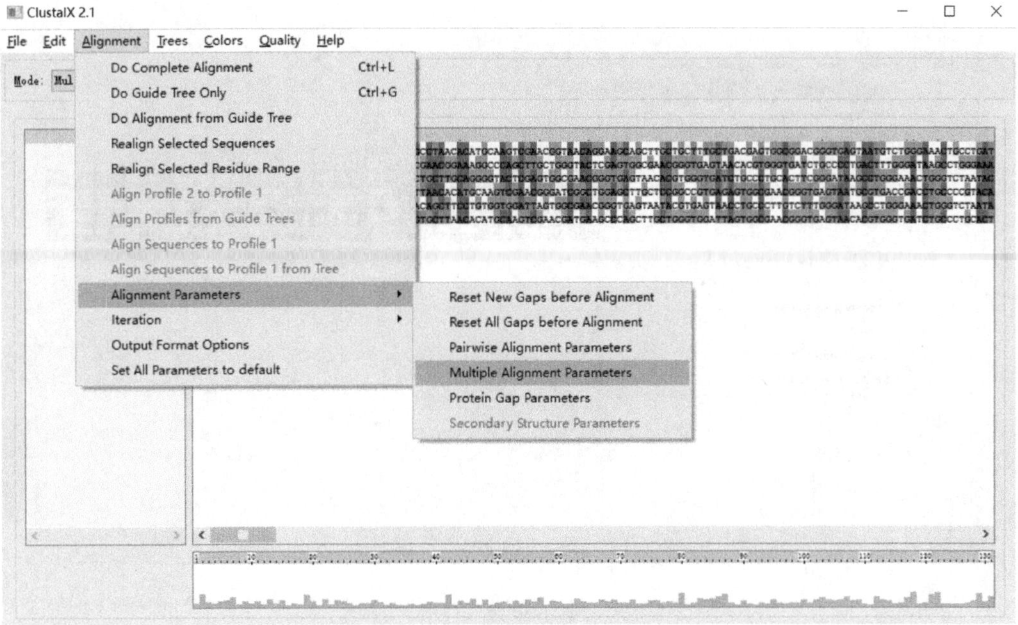

图 14.42　多序列比对调出方法

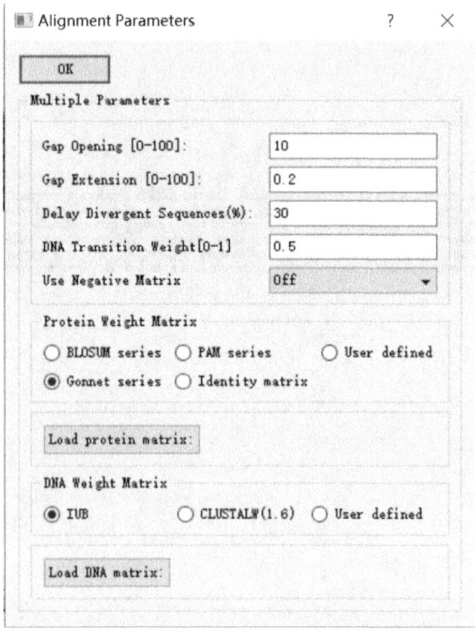

图 14.43 多序列比对参数设定窗口

4）开始序列比对。按照如图 14.44 的方式点击“Do Complete Alignment”，之后弹出文件对话框，文件对话框中后缀.dnd 输出的是指导树文件，后缀.aln 输出的是序列比对结果，它们都是纯文本文件（图 14.45），选择保存的位置后，单击“OK”保存，如果序列不多，很快就可以算完，如果数据很多，可能要等一段时间，等待过程中 Clustalx 状态栏会有程序运行状态和现在正在比对那两条序列的提示信息。

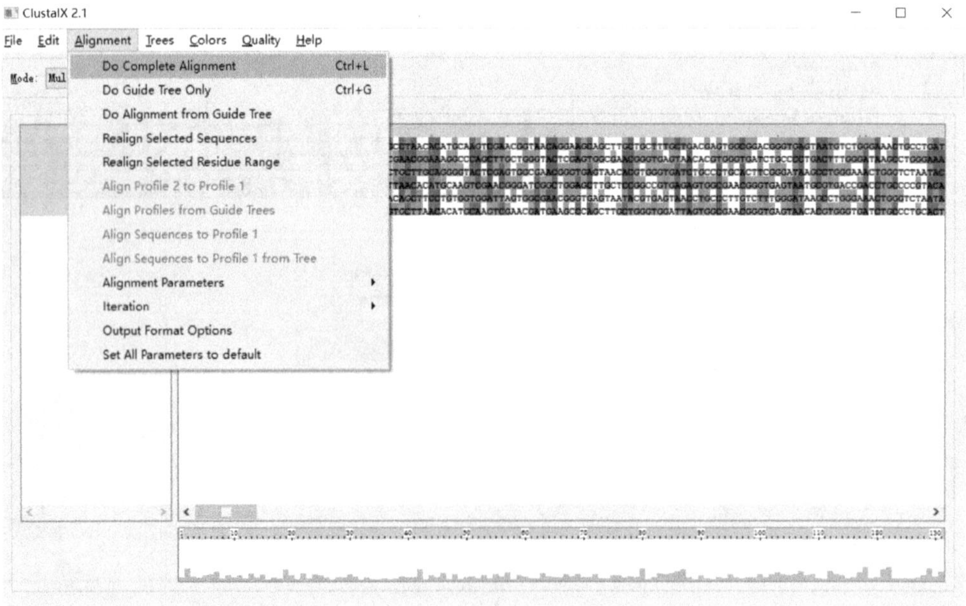

图 14.44 序列比对方法

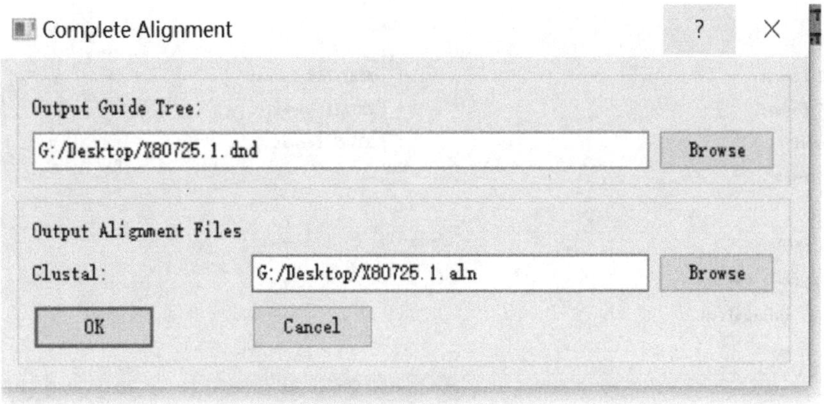

图 14.45　序列比对结果输出窗口

5）比对完成。比对完成后，我们可以看到如图 14.46 所示的结果。可以选择保存文件的位置及保存格式，如图 14.47 所示。同时，可以发现 Clustalx 已经生成了.dnd 和.aln 两个文件，仍然用文本编辑器打开来看，.aln 文件可以用 Mega 软件做进一步的 bootstrap 进化树分析。

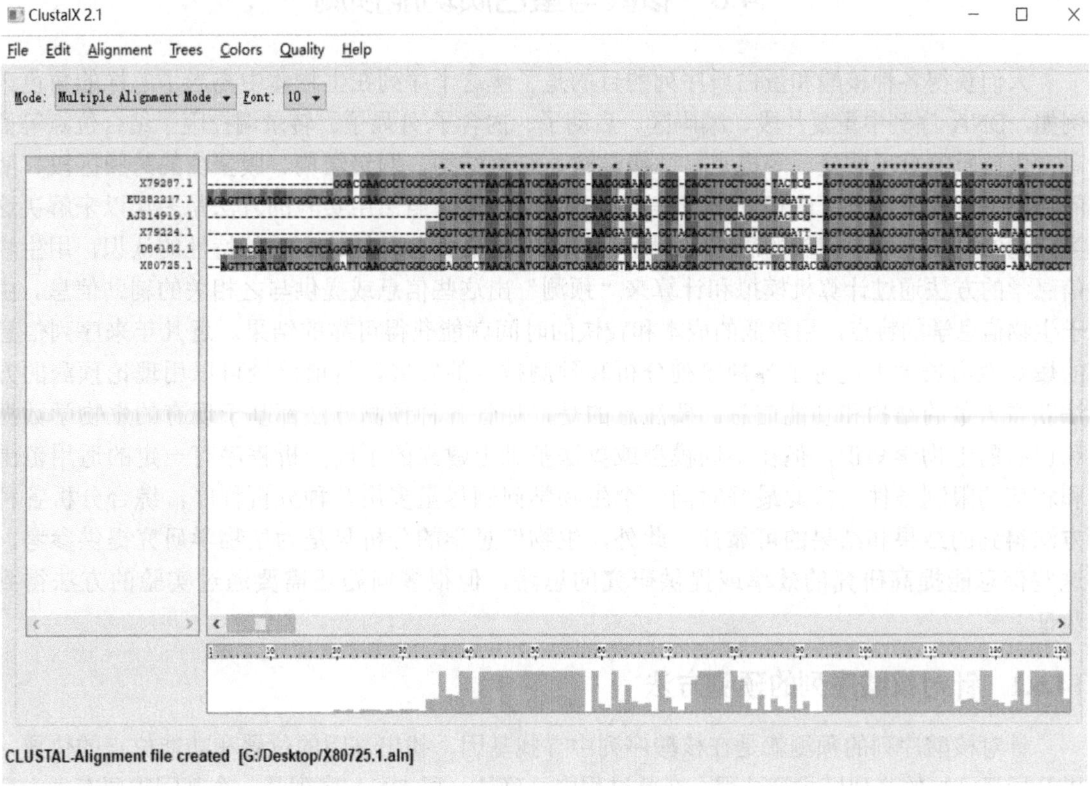

图 14.46　序列比对结果窗口

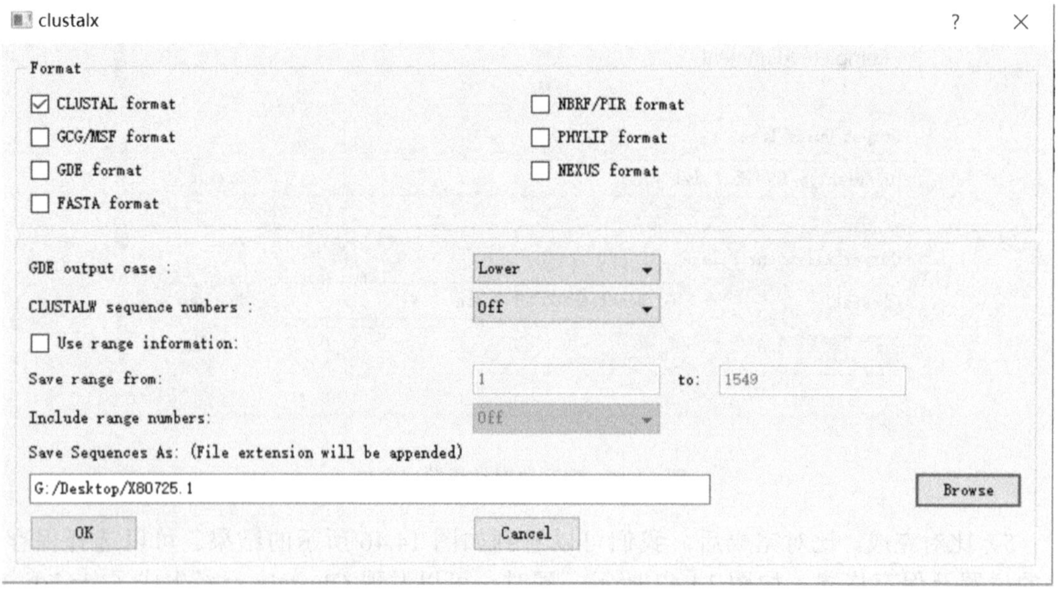

图 14.47 序列比对结果保存方法设置窗口

14.6 核酸与蛋白质功能预测

人们获得各种核酸和蛋白质序列的目的是了解这个序列在生物体中充当了怎样的角色。例如，DNA 序列中重复片段、编码区、启动子、内含子/外显子、转录调控因子结合位点等信息；蛋白质的分子质量、等电点、二级结构、三级结构、四级结构、膜蛋白的跨膜区段、酶的活性位点及蛋白质之间相互作用等结构和功能信息。虽然用实验的方法是多年以来解决这类问题的主要途径，但新的思路是利用已有的对生物大分子结构和功能特性的认识，用生物信息学的方法通过计算机模拟和计算来“预测”出这些信息或提供与之相关的辅助信息。由于生物信息学的特点，用较低的成本和较快的时间就能获得可靠的结果。近几年来序列信息的爆炸性增长大大促进了各种序列分析和预测技术的发展，目前已经可以用理论预测的方法获得大量的结构和功能信息。要注意的是，尽管各种预测方法都基于现有的生物学数据和已有的生物学知识，但在不同模型或算法基础上建立的不同分析程序有一定的适用范围和相应的限制条件，因此最好对同一个生物学问题尽量多用几种分析程序，综合分析各种方法得到的结果和结果的可靠性。此外，生物信息学的分析只是为生物学研究提供参考，这些信息能提高研究的效率或提供研究的思路，但很多问题还需要通过实验的方法得到验证。

14.6.1 针对核酸序列的预测方法

针对核酸序列的预测就是在核酸序列中寻找基因，找出基因的位置和功能位点的位置，以及标记已知的序列模式等过程。在此过程中，确认一段 DNA 序列是一个基因需要有多个证据的支持。一般而言，在重复片段频繁出现的区域里，基因编码区和调控区不太可能出现；如果某段 DNA 片段的假想产物与某个已知蛋白质或其他基因的产物具有较高序列相似性的话，那么这个 DNA 片段就非常可能属于外显子片段；在一段 DNA 序列上出现统计上的规律性，即所谓的“密码子偏好性”，也是说明这段 DNA 是蛋白质编码区的有力证据；其他的证据包括与“模板”序列的模式相匹配、简单序列模式如 TATA 盒等相匹配等。一般而言，确定基因的位置和结构需要多个方法综合运用，而且需要遵循一定的规则：对于真核生物序列，在进行预测之前先要进行重复序列分析，把重复序列标记出来并除去；选用预测程序时要注意程序的物种特异性；要弄清程序适用的是基因组序列还是 cDNA 序列；很多程序对序列长度也有要求，有的程序只适用于长序列，而对 EST 这类残缺的序列则不适用。

14.6.1.1 重复序列分析

对于真核生物的核酸序列而言，在进行基因辨识之前都应该把简单的大量重复序列标记出来并除去，因为很多情况下重复序列会对预测程序产生很大的扰乱，尤其是涉及数据库搜索的程序。常见的重复序列分析程序有 CENSOR 和 RepeatMasker 等，可以在 Web 界面上使用这些程序。如果有大量序列需要处理时，可以使用 XBLAST 程序，它可以从网络上下载得到。XBLAST 中包含了由程序作者收集整理的一些重复序列，此外还可以从 Repbase 中找到更多的重复序列。还可以把克隆载体也加入重复序列中，这样就可以在处理重复序列时顺便把克隆载体也一同除去。经处理的序列中重复序列所在位置会一律由“X”代替。

14.6.1.2 数据库搜索

把未知核酸序列作为查询序列，在数据库里搜索与之相似的已有序列是序列分析预测的有效手段，在上一节中已经专门介绍了序列比对和搜索的原理和技术。但值得注意的是，由相似性分析做出的结论可能导致错误的流传，因为有一定比例的序列很难在数据库里找到合适的同源伙伴。对于 EST 序列而言，序列搜索将是非常有效的预测手段。

14.6.1.3 编码区统计特性分析

统计获得的经验说明，DNA 中密码子的使用频率不是平均分布的，某些密码子会以较高的频率使用而另一些则较少出现。这样就使得编码区的序列呈现出可察觉的统计特异性，即所谓的“密码子偏好性”。利用这一特性对未知序列进行统计学分析可以发现编码区的粗略位置。这一类技术包括：双密码子计数、核苷酸周期性分析、均一/复杂性分析、可读框分析等。

常见的编码区统计特性分析工具将多种统计分析技术组合起来，给出对编码区的综合判别。著名的程序有 GRAIL 和 GenMark 等，GRAIL 提供了基于 Web 的服务。

14.6.1.4 启动子分析

启动子是基因表达所必需的重要序列信号，识别出启动子对于基因辨识十分重要。有一些程序根据实验获得的转录因子结合特性来描述启动子的序列特征，并依次作为启动子预测的依据，但实际的效果并不十分理想，遗漏和假阳性都比较严重。总的来说，启动子仍是值得继续研究探索的难题。

14.6.1.5 内含子/外显子剪接位点

剪接位点一般具有较明显的序列特征，但是要注意可变剪接的问题。由于可变剪接在数据库里的注释非常不完整，因此很难评估剪接位点识别程序预测剪接位点的敏感性和精度。如果把剪接位点和两侧的编码特性结合起来分析则有助于提供剪接位点的识别效果。常见的基因识别工具很多都包含了剪接位点识别功能，独立的剪接位点识别工具有 NetGene 等（服务的邮箱是 netgene@cbs.dtu.dk）。

14.6.1.6 翻译起始位点

对于真核生物，如果已知转录起始点，并且没有内含子打断5′端非翻译区的话，“Kozak规则”可以在大多数情况下定位起始密码子。原核生物一般没有剪接过程，但在可读框中寻找正确的起始密码子仍很困难，这是由于多顺反操纵子的存在，启动子定位不像在真核生物中起关键作用。对于原核生物，关键是核糖体结合点的定位，可以由多个程序提供解决方案。

14.6.1.7 翻译终止信号

polyA和翻译终止信号不像起始信号那么重要，但也可以辅助划分基因的范围。

14.6.1.8 其他综合基因预测工具

除了上面提到的程序之外，还有许多用于基因预测的工具，它们大多把各个方面的分析综合起来，对基因进行整体的分析和预测。多种信息的综合分析有助于提高预测的可靠性，但也有一些局限，如物种适用范围的局限；对多基因或部分基因，有的预测出的基因结构不可靠；预测的精度对许多新发现基因比较低；对序列中的错误很敏感；对可变剪接、重叠基因和启动子等复杂基因语法效果不佳。相对不错的工具有GENSCAN，其可以通过Web页面或Email获得服务。

14.6.1.9 tRNA基因识别

tRNA基因识别比编码蛋白质的基因识别简单，目前基本已经解决用理论方法预测tRNA基因的问题。tRNAscan-SE工具中综合了多个识别和分析程序，通过分析启动子元件的保守序列模式、tRNA二级结构的分析、转录控制元件分析和除去绝大多数假阳性的筛选过程，能识别99%的真tRNA基因。可以在Web上使用这个工具，也可以下载这个程序。

14.6.2 针对蛋白质的预测方法

传统的生物学认为，蛋白质的序列决定了它的三维结构，也就决定了它的功能。由于用X射线晶体衍射和核磁共振技术测定蛋白质的三维结构，以及用生化方法研究蛋白质的功能效率不高，无法适应人们获得的蛋白质序列数量飞速增长的需要，因此近几十年来许多科学家致力于研究用理论计算的方法预测蛋白质的三维结构和功能，经过多年努力取得了一定的成果。

14.6.2.1 从氨基酸组成辨识蛋白质

根据组成蛋白质的20种氨基酸的物理和化学性质可以分析电泳等实验中的未知蛋白质，也可以分析已知蛋白质的物化性质。ExPASy工具包中提供了一系列相应程序：①AACompIdent。根据氨基酸组成辨识蛋白质。这个程序需要的信息包括氨基酸组成、蛋白质的名称（在结果中有用）、等电点（pI）和分子质量（如果已知）及它们的估算误差、所属物种或物种种类或“全部（ALL）”、标准蛋白的氨基酸组成、标准蛋白的SWISS-PROT编号、用户的邮箱地址等，其中一些信息可以没有。这个程序在SWISS-PROT和（或）TrEMBL数据库中搜索组成相似蛋白。②AACompSim。与前者类似，但比较在SWISS-PROT条目之间进行，这个程序可以用于发现蛋白质之间较弱的相似关系。

除了ExPASy中的工具外，PROPSEARCH也提供基于氨基酸组成的蛋白质辨识功能。程序作者用144种不同的物化性质来分析蛋白质，包括分子质量、巨大残基的含量、平均疏水性、平均电荷等，把查询序列的这些属性构成的“查询向量”与SWISS-PROT和PIR中预先计算好的各个已知蛋白质的属性向量进行比较。这个工具能有效地发现同一蛋白质家族的成员，可以通过 Web 使用这个工具，用户只需输入查询序列本身即可。

14.6.2.2　预测蛋白质的物理性质

从蛋白质序列出发，可以预测出蛋白质的许多物理性质，包括等电点、分子质量、酶切特性、疏水性、电荷分布等。相关工具有：①Compute pI/MW。其是 ExPASy 工具包中的程序，计算蛋白质的等电点和分子质量。对于碱性蛋白质，计算出的等电点可能不准确。②PeptideMass。其是 ExPASy 工具包中的程序，分析蛋白质在各种蛋白酶和化学试剂处理后的内切产物。③TGREASE。其是 FASTA 工具包中的程序，分析蛋白质序列的疏水性。这个程序延序列计算每个残基位点的移动平均疏水性，并给出疏水性-序列曲线，用这个程序可以发现膜蛋白的跨膜区和高疏水性区的明显相关性。④SAPS。其是蛋白质序列统计分析工具，对提交的序列给出大量、全面的分析数据，包括氨基酸组成统计、电荷分布分析、电荷聚集区域、高度疏水区域、跨膜区段等。

14.6.2.3　蛋白质二级结构预测

二级结构是指α 螺旋和β 折叠等规则的蛋白质局部结构元件。不同的氨基酸残基对于形成不同的二级结构元件具有不同的倾向性。按蛋白质中二级结构的成分可以把球形蛋白分为全α 蛋白、全β 蛋白、α + β 蛋白和α / β 蛋白 4 个折叠类型。预测蛋白质二级结构的算法大多以已知三级结构和二级结构的蛋白质为依据，用人工神经网络、遗传算法等技术构建预测方法。还有将多种预测方法结合起来，获得“一致序列”。总的来说，二级结构预测仍是未能完全解决的问题，一般对于α 螺旋预测精度较好，对β 折叠差些，而对除α 螺旋和β 折叠等之外的无规则二级结构则效果很差。预测的工具主要有：① nnPredict。用神经网络方法预测二级结构，蛋白质结构类型分为全α 蛋白、全β 蛋白和α / β 蛋白，输出结果包括“H”（螺旋）、“E”（折叠）和“—”（转角）。这个方法对全α 蛋白能达到 79%的准确率。预先在 SWISS-PROT 中搜索相似序列，用 MaxHom 算法构建多序列比对的简图（profile），再在数据库中搜索相似的 profile，然后用一套 PHD 程序来预测相应的结构特征，包括二级结构。返回的结果包含大量预测过程中产生的信息，还包含每个残基位点的预测可信度。这个方法的平均预测准确率达到 72%。② SOPMA。其是带比对的自优化预测方法，将几种独立二级结构预测方法汇集成“一致预结果”，采用的二级结构预测方法包括 GOR 方法、Levin 同源预测方法、双重预测方法、PHD 方法和 SOPMA 方法。多种方法的综合应用平均效果比单个方法更好。

14.6.2.4　其他特殊局部结构

其他特殊局部结构包括膜蛋白的跨膜螺旋、信号肽、卷曲螺旋（coiled coil）等，具有明显的序列特征和结构特征，也可以用计算方法加以预测。主要包括：①COILS。卷曲螺旋预测方法，将序列与已知的平行双链卷曲螺旋数据库进行比较，得到相似性得分，并据此算出序列形成卷曲螺旋的概率。②TMpred。预测蛋白质的跨膜区段和在膜上的取向，它根据来自 SWISS-PROT 的跨膜蛋白数据库 Tmbase，利用跨膜结构区段的数量、位置及侧翼信息，通过加权打分进行预测。③SignalP。预测蛋白质序列中信号肽的剪切位点。

14.6.2.5　蛋白质的三级结构

蛋白质的三级结构预测是最复杂和最困难的预测技术。研究发现，序列差异较大的蛋白质序列也可能折叠成类似的三级构象，自然界里的蛋白质结构骨架的多样性远少于蛋白质序列的多样性。由于蛋白质的折叠过程仍然不十分明了，从理论上解决蛋白质折叠的问题还有待进一步的科学发展，但也有了一些有一定作用的三级结构预测方法。最常见的是“同源模建”和“Threading”方法。前者先在蛋白质结构数据库中寻找未知结构蛋白的同源伙伴，再利用一定的计算方法把同源蛋白的结构优化构建出预测的结果。后者将序列“穿”入已知的各种蛋白质的折叠子骨架内，计算出未知结构序列折叠成各种已知折叠子的可能性，由此为预测序列分配最合适的折叠子结构。除了“Threading”方法之外，用 PSI-BLAST 方法也可以把查询序列分配到合适的蛋白质折叠家族，实际应用中发现这个方法的效果也不错。具体的工具有：①SWISS-MODEL。自动蛋白质同源模建服务器，有两个工作模式，即第一步模式（first approach mode）和优化模式（optimise mode）。程序先把提交的序列在 ExPdb 晶体图像数据库中搜索相似性足够高的同源序列，建立最初的原子模型，再对这个模型进行优化产生预测的结构模型。②CPHmodels。其也是利用神经网络进行同源模建预测蛋白质结构的方法。

14.7 基因组序列信息分析

DNA 序列自身编码特征的分析是基因组信息学研究的基础，特别是随着大规模测序的日益增加，它的每一个环节都与信息分析紧密相关。从测序仪的光密度采样与分析、碱基读出、载体标识与去除、拼接、填补序列间隙到重复序列标识、读框预测和基因标注的每一步都是紧密依赖基因组信息学的软件和数据库。特别是拼接和填补序列间隙更需要把实验设计和信息分析时刻联系在一起。

基因组不仅是基因的简单排列，更重要的是它特有的组织结构和信息结构，这种结构是在长期的演化过程中产生的，也是基因发挥其功能所必需的。利用国际 EST 数据库（dbEST）和各实验室测定的相应数据，经过大规模并行计算识别并预测新基因、新单核苷酸多态性（SNP）位点及各种功能位点，如剪接与可变剪接位点等。

虽然对约占人类基因组 95%的非编码区的作用人们还不清楚，但从生物进化的观点来看，这部分序列必定具有重要的生物功能。普遍的认识是，它们与基因在四维时空的表达调控有关。寻找这些区域的编码特征、信息调节与表达规律是未来相当长时间内的热点，是取得重要成果的源泉。

在不同物种、不同进化水平的生物相关基因之间进行比较分析，是基因研究的重要手段。目前，模式生物全基因组序列数据越来越多，因此基因的比较研究，也必须从基因的比较，上升到对不同进化水平的生物在全基因组水平上的比较研究。这样的研究将更有效地揭示基因在生命系统中的地位和作用，解释整个生命系统的组成和作用方式。

14.7.1 基因组序列分析工具

14.7.1.1 Wisconsin 软件包（GCG）

Genetics Computer Group 公司开发的 Wisconsin 软件包，是一组综合性的序列分析程序，使用公用的核酸和蛋白质数据库。SeqLab 是其图形用户界面（GUI），通过它可以使用所有 Wisconsin 软件包中的程序及其支持的数据库。此外，它还提供了一个用于创建、显示、编辑和注释序列的环境。SeqLab 也可以被扩展，使其可以包括其他公用或非公用的程序和数据库。

Wisconsin 软件包由 120 多个独立的程序组成，每个程序进行一项单一的分析任务，包括所有程序的完整目录及详细的描述都可以在 Wisconsin 软件包的程序使用文档中找到。GCG 支持两种核酸数据库（GenBank 数据库、简化版的 EMBL 核酸序列数据库）和三种蛋白质数据库（PIR、SWISS-PROT、SP-TrEMBL）。这些数据库既有 GCG 格式的（供大多数 Wisconsin 软件包程序使用），也有 BLAST 格式的（供 BLAST 数据库搜索程序使用）。同时还提供了用于 LookUp 程序及数据库参考搜索的索引。关于 GCG 支持的平台及硬件需求的一般性信息可以在 GCG 的主页及 Wisconsin 软件包的用户手册中找到。GCG 主页提供了更新信息及 Wisconsin 软件包程序的完整列表。

SeqLab 中可以使用多个序列分析程序的特性使用户可以应用这些程序顺序地回答相关问题或在对输入序列进行编辑后重复某项分析。而可以同时访问公用数据库和本机序列的优点使用户可以在一个分析中使用其中任意一种而不用先进行转换或格式化的工作。SeqLab 可以解决的序列分析问题如下。

1）在两条 mRNA 中寻找可读框架，翻译并对比 RNA 与蛋白质序列。对两条相关的 mRNA 进行测序的用户可能希望寻找可读框（ORF）、翻译及进行核酸与氨基酸序列间的两两对比。具体过程：把序列加入“SeqLab Editor”中，从“Functions”菜单中选中“Map”选项运行 Map 程序。Map 输出文件包含了限制性酶切图和 6 种可能的翻译框架的 ORF 的显示。这些 ORF 的起始和终止位置可进行标记并选为“SeqLab Editor”中序列显示的范围，然后可用“Edit”菜单的“Translate”操作进行翻译。翻译结果自动出现在“SeqLab Editor”中。

两条相关的核酸或蛋白质序列可用 Gap 程序或 BestFit 程序进行对比。Gap 程序寻找两条序列间的全局最优对比结果，适用于两条待比对的序列是进化相关的情况。BestFit 程序寻找两条序列的局部最优对比结果，适用于两条序列不是进化相关而是功能相关的情况。

2）通过参考搜索寻找数据库中的相关条目并进行对比。研究一个特征序列家族成员的用户可能希望寻找这个家族中的其他成员并建立它们的多序列对比。具体过程：从“Functions”菜单中选取“LookUp”程序，LookUp 在数据库条目的参考信息部分搜索描述词并建立匹配条目的列表。在参考信息部分的 Definiton、Author、Keyword 和 Organism 等域中搜索描述词并在词之间使用“and”（&）、“or”（|）及“but not”（!）布尔表达式。例如，在 SWISS-PROT 条目的 Description 域搜索“lactate & dehydrogenase & h & chain”将产生一个输出文件，其中列出了乳酸脱氢酶 H 链（lactate dehydrogenase H chain）条目。这个输出文件可以从“Output Manager”窗口中加以显示，然后与用户的序列一起添加到“SeqLab Editor”中。

要创建所有这些序列的多序列对比，只要根据序列名称选中这些序列并从“Functions”菜单中运行“PileUp”程序。由“PileUp”产生的多序列文件也列在“Output Manager”窗口中并可以直接添加到“SeqLab Editor”中。推荐采用这一步的原因在于数据库条目的特征表格（features table）信息可与对比结果一起被包括进来。必要时对比结果是可以被编辑的，并且如果数据库条目有相似的特征，这些特征可被附加给用户序列。

3）用查询序列搜索数据库，将找到的条目与查询序列进行对比并产生进化系统树。克隆并测序一个未知功能基因的用户可能希望在一个数据库中搜索相似的序列。如果搜索到了，用户可能希望进一步创建与查询序列最相似的序列的多序列对比并产生数据的种系图。具体过程：往“SeqLab Editor”中添加一个查询序列并从“Functions”菜单中选取“FASTA”程序。FASTA 程序在数据库中搜索与查询序列相似的序列。输出文件可从“Output Manager”窗口中加以显示并直接添加到“SeqLab Editor”中。在这个输出文件中数据库条目与查询序列局部相似性最好的区域被加以标记。如果要显示的话，每个数据库条目只有这种区域可以显示在“SeqLab Editor”中。不要的条目可以从“SeqLab Editor”中一起被删除。

从“Functions”菜单中选中“PileUp”程序创建这些序列的多序列对比。输出可从“Output Manager”窗口中加以显示并添加到“SeqLab Editor”中更新已经存在的未对比序列。必要时可对这一对比结果进行编辑，并且数据库条目的有用特征表格信息也可以添加给查询序列。

从“Functions”菜单中选取“PaupSearch”程序，程序提供了一个进化系统简约分析（phylogenetic analysis using parsimony，PAUP）中树搜索方式的 GCG 接口。PaupDisplay 程序为 PAUP 中的树操作、鉴定及显示方式提供了一个 GCG 接口。

4）拼接交叠序列片段产生一连续序列，寻找并翻译这一序列的编码区域并在数据库中搜索相似序列。

克隆了一个基因，把它分解克隆为一组有交叠的序列片段并进行了测序的用户可能希望把这些序列片段重新组装为一条连续的序列。一旦克隆拼接完成，用户可能希望在序列中寻找可读框架，翻译并在数据库中搜索相似序列。

Fragment Assembly System 中的程序可用于拼接交叠序列片段。其中，GelStart 程序用于创建一个项目，GelEnter 程序把序列片段复制到项目中，GelMerge 程序寻找片段之间的交叠并把它们拼接成 contig，GelAssemble 程序是一个编辑器，可用于编辑这些连续的部分并解决片段之间的冲突问题。所有这些程序都可以从“Functions”菜单中选取。一旦拼接完成，最终构成此交叠序列群的连续序列可以被保存为一个序列文件并添加到“SeqLab Editor”中。

使用“Functions”菜单中的 Map、Frames、TestCode 或 Codon Preference 程序可预测序列中的编码区。使用“Edit”菜单的“Select Range”功能选择这些程序预测的区域并使用“Edit”菜单中的翻译操作把它们翻译为蛋白质。这些提出的翻译区域也可以作为核酸共有序列的特征被加入。

选取蛋白质序列然后选择“Functions”菜单中“BLAST”。BLAST 程序在数据库中搜索与查询序列相似的条目，此程序既可以进行远程搜索也可以进行本机搜索。搜索结果可以从“Output Manager”窗口中加以显示。如果被搜索的是一个本机的数据库，结果文件可以加入“SeqLab Editor”或“Main List”窗口中，并允许对找到的序列进行进一步分析。

5）对比相关的蛋白质序列，计算对比结果的共有序列，辨识序列中新的特征序列模式，在数据库中搜索包含此模式的序列或在对比结果的共有序列中搜索已知的蛋白质模式。

辨识了一组相关序列的用户可能希望对其进行对比并计算对比结果的共有序列。如果可以在对比结果中找到保守模式，用户可能希望在数据库中搜索包含这种模式的其他序列。用户可能还希望在计算出的共有序列搜索已知的蛋白质模式。具体过程：选取待对比的序列，从“Functions”菜单中选取“PileUp”程序创建多序列对比，“PileUp”程序的输出文件可从“Output Manager”窗口中加以显示并添加到“SeqLab Editor”中。用户可以对对比结果的某个区域重新加以对比并以此替换原有的对比结果。只要选取一个区域并重新运行“PileUp”即可。从“PileUp Options”窗口中选取“realign a portion of an existing alignment”（重新对比一个已存在的对比结果的一部分），这可能有利于选择一个替代评分矩阵或不同的创建和扩展处罚。新的输出文件将包含最初的对比结果以及替换原始对比结果的重新对比的区域。

用“Edit”菜单中“Consensus”操作计算对比结果的共有序列。如果保守模式可被辨识，从“Functions”菜单中选取“FindPatterns”选项。从共有序列中剪切下此特征序列模式并把它粘贴到“FindPatterns”模式选择器中，并在数据库中搜索包含这一模式的序列。

6）使用 profile 进行相似性搜索并对比相关序列。

序列分析的一个新的扩展领域是 profile 技术。一个 profile 是一个位置特定的评分矩阵，它包含了一个序列对比结果中每个位置的所有残基信息。这一点与共有序列不同，共有序列中只包含每个位置的保守残基的信息。profile 做好后可用于搜索数据库、数据库划分或在一个集合中搜索与原始对比结果中的序列相似的序列。它也可以用于把一条单独的序列与一个对比结果进行对比。

使用 ProfileMake 程序可创建一个序列对比结果的 profile。使用 ProfileSearch 程序可用 profile 对数据库进行搜索，ProfileSegment 程序可以显示搜索结果。使用 ProfileGap 程序可将一个序列与 profile 进行对比。ProfileMake、ProfileSearch、ProfileSegments 及 ProfileGap 程序都可以从“Functions”菜单中启动。

14.7.1.2　ACEDB 工具组

ACEDB 是一种被广泛应用的管理和提供基因组数据的工具组，适用于许多动物和植物的基因组计划。该软件是免费的，并且可在 Windows、Unix 和 Macintosh OS 系统下运行。数据库以丰富的图形界面提供信息，包括有具体显示的基因图谱、物理图谱、新陈代谢的途径和序列等。数据用流行的对象的形式进行组织，使用大家熟悉的类别，如相关的文献、基因、描述和克隆的 DNA 等。可用于专用的数据分析以及许多永久性数据的采集，而且使用者不需要经过专门的计算机和数据库的训练就可以使用。对于资源有限的计划，这往往是决定使用 ACEDB 的关键因素。

14.7.1.3　其他工具

不同的基因组测序中心都有其特有的一套序列管理分析方案及工具，并且在不断发展完善之中，具体细节可访问这些测序中心的网站了解。

14.7.2　人类和鼠类公共物理图谱数据库的使用

14.7.2.1　物理图谱的类型

物理图谱有许多结构和形式。限制性图谱（restriction map）用于对小区域，如 kb 量级做精细结构制图；细胞遗传学图（cytogenetic map）用于对以 10^4kb 为长度量级的区域制图。最常用的两种类型是序列标签位点（STS）含量图（STS content map）和放射性杂交图（radiation hybrid map），它们的分辨区域都大于 1Mb，并且有能使用简易 PCR 中的定位标记物的优点。

在 STS 含量图中，STS 标记物通过聚合酶链反应所监测，在反应中它与一个大的插入克隆基因库反应，如酵母人工染色体（YAC）、细菌人工染色体（BAC）和黏粒等。如果两个或多个 STS 被发现存在于同一个克隆之中，那么这些标记位点紧密相邻的机会就很高（不是

100%，因为在制图过程中存在一些假象，如出现嵌合克隆体）。一段时期以来，根据 STS 含量图已经建立起一系列重叠群，如含有 STS 的重叠簇克隆。这样一张图的分辨率和覆盖度由一些因子决定，如 STS 的密度、克隆群体的大小及克隆文库的深度。通常 STS 含量图以长 1Mb 的插入 YAC 库为基础，分辨率为几百个 bp。如果使用插入部分较小的克隆载体，图谱就会有一个更高的理论分辨率，但是覆盖基因组同样大小面积就需要更多的 STS。虽然一般有可能从 STS 含量图上得到标记物的相对顺序，但是相邻标记物之间的距离还是无法精确测得。尽管如此，STS 含量图还是有与克隆原相关的优点，并且可将其用于更进一步的研究，如次级克隆或 DNA 测序。到目前为止，STS 含量图制图简单而使用最多的来源是人类多样性研究中心（CEPH）的 YAC 库，它是一个 10×覆盖率的文库，平均插入长度约 1Mb。

放射性杂交图是对片段 DNA 的断点作图。在此技术中，一个人体细胞系被致死性的γ射线照射，染色体 DNA 分成片段。然后该细胞系与一个仓鼠细胞系融合而被救，并能繁殖几代。在这期间，人类细胞和仓鼠细胞的杂合体随机丢失人类染色体片段。这样 100 个或更多的杂合细胞系克隆体中，每一个都有不同数量的染色体片段，筛选生长后，就可以形成一套杂合组，供接下来的制图实验用。

如果要在一个放射性杂交组中对一个 STS 作图，那就要将每种杂交组细胞系中的 DNA 进行 STS 的 PCR 操作。细胞系中如果含有该 STS 的染色体片段，那么就能得到一个正的 PCR 信号。在基因组中相邻很近的 STS 有相似的固位模式（retention pattern），因为放射性引起的断点落在它们中间的概率很小。相邻较远的 STS 固位模式相似性降低，相邻很远的 STS 的固位模式将会截然不同。与基因图谱所用方法类似，算法类的软件也能推出 STS 在放射性杂交图上的相对顺序，并通过断点落在其中间的可能性，用某一距离系统计算相邻标记物之间的距离。放射性杂交图还能提供一个标记物位于某一个特殊位点的可能值（优势对数值）。一个放射性杂交图的分辨率依赖于杂交体片段的大小，而这又依赖于人体细胞系所受的辐射量。一般对基因组大小作图的细胞系分辨率约为 1Mb。

除 STS 含量图和放射性杂交图外，还有几个方法可用于制作人类物理图谱。克隆图谱使用与 STS 含量图不同的技术来决定克隆体的接近程度。例如，CEPH YAC 图谱法综合利用指纹法（fingerprinting）、inter-Alu 产物杂交法（inter-Alu product hybridization）和 STS 含量图法来制作一张重叠的 YAC 克隆体图谱。缺失和体细胞杂交图依赖于大型基因组重组（可以人工引进或由实验本身引起），从而将标记物放在由染色体断点所限定的区间中。荧光原位杂交（FISH）图谱使用一个荧光信号来探测克隆体的间期 DNA 扩散时的杂交情况，从而以细胞遗传学图中一条带的位置定出克隆体的位置。

研究者捕捉致病基因时对转录序列图谱有特别的兴趣，这些序列是由已表达序列和那些从已转化成 STS 并置于传统物理图谱的已知基因衍生而来的。近来一些制作大量 EST 的工程已经使制图实验室能够得到数以万计的单一表达序列。一旦一个致病位点被鉴定出来后，这些转录序列图谱就能明显加快对目标基因的研究速度。

YAC 库可用于 STS 的排序，但其克隆体中的高嵌合率和高删除率使它们不能用于 DNA 测序。而高分辨率、可用于测序的质粒和 BAC 图谱则发展很快，因为它们所需的克隆工艺水平很低。除了几个特例，如染色体 19 的 Lawrence Livemore 实验室质粒图外，其他图谱都还只处在初级阶段。

14.7.2.2　大型公用数据库中的基因组图谱

人类基因组物理图谱信息的主要来源是由 NCBI 和基因组数据库（GDB）提供的大型公用数据库。这些数据库提供各种图谱的来源，使研究者能够用一个多用户界面交互系统在图谱中进行比较。在一定程度下，这些数据库还能进行图谱的综合及分析。

（1）NCBI Entrez 的染色体图谱　Entrez（http://www.ncbi.nlm.nih.gov/Entrez/）的基因组部分是最容易获得物理图谱信息的来源之一。此服务由 NCBI 提供。Entrez 试图以一种可理解的方式将几种遗传学图谱和物理图谱、DNA 和蛋白质序列信息及一个目录型引用数据库和三维晶体结构信息融合起来。因为它的内部链接多，而且界面简单，Entrez 可作为搜索图谱的一个起始点。

除人类基因组外，Entrez 还提供关于鼠类、果蝇、线虫、酵母及一些原生动物的图谱。尽管可比较的（同线性）图仍不可获得，但它代表了现在最大和最完整的一套多生物体的图谱信息。

（2）GDB 的浏览染色体图谱　另一种常见的人类物理图谱数据的来源是 GDB（http://gdbwww.gdb.org/）。尽管 GDB 是基于当时基因图谱的重要性才构建起来的，但是近几年来，GDB 也进行了扩建重组，现在同样可以算是物理图谱数据的仓库。不像 NCBI，GDB 只限于人类图谱数据。它不含序列数据，也没有其他种类生物的信息。GDB 提供了一种全功能的对其数据库的查询式界面。

（3）来自个体来源的基因组图谱　尽管一级数据库，如 Entrez 和 GDB 是已发表图谱的重要来源，但是它们还没有能替代原始数据的东西。有能力制作自己物理图谱的实验室一般都有自己的网址，连向它们的图谱数据库。通过从这一渠道直接获取资料，我们可以看到制图实验室所使用的图的形式，下载原始数据，并且了解实验室制图时的协议。另外，一些图在出现于 Entrez 和 GDB 前经常被丢掉。Entrez 和 GDB 数据库选择的表达方式，对那些希望将新的标记物定位于已知物理图谱上的研究者来说，只提供了最小的帮助。

（4）基因组的基因图谱　基因图谱是制作许多物理图谱时工作的基本骨架，也是许多制图项目的起点。有两种基因组范围的基因图谱可供选择。Genethon 图含 5264 个多样性微卫星重复片段，间隔 1.6cM。完整的数据库文件，以及图谱的 PostScript 方式图形表示，在 Genethon 的 FTP 站点上均可获得，这些图通过 GDB 也可以获得。第二大基因图谱由人类连锁合作中心（Cooperative Human Linkage Center）制造，其由 10 775 个标记物组成，大多数为微卫星重复片段，间隔 3.7cM。

（5）人类基因组的转录物图　在 1996 年 10 月，智人（*Horno sapiens*）的一个全基因组转录物图由一个国际合作的研究实验室发表于 *Science* 上。这个图由约 15 000 个不同的表达序列组成，由放射性杂交法定位，与 Genethon 研究所公布的基因图谱衍生的框架相近。通过对酵母人工染色体进行 STS 含量测定又增添了 1000 个表达序列。在这张图中，大约 1/5 的标记物有已知的或是假定的功能，而余下的代表了未知功能的表达序列。制成图的序列一般由 UniGeneset 衍生而来，它是一个由 NCBI 管理的公用重复 EST 数据库。

转录物图是通过将 8 家不同实验室的图谱数据综合而得到的。为协调制图方法的些微不同，表达序列被放在由 Genethon 基因图谱衍生的框架上。结果，该图的最大分辨率为 2cM。很多情况下，可以从各个实验室的数据库里得到针对某一部分数据更好的制图信息，特别是怀特黑德研究所（the Whitehead Institute）和斯坦福大学（Stanford University）的。

（6）浏览 NCBI 转录物图　　转录物图可在两个网址上得到。数据的“亲本”站点为 NCBI，在那里可以找到含有全基因组转录物图的 *Science* 文章的全文，以及彩色的图像，但一般都只有装饰性的墙面图案。另外，也有搜索页可以让浏览者对特别感兴趣的基因进行查询，或是通过对功能未知，但其可读框与某已知功能的蛋白质相近的表达序列图谱进行搜索。

NCBI 网址的一个限制就是它不能在低分辨率标记物分布柱形图上提供转录物图的图形，但是通过 Mapview 微程序就可以得到其图形显示。从 GDB 的首页，沿着“What's New”的链接，可找到全基因组转录物图。同样，可以认为转录物图也是 Entrez 网将要制作的一部分。

（7）怀特黑德研究所提供的人类物理图谱　　怀特黑德研究所（the Whitehead Intitute）/麻省理工学院基因组研究中心（MIT Center for Genome Research）是两张基因组范围物理图谱的最初来源。其中一张是 STS 含量图，内含指定为 YAC 的 10 000 多个标记物（STS/YAC 含量图），另一张是含 12 000 个左右标记物的放射性杂交图。怀特黑德研究所提供的图（简称 Whitehead 图）所用的 G4 杂交板分辨率约为 1Mb，而以 YAC 为基础作的图分辨率大约为 200kb。这些图已经和 Genethon 基因图相结合，产生了一张合图，在平均 150kb 范围内有 20 000 个 STS。Whitehead 图上大约有一半的标记物是表达序列，它们在人类转录物图上也会出现。

Whitehead 图可通过网络从怀特黑德基因组研究中心（Whitehead Center for Genome Research）的主页上得到。沿着“人类物理图项目”（Human Physical Mapping Project）的链接就可以得到感兴趣的图，这些图可通过几种方法浏览。选择一系列 pop-up 菜单可以产生所选染色体的图，选择选项按钮可以综合放射性杂交图、STS 含量图和基因图。与 Entrez 一样，这些图不是固定不变的。点击一个 STS 或是重叠群，会弹出关于该图详细信息的页面。图形式图谱在网址上可按 GIF 或 Macintosh 最初模式（PICT）下载。怀特黑德研究所网址上还提供了对图谱数据库进行查询的搜索页。这些搜索数据的链接可按名称、GenBank 通道号、STS 型号、染色体分配进行搜索。另外，怀特黑德研究所网页也可根据功能关键字搜索制图转录序列，并提供与 NCBI 中的主转录物图的链接。

怀特黑德研究所也为那些希望建立他们自己的 STS 的研究者提供服务，并将之放在一个或多个图上，这些服务包括：一个在线的引物选择程序；将一个 STS 放在 STS/YAC 含量图上的服务；将一个 STS 放在放射性杂交图上的服务。

Whitehead 图远未完善，对合图进行监督性测试就能显示出在基因图、放射性杂交图和 STS/YAC 图上的 STS 位置间存在矛盾。这些矛盾表现在合图上仍存在交叉线。解释这些图的一个关键点在于理解这些图在可靠性与分辨率水平不一。基因图骨架在数十 Mb 时能可靠地连接标记物，但在低于 2Mb 时就无法准确解决两个 STS 的顺序问题了。放射性杂交图能够测知约 10Mb 的连接，有效分辨率约达 1Mb（更小的间隔也能排序，但是不可靠性逐步增加）。STS/YAC 图可以测知两个相互间隔 1Mb 的 STS 的连接，估计分辨率达 100～300kb。理解图谱时头脑中应有这些尺度上的差异。一般在 1Mb 的范围以下，STS/YAC 图是说明顺序的图谱中最可靠的一种。

在 STS 含量图中，由于 STS 和 YAC 的不等分布，可靠性也会有地域差异。在 YAC 密集的区域（每一个 STS 有 5 个或更多的 YAC），在排序信息的重要性上，图谱结果是相对更可靠的。在低密度区，图谱结果中就会有几种同时可能替代的 STS 顺序，并会附上数据。假定的错误的反面情况。这一点也会严重降低图谱的准确性。最后，因为在所有 YAC 库中都存在嵌合现象的问题，双键（如一对 STS 同时与 2 个或更多 YAC 连接）比单键（STS 只由 1 个 YAC 连接）更能可靠地说明相邻关系。尽管只有在基因图或放射性杂交图中存在支持性数据时，图上才能构建单键信息，但单由两个 STS 相连形成的连接仍保留怀疑。这些元素在任何制图区域被详细检查的时候都应考虑在内。

下面介绍如何在 Whitehead 图上，通过网址安置新的 STS。

1）设计一个 STS，置于 Whitehead 上。

设计一个 STS 需要一个高质量的 DNA 序列，至少长达所需的 PCR 产物。为得到最好的结果，这些序列应不含重复元素和载体序列，并且质量相对高些。任何支持一个 WWW 浏览器的计算机系统都可以使用该程序，支持 TCP/IP 的网络连接也是必需的。

首先，将浏览器连到 Whitehead Center for Genome Research 的主页。寻找并点击指向“WWW Primer Picking”的链接。接着出现一页，在其上方有一个很大的输入框。剪切原始序列并粘贴到该处，只需要粘贴原始序列，不需要名称或其他标记词。这些碱基可以小写或大写，而白色空格可以忽略。

接着，向下滚动窗口，将 PCR 的条件调至需要值。那些关于盐浓度、温度和产物大小范围等的默认值均是怀特黑德研究所设定的，如果需要改变，按标有“Pick Primers”键返回一套引物处进行特定设定。这些引物现在在对感兴趣的序列的审查实验中用得上。通过放大基因组 DNA 中的一条特定带，可以对这些引物的能力进行经验性鉴定。引物的失败主要与引物扫描区域中的重复元素有关。相反，通过进行 BLAST 或 FASTA 搜索，再选择引物对，来对输入序列中的重复序列进行筛选则是比较明智的，如果 STS 成功地放大了一条特定带，它就可以与 STS/YAC 含量图或放射性杂交图相联系，被制成图。

2）与 STS/YAC 含量图联系对 STS 制图。

一旦被制出后，一个 STS 就可以通过对 CEPT mega-YAC 库进行扫描确定在 STS/YAC 含量图上的位置。而对含有超过 30 000 个克隆，其中又有 1200 个排列、板块和柱池（row、plate 和 column pool）的 YAC 库进行搜索，实在是一件头疼的任务。可喜的是，几个生物技术公司已经提供了 CEPH YAC 的复本和（或）筛选系统，包括 Research Genetics Corporation。Whitehead 图就是仅从 YAC 库的后一部分构建起来的，这意味着库模块中位于 709～972 的仍需筛选。STS 接着就可以用以下步骤放在图上了。

使浏览器连向 Whitehead Center for Genome Research 的主页，并点击标有“Human Physical Mapping Project”的链接以跳到该组织的物理制图页。从这里，再找到并选择“Search for a YAC to its address”，接着出现一页，内有一系列 pop-up 菜单，能用于输入单个 YAC 的地址或一个输入单个 YAC 名称的主题栏或一个能粘贴一列 YAC 地址的大型区域。后者适用于将多个 YAC 用于研究的时候。在这个地方输入 YAC 列表，再使用“plate_row_column”形式，这里是用“_”号分离板块、排和列这三维（如 709_A_1），也可输入多个 YAC 地址，用空格或“carriage”回车隔开。搜索过程输入格式并不固定，它也可识别多个 YAC 模式（包括 709_a_1 和 709a1）。

当 YAC 表完成后，按“Search”键，得到一个表，列有各个 YAC，其重叠群位置和染色体分配，以及附近 STS 的位置。这些 STS 位于放射性杂交图和（或）基因图上。

要理解该搜索结果，应该知道 CEPH 库中相当数量（40%～50%）的克隆都是嵌合体，这意味着单个 YAC 可能存在于位于基因组不同部分的重叠群中。由于这个原因，需要找到多个

YAC 来证明单个 STS 分配到了某一特定重叠群中，或是从其他方法来证明（如 FISH、体细胞杂交制图、放射性杂交图制图数据）。

每张图对应输入的一个 YAC 地址，每个表包括已知 YAC 中的 STS 表，以及 STS 制图信息。对于每个 STS，染色体分配、基因图位置和放射性杂交图位置只要已知就会给出。另外，STS 所属的已命名的重叠群也列成表，这些表中大多数元素是超文字链接，选择合适的链接可以获得关于一个 STS 或一个重叠群更多的信息。由于历史原因，许多 STS 有两个重叠群。双链接重叠群（如由成对 YAC 共有的重叠群）短一些，在构图的起始阶段中是可创造的更可靠的重叠群，它们可以被放心地忽略。单个重叠群长一些，在不同方式下也应承认其合理性。

（8）Whitehead 放射性杂交图　STS 也能被置于 Whitehead 放射性杂交图中，这比 STS/YAC 含量图的问题简单很多，因为在放射性杂交图上搜索一个 STS 只用 93 次 PCR，而不是 1000 次。Whitehead 放射性杂交图使用 G4 杂交板。与 CEPH YAC 库一样，这些细胞谱系的 DNA 也可以从一些生物技术公司得到，而有些公司还提供搜索服务。为得到最好的结果，PCR 必须在与制作 Whitehead 图相同的条件下进行，并应在复制时进行。复制 PCR 间出现的不同结果说明应继续重复或以未知物对待。

首先，将杂交模板筛选结果重定为“rhv”格式，看上去如下：

```
sts_name1
001001011000001000000011010001101110011100101001211001110101010100101000
sts_name2
0000011110000010000000110100000001110011100101001211001110101010100100000
```

每个数字代表每个放射性杂交细胞系的 PCR 结果：0 说明 PCR 结果为负（无反应产物），1 说明为正，2 说明为“未知”或“未完成”。载体上数字的顺序是很重要的，必须与 G4 杂交板中的正式顺序相对应。为找到该顺序，可沿 Whitehead 物理图页上标有“How the radiation hybrid maps were constructed”（如何构建放射性杂交图）的链接，再按下标有“G40”的链接。该顺序与它们由 Research Genetics 运输时包装的 DNA 顺序相同，所以它一般还不是结果。要增加可读性，可在载体内加入空格，用一个或多个空格或“Tab”键就可以将 STS 名称与扫描数据分离开了。

从 Whitehead 物理图页上，按下标有“Place your own STSs on the genome framework map”（将你自己的 STS 放入基因组框架图中）的链接，再输入提示的合适的邮箱地址，并将 PCR 值粘贴至位于该页上的大型主题框。输入正确的邮箱地址很重要，否则制图结果将有可能被误解。

默认时，制图数据会以正文形式返回。为产生放在 Whitehead 图上的 STS 的图形，选择一个标有“Mac PICT”（针对 Macintosh 系统）或“GIF”（针对 Windows 和 Uinx 系统）的选项按钮。

当设置完成时，按下提交键。当数据已被转交或正在制图时，你会得到一个证明，在一小时内结果将会通过邮件回执给你。

对于大量的筛选数据，如果用剪切和粘贴来向服务器提交这些文件就不太方便了。这时可以将数据以纯文本形式存在用户盘上，然后用 RH 制图页中的浏览键来定义并提交此文件给服务器，同样，邮箱地址也要手动输入。

对于约 98%的提交的标记物，Whitehead 放射性杂交图制图服务器都会找到特定的位置。如果安置成功，软件将会给一回执，包括该标记物的染色体分布和在染色体连接群中的位置、对标记物的表格式说明和在 Whitehead 放射性杂交图上两侧标记物的存在时其数据情况。按要求将会得到一张 Macintosh 图或 GIF 格式图。这些图由 Whitehead 框架图组成，所提交 STS 的位置以红色标明。

如果发现标记物连接的染色体多于一个或是根本就没有连接，制图过程也可能失败。在前一种情况下，可以重新提交并设置高优势对数值，这样服务器将会认为其连接一个染色体，在后一种情况下，可以试着利用放射性杂交图页上的一个 pop-up 菜单将限制性降低。如果一个标记物确实连向多个染色体，那么有可能用 STS 探测出重复序列。

（9）Stanford University 放射性杂交图　Stanford Human Genome Center 已经用 G3 制图板发展了一张基因组放射性杂交图。由于比 G4 板所用放射量更高，G3 板的分辨率更高，但是代价是在探测长距离连接时限制很大。Stanford University 放射性杂交图（简称 Stanford 图）一般在平均 375kb 的范围内存在约 8000 个 STS，这些标记物中，3700 个左右是表达序列，存在于 NCBI 转录物图中。同以往一样，在基因组很多部分中，Stanford 图中的表达序列比“全包容”NCBI 图中的准确性更高。

Stanford 提供一个放射性杂交图制图服务器。如同 Whitehead 服务，这个服务器允许对从 Research Genetics 和其他业主处得到的 G3 板进行 STS 扫描。输入数据，服务器将会尝试将 STS 与 Stanford 图相连，并用邮件返回结果。因为 G3 板不能探测长距离连接，在无其他图谱信息时，Stanford 服务器只能将 75%的 STS 定位在一条染色体上。但是如果要在可选区域内提供标记物的染色体分布，服务器就能够在一个低优势对数连接值时进行分析，并可对 90%的情况做出分布图谱。

当使用 PCR 时，STS 应对 83G3 板 DNA 扫描。为得到最好的结果，可使用 Stanford 的 RH Protocol 主页给出的 PCR 协议，每次分析结果都应该复制，并且复制品间有分析差异就应该重复或标为未知。

Stanford 服务器返回的制图结果由一系列相应的标记物分布组成。对于每一个 STS，服务器都会报告离其最近的基因标记物、染色体和标记物到 STS 的距离，以 centiray（cR）为单位。尽管对于制图结果并不提供图形显示，图谱信息还是可以用来与以上讨论的浏览图形结合来说明所提交 STS 相对于 Stanford 图上其他 STS 的位置。

要提交这一数据，连接 Stanford 的主页，并按下 RH 服务器的链接，然后是“RH Server Web Submission”。输入邮箱地址和提交号的区域已被说明。邮箱地址对于保证收到制图结果是很重要的。提交号是一个可选择栏，它会同结果一起回执给用户，并且用于帮助工作人员使结果组织化。如果 STS 的染色体分布已知，那么应输入到标有“Chromosome Number”的区域。这个信息会增加制图软件测出一个正确链接的能力。

现在，将筛选数据粘到大型正文栏中，并按提交键。制图结果一般在几分钟内通过邮件回执。Stanford 服务器以一系列相对基因标记物的位置返回制图结果。对于每个 STS，服务器会报告离其最近的基因标记物、其所在染色体和 STS 到标记物的距离（以 centirays 为单位）。尽管并不提供制图结果的图形显示，制图信息仍可用于和以上标出了用户的 STS 相对 Stanford 图谱上的其他 STS 的位置的可浏览型图谱相结合。

（10）CEPH YAC 图　1993 年，巴黎的 CEPH 与 Genethon 合作，发表了人类基因组的第一张物理图谱。这张图由几套重叠 YAC 组成，形成连接邻近基因标记物的途径。YAC 重叠可由几种技术鉴定，包括 YAC 指纹印迹法（YAC fingerprinting）、与 inter-Alu PCR 结果杂交法、荧光原位杂交（FISH）和 STS 含量图。尽管 YAC 克隆图大部分已被更方便地以 STS 为基础的图谱替代，对于要包括 CEPH YAC 库或以克隆为基础的反应物的制图项目还是有用的。

由于 YAC 库中的高嵌合率，在两个通过指纹法或 inter-Alu PCR 杂交法确定相互重叠的 YAC 之间，每一小步都很可能跨过基因组的一个物理距离。基于这一点，短距离比长距离更可靠，这一概念已植入 CEPH 的词条“level”中。一个 1 级（level）途径，由两个锚定 STS 组成，它们应至少有一个 YAC 直接连接。这类途径，与平面 STS 含量图中用于确定相邻关系的键或单键相类同。可以让研究者从一个 STS 跳到另一个，而不需要跳过任何 YAC/YAC 连接点。相反，一个 2 级途径，由两个锚定 STS 组成，不直接由单个 YAC 连接，而是由 inter-Alu PCR 或指纹法确定在包含它们的两个或多个 YAC 间有一个重叠，所以 2 级途径需要跳过一个 YAC/YAC 连接点。3 级途径需跳过 2 个，4 级需跳过 3 个，等等。尽管每一种的可靠性尚未经验性证明，通过对一套 CEPH 数据的分析暗示 4 级或更高时可能不精确。而幸好 CEPH 途径中近 90%的基于间距为 3 级的或更低。

CEPH 图可以在其单位的网址上在线获得。这里可找到的链接有 YAC 库信息，也有一系列图谱的后转录文件，用于制图的 QuickMap 软件，以及含原始图谱数据的文件。浏览 CEPH 图最好的作用方法为下载 QuickMap 文件，安装并利用它来观看数据文件。然而，由于 QuickMap 只在 Sun 工作站工作，这种方法已经不可行。CEPH 也提供针对 QuickMap 的一种在线界面，在通过标有“Infoclone”的链接处可以获得。这时会弹出一页，可以提交一个 STS 或一个基因标记物或一个 YAC 的名称。提交名称后会回执所有关于它的原始图谱数据。该文本是超链接，可以从一个 YAC 的单一 inter-Alu PCR 杂交跳至另一个。

要得到数据，需将浏览器连到 CEPH 的网址上，这会弹出 ECPH Genethon 网页。现在找到并选择 I 链接，接下来的一页会要求使用者在一个小文本栏中输入一个 YAC 或一个 STS 的名称。YAC 应遵循简便的 plate_row_column（板块_排_列）格式，如 923_f_6。对于 STS，可以用 GDB 分配的 D-片段名（如果可得的话）或是实验室分配的研究名称。该文件只针对特定事例，所以输入 AFM20ZE3 不会得到正确的名为 AFM220ZE3 的 STS。也应注意 YAC 地址中排的名称应小写。

按下“Query”（查询）键，如果该名称存在于 CEPH 数据库中，那么含相似信息的页面将会出现。第一部分包括一些关于 STS 的总体信息，如引物序列和基因图谱信息。第二部分给出 STS 的 YAC 搜索数据，该部分列表中的所有 YAC 通过直接 PAC 扫描均发现含有该 STS，注释 Alu-PCR 探针（probe）说明这个 YAC 在 inter-Alu PCR 杂交实验中被选用为探针。第三部分包含与 STS 相邻的 YAC 的信息，它们与 STS 相隔一个 inter-Alu PCR 的距离。

为得到一个 YAC 上的制图信息，可在文本栏输入其名称并按下“Query”键，出现的界面将会给出 YAC、FISH 和 STS 含量图数据的尺寸信息，以及 inter-Alu PCR 和指纹印迹实验中衍生出的重叠信息。

每个 YAC 词条有几个编码与之相关。例如，在直接 PCR 扫描表中，c 说明 CEPH 进行实验的无分歧结果，而 E 说明为单个已证明的 YAC，来源于外在（非 CEPH）实验室。在

YAC/YAC 重叠表中，a 说明为一个 inter-Alu PCR 关系，而 f 说明为一个指纹印迹关系。完整的编码表从位于该页上的不同帮助链接中而得到。

CEPH YAC 库的一个子集已由脉冲区凝胶电泳法限定了大小。如果可以得到它，就能得到 YAC 的大小。在某些情况下，可以找到多带，这是污染的结果，或是因为在 YAC 插入区和克隆生长时 DNA 的随机删除所造成的。这种情况下，多 YAC 的大小也会演示出来。

14.7.2.3　鼠类图谱来源

现在对鼠类作物理图活动最多的地点是怀特黑德研究所（the Whitehead Institute）/麻省理工学院基因组研究中心（MIT Center for Genome Research），而且一张鼠类 STS/YAC 含量图已经被构建起来了。这张图，最终将在 24 000 个 YAC 上含有 10 000 个 STS。

MIT 的物理图谱可以在怀特黑德研究所的主页上在线浏览。先按下“Mouse Genetic and Physical Mapping Project”（鼠类基因图和物理图制图项目）的链接，然后向下滚动到标有鼠类 STS 物理图谱的部分。这一部分与 Whitehead 人类物理图谱有相同的搜索项和用户界面，但是放射性杂交图数据还不可得。

在怀特黑德研究所网址上还可以得到基于 6331 个简单相邻长度多态性的鼠类物理图谱，以及这张图与 Copeland/Jenkins 限制性片段长度多态性（RFLP）图的整合。这些 RFLP 图，分辨率为 1.1cM。分辨率更高的鼠类基因图正由 European Collaborative Interspecific Mouse BackCros（ECIMBC）项目得到。该图最大的理论分辨率将会达 0.3cM，并且可以在 ECIMBC 的主页上在线得到，到 1997 年 5 月已完成 5 条染色体。

MGD（the mouse genome database）是由 Bar Harbor 的 Jackson Laboratory 维持的一个大型鼠类基因信息的公用数据库。尽管它基本上还是一个基因图库，MGD 还是保留了很多物理图谱信息，包括细胞遗传图谱和线性图，将来一旦得到数据就会加进去。MGD 可在 Jackson Laboratory 的主页上得到。按下标有“Mouse Genome Informatics”的链接，然后是标有“Mouse Genome Database”的链接，可得到用于不同研究的一个起始网页。在所列选项中包括目录检索、基因和标记物符号检索及多态性检索。

第 4 部分

绘 图 篇

第 15 章

图片的类型和格式

科研论文中图或表隐含着成千上万个文字信息，在写论文时，应该省略大部分的文字，而用图或表来解释。

15.1　位图和矢量图

在 SCI 论文[是指被美国《科学引文索引》（science citation index，SCI）引文数据库收录的论文]中，最常见的是位图和矢量图。

（1）位图　　位图又叫点阵图或像素图，是由一个个像素点组成的，像素点可以理解为一个个小方块，每个点用二进制数据来描述其颜色与亮度等信息，这些点是离散的，类似于点成。多个像素的色彩组合就形成了图像，称为位图。位图图像的清晰度取决于图像像素。位图常见文件格式有 jpg、tif、psd、bmp、png、gif。

（2）矢量图　　矢量图又叫向量图，是由线条和节点组成的图像，使用一些计算机指令来描述和记录一幅图时，其可以理解为一系列由点、线、面等组成的子图，本质上是多个数学表达式的编程语言，不受分辨率影响，矢量图大部分是几何图形。矢量图常见文件格式有 wmf、emf、eps、cdx、svg、PDF。

在实际应用中，位图与矢量图的区别在于，位图放大或缩小会出现马赛克、模糊，而矢量图是不会的。

15.2　科研工作中原始图片的来源

科研工作中原始图片有以下几种来源。

（1）拍照的图片　　一般是显微镜、共聚焦显微镜、扫描仪及摄像机等拍摄的照片，这些照片一般是彩色的。该类型图片是第一手资料，拍过之后无法再重复，因此事先须根据需求设置所要拍摄的效果。

（2）由数据生成的图　　一般是由 Excel、SPSS、Origin 等生成的图，主要包括各种点线图、柱状图、饼图和统计图。由数据生成的图片是可重复修改的，因此一定要保存好原始数据，一旦发现图片有问题随时可以再修改。

（3）屏幕截图，另存图片　　一般是截屏软件截取的图片，引用文献中的图片，网上下载的图片。

（4）示意图，手绘图　　一般是 Word 绘制的示意图、流程图等。

（5）软件模拟图　　一般是化学式、分子模拟软件、蛋白质三维结构模拟软件以及

AutoCAD 做的结构图。

（6）仪器工作站软件所生成的图　　高效液相色谱、红外色谱等所产生的图。

15.3　图片的格式转换方法

在论文投稿时，相关杂志一般对上传图片的格式都有特定的要求，如所作图片格式不符合杂志的要求，可进行图片格式的转换，有很多图片转换的方法，以下提供三种简便的图片转换方法。

（1）Powerpoint 中“另存为图片”　　将需要进行格式转换的图片插入 PowerPoint 中，选中图片，单击鼠标右键，选择“另存为图片”，单击“另存为图片”按钮，根据需要选择保存类型进行图片格式的转换（图 15.1 和图 15.2）。

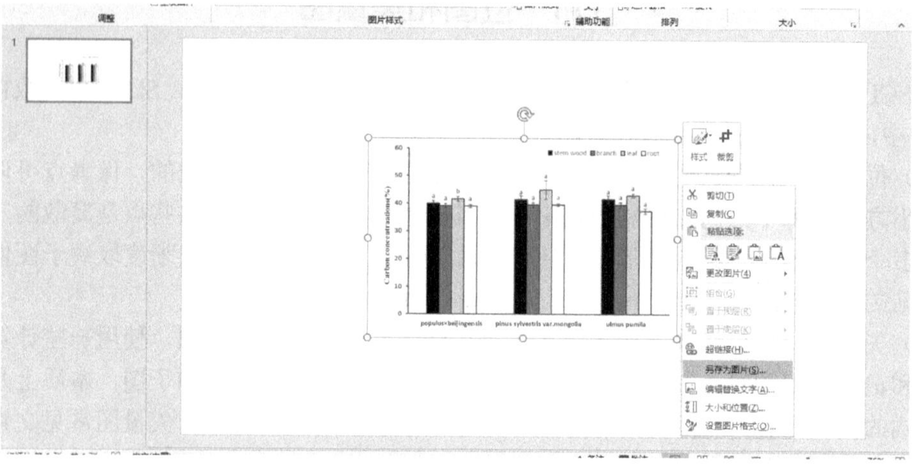

图 15.1　Powerpoint 中“另存为图片”选项

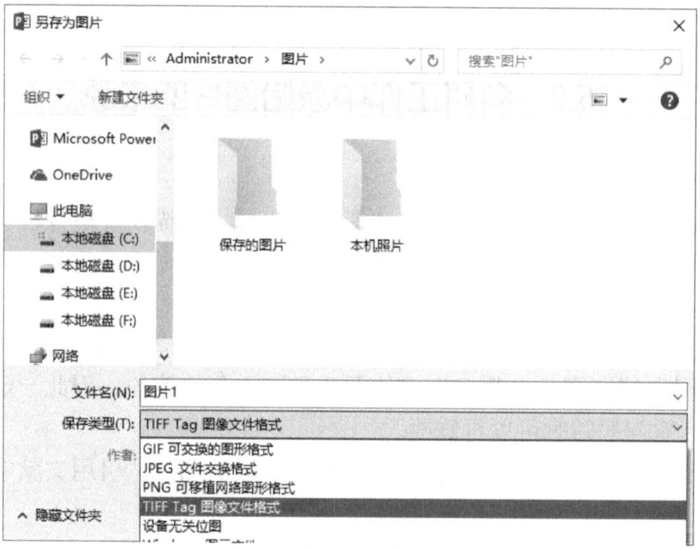

图 15.2　保存类型选择

（2）Windows 画图程序中的“另存为”　将需要进行格式转变的图片用 Windows 画图程序打开，单击文件按钮，选择“另存为”，根据需要选择转换后的图片格式（图 15.3）。

（3）Photoshop 中的“另存为”　Photoshop 的操作与 Windows 画图程序中的操作相同。

图 15.3　Windows 画图程序中“另存为”对话框

第 16 章

符合国际学术期刊投稿要求的统计图表绘制

16.1 统计图表简介

一张图表，或又称为统计图表，代表一张图像化的数据，图表也是一种语言表达形式，其“语法”的正确使用包括字号、字体、字距、空白、线条、色彩和构架等。一张图表应该包括标题、坐标标签、数据标签、图例等。

16.1.1 SCI 期刊对图表的整体要求

SCI 期刊对插图有要求，作者应根据期刊的要求上传符合要求的图表，须注意以下几点：①尺寸符合期刊的要求；②字体符合期刊的要求；③同类型文字的字号保持一致；④线条粗细保持一致；⑤图片标记准确、清楚、有条理，插图上所有元素对齐；⑥图片内容应占整张图片的 90%以上，四周不留太多空白区域；⑦颜色模式符合期刊的要求；⑧图片分辨率超过期刊的最低要求；⑨格式符合期刊的要求；⑩大小合适。

在制作图表时，除注意以上内容外，还应遵守以下原则。

1）图表的形式应尽量简洁，所承载的问题不能过多，且明确图表所要阐述的问题，在题目、图注或图内直接回答，或在正文中通过提供更多的背景而间接地回答这些问题。复杂的图表尽量安排到文章的尾部，以便读者在有一些相关知识的基础上理解。

2）图表的设计要基于成果的表达，准确地突出作者的贡献。

3）根据数据或观点表达的需要选择最合适的表达形式，对于表格或插图的选择，应视数据表达的需要而定。

4）图表的表述要考虑到读者的理解水平，应具有“自明性”或相对独立，图表中的各项资料应清楚、完整，以便读者在不读正文的情况下也能够理解图表中所表达的内容。

16.1.2 如何获取高质量的原始素材

（1）照相机拍摄类图片　拍摄时应注意如下要点：①注意摄入参照物，如需比较拍摄物尺寸大小的，应辅以钢尺做参照，如肿瘤体积、裸鼠大小等；②背景应尽量干净；③仔细检查照相机设置，分辨率越高越好；④对焦准确，不要逆光拍摄，多拍几张，及时检查效果并挑选可用的，正确命名，并将原始照片长期保存。

（2）条带类图片　拼图前，条带类图片需要通过图片软件进行裁剪和预处理，并添加箭头和分子质量等文字说明，插图时还应注意：①保持凝胶完整；②拍照或扫描时应尽量设置较高的分辨率，越高越好，保存为 TIFF 格式备用。

（3）显微镜、电镜、共聚焦显微镜图片　这类照片包括黑白图和彩色图。拼图前，往往需要预处理添加标尺和调整大小等。插图时应注意：①尽量获取高分辨率的图片，分辨率越高越好，保存为 TIFF 格式；②注意添加标尺，至少同批次、同参数的系列照片中的一张上添加，否则后期没有参照将无法处理。

（4）数据图表类结果　一般由数据处理软件生成，如 Excel、Origin、Graphpad、SPSS 等，属于线条图范畴，对分辨率有相应的要求。对于投稿格式，期刊也有相应的要求。插图时注意：①原始数据必须完整、准确；②分析仪器记录的数据最好导出为 Excel 格式，以便统计软件识别和处理；③将图表转化成 PDF 格式，必要时可通过 Adobe illustrator（AI）对 PDF 格式图表进行编辑；④所有原始数据和图表，皆应长期保存，必要时杂志社可能会要求提供数据分析的结果。

（5）编辑公司协助处理的插图　虽然论文编辑公司有协助制作 SCI 论文插图的服务，但很多作者只关心最终的结果，对于图片本身，却往往忽略了处理过程中产生的源文件。应注意：①绘制类插图，要求提供 PDF 版，必要时提供符合杂志社要求的高分辨率的 TIFF 图片；②照片类插图，要求提供高分辨率 TIFF 图片，并提供软件处理过程中的源文件，以便后期修改。

最后必须强调，SCI 论文写作在准备插图的每个环节，请务必遵守科研道德及出版伦理的基本原则：不篡改数据、不捏造结果、不伪造图片。

16.2　SCI 数据图绘制

科研图片包括实验图、数据图、示意图等，一般来说，科研论文中图片处理软件包括图片编辑软件和数据绘图软件，其中常用的图片编辑软件有 Photoshop、Adobe Illustrator，常用的数据绘图软件有 Excel、GraphPad Prism、OriginPro、IBM SPSS、Sigmplot、Matlab、Python、R 等。这里我们介绍 Excel 数据绘图，常见的数据图为 *XY* 图，即 *Y* 轴为指标，*X* 轴为分组，*XY* 图又可分为折线图和柱形图。

16.2.1　折线图绘制

【例 16.1】 调查了科尔沁沙地 4 种恢复方式下 0～10cm、10～20cm、20～30cm、30～40cm、40～50cm、50～60cm、60～70cm、70～80cm、80～90cm、90～100cm 土壤碳素浓度，试绘制折线图。

操作步骤如下。

第一，一般科学实验需要重复，本例每一实验重复 3 次，首先计算出各个实验的平均值和标准差（图 16.1）。

第二，选中所要绘制的数据，单击 Excel 菜单栏上的“分析”按钮，在图表区选择插入折线图，弹出“插入图表”对话框，选择“所有图表”，再选择“折线图”。本例选择带数据标记的折线图，单击“确定”按钮得到所需绘制的图（图 16.2 和图 16.3）。

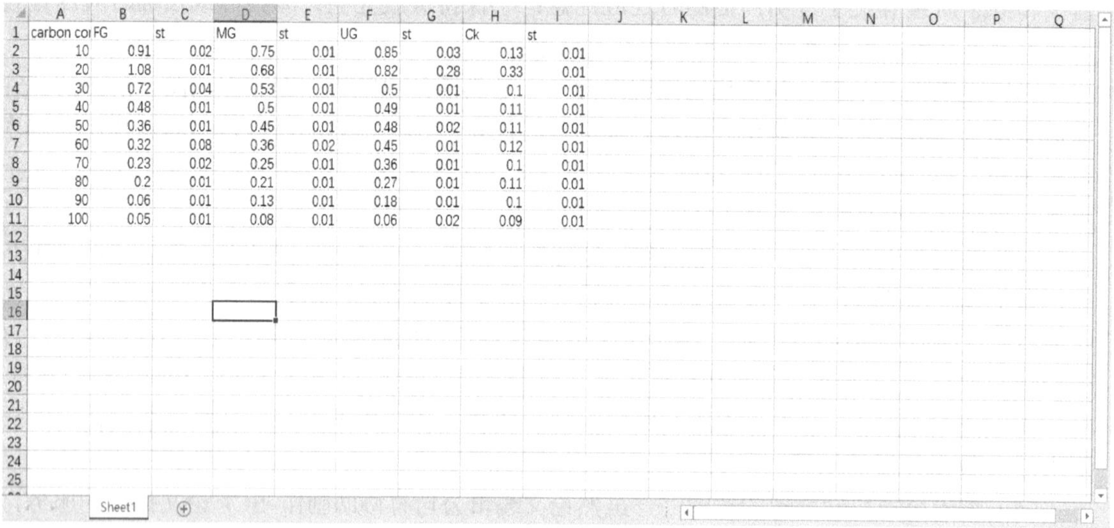

	A	B	C	D	E	F	G	H	I
1	carbon cor	FG	st	MG	st	UG	st	Ck	st
2	10	0.91	0.02	0.75	0.01	0.85	0.03	0.13	0.01
3	20	1.08	0.01	0.68	0.01	0.82	0.28	0.33	0.01
4	30	0.72	0.04	0.53	0.01	0.5	0.01	0.1	0.01
5	40	0.48	0.01	0.5	0.01	0.49	0.01	0.11	0.01
6	50	0.36	0.01	0.45	0.01	0.48	0.02	0.11	0.01
7	60	0.32	0.08	0.36	0.02	0.45	0.01	0.12	0.01
8	70	0.23	0.02	0.25	0.01	0.36	0.01	0.1	0.01
9	80	0.2	0.01	0.21	0.01	0.27	0.01	0.11	0.01
10	90	0.06	0.01	0.13	0.01	0.18	0.01	0.1	0.01
11	100	0.05	0.01	0.08	0.01	0.06	0.02	0.09	0.01

图 16.1 数据文件

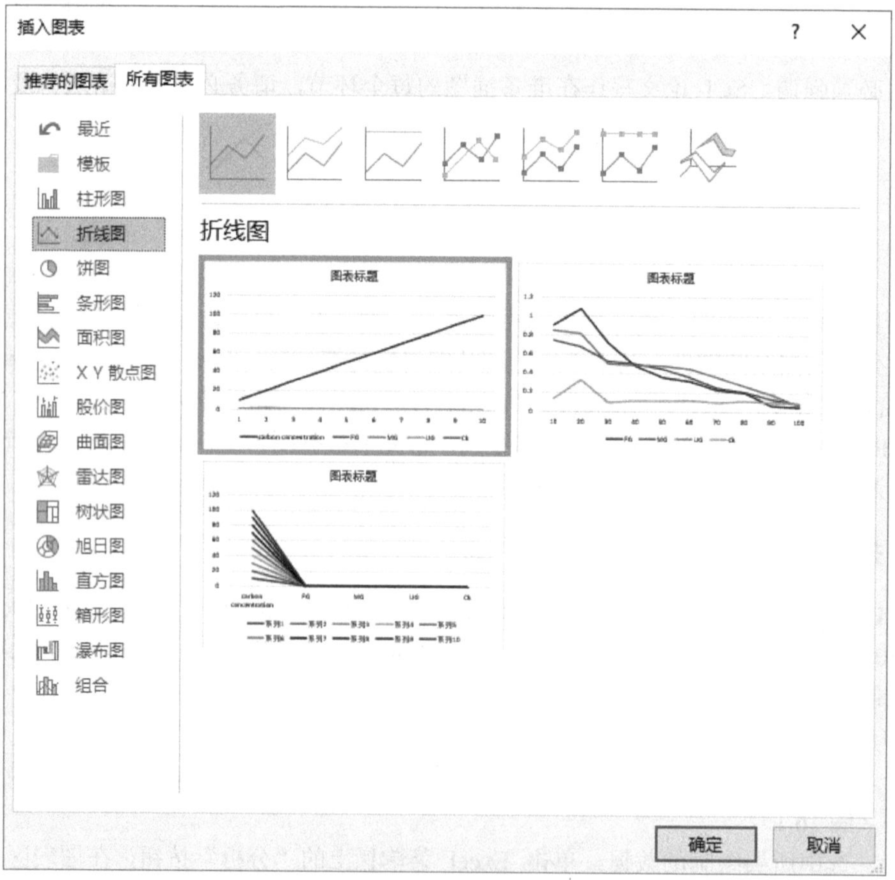

图 16.2 “插入图表”对话框

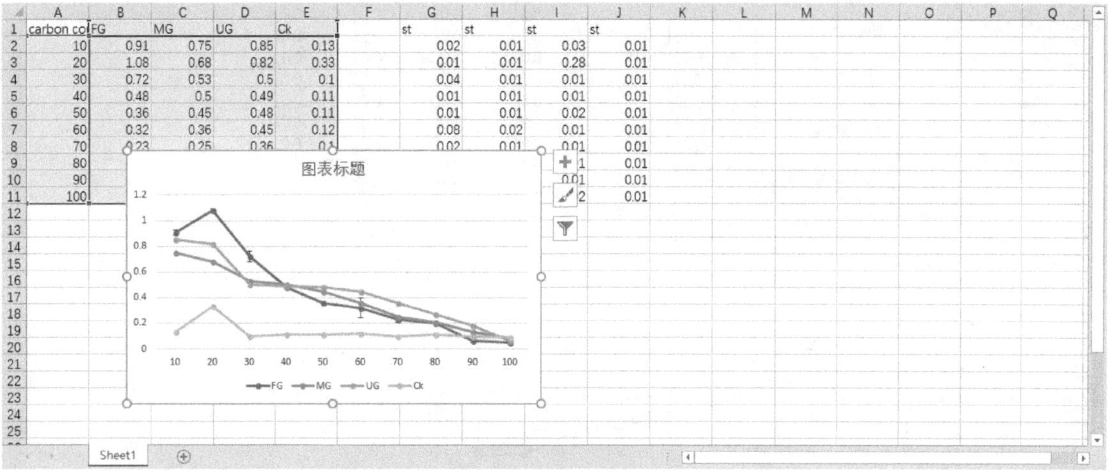

图 16.3　折线图

第三，对折线图进行美化。单击选中“FG”，这时右侧会弹出“设置数据系列格式”（图 16.4），在这里可以对选中的数据系列进行相应的设置；设置完成后，单击选中“FG”数据系列，然后单击菜单栏中的“设计”按钮（图 16.5），再单击菜单栏左下的“添加图表元素”，依次选择“误差线”“标准偏差”，单击“标准偏差”后，在“FG”数据系列上添加了误差线（图 16.6），这时的误差线还没有设计数据，需单击误差线，然后右侧弹出“误差线选项”对话框，在“误差线选项”中，选择“自定义”（图 16.7），单击“指定值”，弹出“自定义错误栏”（图 16.8），单击“正错误值”栏中的箭头，然后选择已经计算出来的相应的标准偏差，选中之后，单击回车（图 16.9），以同样的方法添加负错误值，设置完成后，单击“确定”按钮，误差线添加完成。

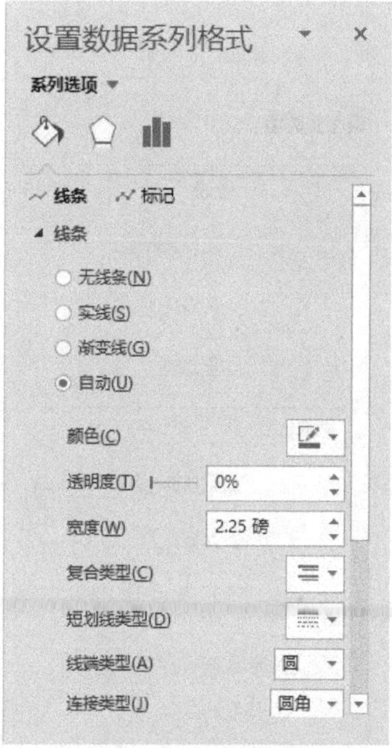

图 16.4　“设置数据系列格式”对话框

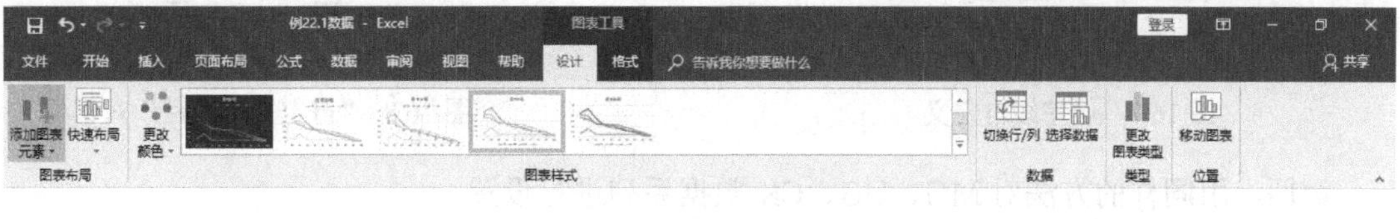

图 16.5　“设计”选项

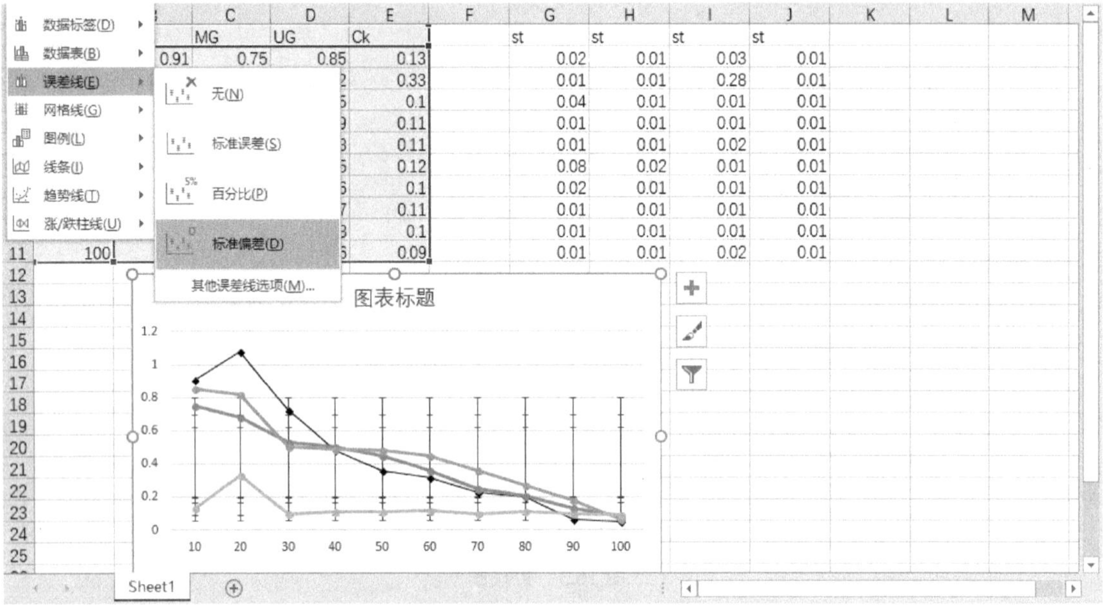

图 16.6 误差线添加

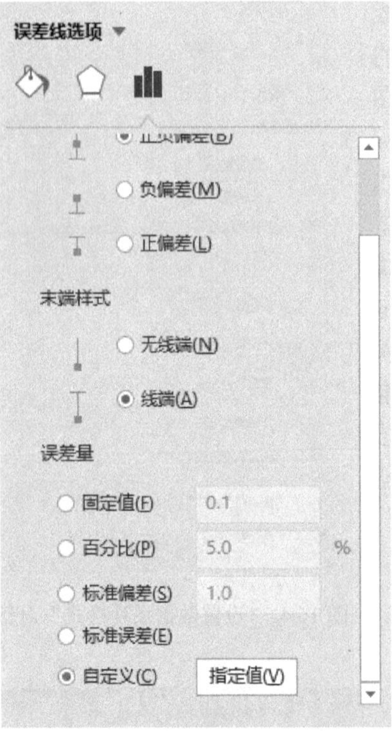

图 16.7 误差线自定义

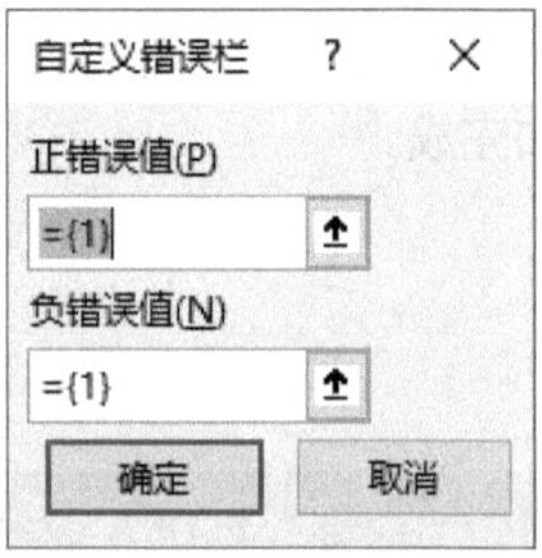

图 16.8 “自定义错误栏”对话框

第四，用同样的方法对 MG、UG、CK 数据系列进行设置。

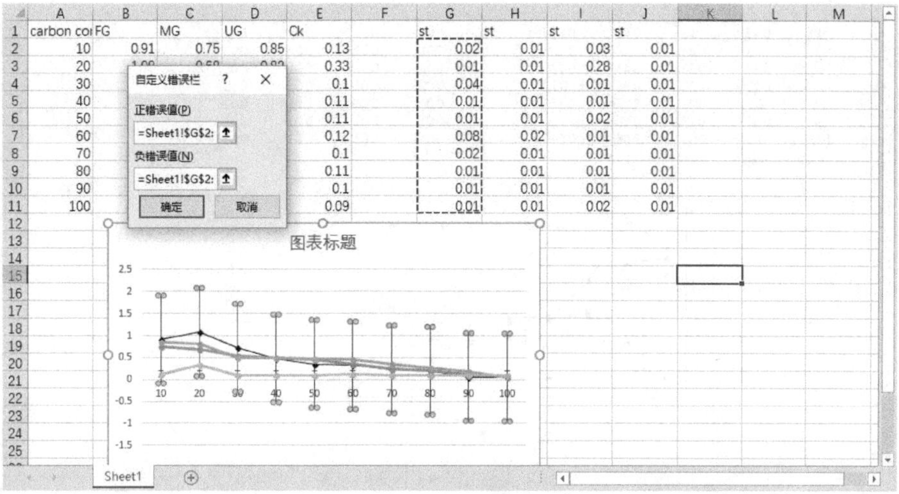

图 16.9　正负错误值定义

第五，设置 X 轴和 Y 轴。单击 X 轴，Y 轴，右侧弹出“设置坐标轴格式”对话框，然后根据相关需求，对坐标轴形式、刻度线等进行设置（图 16.10）。

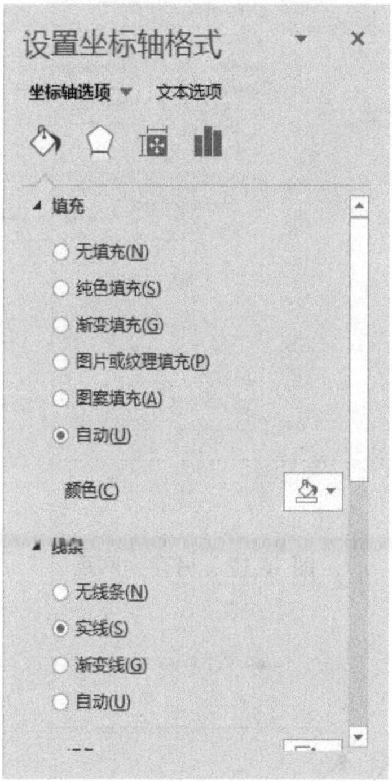

图 16.10　“设置坐标轴格式”对话框

第六，进一步根据需要进行美化，删除栅格线，标题，调整图例位置等（图 16.11）。

第七，一般来说，期刊杂志要求作者在投稿时，提供单独的数据绘制图，用 Excel 绘制的数据图可通过依次选择“文件”“另存为”“网页”等方式将 Excel 绘制的数据图从 Excel 中分离出来，从而获得单独的数据绘制图（图 16.12）。最后得到的折线图如图 16.13 所示。

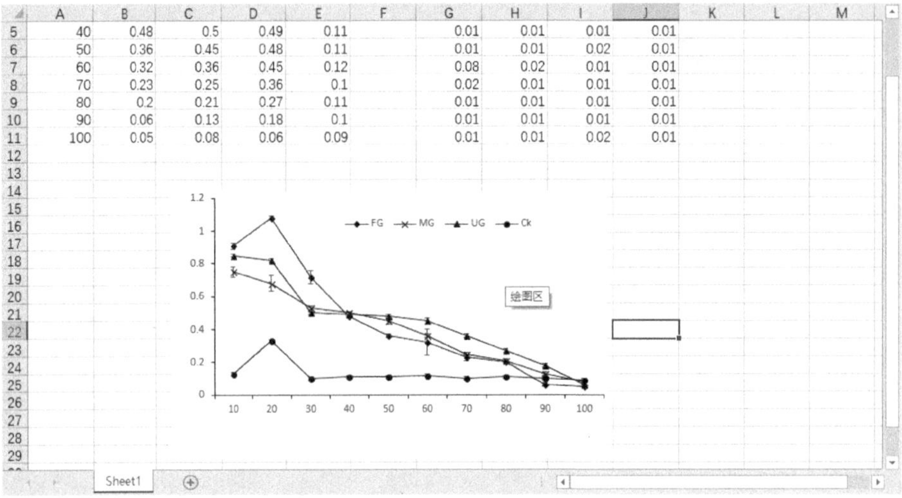

图 16.11 设置完成后效果

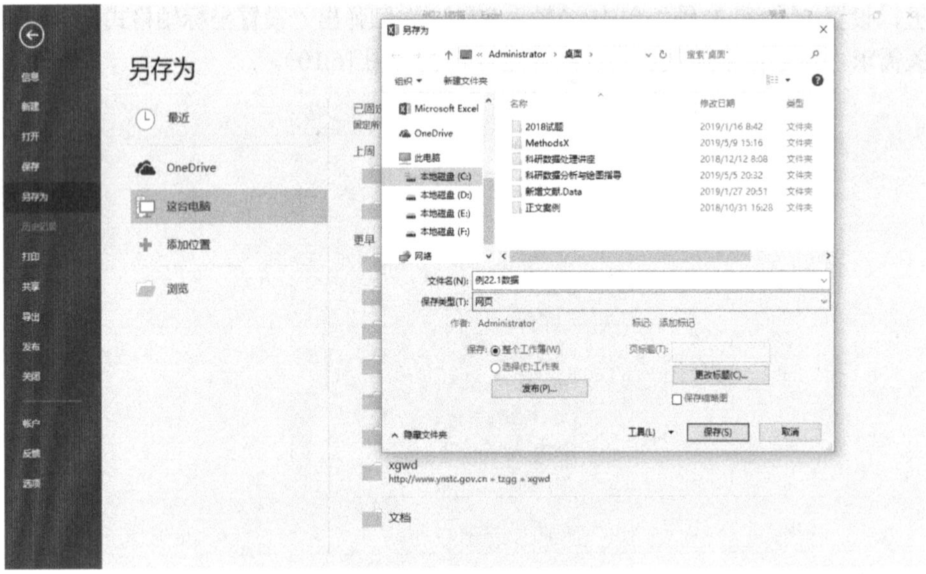

图 16.12 另存为网页

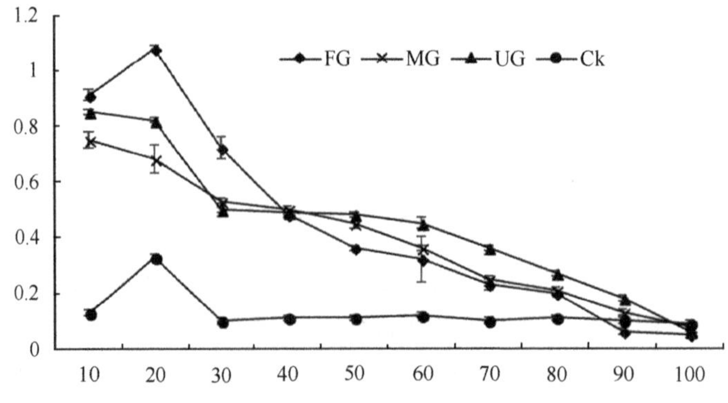

图 16.13 最终得到的折线图

16.2.2　柱形图绘制

【例 16.2】 调查了科尔沁沙地 3 种树种的干、枝、叶、根的生物量，试绘柱形图。

操作步骤如下。

第一，一般科学实验需要重复，本例每一实验重复 3 次，首先计算出各个实验的平均值和标准差（图 16.14）。

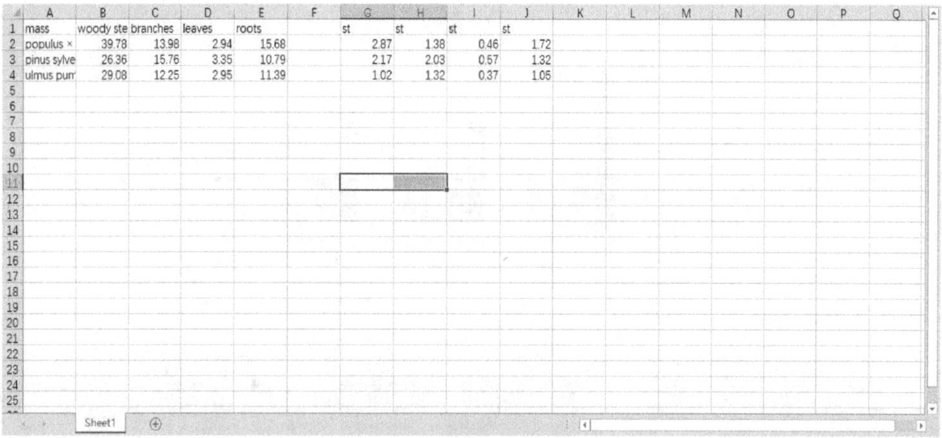

图 16.14　数据文件建立

第二，选中所要绘制的数据，单击 Excel 菜单栏上的“分析”按钮，在图表区选择插入柱形图，弹出“更改图表类型”对话框，选择“所有图表”，再选择“柱形图”，本例选择“簇状柱形图”，单击“确定”按钮得到所需绘制的图（图 16.15 和图 16.16）。

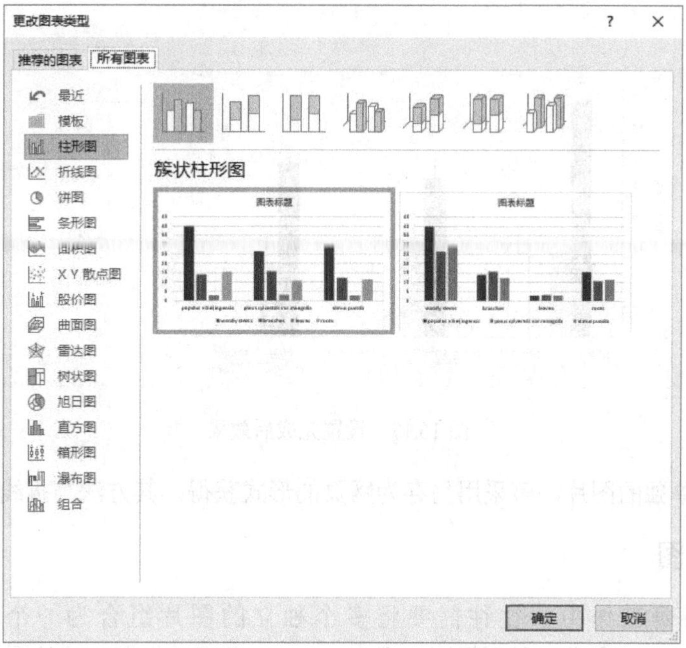

图 16.15　“更改图表类型”对话框

第三，对柱形图进行美化，其方法与折线图绘制相同。

第四，设置 X 轴和 Y 轴。单击 X 轴，Y 轴，右侧弹出“设置坐标轴格式”对话框，然后根据相关需求，对坐标轴形式、刻度线等进行设置。

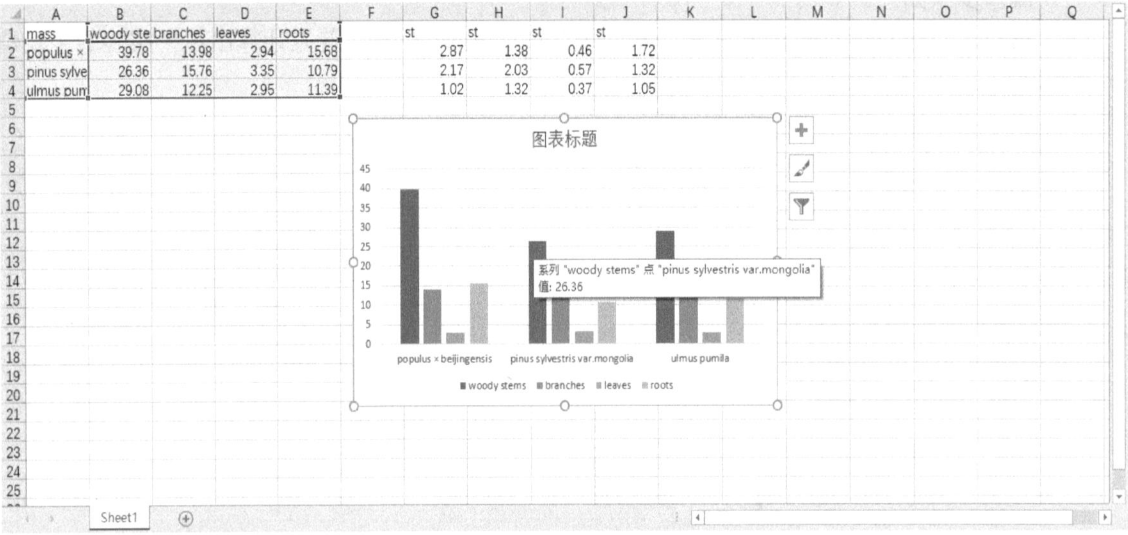

图 16.16 数据绘图

第五，进一步根据需要进行美化，删除栅格线、标题，调整图例位置等（图 16.17）。

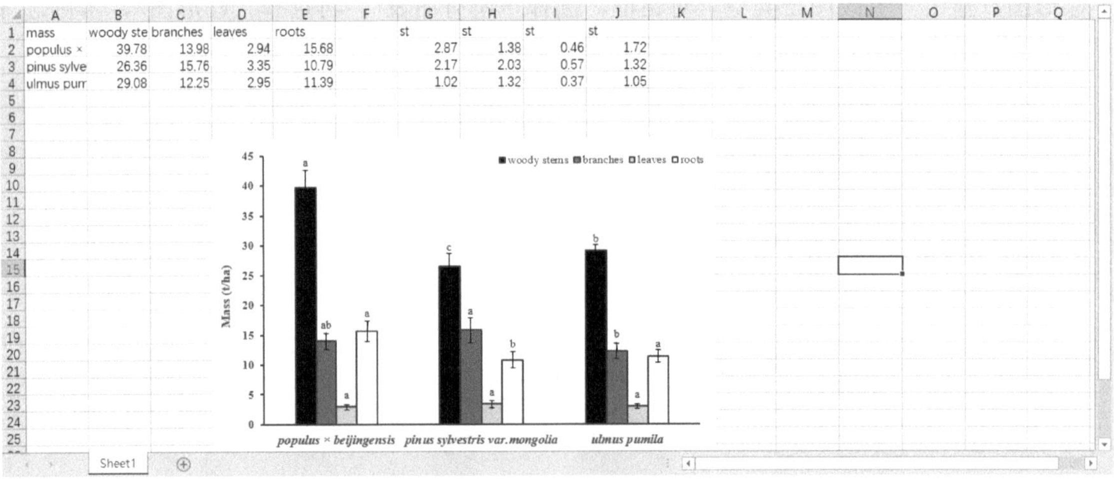

图 16.17 设置完成后效果

第六，如需单独的图片，可采用另存为网页的形式获得，其方法与折线图相同。

16.2.3 科研组图

在实际的科研工作中，往往需要将多个独立的图片组合为一个图片，这时可用 Photoshop、Powerpoint 来进行科研组图。用 Photoshop 获得的组图与原始图片最接近、信息损失最少，而 Powerpoint 组图可以获得最小的图片。这里我们介绍 Powerpoint 组图。

操作步骤如下。

第一，新建一 Powerpoint 演示稿。

第二，将需要进行组图的图插入 Powerpoint 中，调各自图片的大小，使得图片大小相同，平均分布。

第三，按住 Shift，将需要组合的图片选中，单击鼠标右键依次选择“组合”“组合”，完成图片组合（图 16.18）。

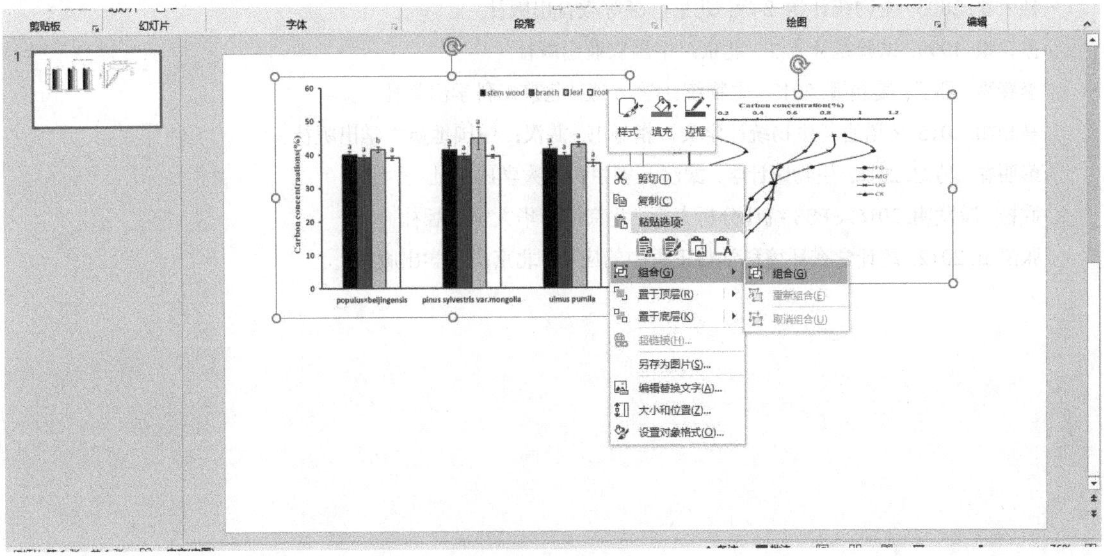

图 16.18　科研组合

第四，选中已经组合好的图片，单击鼠标右键，选择“另存为图片”，根据需要选择输出的图片格式，获得科研组图（图 16.19）。

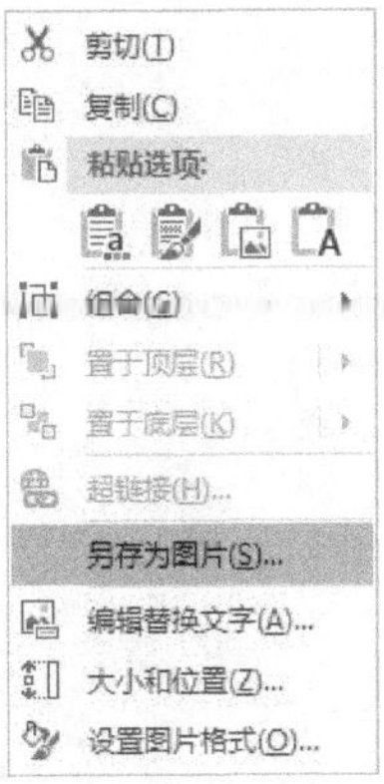

图 16.19 “另存为图片”对话框

参 考 文 献

杜荣骞. 2003. 生物统计学. 2 版. 北京：高等教育出版社
盖钧镒. 1999. 试验统计方法. 北京：中国农业出版社
李春喜, 邵云, 姜丽娜. 2012. 生物统计学. 4 版. 北京：科学出版社
马相如. 2015. R 语言与生物统计学实习指导书. 武汉：中国地质大学出版社
彭明春, 马纪. 2016. 生物统计学. 武汉：华中科学大学出版社
武松, 潘发明. 2016. SPSS 统计分析大全. 北京：清华大学出版社
张凯山. 2012. 统计学在环境科学与工程中的应用. 北京：科学出版社